JIAJIN GEBIN JIEGOU FENXI LILUN YU GONGCHENG YINGYONG XINJISHU

加筋格宾结构分析理论与工程应用新技术

王　维　黄向京　著

人民交通出版社
China Communications Press

内 容 提 要

本书介绍了加筋格宾结构的研究现状与发展趋势；深入研究了加筋格宾结构的强度、稳定性、本构关系；以湘潭至衡阳西线高速公路加筋土挡墙实体工程为依托，对双绞合六边形钢丝网进行了筋材拉伸试验、加筋红砂岩粗粒土挡墙的拉拔试验、承载力模型试验、疲劳特性模型试验、水平抗震性能模型试验以及大量现场试验，采用理论分析、室内外试验和数值分析相结合的方法，对双绞合六边形钢丝网加筋土挡墙的计算理论和设计方法进行了系统的研究。本书融理论、试验、设计、工程实践于一体，可操作性强。

本书可供道路工程、岩土工程、铁道工程、水利工程、市政工程等专业的科研工作者和工程技术人员参考使用。

图书在版编目(CIP)数据

加筋格宾结构分析理论与工程应用新技术 / 王维，黄向京著. —北京：人民交通出版社，2011.8

ISBN 978-7-114-09301-2

I. ①加… II. ①王…②黄… III. ①加筋土挡土墙－结构分析②加筋土挡土墙－新技术应用 IV. ①U417.1

中国版本图书馆 CIP 数据核字(2011)第 146833 号

书　　名：加筋格宾结构分析理论与工程应用新技术
著 作 者：王　维　黄向京
责任编辑：张征宇　郭红蕊
出版发行：人民交通出版社
地　　址：(100011) 北京市朝阳区安定门外外馆斜街 3 号
网　　址：http://www.ccpress.com.cn
销售电话：(010) 59757969、59757973
总 经 销：人民交通出版社发行部
经　　销：各地新华书店
印　　刷：北京市密东印刷有限公司
开　　本：787×1092　1/16
印　　张：12.5
字　　数：305 千
版　　次：2011 年 8 月　第 1 版
印　　次：2011 年 8 月　第 1 次印刷
书　　号：ISBN 978-7-114-09301-2
印　　数：0001－3000 册
定　　价：38.00 元

意大利

瑞士

福建温福高铁

意大利

长沙创远花园

葡-西高速

马来西亚

克罗地亚

秘鲁

湖北大广北高速兰溪互通

马来西亚

希腊

秘鲁

台北高速公路

山西闻垣高速公路

印尼

潭衡西高速公路

意大利F1赛道

意大利

序

xu

加筋土研究在我国具有广泛的工程背景，它在水利、矿山、建筑、环境、交通基础设施建设等领域都广为应用。近年来，高达43.75m高速公路加筋挡墙，坡高近100m的加筋土高边坡，新型加筋材料如加筋格宾、ParaLink复合土工格栅、TriGeogrid三向格栅、三维加筋材料正在推广，这些为结构的设计、施工、检测和管理提出了许多亟待解决的新课题。

在广泛和大量工程实践基础上，国内工程界的建设者和科研工作者也在积极探索，针对公路、铁道、水利、环境等工程开展了一系列的研究与实践工作，取得了极其丰富的成果。今天我们欣喜地看到，王维、黄向京等中青年专家将他们积累多年的加筋土研究理论和宝贵经验集结成书，呈献给广大读者。他们二位长期耕耘在工程勘察设计、科研工作的第一线，承担了数十项国家和部委的重大科研项目，主持了数十项国家重点工程建设及科研任务，发表了数百篇学术论文和多部专著。他们在广泛吸纳国内外最新研究成果的基础上，采用了试验研究、理论分析、数值模拟、工程实践的研究方法，发展了加筋土基本理论体系，形成了加筋土支挡设计成套技术，解决了工程建设项目的一系列实践难题。今天他们将潜心研究多年的成果整理成书，我觉得这是一件很有意义的事情，我有幸读到本书原稿，深感其理论严谨、内容丰富、资料翔实，既有创新性，又具实用性。我相信本书的出版，对丰富和发展加筋土分析理论、解决工程实践中的实际问题，会起到积极的推动作用。对于书中的一些新观点与新方法，我相信会在作者和读者的共同探讨研究中求得共识与新的发展。

“青山高而望远，白云深而路遥”。科学技术的发展是无止境的，广大中青年科技工作者任重而道远。我期盼他们能进一步勤奋学习，善于思考，努力工作，在工程建设和科研攻关领域能遍开实践之花，广结丰硕之果，为我国科技事业的发展作出更大贡献。值《加筋格宾结构分析理论与工程应用新技术》书成付梓之际，缀此数语以为贺，是为序。

刘宝琛

2011年5月于长沙

前 言

QIANYAN

加筋格宾作为一种新型加筋材料,2005年以来广泛应用于国内水利、公路、铁路、市政等行业的各类加筋支挡结构中,取得了良好的经济、社会和环境效益。近30年来美国、意大利、泰国等学者开展了一系列研究工作,但加筋格宾的加筋机理、筋土界面特性、动力响应等关键问题的研究较少或尚未涉及,国内的研究更是空白。加筋格宾挡墙的理论研究远滞后于工程实践。

在湖南省交通科技项目(200612)的资助下,以湘潭至衡阳西线高速公路加筋土挡墙等实体工程为依托,对双绞合六边形钢丝网进行了筋材拉伸试验、加筋红砂岩粗粒土挡墙的拉拔试验、承载力模型试验、疲劳特性模型试验、水平抗震性能模型试验以及大量现场试验,采用理论分析、室内外试验和数值分析相结合的方法,对加筋格宾挡墙的计算理论和设计方法进行了系统的研究,取得了大量创新性成果,并于2010年4月完成了第二作者的博士论文。在此基础上,补充丰富了应用工程实例,最终形成本书。

全书共分10章,第1章介绍了加筋土研究现状。对近年来的新型加筋土结构进行了总结,对加筋格宾结构研究现状与工程应用进行了回顾。第2章对加筋格宾加筋机理进行了研究。通过不同法向压力作用下的拉拔试验,研究了双绞合六边形钢丝网与红砂岩粗粒土的界面特性,提出了基于剪切刚度的筋—土界面关系幂函数模型,修正了FALC 3D中Geogrid单元的界面关系,为工程设计提供了相关参数;通过不同含水率(14%、17%、饱和)和不同加筋层数(不加筋、加筋2层、加筋3层)的粗粒土三轴试验,分析了加筋格宾对红砂岩粗粒土抗剪强度的影响、含水率对加筋效果的影响,系统研究了加筋格宾的加筋机理,建立了加筋土弹性非线性本构方程。第3章系统研究了加筋格宾挡墙强度与变形特性。在原型试验基础上,采用FLAC 3D对影响潜在破裂面形状和位置的相关因素进行了模拟分析,提出了适用于工程设计的加筋格宾挡墙的双折线内部破裂面,推导了相应的稳定性计算公式;通过严密的理论分析和数学推导,提出了适合任意土质、任意墙背倾角、任意填料倾斜面的加筋土挡墙墙背主动土压力非线性分布的通用公式,提高了计算精度,满足了工程设计需要。第4章为加筋格宾挡墙模型试验研究。通过加筋红砂岩粗粒土格宾挡墙的承载力模型试验、疲劳特性模型试验和水平抗震性能模型试验,研究了加筋格宾挡墙在复杂动力作用下的结构特性。第5章为加筋格宾设计方法研究。针对国内加筋土挡墙工程设计的现状,提出了基于极限平衡理论、可靠性分析和数值分析的加筋格宾挡墙的计算与设计方法,研究了地震荷载作用、膨胀土填料的加筋土挡墙设计方法,并成功应用于实际工程。第6章为复合加筋挡墙研究。为优化工程设计，降低工程造价，提出了加筋格宾+土工格栅复合加筋挡墙的结构模式。通过模型试验和数值分析，研究了复合加筋挡墙的结构特性，并通过数值模拟对均匀加筋、分组加筋、交替加筋、混合加筋等多种复合加筋方式进行了深入的研究，提出了最优加筋方式。第7章为加筋格宾挡墙现场测试与仿真分析。在湖南省湘潭至衡阳西线高速公路第12合同段K124+340～K124+895成功修建了我国第一座高速公路加筋格宾挡土墙，并进行了加筋格宾挡墙的现场试验，研究了挡墙内竖向土压力、水平土压力、筋材拉力及墙面变形随施工过程的变化及分布特征。第8章对加筋格宾材料耐久性进行了研究。第9章介绍了加筋格宾挡墙施工工艺及质量控制。第10章介绍了近年来完成的几个加筋格宾挡墙典型实例，供同行参考。

书中许多观点与成果凝结了课题组同仁的智慧与心血，得到了中南大学杨果林教授的精心指导，得到了刘泽博士、林宇亮博士、蒋建清博士、许桂林硕士、刘哲哲硕士等的帮助，也得到了意大利Maccaferri Ltd岩土专家Marco Vicari先生及Maccaferri中国公司王珏董事长在课题研究与论文撰写过程中所提供的大量帮助，在此一并对给予作者关心和帮助的人们致以最诚挚的谢意。

感谢作者所在单位湖南省交通规划勘察院、南方地区路桥建设及养护技术企业重点实验室领导和同事的关心与支持！

由于作者受实践经验和学术水平的限制，书中难免有错误之处，敬请读者不吝指教。

王维　黄向京

2011年8月

目 录

MULU

第 1 章　绪　　论

1.1　概述

加筋土技术是指在土中铺设筋材,从而改善整个土工系统力学性能的方法。1963 年 Henri. Vidal 首先提出了加筋土技术和设计理论[1,2];1965 年法国应用该理论成功修建了世界上第一座加筋土挡墙,并引起了世界各国工程界、学术界的广泛重视。此后,在世界各地修建了大量的加筋土工程[3]。

1979 年英国开发了高强度土工加筋材料 Geogrid(土工格栅),并提出了设计方法[4],这使得现代加筋技术迅猛发展。加筋土结构的形式、功能越来越多样化。作为支挡结构,被应用于挡墙、桥台、港口岸墙和地下结构等;作为土体的稳定体系,被应用于道路路堤、水工坝体和地基加固等[5,6]。

与传统重力式挡墙相比较,加筋土挡墙属于柔性结构。其特点是:对地基承载力要求相对较低;适应性强,整体性好,抗震性能高,能够承受大的沉降变形;施工速度快,工程质量容易得到保证;造价低,可以节约工程造价 25% ~50%[7]。更为重要的是,与我国古代的"天人合一"、现代西方的"回归自然"理念相一致。加筋土结构表现的就是营造自然的生态景观,符合当今建设环境友好型与资源节约型社会的总体要求。在高速公路、高速铁路方兴未艾的今天,采用新的加筋材料、加筋结构,研究新的设计理论与计算方法,已是目前国内工程界的迫切要求。

1.2　加筋土结构的研究现状

1.2.1　加筋土结构的研究历程

加筋技术由来已久。远在新石器时代,我们勤劳的祖先就已经将茅草作为加筋材料掺在土体中。在陕西半坡村的仰韶遗址,发现很多简单房屋的墙壁和屋顶是利用草泥修筑而成的,距今已有五六千年的历史[8];汉武帝时代采用草枝混杂在土内修筑长城,在玉门一带至今还保留有用砂、砾石和红柳或芦苇压叠而成的汉长城[9]。在国外,加筋土的应用也有很多记载。公元前 2500 年前古罗马人就采用编织的芦苇在软基上筑路;公元前 2000 至公元前 1000 年,巴比伦人曾利用土中加筋修筑庙塔;在第二次世界大战中,英国曾在软基上铺设梢棍和帆布,以便装甲车通过[6]。

上述实践活动均停留在感性认识基础上,没有上升到理论的高度,也没有得到有效的推广应用。真正意义上的加筋土技术始于 20 世纪 60 年代,其研究、发展历程可分为以下几个阶段。

20 世纪 60 年代:现代加筋土技术的诞生时期。Henri. Vidal 在做三轴试验时,发现在自重或竖向荷载作用下，筋材与土颗粒之间的摩擦作用将引起侧向变形的作用力传递给筋材，由于筋材拉伸模量较大，因此单元土体的侧向变形受到了限制，加筋后的土体就好像在单元土体的侧向施加了一个侧向荷载。据此，他提出了现代加筋土技术并成功修建了世界上第一座加筋土挡墙[1,2]。这是现代加筋土技术的开端。该技术一经提出就受到各方面的关注，相关科学研究和工程应用都非常之多[3,5,6]。

20 世纪 70 年代：加筋土技术的传播和发展时期。这一时期加筋土技术在全世界范围内得到广泛的传播，完成了大量的试验研究和实体工程。法国桥梁道路中心、美国加州大学、日本国铁和建设省是当时研究最为活跃的单位。法国的 F. Schlosser、N. C. Long、I. Juran 和加州大学 K. L. Lee 以及 D. P. Mckittrick 等学者在筋带拉力、墙后土压力分布以及潜在破裂面形态等方面作出了突出贡献；Yang（1972）与 Schlosser、Long（1973）利用三轴试验研究了加筋土的机理；Hausmann（1976）指出在低应力阶段，加筋土出现滑移破坏，并且没有明显的提高黏聚力，仅提高了内摩擦角。为了交流研究成果和探讨实践经验，1978 年和 1979 年先后在匹兹堡、悉尼和巴黎等地召开了加筋土技术的国际性研讨会。加筋土工程协会和国际间的合作研究机构也相继成立，法、美、英、日、德等国先后制定了有关加筋土工程的规程、条例和手册[5]。

20 世纪 80 ~ 90 年代：加筋土技术基本理论的完善时期。这一时期进一步探讨了加筋土结构的基本性状，完善了设计计算理论。1987 年，美国联邦公路管理局提供研究基金，以加州大学 J. K. Mitchell 为首，与英、法学者合作完成了“加筋土坡和路堤”研究报告；美、英学者 R. D. Holtz 和 R. A. Jewell 等人开展的用土工合成材料稳定路堤及处理软弱地基等方面的研究也取得了重要成果；20 世纪 80 年代中期，美、法合作利用离心机进行模拟试验，以了解不同的筋材、面板刚度、地基土的压缩性以及不同的超载和填料对加筋土结构内部稳定性的影响，并利用有限元法对加筋土结构的设计和试验成果进行数值分析[5]；A. Sawicki[10] 对土工合成材料加筋土挡墙的蠕变特性进行了研究；介玉新、李广信等[11] 把筋材的作用等效成附加应力作用在土骨架上，提出了纤维加筋土计算的新方法；张孟喜、孙钧[12] 在土工合成材料加筋土应变软化特性试验研究的基础上，提出了适合该结构特性的三段式弹塑性计算模型；M. N. Ensan 和 I. Shahrour[13] 基于复合材料理论提出了一种简化的弹塑性宏观模型用于加筋土结构分析。

进入 21 世纪后，加筋土技术研究进一步发展，各国学者对加筋土结构的动力特性和抗震性能进行了深入研究。M. Bennis 和 P. Debuhan[14] 基于混合物理论提出了考虑土—筋材相互作用的加筋土多相本构模型；刘华北、H. I. Ling [15] 应用弹塑性有限元法研究了土工格栅加筋土挡墙设计参数，包括土的性质、加筋长度、加筋层间隔以及土体与面板的相互作用特性等；杨果林[16] 通过模型试验对加筋土挡墙在列车动力荷载作用下的动力特性进行了系统的研究。

1.2.2 加筋土结构的试验研究

试验研究是现代加筋土技术研究中极其重要的一个环节。主要试验手段有筋材的力学性能试验、筋—土相互作用特性试验、三轴试验、模型试验、原位试验等。筋材的力学性能是加筋土结构设计的基本参数，相应的试验方法较多，如拉伸试验，蠕变试验、撕裂试验等；筋土界面特性试验是加筋土结构研究的重点内容之一，也是加筋土挡墙设计有关参数的重要依据，常用的试验方法为直剪试验和拉拔试验。

（1）拉伸试验研究。对于土工合成材料的应力—应变关系通常采用单向条带拉伸或循环荷载下的条带拉伸试验研究。Perkins[17]通过大量土工合成材料应力—应变关系特性的试验研究,认为土工合成材料拉伸应力—应变特性具有热、黏、弹、塑性和方向相关性,在某些情况下还具有正应力相关特性;Bathurst 等[18]通过拉伸试验证明土工合成材料的拉伸应力—应变关系是非线性的,且在拉伸时产生了明显的塑性应变;Parsons 等[19]通过试验指出土工合成材料的拉伸应力—应变关系具有应变率相关性;我国规范规定的土工合成材料拉伸试验方法分宽条带和窄条带两种[20,21];汪恩良[22]通过对塑料土工格栅在低温条件下的拉伸试验,认为塑料土工格栅在低温状态下抗拉伸能力明显提高,且肋条截面积越大,拉伸力随温度降低而提高的幅度越大,屈服伸长率随温度的降低而下降的趋势越明显;李俊伟等[23]通过条带拉伸试验,分析了高密度聚乙烯(HDPE)片材的拉伸应力—应变关系,给出了 HDPE 片材应变率相关的应力—应变数学模型及其参数的物理意义。本文在研究双绞合六边形钢丝网的拉伸性能时为了减小网径的缩孔现象设计了专用夹具。

(2)蠕变试验研究。土工合成材料在长期荷载作用下的蠕变特性是加筋结构设计与施工中必须考虑的主要问题之一。现有的研究表明:土工合成材料的长期变形特性不仅与材质有关,而且与产品结构形式、荷载大小、试样尺寸、加荷速率、试验时间、温度、约束条件等密切相关[24~28];王钊等[29]系统总结了土工合成材料的蠕变特性和试验方法;李丽华、王钊等[30,31]提出了加速土工合成材料蠕变试验和预测其长期特性的荷载叠加法和荷载转移公式因子,为工程设计提供了依据;栾茂田等[32,33]基于黏弹性理论建立了能够反映土工格栅蠕变特性的黏弹性本构模型,提出了模型参数的合理确定方法。

(3)直剪试验研究。张达德[34]、吴景海[35]等采用大比例直剪试验与拉拔试验进行了筋土界面特性研究;魏红卫[36]通过4种不同土工合成材料加筋体的直剪试验,研究了加筋层数、筋材拉伸模量、土体压实度以及竖向压力等对加筋土体抗剪强度和应力—应变特性的影响;K. M. Lee[37]通过用电子显微镜对试验前后筋材进行扫描后认为,界面强度(峰值、残余强度)的减少是由于筋土间的摩擦导致筋材结构的退化和纤丝的物理损害造成的;J. E. Dove 等[38]研究了土工膜与渥太华砂间的界面特性,认为摩擦力由黏聚力与犁力两部分组成,在材料屈服以前,黏聚力起主要作用,在材料屈服以后,犁力起主要作用。

(4)拉拔试验研究。闫澍旺[39]自行研制格栅拉拔设备对土工格栅力学特性和筋土界面特性进行了研究,发现土对格栅的阻力由土与格栅的表面阻力和土对横肋的阻力两部分组成,其发挥程度与格栅变形大小有关;徐林荣[40,41]通过拉拔试验研究土工格栅与膨胀土界面的摩擦系数,分析了各影响因素对摩擦阻力系数的影响程度及其在拉拔试验过程中的变化规律;陈榕[42]通过拉拔试验对土工格栅受拉时表面摩擦力分布特征进行了研究,认为格栅表面摩擦力沿着格栅纵向逐渐向后传递,在拉拔的前期增长明显,后期趋于一个稳定值;刘卫华、雷胜友等[43]通过室内足尺试验,研究了墙面板与筋带之间的摩擦系数,分析了竖向压应力、筋带品种、墙面板与筋带的砌筑方式对摩擦系数的影响顺序和显著性水平;吴春波[44]对含肋和剪去横肋的土工格栅进行了拉拔试验,对比分析后发现土工格栅去掉横肋后,无论是界面摩擦系数还是黏聚力都有较大幅度降低,即横肋在土工格栅加筋作用中的贡献十分明显,已经达到50%;值得一提的是,近年来同济大学徐超等[45~47]采用循环荷载作用等新方法,通过筋土之间直剪试验与拉拔试验的对比分析,深入研究了土工格栅与土相互作用机理。

(5)三轴试验研究。为了揭示土工合成材料的加筋机理,查明加筋复合体的应力—应变关系及其影响因素，国内外许多学者进行了加筋土的三轴试验。Henri. Vidal[1,2]通过三轴试验发现了加筋可以明显提高土的强度，从而提出了加筋土理论；李国祥等[48]利用三轴仪研究了加筋率、筋材位移对加筋土的影响；保华富等[49]采用高压应变式大型三轴仪及大型固结仪，进行了土工格栅加筋碎石土试验研究；赵川等[50]进行了土工格栅加筋碎石土大型三轴排水剪切试验，探讨了加筋碎石土的强度及变形特性，分析了其加筋机理；黄仙枝等[51]进行了土工带加筋碎石土大型三轴试验，分析了加筋带对碎石土应力—应变关系及强度影响；CT 技术在加筋土研究中的应用尚不多见，王路群、左永振[52]对小玻格栅加筋黏土体的三轴试验研究及剪切后试样的 CT 扫描，分析了不同加筋层数、不同围压对试样应力—应变关系、抗剪强度、侧向变形束缚作用的影响。

Schlosser 和 Long 用三轴试验研究了金属条作为加筋材料的加筋砂土，此外合成纤维、土工格栅、土工织物、玻璃纤维等均在三轴试验中应用于加筋[6]；陈昌富[53]用室内三轴试验研究了草根加筋土。近年来引人关注的是，张孟喜[54]设计了非满布多层 H、V 立体加筋黏土的试验方案，以镀锌铁皮和有机玻璃为加筋材料进行了 44 组固结不排水三轴剪切试验。通过不同竖筋布置的加筋黏土三轴试验研究了加筋黏性土的应力—应变关系、强度特性及破坏形态，探讨了不同加筋高度、不同围压及不同筋材对加筋黏土强度的影响。试验结果表明：相对于无筋土及传统的水平加筋土而言，其峰值偏应力和抗剪强度均有大幅度提高。

梁波[55]利用室内动三轴试验，建立了加筋强度的等效约束力模型，分析了粉煤灰静、动强度在拉力破坏和黏着破坏两种情况下的强度指标，通过振动三轴试验测得动内摩擦角和动黏聚力两个强度指标。谢婉丽[56]在 GDS 高级动态三轴测试系统上对不同加筋层数的试样进行了不同围压和不同动应力作用下的动三轴试验。试验结果表明：动荷载作用下加筋可以约束土体的侧向变形，增强土体的抗震性能，但其效果与加筋层数有关，轴向累积应变与时间成对数关系；随动应力幅值的增加，试样轴向累积应变增大；围压越大，轴向累积应变越大。

（6）模型试验研究。国内外诸多学者采用模型试验对加筋土的内部破裂面形式以及土压力的分布规律进行了研究。但破裂面的发展与加筋情况、面板形式、外荷载等密切相关，不同条件下得到的破裂面、墙背土压力的分布都有一定的差异[57,58]；Bathurst[59]通过模型试验将加筋挡土墙的破坏模式归纳为内部稳定性、面板破坏、外部稳定性三大类；梁波等[60]通过模型试验，从加筋土的整体强度特性出发，导出了加筋土挡墙拉力破坏时临界配筋率的表达式；魏丽敏等[61]采用正交设计进行加筋土挡墙缩尺模型试验，通过对筋带延伸率、筋带密度、筋带与面板连接方式三个可变因素的 4 组试验，研究了墙后填土与墙面板之间的差异沉降对筋带变形的影响；高江平等[62,63]通过对加筋土模型挡墙加载破坏现象的观察和破坏后裂缝的逐层剖析，提出了加筋土挡墙新的破裂面形式，认为具有上覆荷载的加筋土结构应存在两组潜在的滑动破裂面，它们都属折线形复合式滑裂面，其下部倾斜部分均为朗金破裂面，而上部分别为过均布荷载中心及过承载板之后加筋体拉裂区后部界面的竖直平面，比传统的 0.3H 法及朗金破裂面更具有普遍性；许岩、杨果林等[64]通过模型试验，以土工格栅为筋材，以中等膨胀土为填料，考虑含水率和密实度对膨胀土工程性质的影响，采用对比试验的方法研究含水率和密实度对挡墙承载力、变形的影响，试验结果表明，在最佳含水率填筑条件下，采用加筋能提高膨胀土的承载力，减小累积侧向变形和累积沉降，并随着密实度的提高，效果更显著，在浸水饱和条件下，加筋能够约束膨胀土的膨胀量，但密实度对膨胀土承载力影响不大；周世良等[65]以河龙高速公路加筋土挡墙为原型，对台阶式加筋土挡墙的结构特性进行了模型试验研究，测试表明，变形特征不同于单级直立式挡墙，台阶式加筋土挡墙的墙后土压力较小，呈锯齿形分布，明显受台阶卸载的影响，潜在破裂面与0.3*H*破裂面假定有较大差异，并随挡墙的高宽比变化而变化。

(7)离心模型试验研究。目前离心模型试验广泛应用于加筋挡土墙研究。Bolton[66]最早利用离心模型试验研究了加筋土挡墙；Palineira[67]在模型试验中发现，当墙顶有超载时，加筋的布置对基底压力有显著的影响：加筋间距较小，并且加筋的长度相等时，基底竖向应力较小，而减小顶层加筋的长度就会使基底竖向应力增大，这可能与应力扩散有关；张师德[68]在包裹式挡墙的离心模型试验中，发现包裹式面板挡墙内的实测土压力值大于主动土压力，土压力最大值位于墙高中部；介玉新等[69]对两种不同密度黏性土的素土和纤维加筋土直立边坡进行了离心模型试验研究，并用毕肖普法进行了稳定分析，对研究相关工程问题很有意义；黄广军[70]通过离心模型试验研究了影响加筋土挡墙性状的因素，包括填土、面板和筋材的影响；章为民等[71]通过24组离心模型试验，对加筋挡土墙的主要工作机理作了探讨，包括破坏形式、破坏面、不同的加筋设计参数(间距、强度、长度、地基)对加筋挡土墙的影响；林彤等[72、73]应用离心模型试验研究了57m超高三级加筋土挡墙；林广平等[74]通过离心模型试验，研究了刚性面板加筋挡土墙的变形特征及其内在破坏模式，通过模拟设计加速度条件下正常工作状态和极限加速度条件下极限工作状态，对挡土墙面板侧向位移和加筋材料的应变进行了实时测量，获得了极限工作状态土体滑动破坏面的位置；雷胜友[75、76]进行了双面加筋土高挡墙的离心模型试验及数值分析研究；王岚等[77、78]通过离心模型试验，研究了粉煤灰与风积砂加筋土挡墙的工作机理与破坏模式。

(8)动荷载作用试验研究。美国加州大学G. N. Richardson、加拿大M. Yongen-drakumar在模型试验基础上作了一些理论分析，但局限于金属筋材[5,6]；意大利国家铁路公司通过现场试验，研究了加筋土挡墙在不同类型车辆经过时产生的应力场[79]；德国Claus H. Gobel、Ulrike C. Weisemann等人[80]在室内利用模型箱，研究了列车荷载作用下土工格栅的合理加筋位置及承载力和沉降量的变化；Mohamam H. Maher等[81]利用共振柱试验测量了加筋砂的动力反应；Richardson[82]在美国加利福尼亚大学利用爆炸作为振动源，对一座6.1m高的加筋土挡墙进行了遭受随机激励荷载的现场试验，测量了加速度—时间历程和动应力—时间历程；罗书学等[83]通过试验研究和有限元分析进行了地震荷载作用下加筋土挡墙的模型试验，探讨了动力作用下加筋土挡墙的力学特性，提出了用动力有限元分析加筋土挡墙的计算模型；杨果林等[84~87]利用室内模型试验，研究了列车荷载作用下加筋土挡墙的动态响应，开展了对加筋土挡墙在动力荷载作用下的理论分析、解析方法和动力参数的研究。

(9)原位试验。由于相似条件有时很难达到，模型试验不能完全反映加筋土工程特性，相比而言现场观测数据对研究加筋机理、指导工程设计更具有实用价值。R. Kerry Rowe等[88]实测了土工合成材料加固路基的效果；Christopher等[89]在现场试验中发现，当筋材与面板间为刚性连接时，面板上的侧向土压力接近主动土压力，为柔性连接时则小于主动土压力；Konami[90]利用原型试验研究了加筋土挡墙筋带拉力的分布，成果表明：越靠近底层，筋材最大拉力越大，且最大拉力点越靠近墙面，上层的最大拉力值变小且向墙体内部移动，各层筋材最大拉力点连线接近0.3*H*潜在破裂面；但也有不少学者发现，当筋材刚度很大，面板刚度相对较小时，各层筋材的最大拉力点均在筋材与面板连接处[6]；姚代禄等[91]采用黏性土填料，通过现场测试8m高加筋土挡墙的土压力、拉筋受力、墙面位移等，得出了土压力沿墙高呈线性分布；陈群等[92]在对南昆铁路广西田林站内一座新型钢筋混凝土楔形拉筋加筋土挡墙的原型观测中发现：每一条混凝土楔形拉筋所受的拉力沿筋长均出现双峰值现象；王祥等[93]在梅坎铁路双级土工格栅加筋土挡墙的原位观测中发现：上墙大部分的实测水平土压力接近Rankine理论计算值，接近下墙处土压力逐渐减少，而不是一般单级挡墙水平土压力的增大规律，下墙大部分的实测水平土压力小于各理论计算值，垂直土压力随与墙面距离增加而增大，土工格栅的受力变形具有双峰值特征；陈强[94]对宁连一级公路板闸立交桥B、C匝道的加筋土挡墙进行了原型墙测试，分析了挡墙面板压力、侧位移、筋带拉力分布特点；张发春[95]对3个不同土工格栅加筋土高挡墙进行了现场试验，研究了土工格栅加筋土高挡墙的墙底压力、筋材变形及破裂面。

近年来，杨广庆等人对多级台阶式加筋土挡墙[96]、高路堤加筋土挡墙[97]、整体面板式土工格栅加筋土挡墙[98]、返包式土工格栅加筋土高挡墙[99]分别研究了其受力、变形状态，分析其作用机理，进行了包括加筋土墙体基底应力、墙背侧向土压力、拉筋拉力和墙面水平变形等内容的现场试验，研究了加筋土墙体基底垂直应力、不同层位的拉筋拉力沿筋长的分布规律，加筋土挡墙潜在的破裂面位置，墙背侧向土压力沿墙高的分布规律以及墙面水平变形规律[100]，取得了大量可喜的成果，有力推进了加筋土工程的发展。

1.2.3 加筋土结构设计方法与理论研究

在加筋土挡墙的设计方面，以极限平衡法最为普遍，其次是有限元法。极限平衡法是一种保守而安全的设计方法，需要对加筋体、填料、滑动面做出许多假设，不同的设计规范、规程、指南所作的假设也不尽相同，并且没有考虑土体的变形，其计算精度较差。我国的刘祖德等人应用弹性理论对极限平衡法进行了改进，对加筋土挡墙及加筋土坡的设计计算具有重要意义。

1986年法国的G. P. Gourc和Ph. Delmas等人在极限平衡法的基础上，引入了筋—土的应变相容关系，提出了位移法。进入20世纪90年代，在加筋土设计方面，有些国家的设计人员开始采用极限状态法，设计时分为最终极限状态和使用极限状态两大类，考虑建筑物的使用寿命和筋材与土的应变相容性，对材料特性指标、土力学指标和作用力等，采用分项系数以代替单一的安全系数，较大地改进了极限平衡法，目前我国的部分设计规范也采用了极限状态法，如《公路路基设计规范》(JTG D30—2004)，但尚未被普遍使用。

以有限元为代表的数值计算是强有力的数值分析与模拟手段。与极限平衡法相比，数值分析可以提供受荷土体的应力场和位移场，在计算中考虑土体的非均匀和非线性、土性随时间的变化、施工程序和荷载变化，因而计算成果可反映从施工开始到运行期间土体性质变化的全过程。近年来对土与加筋材料本构关系研究日益深入，数值分析的应用发展很快，尤其是对于比较重要的或对变形有严格要求的建筑物，常常利用数值分析进行核算，目前国内外相应的商业软件有FLAC /FLAC 3D、PFC、Z-SOIL2D/3D、MIDAS/GTS、PLAXIS、ANSYS、ADINA、ABAQUS等。加筋土结构数值分析目前存在以下三种模式。

(1)复合材料法

W. Jill Harrison等[101]假定土与筋材组成横观各向同性复合材料，土与筋材为线弹性，给出了复合材料相关弹性常数;Tien - Chien Chen 等[102]采用横观各向同性概念提出了一种考虑非线性的更一般的复合材料方法;Karl M. Romstad 等[103]忽略各向异性材料的应力耦合效应,推导出加筋复合体的应力—应变关系表达式,并用于有限元计算;Cryczmanski 等[104]把用于地基补强的单层织物与周围一定厚度的砂土当成一种复合材料,推导出该薄层复合材料的弹性矩阵;Mahmoud 等[105]把均质材料的塑性理论与经典层压板理论结合起来分析土与土工织物所组成的复合材料性质,假定为一个位移整体,推导出可进行有限元计算的弹性矩阵;Bruno Sudret 等[106]采用多相模型(Multiphase model)对加筋结构进行了分析;周世良[107]利用应变相容概念和自洽方法构建了加筋土的复合材料模型;肖成志[108]在复合材料模型中考虑了筋材的蠕变性质。

自从复合材料方法应用于加筋土计算以来,国内外许多学者提出基于不同观点的材料模型,如弹性模型[109]、弹性非线性模型[110、111]、弹塑性模型[112]以及考虑材料蠕变特性的流变模型[113、114]等。但存在以下问题[115]:①假定太多且部分假设与实际不符,限制了其实际应用;②复合材料各向异性的强度准则极其复杂,给程序计算判断造成很大困难;③单元尺寸的选择具有较大随意性,没有理论依据。

(2)筋—土分开模拟法

筋—土分开的方法符合人们的直观感觉,各部分关系比较明确,是目前最为常用的方法。如 Andrawes 等[116]将土工织物采用线性单元模拟对加筋土进行计算;在接触面上,Yu Huang 等[117]在计算土工格栅与金属网加筋堤时,采用两节点连接单元模拟筋土之间的接触面;栾茂田[118]、王家鼎[119]等在土工格栅加筋挡墙与黄土路堤的计算中采用 Goodman 接触面单元;Desai[120]采用 DSC 模型和薄层单元模拟筋土接触面;张兴东等[121]也采用 Desai 提出的方法对动荷载下的加筋土挡墙进行计算。

目前国内外接触面本构模型与计算模型有 R. F. Goodman 等用于模拟节理岩体的无厚度接触面单元[122]、接触面双曲线关系模型[123]、接触面弹塑性模型[124]、接触面的刚塑性模型[125]、非线性薄层单元[120]、剪切错动带单元[126]、有厚度剪切滑移薄层单元[127]等,采用这些方法对一些具体工程问题进行了研究,取得了一些有益的结论。但接触面单元划分的工作量过大,掩盖了土单元模型对计算结果的影响,接触面单元的计算效果和参数成为控制加筋土结构计算准确程度的主要因素,这与实际不符[115]。

(3)等效附加应力法

1998 年介玉新、李广信[11、128]提出等效附加应力法,即把加筋土中筋材的作用等效成附加应力,并沿着筋材的方向作用在土骨架上,然后对加筋土体进行计算。计算中仅出现土体单元,筋材的作用被当作外力作用于土体单元上,使分析计算大大简化。2007 年两人又提出了其改进方法[115],通过增加附加矩阵达到直接求解的目的。该方法已被国内一些研究者作为加筋土计算的第三种方法[129~131],但其应用推广还尚待时日。

考虑到土体力学性质复杂多变,而加筋材料品种繁多、性能各异,筋土界面相互作用机理尚在研究之中等因素,笔者认为:单纯靠分析手段来准确估计土与筋材受力是相当困难的,在设计中,应以岩土力学原理为基础,利用原型观测和试验,参考工程实践得到的经验或半经验方法,结合加筋工程的具体条件建立实用分析方法以解决实际工程问题。

1.2.4 加筋土结构的工程应用

1965 年法国成功修建了世界上第一座现代加筋土挡墙，1967～1968 年在法—意高速公路上又将大量的传统结构改为加筋土结构，墙的最大高度达 23m，较好地满足了工程需要。法国加筋土技术的成功应用，引起了欧洲各国研究加筋土的热潮，并相继建造了一大批加筋土工程。

1967 年日本引进此项技术，在日本国营铁路进行了原型试验，后来又进行了结构对地震的适应性试验；1969 年美国开始引进加筋土技术，1972 年在加利福尼亚州洛杉矶东北部的 39 号高速公路上建造了第一座加筋土挡墙，此后的 20 多年内，美国共修建了 7 000 多处加筋土挡墙，其中最大高度达 28m。如今每年修建预制面板加筋土挡墙超过 70 万 m^2，其中一半以上为交通运输服务[132、133]；在全球范围内，在不到 30 年时间内，37 个国家就修建了 2 万多座加筋土挡墙，其墙面面积超过 7 000 万 m^2[134]。

在国内，1978 年云南煤矿设计院在田坝矿区建成国内第一座试验性加筋土挡墙；1980 年，又在该矿区建成了一座长 57m、高 8.3m 的加筋土挡墙，此后在公路、铁路、水运、煤炭、林业、水利、城建等行业和部门迅速发展和推广应用。

20 世纪 80 年代的 10 年时间里，相继修建了各类加筋土挡墙 300 多座，并突破了一些国家规范中对填料的限制和筋材的应用范围，其中 80% 以上的工程以聚合物为加筋材料[5,6]。其中较为典型的有：1981 年在山西晋城—陵川公路上建成了一座长 81.75m、最高达 12m 的路肩式加筋土挡墙；1984～1985 年，重庆交通学院在重庆长寿白沙湾长江北岸设计并成功建造了一座高近 26m、长 110m 的加筋土码头[6]。

20 世纪 90 年代以来，我国加筋土技术的应用范围有了更大的突破。重庆长江护岸工程中的渝中区长滨路护岸工程（1990～1996 年）加筋土挡墙高 8～33m，全长约 6km，是目前世界上规模最大的加筋土工程；多年来铁路部门规定加筋土挡墙的高度不得超过 6m，在多家科研院所的合力攻关下，1996 年在南昆线田林车站采用 CAT 钢塑复合拉筋带修建了一座墙高 12.29m的单级加筋土挡墙[5]；1997 年凌天清[135]在云南楚大高速公路设计修筑了长 707m、高达 43.75m 的“中国高速公路第一高加筋挡墙”；1999 年，杨果林[136]设计了第一座钢筋煤矸石混凝土网格式加筋土挡墙。

21 世纪开始至今，更是加筋技术蓬勃发展的 10 年，2001～2006 年青藏铁路在错那湖、拉萨等路段修建加筋土挡墙 11 处，其有 4 651m，积累了高寒、高震地区加筋土挡墙设计与施工的经验[137]；2003 年杨和平等提出了土工格栅包膨胀土防渗保湿技术，并在湖南常张高速公路和广西南友路的膨胀土路段成功应用[138]；2006 年在四川锦屏一级水电站修建了高度为 52.5m的加筋挡土墙[139]。

从 1991 年开始，国家先后颁发了一系列相关的技术规范，如《公路加筋土工程设计规程》（JTJ 015—91）、《水运工程土工织物应用技术规程》（JTJ/T 239—98）、《土工合成材料应用技术规范》（GB 50290—98）、《水利水电工程土工合成材料应用技术规范》（SL/T 225—98）等，并且及时根据最新科研成果和工程实践经验对这些规范进行更新，如《公路路基设计规范》（JTG D30—2004）、《公路工程土工合成材料试验规程》（JGT E50—2006）、《铁路路基支挡结构设计规范》(TB 10025—2006),为加筋土技术的推广应用创造了条件。

在学术交流方面,四年一次的国际土工合成材料学术会议(法国,1979;美国,1982;奥地利,1986;荷兰,1990;新加坡,1994;美国,1998;法国,2002;日本,2006)已举行八次。同时还召开了多次地区性或专门性的会议,如亚洲土工合成材料学术与展览会已连续举办了四届,大大促进了土工合成材料这一新材料和新技术的发展。我国土工合成材料学术交流会已举行七次(天津,1984;辽宁沈阳,1989;江苏仪征,1992;上海,1996;湖北宜昌,2000;陕西,2004;上海,2008)。

为了促进加筋土技术的发展与交流,国际、国内定期组织了相应的加筋土技术研讨会。四年一次的加筋土技术研讨会(International symposium of earth reinforcement)在日本连续举行了五届;全国土工合成材料加筋土学术研讨会已举办两届(江苏镇江,2002;山东青岛,2009)。

1.3 新型加筋土结构

1.3.1 加筋格宾筋材研究

随着材料科学的不断进步,加筋材料经历从天然植物到帆布、金属和预制钢筋混凝土、土工合成材料的过程。

不同材料、制造工艺和网孔形状对提高土体抗变形能力都会有一定的影响。例如不同材料制造的土工合成材料有不同的耐久性,用高分子材料(聚丙烯、聚氯乙烯)生产的土工格栅使用时就需要考虑材料的蠕变性能对加筋土工程长期工作性态的影响。土体加筋后,其强度特性的改变与筋材构造、加筋数量、加筋在土体中的布置方式密切相关,筋材的生产工艺和节点形式不同会对加筋效果产生很大的影响。随着对加筋机理研究的深入,筋材结构和网孔形状对土体的约束作用越来越受重视。高江平[140]通过室内模型试验认为网格状筋材的抗拔力比相同含筋率的条带式筋材的抗拔力大得多,并且网格状加筋土挡墙具有位移小、抵御上覆荷载的能力强、筋带的拉应变小、整体工作性能强的优点;杨锡武[141]对不同筋材结构的加筋土进行了三轴试验,其结果表明筋材结构对其加筋土的强度有很大的影响;张铁志[142]对比分析了不同形状土工合成材料的内力传递,认为六边形网孔较正方形和等边菱形的内力传递范围大,对局部荷载的扩散效果好。

加筋格宾筋材指的是双绞合六边形钢丝网。这种筋材是以低碳钢丝为基本材料,其基本单元如图 1-1 所示。钢丝表面进行防腐处理,采用专业设备编织成工程力学上受力合理、牢固不易破损的六边形双绞合结构。常用的结构形式有:格宾结构、加筋格宾结构、绿色加筋格宾结构、边坡三维植生垫、落石防护网、路基加筋改良和路面结构层加筋改良等。图 1-2 为用于加筋土挡墙时的常用结构(加筋格宾、绿色加筋格宾)示意图。

以双绞合六边形钢丝网构件所组成的工程结构,在欧美发达国家已有 100 多年的应用历史,与之配套的相关技术规范较为完备;在新兴工业化国家和地区,如韩国、巴西,已经早于我国数十年予以应用;我国引进该项技术比较晚,只有五六年时间,但已经表现出良好的发展态势,在水利、公路、铁路、市政、建筑等行业已有广泛的应用需求和前景。然而,目前在国内各个行业均未有相关应用技术标准,影响了工程界对该项技术的发展。

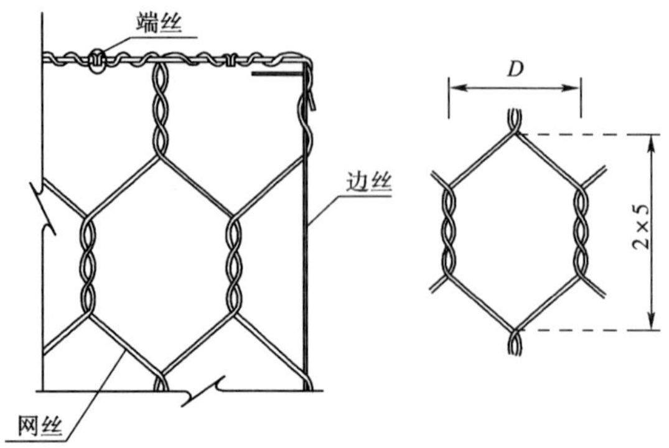

图 1-1　双绞合六边形钢丝网基本单元

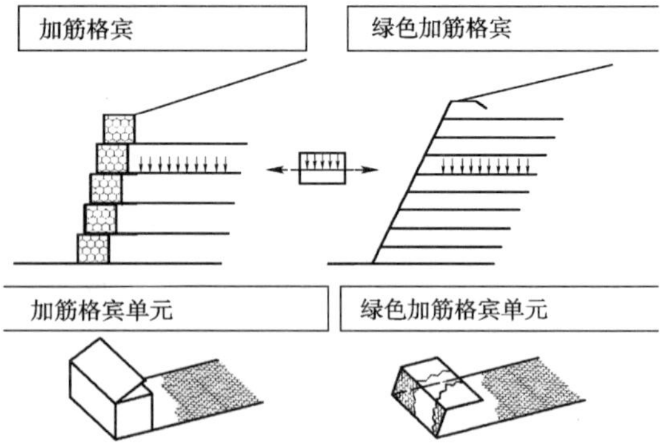

图 1-2　加筋格宾、绿色加筋格宾结构示意图

1.3.2　格宾结构

双绞合六边形钢丝网，首先应用于水利工程，用于防护沿河路堤坡脚及河岸、加固河床及防止冲刷，后发展至公路、铁路等工程[143、144]。它是一种把连续的成对钢丝完全缠绕三个半圈（即双绞合）形成六边形网孔，再与邻近钢丝互相连接构成六边形网孔的防散脱钢丝网，目前意大利、美国等发达国家均制订了相应的生产、质量标准[145~147]。

格宾结构（Gabion，又称石笼结构），是由机械编织而成的双绞合六边形钢丝网面构成的箱形结构，装入块石等填充料，用于堤防、路基防护、边坡支挡等工程。1894 年，格宾技术率先在意大利得到应用。其他经济发达的国家，如美国，从 20 世纪 70 年代开始即大量应用[143、144]。这种结构本质上属于重力式挡墙结构，2005 年该新型结构引入国内后，柴贺军在重庆巫溪至湖北十堰公路巫溪段采用该技术解决了挡墙基础第四系覆盖层承载力低的问题[148]；黄向京采用该技术整治了京广铁路湖北广水改造工程孝子店滑坡[149]。

1.3.3　加筋格宾结构与绿色加筋格宾结构

随着格宾应用技术的丰富和加筋技术的发展，1979 年意大利 Maccaferri 公司开发了加筋格宾（Terramesh）技术[150]，由格宾面墙及尾部钢丝网面构成。与此同时，环境、景观的要求也使得绿色加筋格宾（Green Terramesh）[151]应运而生，由钢丝网面板和钢筋骨架以及植生垫等组成，其面板倾角可以调节，尾部面板长度可调，为一种新型的加筋结构。鉴于其良好的柔韧性、渗透性、耐久性、环保性、经济性、安全性和先进的（面）板（筋）网连接技术，在美国公路创新科技评估中心（HITEC）于 2002 年完成 Terramesh 体系挡土墙评估报告[152]后，该技术得到了蓬勃发展，目前在全世界已完成近千个加筋结构项目。国内于 2005 年年底引进该技术后，在湖南、湖北、北京、山西等地完成了多个项目[153]。

1.3.4　双绞合六边形钢丝网 + 土工格栅新型复合加筋结构

对于高大挡墙而言，单一筋材的加筋土系统往往没有最有效地利用筋材，通过将土工合成材料如 HDPE、PET 土工格栅和双绞合六边形金属网混合使用，以获得技术和经济上的优势。K. Hatami（2002）将加筋分为均匀加筋与非均匀加筋两种形式，即单一材料的均匀加筋，非均匀加筋包括两种不同材料的分组加筋、交替加筋、三种及三种以上材料的混合加筋。并对上述加筋方案分别进行了试验研究与数值分析[154、155]。目前在全世界已完成数百个此类工程项目，但国内受土工格栅材料强度限制，还没有此类工程的有关报道。

1.4 加筋格宾挡墙研究现状与工程应用

1.4.1 加筋格宾挡墙研究现状

作为一种新型加筋材料，国外的研究工作主要集中在美国、意大利、法国、英国等发达国家以及亚洲的泰国，国内相关研究2007年以前基本处于空白，2007年以后，杨果林、黄向京等人开展了大量研究工作。

在加筋机理研究方面，国外学者已做了大量工作。Lo S-C. R.（1990）设计了1.0m×1.1m试验箱，通过密实砂与松散砂两大系列试验，获得了双绞合六边形钢丝网面与砂的界面抗剪强度计算公式[156]，提出了双绞合六边形钢丝网面极限拉伸强度计算公式[157]；Bonczkiewicz等（1990）对不同规格型号的金属网格材料和土工格栅在不同荷载作用和不同填料条件下进行了大型拉拔试验[158]；Mir（1996）采用不同填料对六边形钢丝网进行了空气中的拉伸试验和拉拔试验[159]；澳大利亚堪培拉大学（2001）对埋置在砂土中的双绞合六边形钢丝网进行了一系列大尺寸筋材抗拔试验与拉伸试验[160]。

从1993年开始，泰国D. T. Bergado教授及其科研团队在双绞合六边形钢丝网加筋机理研究上取得了令人瞩目的成绩[161~164]。Kabiling（1997）与Bergado等（1998）采用了两种类型的筋材，一种镀锌，另一种覆塑，网孔尺寸分别为60mm×80mm和80mm×100mm，并采用不同的填料进行了拉拔试验[165~167]；Teerawattanasuk（1997）和Voottipruex等（1997）进行了直剪试验和进一步研究[168、169]；Teerawattanasuk C（1997）、Wongsawanon T（1998）、Voottipruex P（2000）通过大量室内外试验研究了泰国曼谷地区粉砂加筋路堤六边形钢丝网格作用机理[170~172]；Modmoltin（1998）和Voottipruex（1998）对粉砂填料内钢丝网进行了现场和室内拉拔试验，研究了钢丝网的筋土相互作用关系和拔出机制[173、174]；D. T. Bergado（2001）通过拉拔试验研究了六边形钢丝网筋材与粉砂填料之间的相互作用，试验采用了网格尺寸为6cm×8cm镀锌钢丝网和网格尺寸为8cm×10cm的覆塑钢丝网，试验的法向压力范围为35~91kPa，拉拔速度为1mm/min，其研究成果为：六边形钢丝网的总抗拔力包括摩擦阻力和承载阻力两部分，两种筋材的承载阻力都要比摩擦阻力大，法向压力越大，筋材的抗拔阻力也越大；由于镀锌钢丝网筋材的摩擦系数、横肋数量和单位宽度的纵筋数量比覆塑钢丝网要高，因而前者的抗拔阻力要比后者的大一些，提出了抗拔阻力预测公式，计算结果与试验结果吻合较好[175]。

此外，英国Paul Cronin（2003）进行了格宾、加筋格宾爆破荷载作用试验；Fioravante（2003）进行了加筋格宾网面与箱体连接长度测试的力学试验，通过分别施加25kPa、50kPa不同的垂直压力，对不同重叠长度的网面受力效果进行了分析；为减少噪声对公路和铁路周围地区居民的影响，Garai（2003）在博洛尼亚大学进行了加筋格宾防噪墙试验；罗马大学Ranzo（2004）进行了加筋格宾防撞试验，为公路与高速铁路的安全护栏提供了一种新的解决方案。

尤其值得一提的是，V. N Ghionna（2002）在意大利Seriate的ENEL－HYDRO土木工程试验室结构测试中心，对性质复杂的复合加筋结构进行了足尺试验研究[176]，设计了一个刚性模型箱，其内部尺寸为2 130mm×5 100mm×4 000mm，采用两种土工格栅和双绞合六边形钢丝网筋材修筑了高3.6m的包裹式挡土墙，通过埋设70组元器件进行监测，并对墙体加载直至其破坏，其试验研究成果为后人进行理论分析、数值计算、程序编制提供了丰富的资料。

为满足工程设计需要，Bolton 和 Pang（1982）总结了金属条带垂直面墙的加筋土挡墙常规的设计方法[177]；Lo 和 Li（1990）对六边形钢丝网进行了一系列非线性有限元分析以研究筋材的高度非线性行为[178]，考虑到双绞合六边形钢丝网面复杂的加筋性能，采用非线性有限元法（FEA）分析了一系列加筋格宾挡墙的力学行为，对双绞合六边形钢丝网加筋格宾面墙抗力、墙体位移、回填土体刚度、网面极限拉伸强度等进行了研究，建立了双绞合六边形钢丝网加筋体完全弹塑性模型，屈服曲面遵循 Drucker Pracger 破坏准则，杨氏模量 E_s 随深度线性递增，格宾网面极限拉力为 50kPa，对超载状态下的网面拉伸力分布进行了研究。

D. T Bergado（2000、2003）以室内拉拔试验与直剪试验为基础，综合考虑加筋体刚度、回填土性质、筋土界面作用、软土地基性质等影响因素，利用 SAGE CRISP 程序模拟足尺加筋试验挡墙，与 PLAXIS 有限元程序分析结果进行了比较，提出了平面应变条件下软土地层上粉砂加筋路堤六边形钢丝网面作用机理与计算方法[179、180]；V. N Ghionna（2002）在足尺试验基础上，采用 FLAC 2D进行平面应变分析，模拟加筋结构从底部到顶部的面板、土体、加筋体以及超载。研究结果表明，既可以采用传统极限平衡法进行应力—应变特性和破坏特性分析，也可以运用位移法等更复杂方法进行非均匀加筋分析[176]。

国内，凡建伟等（2009）运用二维有限元数值计算法和强度折减理论考虑不同水位工况对格宾和土工格栅筋带的加筋挡墙进行了安全性分析，对墙面变形、侧向土压力等因素进行了研究[181]。

Simac 等（1991）非均匀加筋指的是使用两种及以上加筋材料的加筋形式[182]，目前几乎没有文献能指导设计复合加筋挡墙。对于高挡墙，加筋荷载的要求随深度的增加变化很大[183]。华盛顿西雅图的 Rainier 大道挡土墙为一座高 12.6m 的包裹式加筋土挡墙，采用了四种不同的加筋材料，它们各自具有不同的拉伸强度，其值从 31kN/m 到 186kN/m 不等。设计中通过 Tieback wedge 分析法计算出每层加筋体所需强度以选择合适的加筋材料[184、185]。

1.4.2 工程应用

加筋格宾挡土墙的首次应用是 1979 年在马来西亚沙巴州的班吉一赛满义公路（Maccafeeri，1990）[186]；美国第一座加筋格宾挡墙于 1992 年修建在 Mt. St. Park, Alabama[187]；1999 年春季，美国新墨西哥 555 公路因洪水泛滥部分桥台基础破坏，采用格宾 + 加筋格宾进行了成功处治[188]；2000 年南非 Platinums 公司 Potgietersrust 项目利用废弃矿石作为填料，设计了长约 150m、最大高度为 15m 的加筋格宾挡墙，保持了采矿基坑稳定，提供了矿石运输通道[189]；2001 年在印度 Derabassi 境内，Newdelhi – Chandigarh 公路因道路拓宽上跨铁路，为了保持路堤与外部环境的和谐统一，采用加筋格宾挡墙，长 500m、高 1 ~ 12m、墙面面积约 12 000m^2[190]；2002 年克罗地亚 Adriatic 公路 Zagreb – Split 段 DK203 + 690 ~ 203 + 866、DK204 + 058 ~ 204 + 266 采用加筋格宾结构，最大墙高分别为 29m、30m[191]；2004 年在巴西圣保罗的矿区也修建了高达 15.5m 的加筋格宾挡墙。

绿色加筋格宾挡墙的代表之作有 Marco Vicari（1996）在意大利埃莫拉 F1 汽车赛道修筑的长 170m、最大高度 10.80m 的绿色加筋格宾挡墙，在地震条件下安全系数取 1.39，解决了新旧路面不均匀沉降问题，使用效果良好[192]；南非菲尼克斯山区公路（1996）采用绿色加筋格宾方案，解决了沉降变形问题，节约工程造价 15%；2000 年泰国国王宫殿旁山体因山顶水库渗水产生滑坡，皇家灌溉部门考虑环境因素，采用绿色加筋格宾挡墙方案处治，镀锌和 PVC 钢丝直径

2.7mm,边丝直径3.7mm,网格尺寸8cm×10cm,下部钢丝网面长10m、层间距0.56m,高12.97m,上部钢丝网面长7m,层间距0.94m,高9.45m[193];2007年在南非Ethekwini市KwaZulu-Natal海岸防护工程应用了大量绿色加筋格宾[194]。

加筋格宾+绿色加筋格宾组合结构的代表性工程项目有意大利Loreto Aprutino项目,墙高19m,墙面面积1 800m^2,节约工程造价12%,于2000年10月完成;JAROS LAW(2005)为保护TRZESACZ这座15世纪的教堂,采用土钉+加筋格宾+绿色加筋格宾进行边坡加固设计,从而使边坡安全系数$F=0.98$提高至$F=1.34$[195];葡萄牙里斯本的Retail公园项目墙高29m,墙面面积3 300m^2,节约工程造价15%;秘鲁2005年修建了一座高达23m的直立式加筋格宾+高强土工格栅的复合挡墙,在此结构中,格宾单元作为面墙及二次加筋,高强土工格栅作为主要筋材,充分发挥了其高抗拉强度的特点,节约工程造价47%;2006年在美国加利福尼亚A3高速公路边,采用绿色加筋格宾结构,修建了一座高5.84m的加筋土隔音墙,具有占地面积小、生态好、吸音功能强的特点。

双绞合六边形钢丝网和高强度土工格栅复合加筋挡墙的代表性工程项目有意大利Umbria灌溉管理局取代两座桥梁的两个MSE挡墙,最大墙高30m;意大利La Spezia省修建了连接Arcola市和河谷的专用通道,其复合加筋挡墙边坡最大墙高24m。

在国内,湖南省交通规划勘察设计院黄向京等人2006年完成了湖南省湘潭至衡阳西线高速公路第12合同段路堤加筋挡墙,结构形式为加筋格宾+绿色加筋格宾,最大墙高11.80m,左侧墙长595m,右侧墙长598m;2008年完成了两个加筋桥台,结构形式为格宾+加筋格宾;2009年完成了山西闻喜至东掌高速公路3A合同段加筋土工程,其结构形式为格宾+加筋格宾,最大墙高8.00m,墙长830m,上部填土高15m,坡比1∶1.5。

1.5 本文主要研究内容

本文在湖南省交通厅科技项目“高速公路新型加筋土结构技术研究与示范工程”(200612)的资助下,以湖南湘潭至衡阳西线高速公路加筋土挡墙实体工程为依托,采用理论研究、试验研究和数值模拟相结合的方法,对双绞合六边形钢丝网加筋土挡墙的设计理论与设计方法进行系统研究。

(1)本文对双绞合六边形钢丝网新型加筋材料进行两种规格(钢丝直径分别为2.2mm、2.7mm)、每种5组的筋材拉伸试验,研究双绞合六边形钢丝网的力学特性和变形特点。

(2)以红砂岩粗粒土为填料,双绞合六边形钢丝网为筋材,对两种规格的筋材进行不同法向压力条件下的大型拉拔试验,研究与红砂岩粗粒土的筋土界面关系,为工程设计提供设计参数;对不同含水率的红砂岩粗粒土分别采用不同加筋层数进行粗粒土三轴试验,研究了双绞合六边形钢丝网的加筋机理、加筋效果以及含水率的影响。

(3)以红砂岩粗粒土为填料,采用双绞合六边形钢丝网筋材修建加筋格宾和绿色加筋格宾两种不同形式的加筋模型挡墙,利用MTS设备,分别进行加—卸载循环荷载试验、地震荷载试验、重复荷载试验,研究双绞合六边形钢丝网加筋土挡墙在复杂动力作用下的结构特性。

(4)在加筋格宾挡墙原型观测试验的基础上,采用FLAC 3D对影响潜在破裂面的形状和位置的相关因素进行模拟分析,研究用于工程设计的双绞合六边形钢丝网加筋挡墙的内部破裂面形状，提出双绞合六边形钢丝网加筋挡墙强度与稳定性的计算方法。

(5)通过数学推导和理论分析推导适合任意土质、任意墙背倾角、任意填料倾斜面的加筋土挡墙墙背主动土压力非线性分布的计算公式。

(6)在试验研究和数值分析的基础上，系统提出了极限平衡法、极限状态法、可靠性分析法以及考虑地震力、特殊填料下双绞合六边形钢丝网加筋土挡墙多种计算与设计方法，并应用于实际工程。

(7)为充分利用加筋材料潜能、节约工程造价，提出多种筋材的复合加筋技术，在复合加筋模型挡墙试验的基础上，利用 FLAC 3D对复合加筋新型挡墙进行数值分析，研究不同刚度的筋材在挡墙内部的受力特点以及挡墙的内部破裂面形状。对均匀加筋、分组加筋、交替加筋、混合加筋四种加筋结构分别在直立面板、倾斜面板以及组合式面板条件下墙面侧向位移、筋带拉力分布特点进行探讨，提出复合加筋的最优加筋结构形式。

(8)介绍了湖南省湘潭至衡阳高速公路、湖南省吉首至怀化高速公路、山西省闻喜至济源高速公路等项目应用加筋格宾典型工程。

第 2 章　双绞合六边形钢丝网加筋机理试验研究

2.1　概述

湘潭至衡阳西线(潭衡西线)高速公路是湖南省高速公路“五纵七横”规划中二纵岳阳至郴州高速公路的一段,于湘潭塔岭东接潭邵高速公路,经杨嘉桥、白果、石市,于衡阳铁市接衡枣高速公路,全长约 142km。路线处于丘陵地区,区域内广泛分布着深红色的红砂岩。路线深挖高填路段较多,例如第 12 合同段 K124 + 300 ~ K124 + 895 段位于衡阳市城市发展规划区,填方高达 9 ~ 12m。采用桥梁方案或浆砌片石挡墙造价高,经济上不容许;采用路堤方案,填方多达 23.5 万方,且无优质黏土可用,只能采用红砂岩填筑。经多方评审后采用了红砂岩填料的加筋格宾挡墙方案,筋材为六边形双绞合钢丝网。

填料是加筋土结构的一个重要组成部分。在加筋工程应用中,填料的好坏直接影响到加筋土结构的强度、变形和稳定性。红砂岩中含有较多的亲水性黏土矿物,在大气、温度、湿度的影响下易软化、崩解,工程性质变差,用作路基填料时,工程病害较多。为了确保工程结构的安全性,本文对取自潭衡西线高速公路施工现场的红砂岩粗粒土进行了含水率、液塑限、击实、相对密度、直剪、三轴、CBR 等试验,获得了红砂岩粗粒土的主要工程性质,见表 2-1。

红砂岩粗粒土填料的主要物理性能指标　　表 2-1

相对密度 G_s	液限 w_L(%)	塑限 w_p(%)	塑性指数 I_p	黏聚力 C(kPa)	内摩擦角 φ(°)	最优含水率 (%)	最大干密度 (g/cm^3)
2.74	41.78	25.14	16.64	25	21	18.13	1.73

筋材是组成加筋土挡墙结构的另一主要材料。筋材的力学性质是影响加筋土挡墙结构特性的主要因素之一,其拉伸强度和最大负荷下的伸长率是工程设计的基本技术指标。目前我国加筋土工程较多以土工格栅作为筋材,双绞合六边形钢丝网在加筋土工程中的应用非常少。因此,本文在中南大学土木安全重点试验室的 MTS 系统上对规格为 8cm × 10cm,直径为 2.2mm和 2.7mm 的双绞合六边形钢网分别进行了 5 组拉伸试验,得到了两种筋材的基本力学参数,见表 2-2。图 2-1 为筋材拉伸力与伸长率关系典型曲线。

双绞合六边形钢丝网拉伸试验结果　　表 2-2

型号	试验尺寸 (长 × 宽) (mm × mm)	2% 伸长率的拉伸强度 (kN/m)	5% 伸长率的拉伸强度 (kN/m)	10% 伸长率的拉伸强度 (kN/m)	断裂时的拉伸强度 (kN/m)	最大负荷下伸长率 (%)
2.2mm	262 × 420	15.8	19.9	26.4	34.7	17.5
2.7mm	262 × 420	16.1	21.1	30.2	49.8	22.1

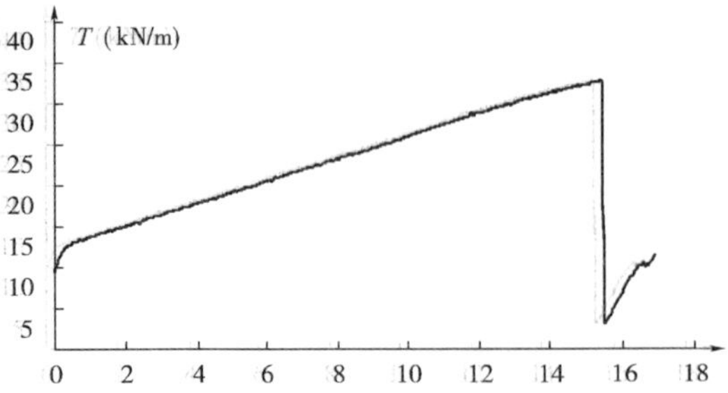

a) 钢丝直径2.2mm

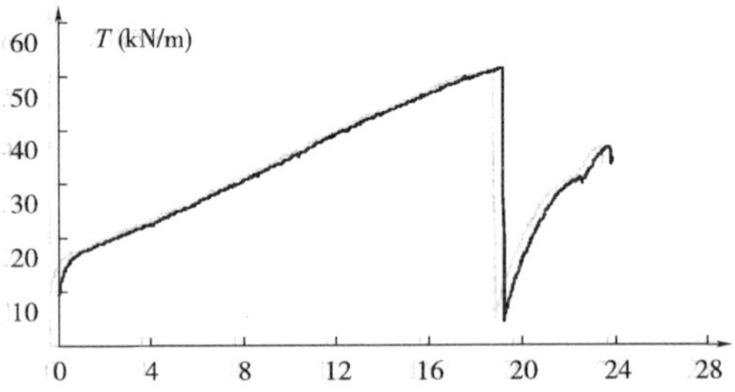

b) 钢丝直径2.7mm

图 2-1 双绞合六边形钢丝网拉伸力与伸长率关系典型曲线

本章以潭衡西线高速公路加筋土挡墙实体工程施工现场的红砂岩粗粒土为填料，通过大型拉拔试验深入地研究了上述两种规格双绞合六边形钢丝网与红砂岩粗粒土间的筋土界面关系，为工程设计提供了相关参数，提出了双绞合六边形钢丝网加筋红砂岩粗粒土的筋土界面关系幂函数模型，对 FLAC 3D中 Geogrid 单元的筋土界面关系修正后进行了拉拔试验模拟。模拟结果表明基于幂函数的筋土界面本构关系可以很好地描述拉拔时的剪应力—位移关系；对不同含水率（14%、17%和饱和）和不同加筋层数（$N=0,2,3$）的加筋红砂岩粗粒土试样进行了三轴试验，深入研究了加筋双绞合六边形钢丝网对土体抗剪强度指标 c、φ 值的影响、加筋效果以及含水率对加筋效果的影响等，提出了双绞合六边形钢丝网加筋红砂岩粗粒土的非线性弹性本构关系指数函数模型，系统研究了双绞合六边形钢丝网的加筋机理。

2.2 加筋土结构的加筋机理

2.2.1 摩擦加筋理论

摩擦加筋理论[4]，将加筋土视为锚固系统，由填土质量和外力产生的土压力作用于墙面板，并通过墙面板上的拉筋连接件传递给拉筋，可能将拉筋从土中拉出。与此同时，拉筋又被填土压住，两者产生的摩擦力阻止拉筋拔出。故只要拉筋材料具有足够的强度，并与土产生足够的摩阻力，则加筋土体就可保持稳定。

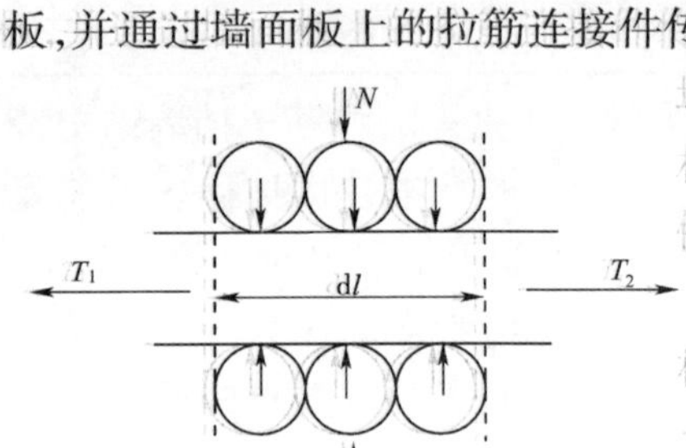

图 2-2 摩擦加筋原理

根据筋土间的基本构造，从加筋体中取一微分段来分析，如图 2-2 所示。设微分段的长度为 dl，拉筋宽度为 b，填土的自重与加筋体外部荷载作用在拉筋上的法向力为 N，拉筋与填土之间的摩擦系数为 f，拉筋两端受到的拉力分别为 T_1 和 T_2，假定拉力沿拉筋长度呈非均匀分布，则该微分段所引起的拉力为：

$$\mathrm{d}T = T_1 - T_2 \tag{2-1}$$

拉筋与土体之间的摩擦阻力为：

$$\mathrm{d}F = 2Nfb\mathrm{d}l \tag{2-2}$$

如果 $\mathrm{d}F > \mathrm{d}T$，则拉筋与土之间就不会产生滑动。

在加筋土结构中,拉筋一般呈水平层状,相间铺设在需要加固的土体中。当加筋体受土压力作用产生破坏时,破裂面将墙体分为活动区和稳定区,活动区的下滑体对拉筋产生一个向外的拉拔力,而稳定区内土体与筋带间的摩擦阻力则阻止拉筋被拔出。如果每一层拉筋与土体的摩擦阻力均能大于相应的拉拔力,加筋土体的内部稳定性就有保证。从加筋体稳定机理可以看出:加筋材料表面要粗糙,能使筋—土之间产生足够的摩擦力,保证拉筋不被拉出;还要有足够的强度和弹性模量,保证拉筋不产生过大的变形或发生拉断破坏。

摩擦加筋原理的优点是概念明确、简单、便于理解。在加筋土挡墙的足尺试验中得到了较好的验证,在实际工程中已广泛应用。但摩擦加筋原理,忽略了筋带在拉力作用下的变形,未考虑土是非连续性介质、具有各向异性的特点,对于柔性土工合成材料(如塑料带等),其结果误差较大。

2.2.2　准黏聚力理论

准黏聚力理论[4],把加筋土结构看作是各向异性的复合材料,由于拉筋的弹性模量远大于填土,拉筋与填土的共同作用,包括填土的抗剪力、填土与拉筋的摩擦阻力及拉筋的抗拉力,使得带有拉筋的填土强度明显提高,在莫尔—库仑理论的强度包线上,加筋复合体表现为具有砂土本身没有的“黏聚力”。

三轴试验时加筋土试样的变形状态如图 2-3 所示。图 2-3a)为未加筋的试样在竖向应力 σ_1 的作用下产生竖向压缩变形,随着竖向应力的加大,压缩变形和侧向变形也随之加大,直至破坏。如果在土体中设置了水平方向的拉筋,拉筋与土体之间的摩擦作用将引起侧向膨胀的拉力传递给拉筋,约束土体侧向变形,因此在同样的竖向应力 σ_1 作用下,其侧向变形会大大减小,如图 2-3b)所示。

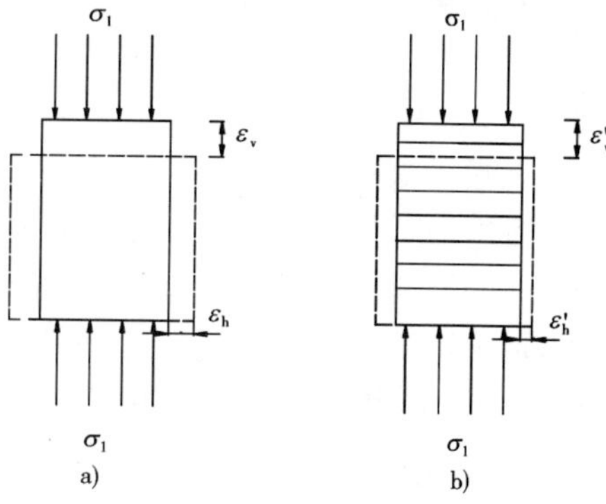

图 2-3　未加筋和加筋试样的变形示意图

通常采用莫尔应力圆和莫尔—库仑破坏准则来分析加筋砂样强度提高的机理。图 2-4a)中的圆Ⅰ为未加筋土极限状态时的莫尔圆,圆Ⅲ为加筋土的莫尔圆,圆Ⅲ的 σ_3 与圆Ⅰ的相等,而能承受的压力则增加了 $\Delta\sigma_1$,说明相同围压条件下加筋土可承受更大的主应力;圆Ⅱ为加筋土中填土的极限莫尔圆,其最大主应力 σ_1 与圆Ⅲ的相等,而最小主应力却减少了 $\Delta\sigma_3$。上述现象说明,加筋体的强度有了增加,应有一条新的抗剪强度线来反映这种关系,如图 2-4b)所示。这已被试验所证实,如图 2-5 所示。图 2-5 中加筋砂和未加筋砂试验的强度曲线几乎完全平行,说明 φ 值在加筋后基本不变。加筋砂的力学性能的改善是由于新的复合土体具有黏聚力的缘故,黏聚力不是砂土固有的,而是加筋的结果,所以称为准黏聚力。

准黏聚力可根据莫尔—库仑定律求得,由图 2-4b)可知:

$$\sigma_1 = \sigma_{3f}\tan^2\left(45° + \frac{\varphi}{2}\right) = (\sigma_3 + \Delta\sigma_3)\tan^2\left(45° + \frac{\varphi}{2}\right) \tag{2-3}$$

加筋后,土体处于新的极限平衡状态,即:

$$\sigma_1 = \sigma_3 \tan^2\left(45° + \frac{\varphi}{2}\right) + 2C_p \tan\left(45° + \frac{\varphi}{2}\right) \tag{2-4}$$

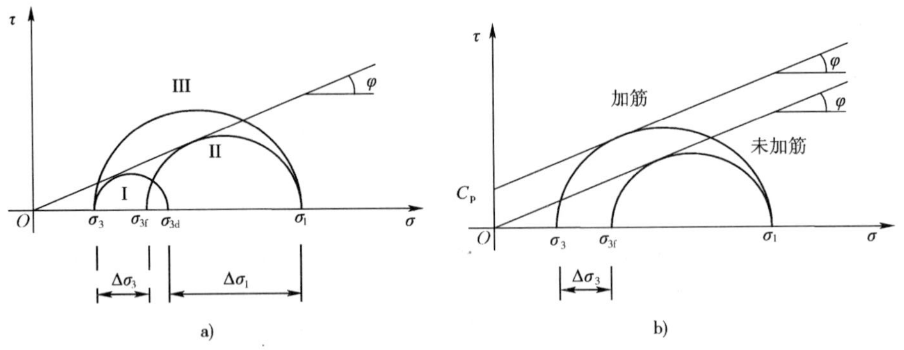

图 2-4　莫尔—库仑理论

比较式(2-3)与式(2-4)可得：

$$\Delta\sigma_3 \tan^2\left(45° + \frac{\varphi}{2}\right) = 2C_p \tan\left(45° + \frac{\varphi}{2}\right) \tag{2-5}$$

因此，由于拉筋作用产生的“准黏聚力”为：

$$C_p = \frac{1}{2}\Delta\sigma_3 \tan\left(45° + \frac{\varphi}{2}\right) \tag{2-6}$$

上式是建立在拉筋不出现断裂或滑动，同时也不考虑拉筋受力作用后产生拉伸变形的条件下得出的。显然这只适用于高抗拉强度和高模量的拉筋材料，如钢带、钢片和高强度、高模量的加筋塑料带等。对于低模量、大延伸率的土工合成材料的加筋作用机理，不考虑其变形的影响是不符合实际的。为了考虑拉筋的变形性质，取三轴试验中的楔体来作进一步的分析，如图 2-6 所示。图中 A 为试样的截面积；θ 为破裂角，$\theta = 45° + \varphi/2$；φ 为土的内摩擦角；T 为与破裂面相交的各拉筋层的水平合力，σ_s 为拉筋的极限抗拉强度，R 为破裂面下侧土体对隔离体的作用力，与破裂面法线夹角为 φ。由极限静力平衡条件可得：

$$T + \sigma_3 A \tan\left(45° + \frac{\varphi}{2}\right) = \sigma_1 A / \tan\left(45° + \frac{\varphi}{2}\right) \tag{2-7}$$

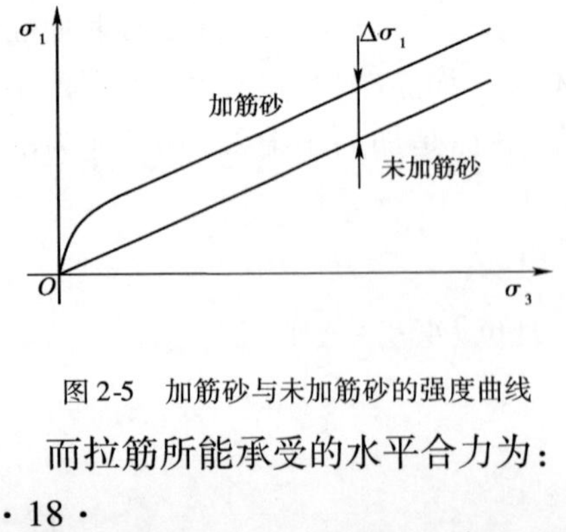

图 2-5　加筋砂与未加筋砂的强度曲线

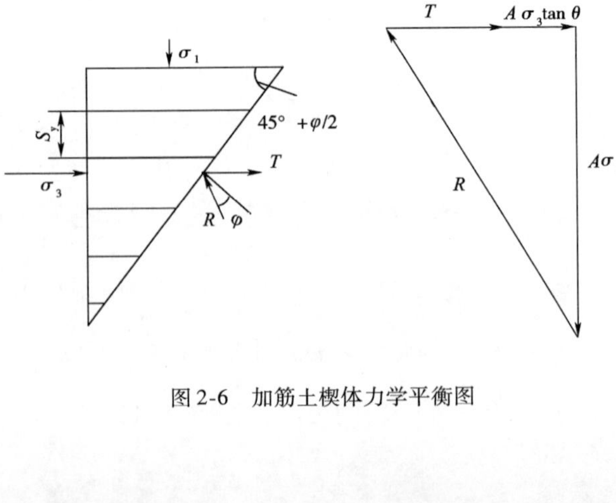

图 2-6　加筋土楔体力学平衡图

而拉筋所能承受的水平合力为：

$$T=\frac{\sigma_s A_s A\tan\left(45^\circ+\frac{\varphi}{2}\right)}{S_x S_y} \tag{2-8}$$

式中：S_x——加筋土体中拉筋层垂直间距，m；

S_y——加筋土体中拉筋层水平间距，m；

σ_s——拉筋的极限抗拉强度，kPa；

A_s——拉筋的截面积，m^2。

将式(2-4)和式(2-8)代入式(2-7)中，即可求得由拉筋作用产生的“准黏聚力” C_p：

$$C_p=\frac{\sigma_s A_s \tan\left(45^\circ+\frac{\varphi}{2}\right)}{2S_x S_y} \tag{2-9}$$

图 2-4a)中圆Ⅲ与圆Ⅱ有相同的 σ_1，但圆Ⅲ的围压却为 $\sigma_3+\Delta\sigma_3$，这说明砂样实际上受到的侧压力是 $\sigma_3+\Delta\sigma_3$，$\Delta\sigma_3$ 是由于砂与拉筋之间的摩阻而产生的，在砂样中加入筋材后相当于给未加筋的砂样增加了一个 $\Delta\sigma_3$ 的围压，使得砂样能够承受更大的主应力差。Yang (1972)[196]提出用等效围压来解释筋材的作用，Donald 等[197]用等效围压的概念分析了三轴试验中加筋砂土的破坏，并提出了等效围压的计算公式：

$$\Delta\sigma_3=\sigma_3\left(\frac{\sigma_{1f}-\sigma_1}{\sigma_1}\right) \tag{2-10}$$

式中：σ_1——未加筋土体在围压 σ_3 作用下破坏的最大主应力；

σ_{1f}——加筋土体在围压 σ_3 作用下破坏的最大主应力。

2.2.3　均质等代材料理论

加筋土是由填料与筋材交替铺设而成的复合体，每一筋材层和每层填土形成一个相互平行且间距相等的单元层。因此，可将加筋体视为交替正交层系。加筋体是由很多的单元层组成的，加筋体的厚度(即正交层系)与单元层相比要厚得多。假定各单元层的分层界面上无相对位移，每层中三个均质材料的平面均垂直于一个直角坐标轴，层面平行于一个弹性对称面，那么交替正交层系可以用均质等代材料理论来研究加筋土在工作荷载作用下的性状[198]。Charles Gerrarddeng 等(1982)将加筋土视为交替正交层系，用等代材料理论来分析加筋土的应力—应变性质[3]。

为计算加筋体中的应力分布，需要确定“等代”土与加筋层系统的均质材料的性质、荷载条件和结构的几何条件[107]。如果确定了等代材料中的应力，则可用正交层理论求得土与加筋中同一点的应力。均质等代材料分析要求加筋体是弹性体，土与筋材间不产生相对滑动。实际上，只要土体应力状态低于土的破坏包线，筋材中的主应力小于筋材的破坏应力，且土与筋材的界面剪应力低于界面土的最大抗剪强度，就可用均质等代分析法进行计算。均质等代材料理论分析的关键是确定等代正交材料的有关参数。

2.2.4　等效围压理论

在对加筋砂与未加筋砂试样进行三轴对比试验后，Yang(1972)最先引入“等效围压”的概念。试验结果表明，未加筋砂试样在 σ_1 和 σ_3 作用下达到极限平衡，而加筋砂试样在该应力状态下则处于弹性平衡状态，这说明加筋砂的强度提高了。由应力圆分析可知，加筋的作用相当于增加了一个附加围压 $\Delta\sigma_3$。李广信等人(1994)[199]提出,三轴试验中试样破坏时附加围压 $\Delta\sigma_{3f}$与黏聚力增量 Δc 的关系为:

$$\Delta\sigma_{3f} = 2\Delta c\tan(45° - \varphi/2) \tag{2-11}$$

当筋材水平布置时,有:

$$\Delta c = R_f\sqrt{k_p}/2\Delta h \tag{2-12}$$

式中:Δh——布筋间距;

k_p——被动土压力系数,$k_p = \tan^2(45° + \varphi/2)$;

R_f——试样破坏时筋材单位宽度所受的力。

由式(2-11)和式(2-12)可知:

$$\Delta\sigma_{3f} = R_f/\Delta h \tag{2-13}$$

介玉新、李广信(1999)[11]将等效围压理论用于加筋土挡墙的数值分析,在单元网格划分时只出现土单元,取消拉筋单元和模拟筋—土之间相互作用的界面单元,从而大大减少了单元的数量。本构模型可以直接采用素土的本构模型,不必建立加筋土复合体的本构模型,因此计算较简单。姜燕玲,宋修广[200]利用大三轴试验对等效围压理论进行验证,先对土工格栅加筋粉土进行不同围压下的剪切试验,根据筋材的应力—应变关系换算出相应的 $\Delta\sigma_3$,再将每级围压下对应的 $\Delta\sigma_3$ 加到相应的围压值上做素土的大三轴试验。试验表明,当周围压力较大时,筋土能够同步变形,筋材的作用可以用筋土协调变形的等效围压来代替;而当周围压力较小时,筋土不能同步变形,用来计算等效围压的筋材拉力值难以确定。

对土工合成材料加筋机理的研究一直以来都是加筋土技术研究的重点,除了上面提到的四种理论外,还有弹性薄膜理论、弹塑层板理论以及混合物理论等。这些理论促进了加筋土技术的发展,但是每种理论都存在着自身的缺陷,不能普遍反映不同类型加筋土挡墙中筋—土相互作用机制。如均质等代材料理论需要确定加筋土的力学参数,试验往往只能测出某种特殊情况下的力学参数,不具有普遍性。所以,对于具体的工程应根据不同类型的加筋土挡墙的结构特点和实际工作状态,将理论分析与试验研究相结合进行分析。

2.3 双绞合六边形钢丝网加筋红砂岩粗粒土拉拔试验

2.3.1 试验概况

目前,国内外对于土工格栅与填土之间的界面摩擦特性方面已经展开了大量研究[201~204],而对于双绞合六边形钢丝网与填土间的界面摩擦特性,仅有国外一些学者展开了一定的研究[158~174]。为了深入了解其筋土界面关系,指导工程设计,本文利用潭衡西线高速公路加筋土挡墙实体工程施工现场的红砂岩粗粒土作为填料,对钢丝直径分别为 2.2mm 和 2.7mm 的双绞合六边形钢丝网在模型箱中进行了大型拉拔试验研究。

(1)试验仪器和方法

模型试验箱设计如图 2-7 所示,尺寸为 300cm×85cm×200cm,采用槽钢和钢板焊接而成,具有足够的刚度。模型箱一个侧面采用有机玻璃作为面板，以便对试验过程进行观察。

拉拔试验设计如图 2-7 所示。填筑时每隔 20cm 铺设一层筋材，共 6 层，按单位体积的质量控制压实度为 90% ~96%，保证模型的压实度同实体工程一致。试验过程中，部分法向荷载被模型箱侧壁摩擦阻力所抵消，实际作用在筋材上的法向应力将减小。为此，填筑时在模型箱的内壁涂油以减小填料与箱壁间的摩擦，并在每一层埋设两个土压力盒测量筋材所在层的实际法向应力，避免法向应力失真。图 2-8 为模型填筑时的情形。模型填筑完成后在箱顶面架设贝勒梁，保证梁与模型顶面填土均匀接触。采用 MTS 作动器在竖向施加法向荷载；水平方向进行应变控制加载。按照《公路工程土工合成材料试验规程》(JTG E50—2006)要求，控制拉拔速率为 3mm/min，按从上到下顺序进行试验。

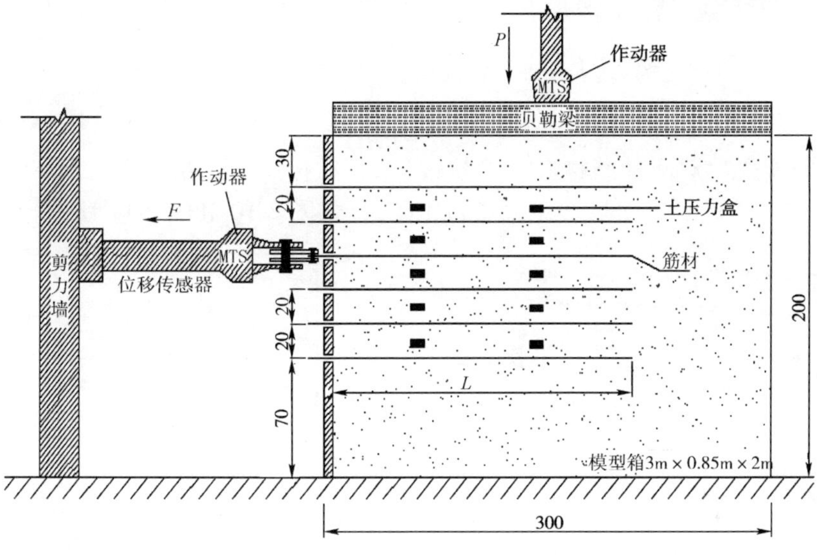

图 2-7　拉拔试验装置示意图(尺寸单位：mm)

(2)试验材料与夹持系统

试验采用的筋材为钢丝直径分别为 2.2mm 和 2.7mm 的双绞合六边形钢丝网，筋材的网孔尺寸均为 80mm × 100mm，试验样品的尺寸见表 2-3。以红砂岩粗粒土为填料，填筑时的含水率为 14.65%，其他物理指标见表 2-1。

双绞合钢丝网主要技术指标　　表 2-3

特性指标	金属双绞合六边形钢丝网	
	钢丝直径 2.2mm	钢丝直径 2.7mm
网格规格(mm × mm)	80 × 100	80 × 100
拉拔试验尺寸(长 × 宽)(mm × mm)	600 × 680	800 × 680
边缘钢丝直径(mm)	2.7	3.4

筋材夹持方式对试验结果有很大的影响。当位于模型箱外面筋材的自由长度较大时，筋材的自由变形会使测得的拉拔位移偏大，且对于网格状加筋材料来说，还会产生“颈缩现象”。为此，试验应严格控制模型箱外面筋材的自由长度，并参照拉伸试验结果对自由变形进行估

算，对拉拔位移进行修正。本试验制作了专门的夹具，如图 2-9 所示。

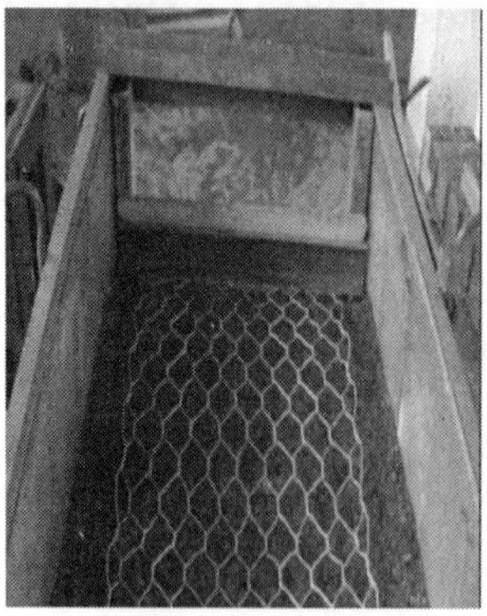

图 2-8　模型填筑

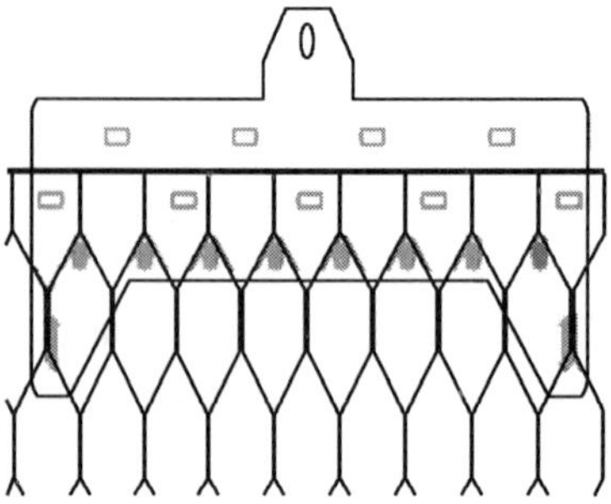

图 2-9　夹具示意图

2.3.2　拉拔试验结果

按照试验方案先后对两种筋材进行了拉拔试验，并按照《公路工程土工合成材料试验规程》(JTG E50—2006)的要求对试验结果进行了整理，如图 2-10 和图 2-11 所示。

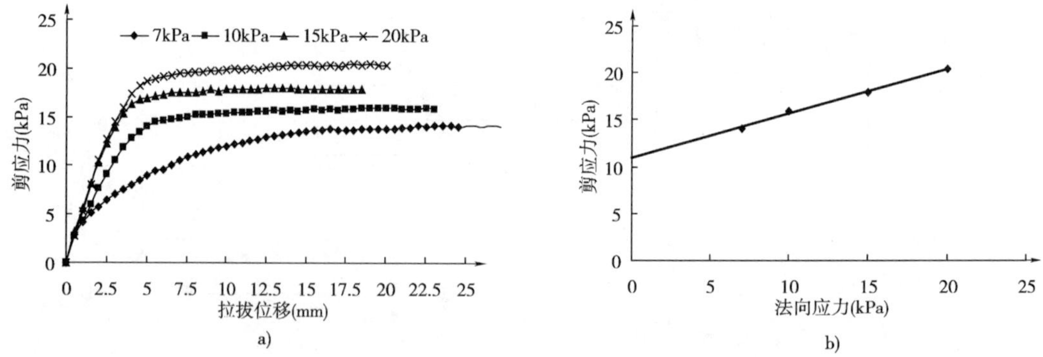

图 2-10　钢丝直径 2.2mm 双绞合钢丝网拉拔试验结果

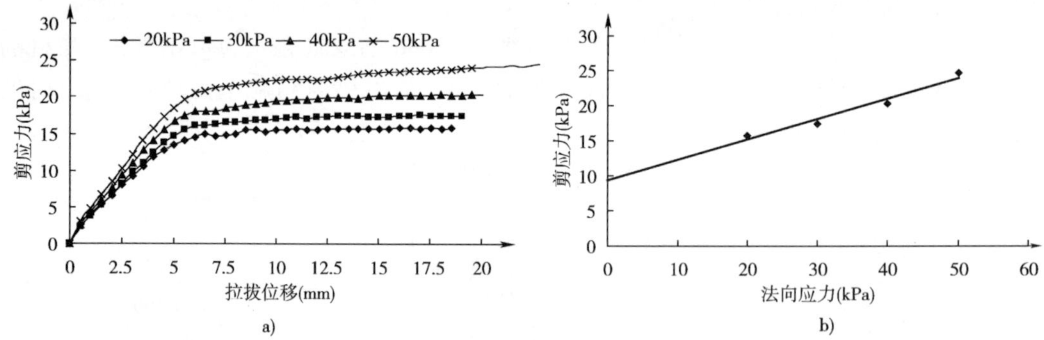

图 2-11　钢丝直径 2.7mm 双绞合钢丝网拉拔试验结果

通常用拉拔摩擦系数 f 来定量地描述筋土间摩擦特性，由下式计算：

$$f = \frac{\tau}{\sigma} = \frac{T_{max}}{2bl \cdot \sigma} \tag{2-14}$$

式中：T_{max}——最大拉拔力，kN；

τ——剪应力，kPa；

σ——法向应力，kPa；

b、l——分别为筋材的宽和长，m。

拉拔摩擦系数与加筋形状、长度、填土密实度、上覆压力等因素密切相关。两种筋材的拉拔摩擦系数与法应力关系如图 2-12 所示。可见，拉拔摩擦系数均随法向应力的增大呈非线性递减。

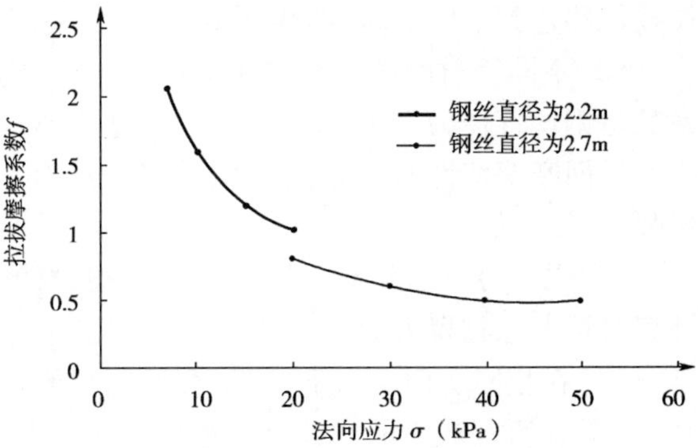

图 2-12　拉拔摩擦系数 f 与法向应力 σ 关系曲线

引入拉拔系数 K 来分析筋材对填料本身强度的影响：

$$K = \tan\varphi_{sg}/\tan\varphi = f_{sg}/\mu \qquad (2\text{-}15)$$

式中：φ_{sg}——加筋土筋材与填料的界面摩擦角；

φ——填料本身的摩擦角；

f_{sg}——加筋土筋材与填土的界面摩擦系数，$f_{sg} = \tan\varphi_{sg}$；

μ——填土本身的摩擦系数，$\mu = \tan\varphi$。

K 反映了加筋土筋材与填料之间相互作用关系。试验结果见表 2-4。

拉 拔 试 验 成 果　　表 2-4

筋 材 类 型	黏聚力 C(kPa)	摩擦角 φ_{sg}(°)	摩擦系数 f_{sg}	拉拔系数 K
2.2mm 双绞合六边形钢丝网	10.9	25.3	0.47	1.23
2.7mm 双绞合六边形钢丝网	9.3	16.4	0.29	0.77

2.3.3　双绞合六边形钢丝网的抗拔性能分析

由图 2-10 和图 2-11 可知，根据筋土体间相对位移的大小，筋材抗拔力的发挥可分为三个阶段：

(1)初始阶段。当筋材与土体之间相对位移很小时，抗拔阻力尚未充分发挥，抗拔阻力随位移的增加而增大。在靠近拉拔端处的相对位移较大，抗拔力也较大；在远处，随相对位移减小抗拔力也逐渐减小。此时筋材有一定长度未发挥出阻力作用而处于空闲状态。在这一阶段，作用长度不断增大，阻力随相对位移的增大而增大，拉拔力随拔出位移的增大而迅速上升。

(2)屈服阶段。随着拔出位移的增大，筋材与土体间相对位移不断增加，邻近土体中微裂缝不断发展，抗拔阻力逐渐得到充分发挥，并达到峰值。

(3)残余阶段。土体中微裂缝不断增多，整个筋材都处于残余阻力状态，总抗拔力随位移增大而保持基本不变。

双绞合六边形钢丝网是平面网状筋材，网孔面积远远大于筋材面积。拉拔试验时，筋材的抗拔力主要由摩擦力和嵌固力两部分组成，影响摩擦力的因素主要有两个方面，一是连接方式，二是钢丝网筋材直径。因双绞合六边形钢丝网的钢丝细，筋材与填料的接触面积小，所以一般嵌固力大于摩擦力。嵌固力是由于筋材嵌固在填料中，筋土间有相对运动时就会在筋材横肋产生被动土压力，双绞合六边形钢丝网网孔比较大，易与红砂岩粗粒土填料相互镶嵌，形成良好的咬合作用。D. T Bergado [160~165]通过大量的试验发现摩擦力是嵌固力的56% ~60%。

从试验结果还可以看出：

（1）在不同的法向应力作用下，两种筋材的拉拔位移与剪应力曲线变化趋势基本相同：当拉拔位移达到一定值时，曲线变得平缓，且大部分都出现了剪应力峰值。

（2）不同筋材的拉拔系数相差很大。钢丝直径为2.2mm的双绞合六边形钢丝网的拉拔系数是钢丝直径为2.7mm的双绞合六边形钢丝网材料的拉拔系数的1.6倍，说明钢丝直径大小对界面摩擦特性有一定的影响。当双绞合六边形钢丝网钢丝直径较小时，网面嵌固作用更强。

（3）采用红砂岩粗粒土填料时，两种筋材的黏聚力虽不大，但均较稳定，在进行加筋长度计算时可考虑黏聚力的影响，以降低工程造价。

（4）在相同法向应力下，钢丝直径较小的双绞合六边形钢丝网的剪应力峰值和拉拔摩擦系数f均比直径较大的双绞合六边形钢丝网大。本次试验中，当法向应力为20kPa时，钢丝直径为2.2mm的双绞合六边形钢丝网的剪应力峰值为20.4kPa，钢丝直径为2.7mm的双绞合六边形钢丝网剪应力峰值为15.5kPa，前者为后者的1.36倍。

2.3.4 双绞合六边形钢丝网筋土界面特性模型

加筋土工程的复杂性使传统的力学分析越来越感到力不从心，数值分析日益得到人们的关注。在加筋土数值分析方法中应用最广泛的是筋材和土体分开考虑的方法，该方法概念明确，思路清晰，但是在筋土之间需要设置界面单元，以反映筋土之间的界面特性。目前用于描述筋土间剪切变形特性的模型主要有线性模型和非线性模型两种。

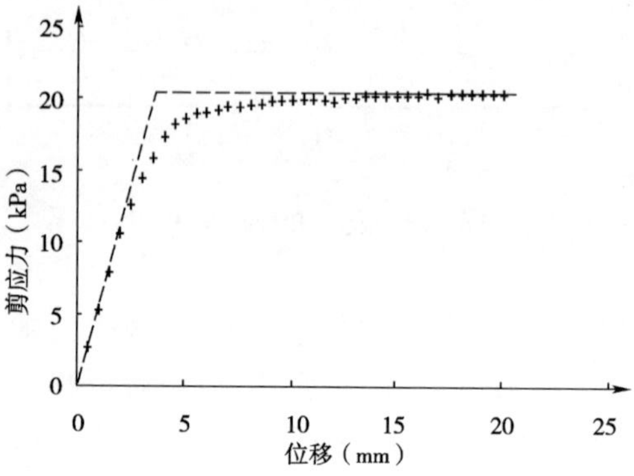

图2-13 理想弹塑性模型

（1）线性模型

典型的线性模型是理想弹塑性模型。其筋土间剪应力—位移关系可简化为如图2-13所示，将一定法向压力下筋土界面的剪切刚度简化为定值，在极限剪切强度范围内，剪应力与剪切位移成正比，当达到极限剪切强度时，界面发生剪切破坏，剪切位移将无限增大。目前有很多分析都是采用这种模型，如FLAC模拟筋材的索单元和土工格栅单元都采用了本模型。

理想弹塑性模型不能反映筋土界面的真实特性。大量的拉拔试验都表明筋土间的剪应力—位移关系是非线性的，有时还会出现应变软化现象。可见采用理想弹塑性模型来描述筋土的界面特性并不理想。

（2）非线性模型

常用的非线性剪切变形模型主要有双曲线模型和指数模型。双曲线模型是将筋材拉拔试验的剪应力—位移关系用双曲线方程近似表示为：

$$\tau = \frac{s}{a + bs} \tag{2-16}$$

式中：τ——剪切应力，Pa；

s——剪切位移，m；

a、b——试验确定的经验系数，$s/\tau = a + bs$。

根据克拉夫和邓肯的研究，初始剪切刚度 k_{t0} 为：

$$k_{t0} = \frac{1}{a} = k_1 \gamma_w \left(\frac{\sigma_n}{P_a}\right)^n \tag{2-17}$$

剪切刚度 k_t 为：

$$k_t = k_1 \gamma_w \left(\frac{\sigma_n}{P_a}\right)^n \left(1 - \frac{R_f \tau}{\sigma_n \tan\varphi + C}\right) \tag{2-18}$$

式中：k_1——无因次的劲度系数；

n——劲度指数；

R_f——破坏比，$R_f = b\tau_f$；

φ——界面摩擦角(°)；

C——界面黏聚力，kPa；

γ_w——水容重，kN/m^3；

P_a——大气压力，kPa；

τ_f——接触面抗剪强度，kPa。

接触面的性能由与应力有关的5个参数(k_1、n、R_f、φ、C)表示，这些参数通过相关试验确定。

指数模型是将筋材拉拔试验的剪应力—位移关系用指数函数近似表示：

$$\tau = \tau_m \left[1 - \exp\left(\frac{k_{t0}}{\tau_m} s\right)\right] \tag{2-19}$$

对上式求导，得到指数模型剪切刚度为：

$$k_t = k_{t0}\left(1 - \frac{\tau}{\tau_m}\right) \tag{2-20}$$

对双曲线模型和指数模型进行分析，可以发现两种模型的剪切刚度都可以写成同样的形式：

$$k_t = k_{t0}\left(1 - \frac{\tau}{\tau_m}\right) \tag{2-21}$$

双曲线模型和指数模型剪切刚度偏小，参考许宏发[205]对岩体节理剪切变形的研究，修改剪切刚度公式如下：

$$k_t = k_{t0}\left(1 - \frac{\tau}{\tau_m}\right)^n \tag{2-22}$$

式中：n——剪切刚度指数，通过对拉拔试验正反分析，其值为0.8~1.0。

对式(2-22)进行积分求解，可以得：

$$\tau = \tau_m \left\{1 - \left[1 + \frac{(n-1)k_{t0}}{\tau_m} s\right]^{\frac{1}{1-n}}\right\} \tag{2-23}$$

式(2-23)即为筋土界面剪应力—位移的幂函数模型，式中符号的含义与前面的定义相同。

这两种模型对试验进行回归分析，其相关性都比较高，但对最大剪应力与初始剪切模量这两个参数的回归值与试验值有很大的差异；在屈服阶段两种模型模拟的曲线都与试验曲线有很大的差异，表明这两种模型的剪切刚度较小，不能很好反映筋土界面的实际剪切刚度。

利用式(2-16)、式(2-20)和式(2-23)对双绞合六边形钢丝网拉拔试验数值进行回归分析，见表2-5。回归曲线与实测曲线如图2-14和图2-15所示。可见幂函数模型的回归参数要比前两种模型的误差小，回归相关系数更高。图2-16和图2-17为三种模型拉拔试验模拟曲线，可知幂函数模型不仅在曲线的开始部分和结束部分都和试验曲线有很好的重合性，而且在拉拔的屈服阶段曲率更大，更接近试验曲线。

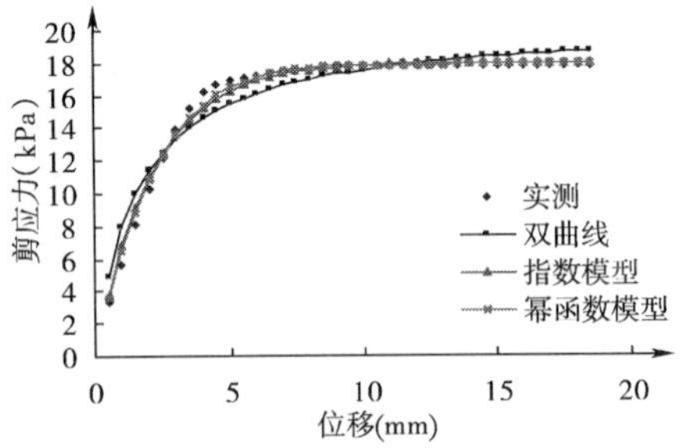

图2-14 三种模型回归曲线比较(钢丝直径2.2mm,15kPa)

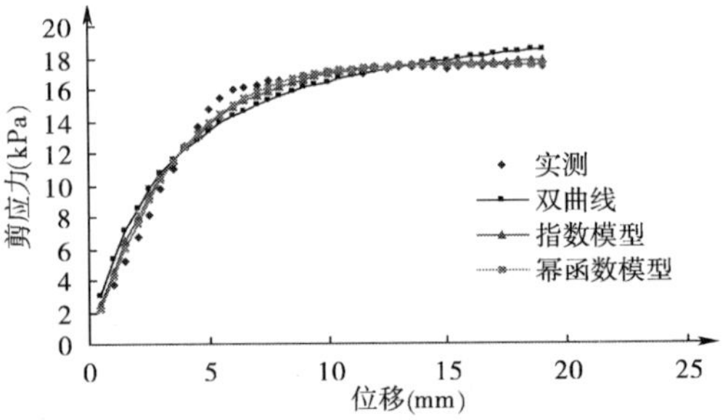

图2-15 三种模型回归曲线比较(钢丝直径2.7mm,30kPa)

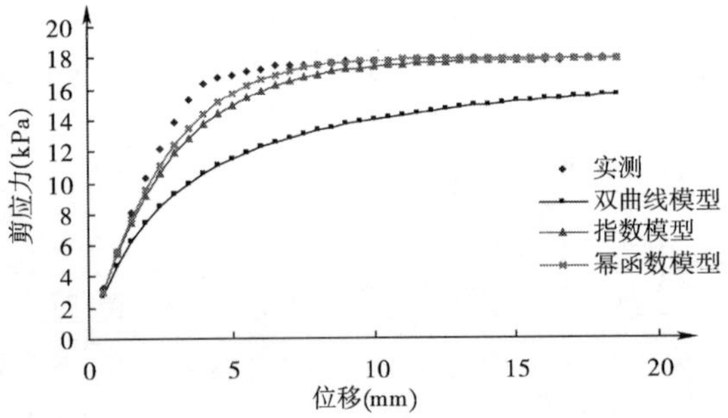

图2-16 三种模型模拟曲线比较(钢丝直径2.2mm,15kPa)

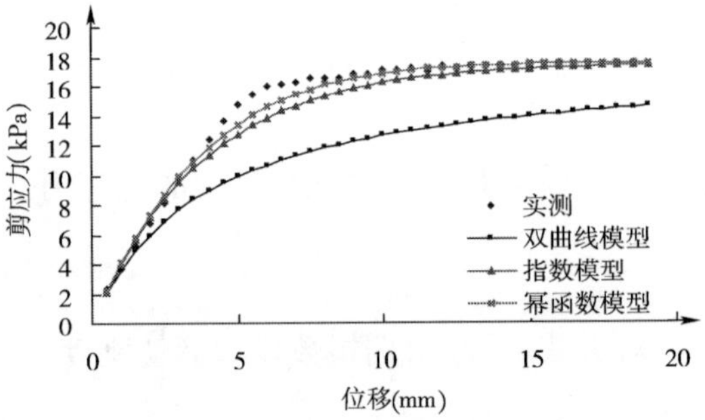

图2-17 三种模型模拟曲线比较(钢丝直径2.7mm,30kPa)

三种模型回归参数与试验值比较 表2-5

筋材类型		钢丝直径为2.2mm				钢丝直径为2.7mm			
法向压力(kPa)		7	10	15	20	10	20	30	40
实测值	最大剪应力(kPa)	14.097	15.949	17.906	20.434	14.689	15.83	17.497	20.354
	初始剪切模量(MPa)	5.790 7	5.419	6.422 3	5.364	0.971	5.507	4.557	5.155
双曲线模型	最大剪应力(kPa)	16.42	17.908	20.325	23.31	17.253	19.001	21.413	24.612
	初始剪切模量(MPa)	4.340 3	9.025	12.953	12.238	0.711 6	7.168	7.143	7.937
	相关系数	0.995 2	0.976 8	0.966	0.971 9	0.991 5	0.976 7	0.974 9	0.981 6
指数模型	最大剪应力(kPa)	13.959	15.833	18.007	20.414	14.192	16.009	17.818	20.522
	初始剪切模量(MPa)	2.987	5.912	8.445	8.235	0.517	5.173	5.302	5.862
	相关系数	0.993 7	0.996 4	0.994	0.994 6	0.981	0.993	0.992 2	0.994 9
幂函数	最大剪应力(kPa)	13.94	15.728	17.899	20.261	14	15.763	17.512	20.149
	初始剪切模量(MPa)	2.963	5.476	7.795	7.59	0.489	4.656	4.757	5.228
模型	刚度指数	0.986	0.875	0.876 1	0.867	0.9	0.818	0.807	0.81
	相关系数	0.995 2	0.997	0.997	0.996	0.997	0.996	0.996	0.997

幂函数模型中有两个参数:初始剪切刚度和剪切刚度指数。初始剪切刚度与法向压力有密切关系。克拉夫和邓肯建议初始剪切刚度 k_{q0} 可按下式计算:

$$k_{q0} = k_1 \gamma_w \left(\frac{\sigma_n}{P_a} \right)^{n_0} \tag{2-24}$$

根据拉拔试验结果回归分析来确定式中的无因次的劲度系数 k_1 和劲度系数 n_0,见表 2-6。从表 2-6 还可以看出,两种规格不同的双绞合六边钢丝网在不同的法向应力作用下其剪切刚度指数 n 的取值范围为 0.8 ~ 1.0,高法向应力状态下可以取低值,低法向应力状态下取高值,一般可取 0.85。

筋材的初始剪切刚度系数　　表 2-6

筋 材 类 型	钢丝直径为 2.2mm	钢丝直径为 2.7mm
k_1	0.001 977	0.001 234
n_0	0.550 3	0.823 3

2.3.5　拉拔试验的数值模拟

FLAC/FLAC 3D(Fast Lagrangian Analysis of Continua)是由 ITASCA 咨询公司开发的基于拉格朗日差分法的显式有限差分程序,可以模拟岩土或其他材料的三维力学行为[206]。FLAC/FLAC 3D将计算区域划分为若干四面体单元,每个单元在给定的边界条件下遵循指定的线性或非线性本构关系,如果单元应力使得材料屈服或产生塑性流动,则单元网格可以随着材料的变形而变形,非常适合于模拟大变形问题。FLAC/FLAC 3D具有强大的前后处理功能,内部包含了 10 种弹塑性材料本构模型、5 种计算模式,可以模拟多种结构形式及复杂的岩土工程或力学问题,强大的内嵌程序语言 Fish,使得用户可以定义新的变量或函数,以适应用户的特殊需要。目前在岩土工程领域得到越来越广泛的应用。

采用 FLAC/FALC 3D模拟加筋土工程可以直接调用软件中索单元和土工格栅单元来模拟加筋单元和筋土界面关系。但是这两种单元在描述结构界面特性时采用的是理想弹塑性模型。笔者采用土工格栅单元在 FLAC 3D中进行拉拔试验的三维模拟,模拟的结果表明用理想弹塑性模型描述筋土界面特性是不理想的,模拟曲线与试验曲线之间存在较大的差异。为此,借助 FLAC/FALC 3D中内嵌的 Fish 语言,笔者编制了实现剪切刚度幂函数模型的 Fish 函数,通过实时监控筋材的剪切位移,利用上节中提出的剪切刚度幂函数模型实时计算并更新界面耦合弹簧的刚度,对双绞合六边形钢丝网拉拔试验进行了基于剪切刚度幂函数模型的数值模拟。

为了提高计算效率和计算精度,需要简化拉拔试验模型箱,建立如图 2-18 所示的数值分析模型。模型中单元数为 10 ×5 ×5,作用在筋材上的各级法向应力通过在模型顶面施加相应的竖直荷载来实现。土体采用莫尔—库仑准则,筋材采用 FLAC 3D提供的三维土工格栅单元进行模拟。

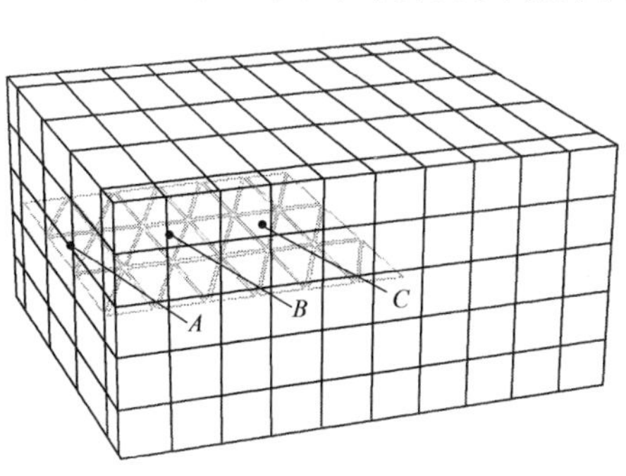

图 2-18　数值分析模型

首先采用 FLAC 3D本身的理想弹塑性模型对钢丝

直径为2.2mm的双绞合钢丝网在不同法向应力的拉拔试验进行了模拟,模拟结果如图2-19、图2-20所示。从模拟的结果可以看出,采用理想弹塑性模型来描述筋土界面关系基本上可以反映筋材的拉拔过程,其最大剪应力也同试验结果很接近,但是将图2-19和拉拔试验曲线图2-10进行对比分析,发现两组曲线的形态还是有很大的差异,说明基于理想弹塑性模型的筋土界面关系不能很好地反映拉拔时剪应力—位移关系的非线性特征。

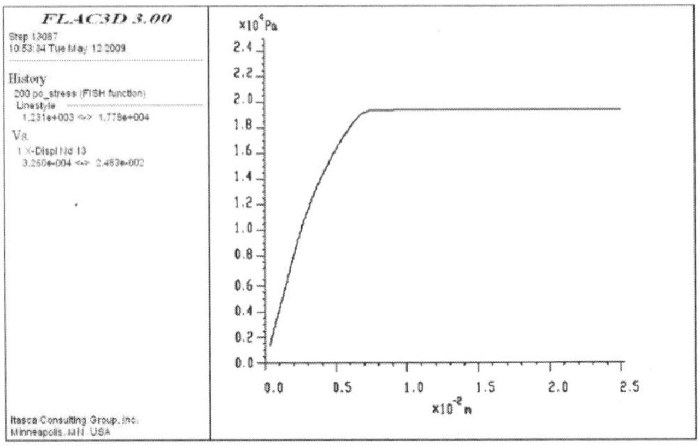

图2-19　理想弹塑性模型拉拔模拟的剪应力—位移曲线(2.2mm,15kPa)

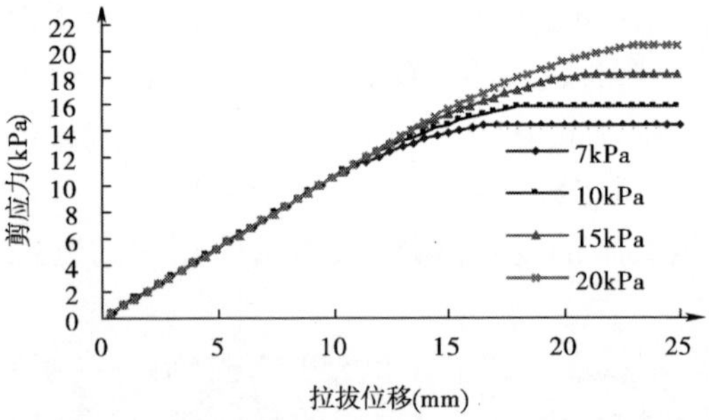

图2-20　理想弹塑性模型不同法向应力作用下拉拔试验模拟曲线(2.2mm)

基于此因,笔者编制了筋土界面剪切刚度幂函数模型的Fish函数,实现了模拟过程中实时更新筋土界面的剪切刚度,并对钢丝直径为2.2mm的双绞合钢丝网进行了模拟。

图2-21为钢丝直径为2.2mm的双绞合六边形钢丝网在法向应力15kPa作用下拉拔试验模拟的剪应力—位移曲线。图2-22中分别给出了模拟曲线与试验曲线,两条曲线不仅在剪应力残余阶段有很好的重合性,而且在剪应力发展与屈服阶

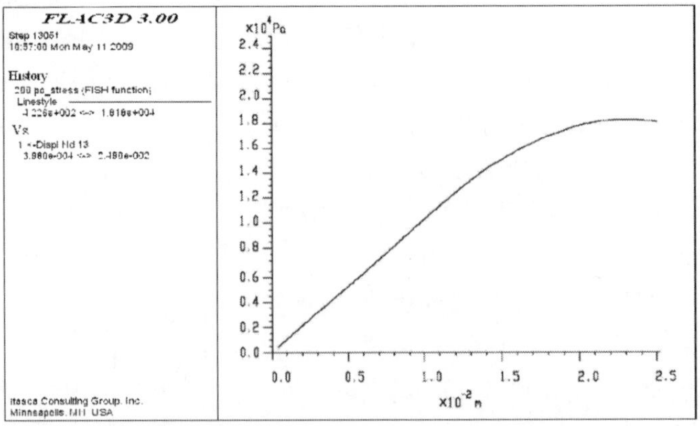

图2-21　幂函数模型拉拔试验模拟剪应力—位移关系曲线(2.2mm,15kPa)

段的非线性关系也有很好的体现,这说明采用幂函数模型比理想弹塑性模型更能反映拉拔试验的实际情况。图 2-23 为不同法向应力作用下的剪应力—位移的模拟曲线,与图 2-10 实际拉拔试验对比,两组曲线的形态都非常相似,并且各级法向应力下对应的剪应力和似摩擦系数值都非常接近,如图 2-24、图 2-25 所示。

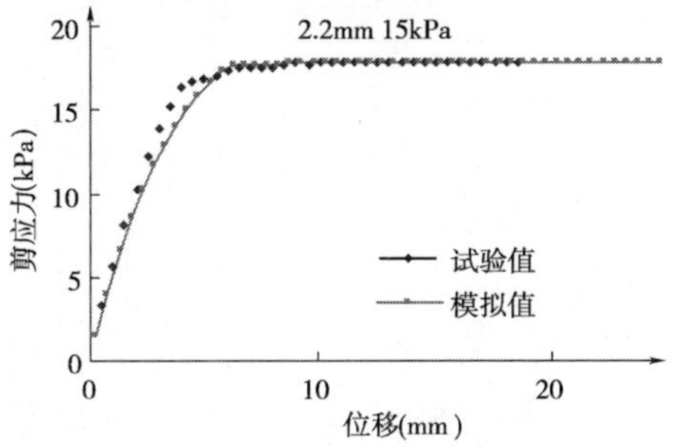

图 2-22　试验曲线与模拟曲线

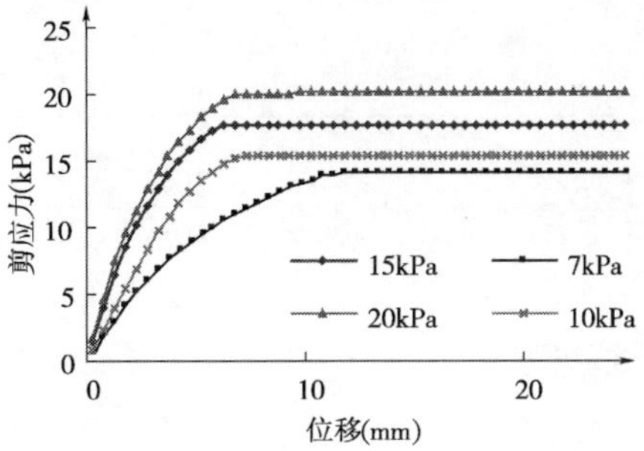

图 2-23　幂函数模型不同法向应力作用下拉拔试验模拟曲线

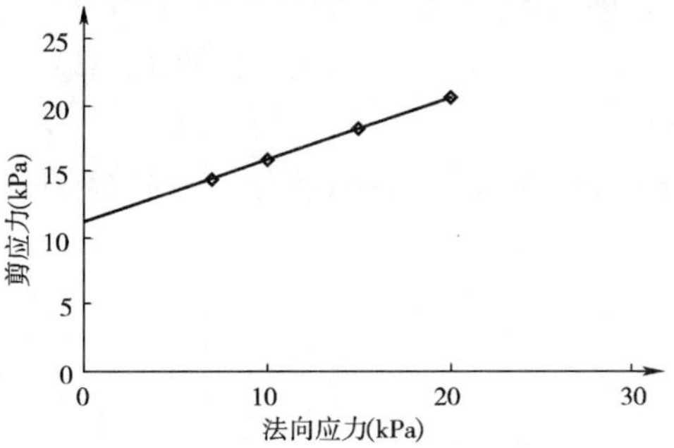

图 2-24　剪应力与法向应力的关系

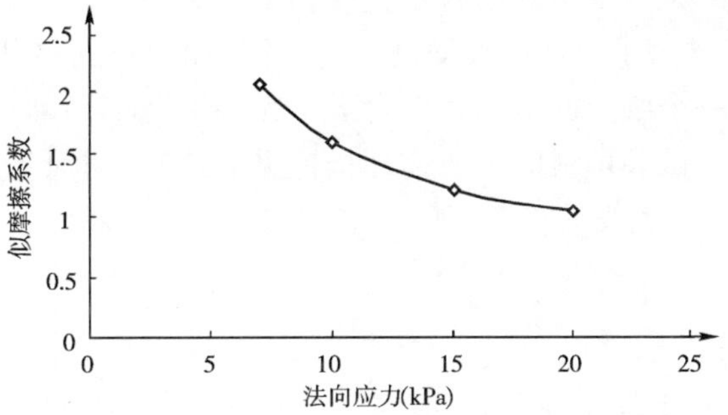

图 2-25　似摩擦系数与法向应力的关系

表 2-7 为模型试验与数值模拟的结果对照表,从表中数据可以看到两者的相对误差非常小。图 2-26 为筋材上离拉拔端距离不同的三个点 A、B、C(图 2-18)在拉拔过程的剪应力发展过程,可以看到双绞合钢丝网在拉拔时其抗拔力的发展是从外向内逐渐发挥的。数值模拟的结果表明,利用幂函数模型修正 FLAC 3D中的理想弹塑性模型,可以很好地描述筋土界面关系的非线性,吻合程度好。

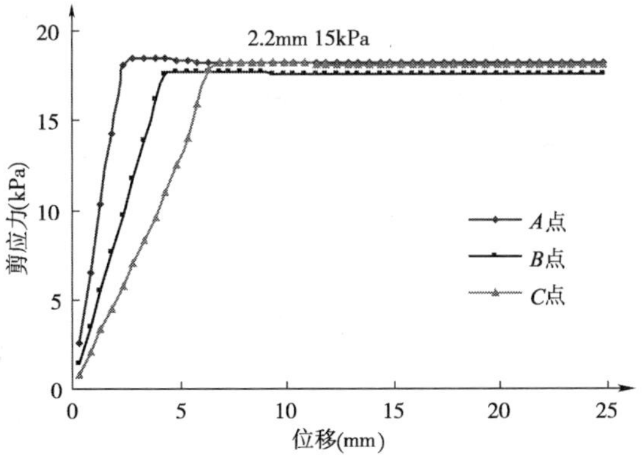

图 2-26　筋材中轴线上各点剪应力发展过程(钢丝直径 2.2mm,法向应力 15kPa)

拉拔试验与数值模拟的结果对比(2.2mm)　　表 2-7

项目	黏聚力(kPa)	摩擦角(°)	剪应力峰值(kPa)				拉拔系数
			7.0	10.0	15.0	20.0	
模型试验	10.9	25.3	14.1	15.9	17.9	20.4	1.23
数值模拟	11.26	24.8	14.51	15.87	17.78	20.51	1.20
相对误差	3.3%	-1.97%	2.9%	-1.89%	1.56%	0.54%	2.4%

2.4　双绞合六边形钢丝网加筋红砂岩粗粒土大型三轴试验

2.4.1　试验概况

为了深入研究双绞合六边形钢丝网对土体抗剪强度的影响,进一步探讨其加筋机理及加筋效果的影响因素,本文依据《公路土工试验规程》(JTJ E40—2007)和《土工试验规程》(SL 237—1999)进行了双绞合六边形钢丝网加筋红砂岩粗粒土大型三轴试验研究。

试验采用的筋材是直径为2.2mm的双绞合六边形钢丝网,其主要力学性能指标详见表2-2。为了便于试样的制作,试样制作前将筋材剪成直径为300mm的圆盘状,如图2-27所示,每一个圆形筋材网片包含7个完整网孔单元。

试验填料的主要物理指标见表2-1。对风干后的土样进行了10组筛分,得到填料的典型颗粒级配如图2-28所示,粒径分布见表2-8。

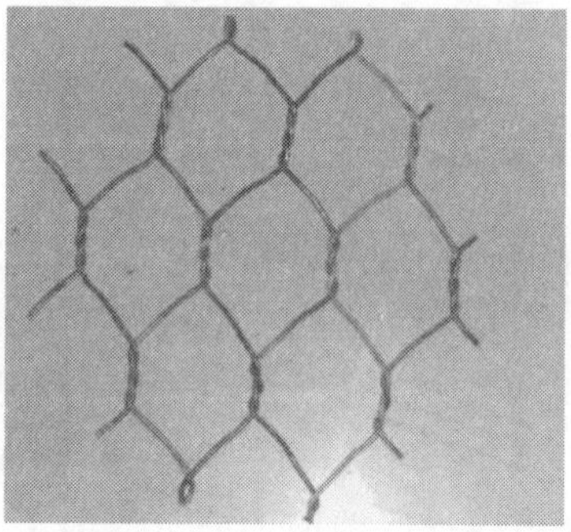

图2-27　筋材的形状

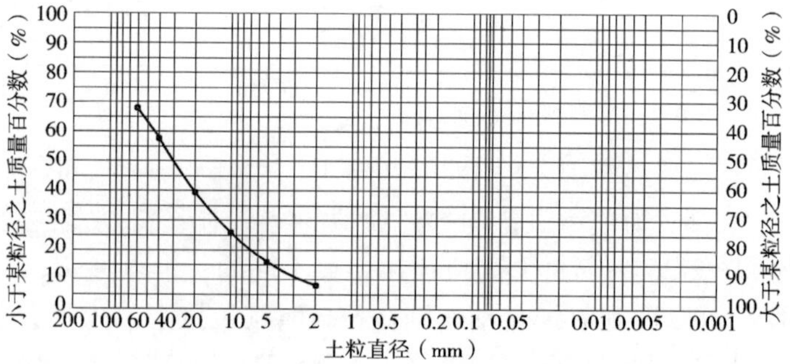

图2-28　红砂岩粗粒土填料典型颗粒级配

10组土样的颗粒分布　　表 2-8

土样号	颗粒含量百分数(%)						
	>60mm	60~40mm	40~20mm	20~10mm	10~5mm	5~2.5mm	<2.5mm
a	10.42	16.67	21.66	16.25	14.69	10.52	9.79
b	12.34	33.11	18.18	15.02	9.19	6.03	6.12
c	21.42	18.59	20.20	15.27	10.35	6.93	7.24
d	24.74	10.56	22.29	16.74	11.37	7.64	6.55
e	18.29	12.66	19.32	19.51	13.79	8.54	7.88
f	18.09	25.05	24.49	14.29	8.35	5.01	4.73

续上表

土样号	颗粒含量百分数(%)						
	>60mm	60~40mm	40~20mm	20~10mm	10~5mm	5~2.5mm	<2.5mm
g	32.10	9.97	18.24	13.46	10.07	7.98	8.16
h	16.81	22.84	19.05	16.44	11.18	7.48	6.22
i	17.19	20.02	27.26	18.33	8.48	4.18	4.52
j	13.36	19.68	16.96	22.52	13.12	8.05	6.31

试样制作前,对土样中含有的超粒径颗粒,采用等量替代法进行了替换。制作时,土样分层等厚填筑击实,每层压实后将其表面刨毛,再填筑下一层土样。每层土样应压实至预定高度,并在指定的高度加入事先剪好的筋材。筋材布置如图2-29所示。

2.4.2　试验成果

试验采用大型应变控制式三轴仪进行,如图2-30所示。填料压实度93%,控制剪切速度0.80mm/min。对高速公路与高速铁路路基而言,围压通常较低,故本次试验在4种围压100kPa、200kPa、300kPa、400kPa下进行:①红砂岩粗粒土非饱和试样不同加筋层数($N=0$、2、3)、不同含水率($w=14\%$、17%)的三轴不固结不排水试验;②红砂岩粗粒土饱和试样不同加筋层数($N=0$、2、3)的三轴固结不排水试验。一共完成9组36个试样的大型三轴试验。

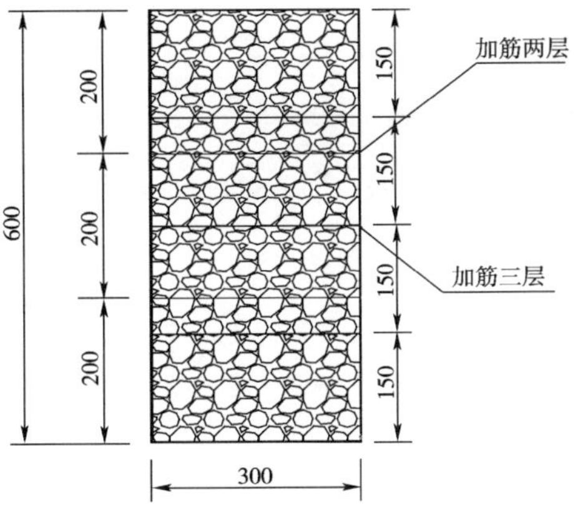

图2-29　筋材布置示意图(尺寸单位:mm)

图2-30　粗粒土三轴仪

(1)含水率为14%时的不固结不排水三轴试验结果

含水率为14%的素红砂岩、加筋两层钢丝网以及加筋三层钢丝网的不固结不排水试验的主应力差与轴向应变关系曲线、强度包线整理如图2-31~图2-33所示。

(2)含水率为17%时的不固结不排水三轴试验结果

含水率为17%的素红砂岩粗粒土和加筋三层双绞合六边角钢丝网的主应力差与轴向应变关系曲线、强度包线如图2-34~图2-36所示。

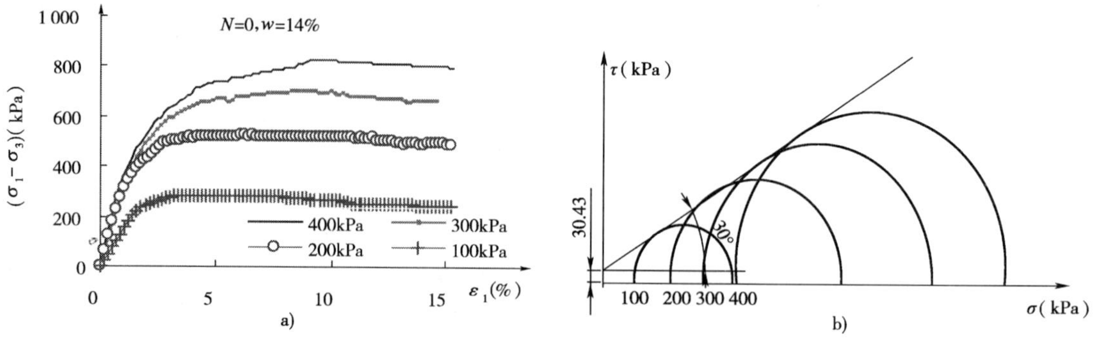

图 2-31　素红砂岩粗粒土的主应力差与轴向应变关系和强度包线
（素土、含水率 14%）

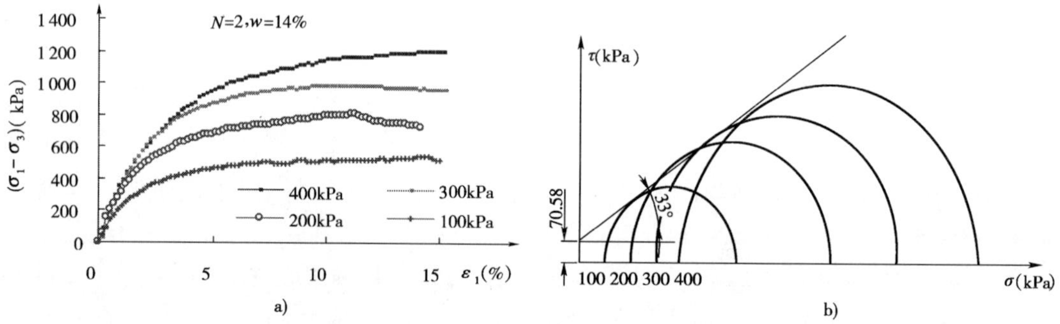

图 2-32　加筋红砂岩粗粒土的主应力差与轴向应变关系和强度包线
（加筋两层、含水率 14%）

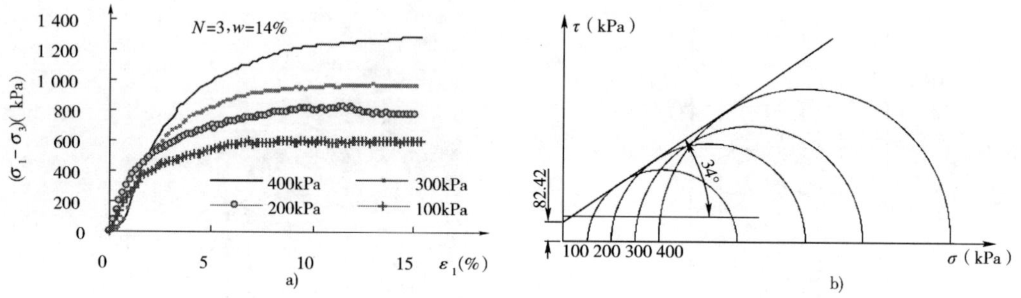

图 2-33　加筋红砂岩粗粒土的主应力差与轴向应变关系和强度包线
（加筋三层、含水率 14%）

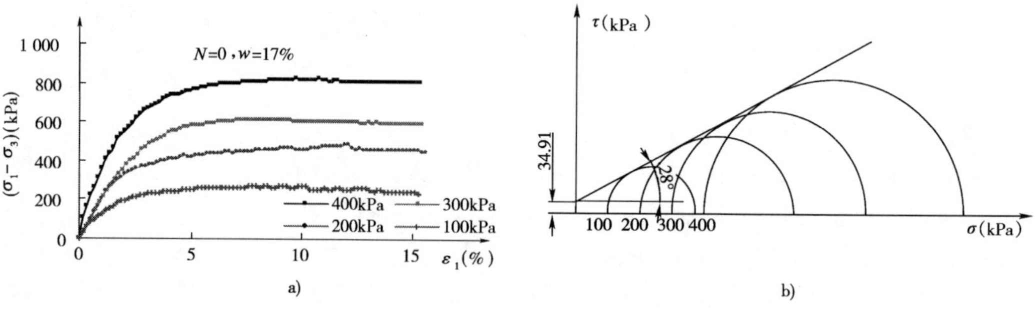

图 2-34　素红砂岩粗粒土的主应力差与轴向应变关系和强度包线
（素土、含水率 17%）

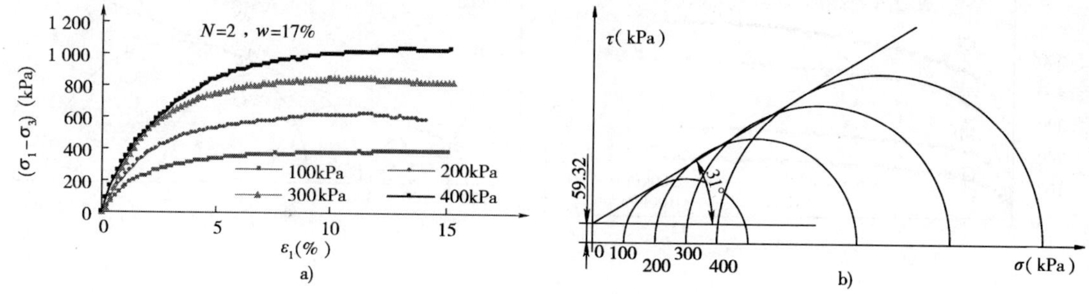

图 2-35　加筋红砂岩粗粒土的主应力差与轴向应变关系和强度包线
（加筋两层、含水率 17%）

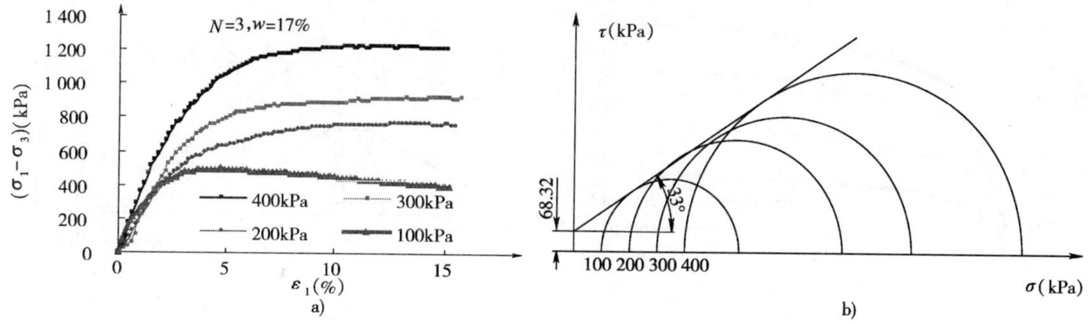

图 2-36　加筋红砂岩粗粒土的主应力差与轴向应变关系和强度包线
（加筋三层、含水率 17%）

（3）饱和土试样固结不排水三轴试验结果

素红砂岩粗粒土和加筋两层、三层双绞合六边形钢丝网红砂岩粗粒土的总主应力差与轴向应变关系曲线和总抗剪强度包线如图 2-37 ~ 图 2-39 所示。

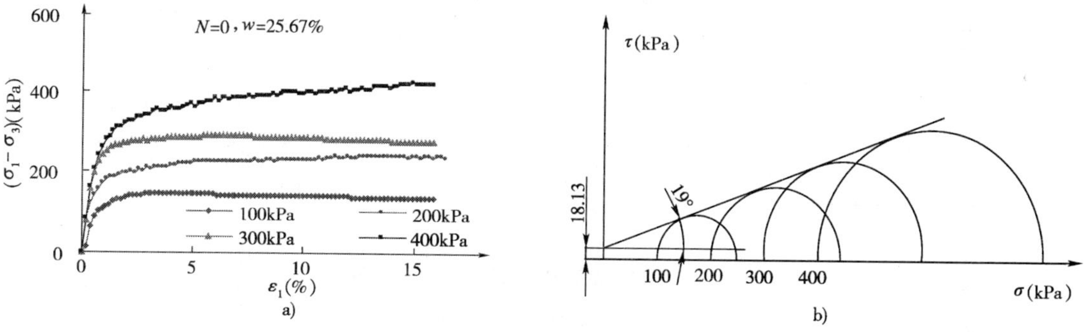

图 2-37　素红砂岩粗粒土的总主应力差与轴向应变关系和总抗剪强度包线（素土、饱和）

（4）不同试验条件下强度参数的比较

不同试验条件下红砂岩粗粒土的总抗剪强度，见表 2-9。红砂岩粗粒土抗剪强度指标与加筋层数的关系如图 2-40 所示。

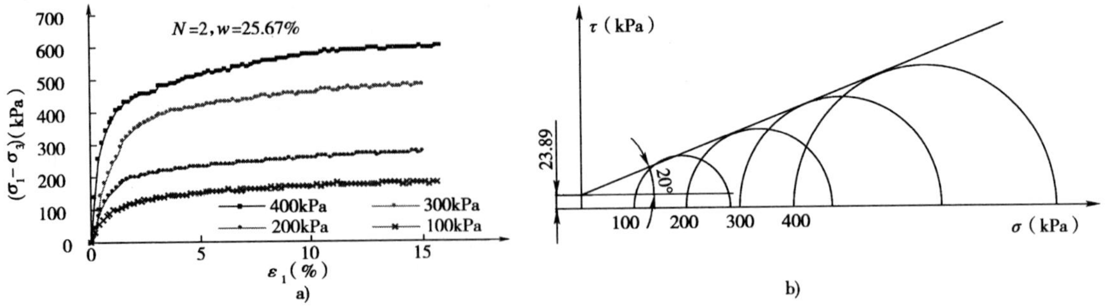

图 2-38　加筋红砂岩粗粒土总主应力差与轴向应变关系和总抗剪强度包线
（加筋两层、饱和）

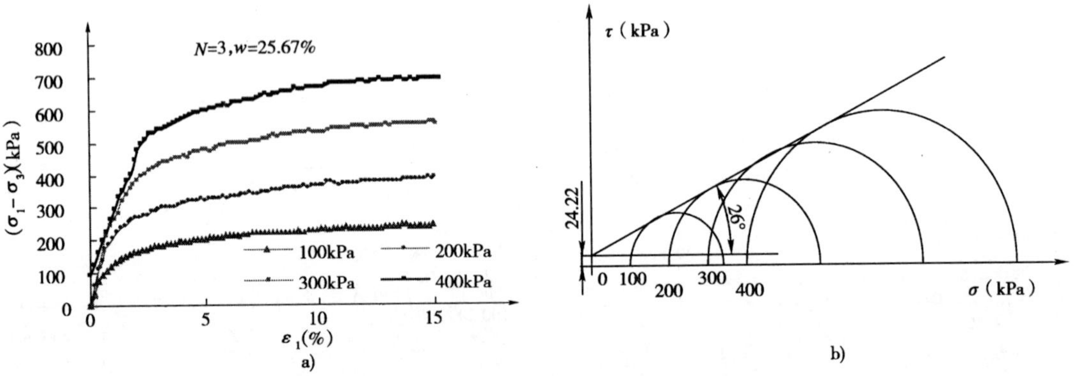

图 2-39　加筋红砂岩粗粒土总主应力差与轴向应变关系和总抗剪强度包线
（加筋三层、饱和）

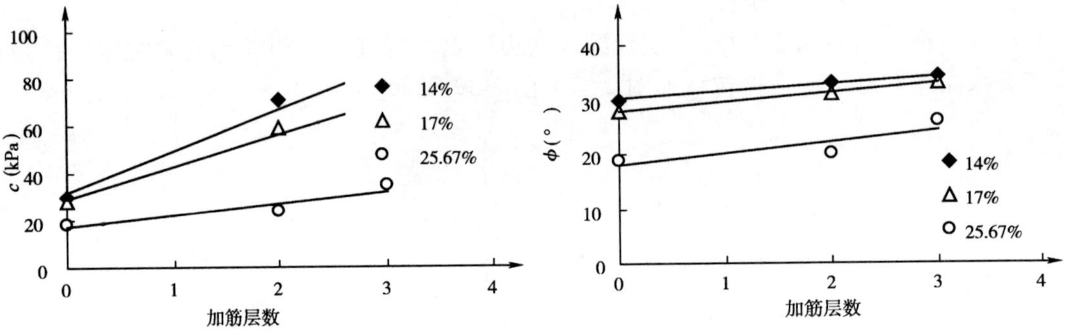

图 2-40　红砂岩粗粒土抗剪强度指标与加筋层数的关系

不同试验条件下的抗剪强度　　表 2-9

含　水　率	加 筋 形 式	黏聚力(kPa)	内摩擦角(°)
14%	$N=0$	30.43	30
	$N=2$	70.58	33
	$N=3$	82.42	34

续上表

含水率	加筋形式	黏聚力(kPa)	内摩擦角(°)
17%	$N=0$	34.92	28
	$N=2$	59.32	31
	$N=3$	68.32	33
饱和(25.67%)	$N=0$	18.13	19
	$N=2$	23.89	20
	$N=3$	34.22	26

2.4.3　双绞合六边形钢丝网加筋效果的发挥

以应力比$(\sigma_1-\sigma_3)_r/(\sigma_1-\sigma_3)$为纵坐标，以轴向应变$\varepsilon_1$为横坐标，绘制应力比与对应轴向应变的关系曲线，如图2-41所示。

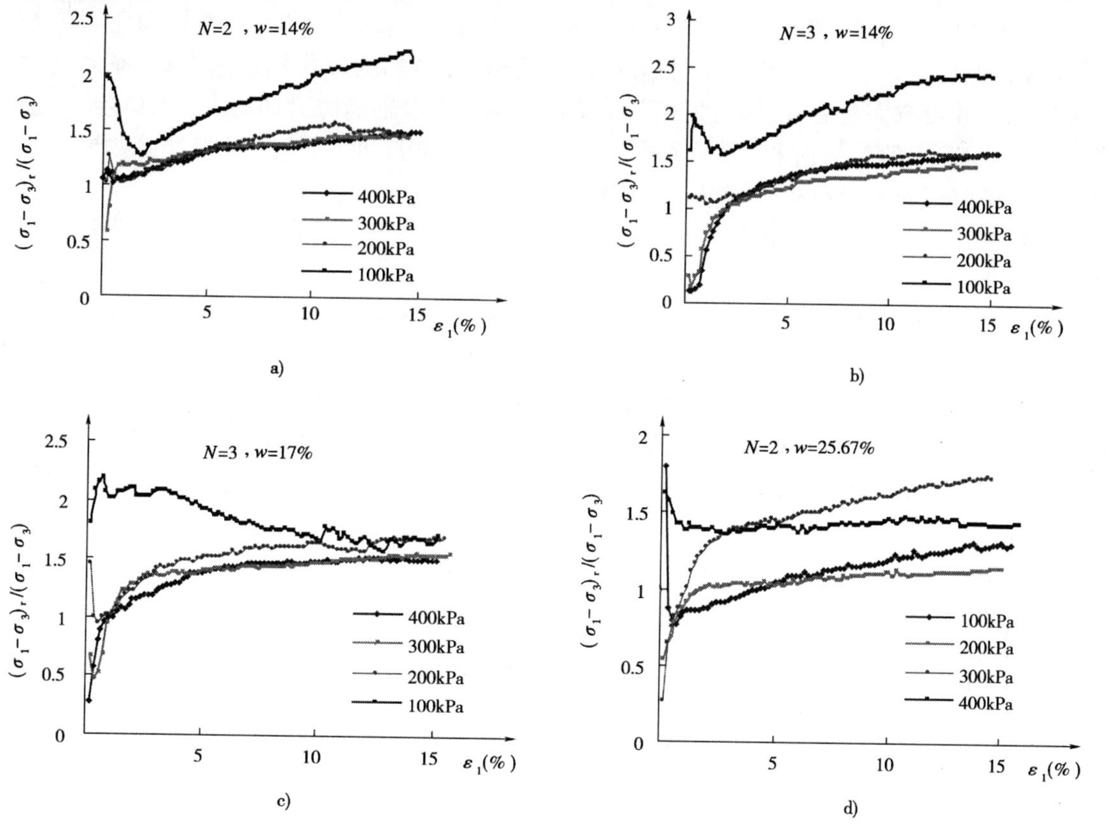

图2-41　应力比与轴向应变关系曲线

从图2-41可知，应力比$(\sigma_1-\sigma_3)_r/(\sigma_1-\sigma_3)$一般随轴向应变$\varepsilon_1$的增加而增大，并逐渐趋于一定值，表明随着轴向应变的增加，筋材逐渐发挥作用；曲线绝大部分纵坐标大于1，表明加筋后土的强度提高了；大部分低围压条件下的曲线位于高围压条件下的曲线之上，围压为100kPa的曲线比其他曲线的位置高，表明在围压较小的情况下，加筋的效果好，而随着围压增大，加筋效果不再明显。

应力比$(\sigma_1-\sigma_3)_r/(\sigma_1-\sigma_3)$与轴向应变$\varepsilon_1$的关系曲线一般可以分为两个部分：突变段和缓变段。在高围压下曲线表现为应力比$(\sigma_1-\sigma_3)_r/(\sigma_1-\sigma_3)$的值随轴向应变的增加快速上升；当轴向应变值较小（一般$\varepsilon_1<2\%$）时，应力比小于1，说明加筋作用的发挥有一个过程，只有当土体发生一定变形时，加筋才能真正发挥作用，而在产生此之前，筋材不但起不到加强作用，甚至可能会削弱土体的抗剪强度。究其原因，一方面是由于双绞合六边形钢丝网系钢丝编织而成，网面不平整，试样压实固结时，钢丝网面会产生上下凹凸变形，三轴试验时，随着试样剪切变形的发展，上下凹凸变形的钢丝网面慢慢舒展拉直，达到一定变形量后，筋材就发挥作用。另一方面，筋材变形会使土样产生微小裂缝，类似于岩石中存在裂隙、软弱结构面一样，其强度会降低；剪切阶段，除土—土之间剪切外，局部还产生土—筋、筋—筋之间的剪切错动，这些因素使得筋材在小变形的情况下可能削弱土体的抗剪强度。雷胜友[207]也在试验分析的基础上认为当存在土—筋、筋—筋之间剪切时，加筋土的$(\sigma_1-\sigma_3)_r$要比对应素土的低。

在低围压条件下，曲线的突变段呈快速上升再下降的“∧”形态。其主要原因是低围压条件下，土体的抗剪强度较低，而双绞合六边形钢丝网筋材具有较大的刚度，在轴向压力的作用下，土体迅速发生变形，筋土间的相对错动使得筋材对土体的约束作用迅速发挥，应力比大于1，但因筋材并没有完全展开，筋材加强作用不能持续。随着轴向应力的增大，土体变形量也随着增大，筋材承受的荷载越来越大，筋材随土体变形而逐渐舒展开，这个过程加筋效果不是增加而是逐渐降低。当筋材完全展开后，曲线又开始逐渐上升。

曲线的缓变段随着应变的增大而平缓地增加，并逐渐趋于一定值，表明加筋效果逐渐得到了充分发挥。

从图2-42可以看出：在相同围压条件下，不同加筋层数对应曲线的形态具有很大的相似性，表明其加筋作用过程基本上是相同的；加筋三层的曲线一般位于加筋两层的曲线之上，表明加筋三层的效果好于加筋两层的效果；在高围压（300kPa、400kPa）条件下试验开始时，加筋两层的效果好于加筋三层的效果。当试样变形发展到一定程度，加筋三层的曲线才逐渐高于加筋两层的曲线；筋材发挥作用的先后顺序与围压条件有关，在低围压条件下，如图2-42a）、b），加筋三层的作用发挥要早于加筋两层的试样，而在高围压条件却相反，如图2-42c）、d），加筋两层的作用发挥反而要早于加筋三层的试样。

2.4.4 含水率对双绞合六边形钢丝网加筋效果的分析

目前研究非饱和土的强度公式主要有两类：Bishop有效应力公式和Fredlund双应力变量强度公式，这两类公式都考虑了吸力对强度的贡献，但吸力的测量比较困难，限制了两者在实践中的应用。大量研究表明，含水率的大小对非饱和土的抗剪强度有很大的影响。

前述粗粒土三轴试验完成了含水率分别为14%、17%和饱和（含水率为25.67%）的加筋和不加筋红砂岩粗粒土的抗剪试验。图2-43～图2-45分别为红砂岩粗粒土（$N=0$、$N=2$、$N=3$）在不同含水率条件下的主应力差—轴向应变关系曲线。可知含水率低的试样主应力差—轴向应变关系曲线位于含水率高的试样曲线之上，说明含水率的高低对试样抗剪强度有很大的影响，抗剪强度都随着含水率的增加而降低。

不同含水率素红砂岩粗粒土和加筋红砂岩粗粒土的强度包线如图2-46～图2-48所示，可知加筋和不加筋的总应力抗剪强度参数c、φ均随含水率w变化。凌华[208]在对非饱和土三轴试验的基础上认为非饱和土的抗剪强度可以用下式表示：

$$\tau_{f}=c(w)+\sigma\tan\varphi(w) \tag{2-25}$$

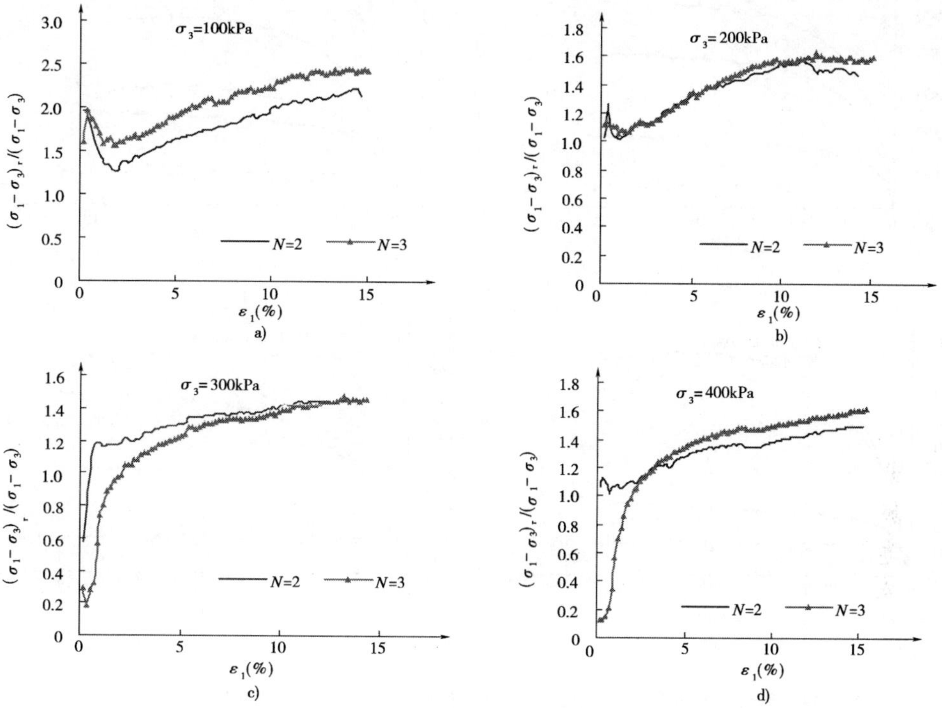

图 2-42　相同围压条件下不同加筋层数对应的应力比与轴向应变的关系曲线

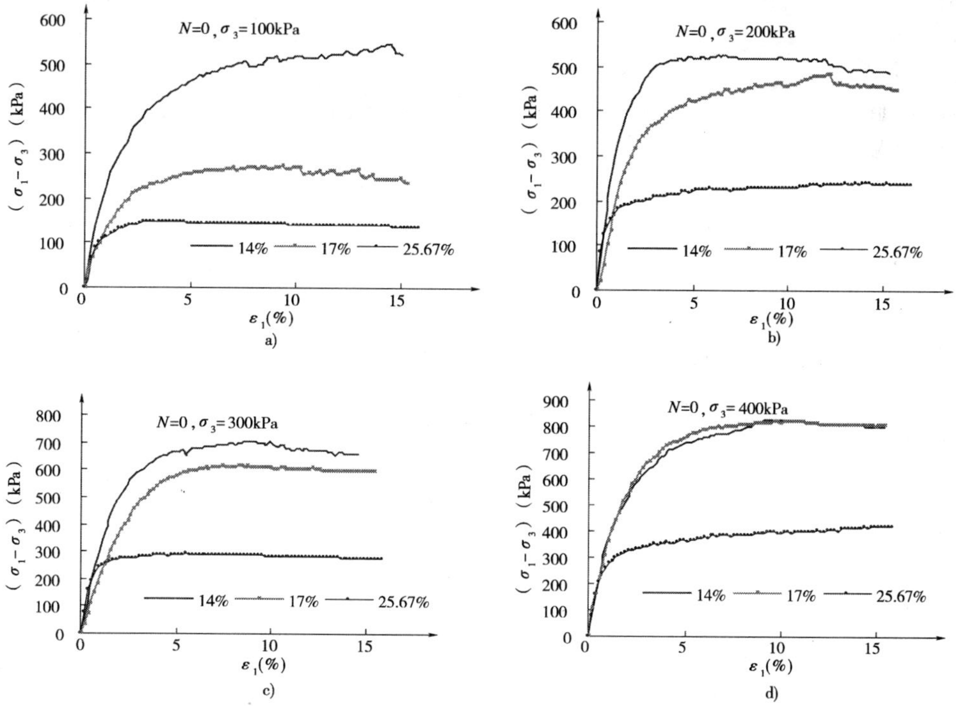

图 2-43　不同含水率条件下素红砂岩粗粒土的主应力差—轴向应变关系曲线

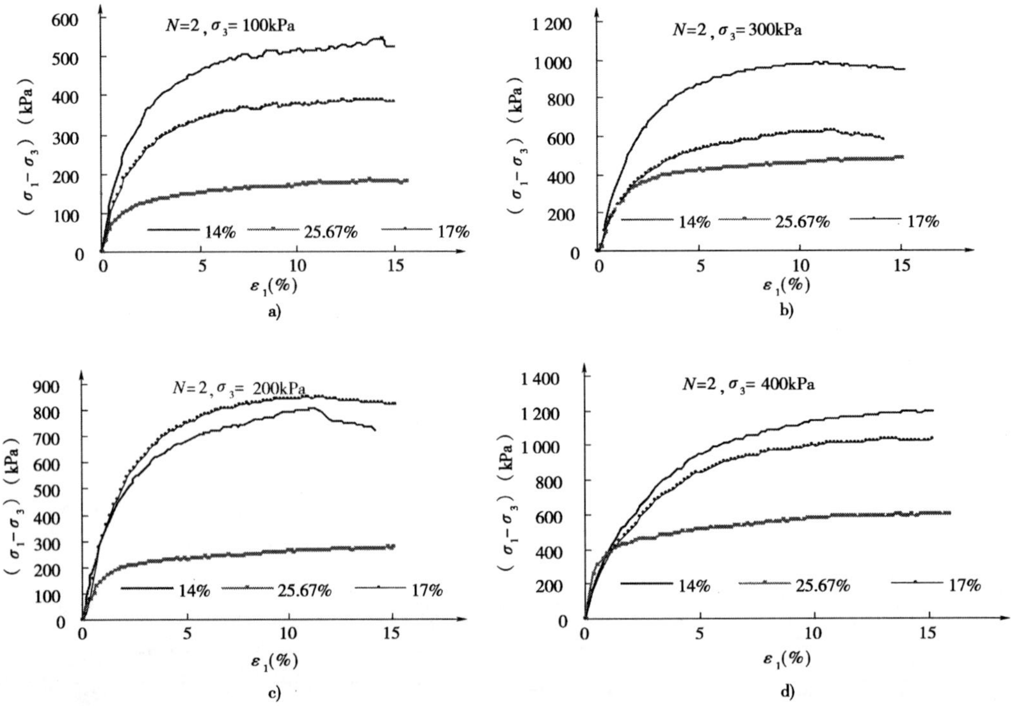

图 2-44　不同含水率条件下加筋两层红砂岩粗粒土的主应力差—轴向应变关系曲线

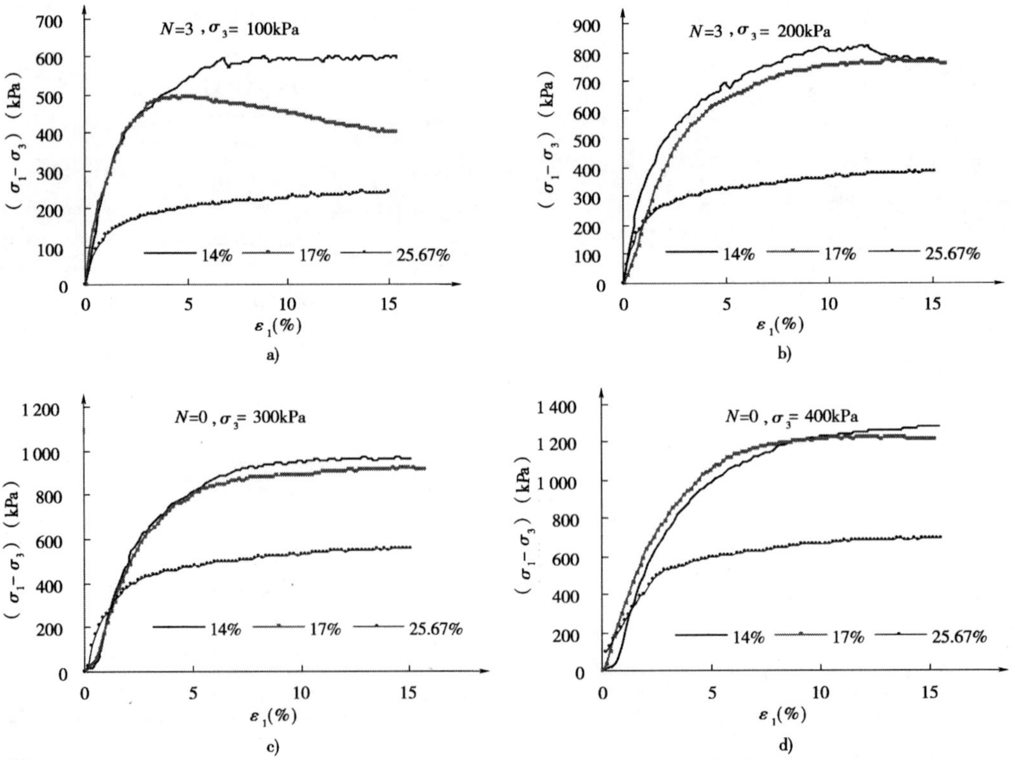

图 2-45　不同含水率条件下加筋三层红砂岩粗粒土的主应力差—轴向应变关系曲线

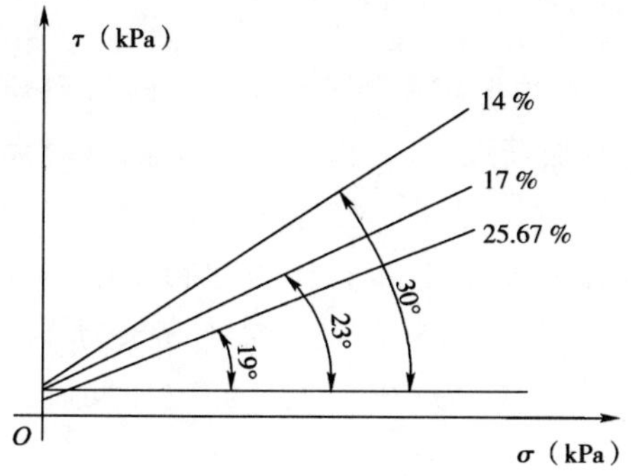

图 2-46　素红砂岩粗粒土在不同含水率下的强度包线

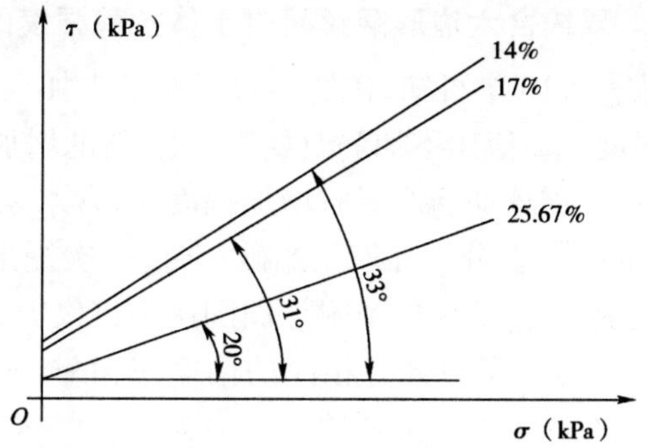

图 2-47　加筋两层红砂岩粗粒土在不同含水率下的强度包线

进一步将红砂岩粗粒土在不同工况下的 c、φ 与含水率 w 关系整理如图 2-49 所示，可知 c、φ 与含水率 w 有较好的线性关系，红砂岩粗粒土的强度随含水率的增加而降低。

为满足工程设计需要，本文拟合得出了不同含水率下红砂岩粗粒土强度参数变化规律的经验公式：

$$c = -(0.49N + 0.31)w + 24.21N + 31.26 \tag{2-26}$$

式中：N——加筋层数；

w——含水率，$14\% \leqslant w \leqslant 25.67\%$。

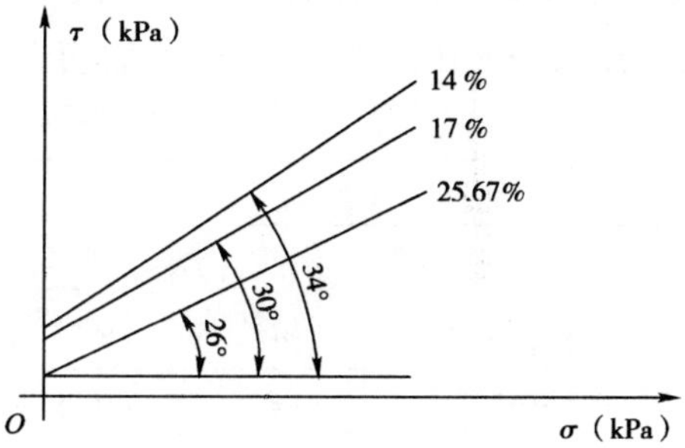

图 2-48　加筋三层红砂岩粗粒土在不同含水率下的强度包线示意图

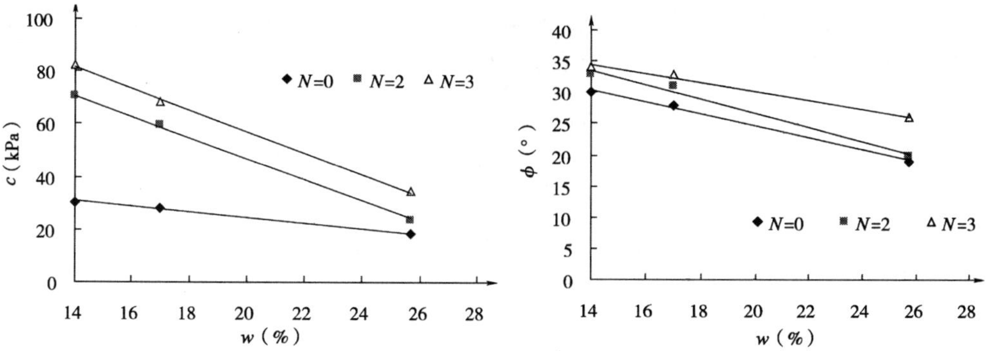

图 2-49　加筋红砂岩土样强度随含水率的变化规律

利用上述公式确定红砂岩粗粒土的强度时，含水率 w 不带百分号。当实测数据较多时，可以按照上述方法拟合新的经验计算公式。

影响非饱和土强度的因素非常多，如土的种类、土的密度、试验方法等，对非饱和土的强度与含水率的关系，不同研究者得到的结论也不尽相同，但总的规律还是非饱和土的强度随着含水率的增大而降低。本节在前人研究的基础上进一步讨论加筋和不加筋条件下红砂岩粗粒土的强度与含水率的关系，避免了吸力测量的困难，对于实际工程而言非常实用。

2.4.5 双绞合六边形钢丝网对土体抗剪强度的影响

从表2-10中可知，在红砂岩粗粒土中加入双绞合六边形钢丝网后，加筋红砂岩粗粒土的抗剪强度 c、φ 值比不加筋时要高；c、φ 值的增加幅度与加筋层数 N 和含水率 w 都有很大的关系，加筋三层较加筋两层时增加幅度大，含水率低时较含水率高时增加幅度大。

Yang[196]在分析加筋土的破坏时，首次提出将多层加筋土中的筋材所起的作用当成一个附加周围压力，认为这个附加周围压力仅仅因为增加了筋材，才相应地增加了黏聚力 ΔC，而将加筋与不加筋视为具有相同的内摩擦角 φ。Donald[197]等认为，在三轴试验中加筋砂土破坏时，作用在砂土上的等效周围压力为：

$$\Delta\sigma_{3f}=\sigma_3\frac{\Delta\sigma_{1f}}{\sigma_{1f}} \tag{2-27}$$

式中：σ_{1f}——在围压 σ_3 作用下无筋土破坏时的大主应力；

$\Delta\sigma_{1f}$——在同样 σ_3 作用下加筋土破坏时大主应力增量。

加筋红砂岩粗粒土抗剪强度 c、φ 值的变化　　表2-10

含　水　率		14%		17%		饱和(25.67%)	
加筋层数		$N=2$	$N=3$	$N=2$	$N=3$	$N=2$	$N=3$
黏聚力(kPa)	增量	40.15	51.99	31.4	40.4	5.76	16.09
	增幅	131.94%	170.85%	112.46%	144.7%	31.77%	88.75%
内摩擦角(°)	增量	3	4	3	5	1	7
	增幅	10%	13.33%	10.71%	17.86%	5.26%	36.84%

杨果林[5]在分析网格式加筋土挡土结构的强度特性时，认为由于网格在填土中的存在，组成网格的条带不仅可以承受拉力，而且可以承受剪力；条带可视为具有一定刚性的杆件，使加筋土体黏聚力、内摩擦角均增大，讨论了由 ΔC 和 $\Delta\varphi$ 分别增加的附加周围压力。

$$\sigma_1=\left\{1+4\frac{\cos\left(\varphi+\frac{\Delta\varphi}{2}\right)\sin\left(\frac{\Delta\varphi}{2}\right)}{[1-\sin(\varphi+\Delta\varphi)](1+\sin\varphi)}\right\}\sigma_3K_p+2C\sqrt{K_p}$$

$$\left\{1+\frac{\Delta C}{C}+\frac{2\sin\left(\frac{\Delta\varphi}{2}\right)}{[1-\sin(\varphi+\Delta\varphi)]}\times\frac{\left[\cos\left(\frac{\Delta\varphi}{2}\right)-\sin\left(\varphi+\frac{\Delta\varphi}{2}\right)\right]K_p}{(1+\sin\varphi)}\right\} \tag{2-28}$$

则有：

$$\begin{aligned}\sigma_1&=[1+F_\sigma(\Delta\varphi)]\sigma_3K_p+[1+F_c(\Delta\varphi)+\Delta C/C]2C\sqrt{K_p}\\&=\overline{\sigma_3}K_p+2\overline{C}\sqrt{K_p}\end{aligned} \tag{2-29}$$

式中：K_p——被动土压力系数，$K_p=\tan^2(45°+\varphi/2)$。

ΔC 可以增加加筋土体的视凝聚力 $\overline{C}$，而 $\Delta\varphi$ 可增大侧向约束力 $\overline{\sigma_3}$，也可增大视凝聚力 $\overline{C}$。很明显，这一结论也适用于双绞合六边形钢丝网加筋土结构。

2.5　双绞合六边形钢丝网加筋红砂岩粗粒土的本构模型

加筋土本构模型的研究也是非常活跃的一个领域，经历了从弹性、弹性非线性到弹塑性乃至流变模型的发展过程。Nejad EnSan、Shahrour(2000)[213]假设土和筋材都为弹塑性材料，土和筋材的变形是完全一致的，提出了一个简化的弹塑性宏观模型。筋材特性由轴向刚度和强度来反映，土的特性由杨氏模量、泊松比、屈服函数和塑性势来控制；张孟喜等(2000)[214]选用窗纱、土工织物等为筋材，砂黏土为填料，进行不同围压条件下的三轴试验，得到了窗纱、土工织物为加筋材料的加筋土应力—应变三轴试验结果，建立了加筋土的应变硬化—软化本构模型，并对加筋土挡墙进行了弹塑性有限元分析；杨果林(2001)[215]假定塑性应变增量与塑性势 Q 的应力梯度成正比，采用塑性势面与屈服面一致的相关联流动法规，推导得到了加筋土的应变硬化本构方程的弹塑性矩阵。

从工程设计的实际需要与土体本构模型研究的发展来看，关于简单加载条件下土体本构模型的研究已日趋成熟，而复杂荷载条件下土体本构模型研究是当今的热门。所以研究加筋土本构模型，建立动力荷载、循环荷载作用下的加筋土本构模型，研究其动力特性，具有重要的理论和实际意义。

本文在 2.4 节分析的基础上，采用不同的函数类型拟合加筋土体的应力—应变试验曲线，力求建立一个加筋红砂岩粗粒土的弹性非线性本构模型，能正确反映双绞合六边形钢丝网加筋红砂岩的变形特性，具有一定的工程应用价值。

(1)双曲线模型

双曲线模型(邓肯—张模型)是土体非线性弹性模型中应用最广的本构模型。这一模型是根据加筋土三轴试验结果，采用双曲线函数近似描述加筋土的$(\sigma_1-\sigma_3)\sim\varepsilon_a$关系，即：

$$\sigma_1-\sigma_3=\frac{\varepsilon_a}{a+b\varepsilon_a} \tag{2-30}$$

式中：a,b——试验常数，对于常规三轴压缩试验，$\varepsilon_1=\varepsilon_a$。

根据克拉夫和邓肯的建议，在常规三轴压缩试验中，$\lg(E_i/p_a)$与$\lg(\sigma_3/p_a)$近似呈直线关系，即初始切线模量 E_i 为：

$$E_i=\frac{1}{a}=Kp_a\left(\frac{\sigma_3}{p_a}\right)^n \tag{2-31}$$

根据莫尔—库仑强度准则，切线变形模量可用下式计算：

$$E_t=Kp_a\left(\frac{\sigma_3}{p_a}\right)^n\left[1-\frac{R_f(\sigma_1-\sigma_3)(1-\sin\varphi)}{2c\cos\varphi+2\sigma_3\sin\varphi}\right]^2 \tag{2-32}$$

式中：K、n——试验常数；

p_a——大气压，$p_a=101.4\text{kPa}$。

因此，双曲线模型中共有 K、n、R_f、φ、c 5 个材料参数。

(2)优化双曲线模型

采用双曲线模型对双绞合六边形钢丝网加筋红砂岩粗粒土三轴试验结果进行拟合，如图2-50所示。尽管拟合曲线的相关系数较高，但试验点常常偏离拟合曲线，尤其对于素土样和加筋三层的拟合偏差较大，拟合结果不理想。

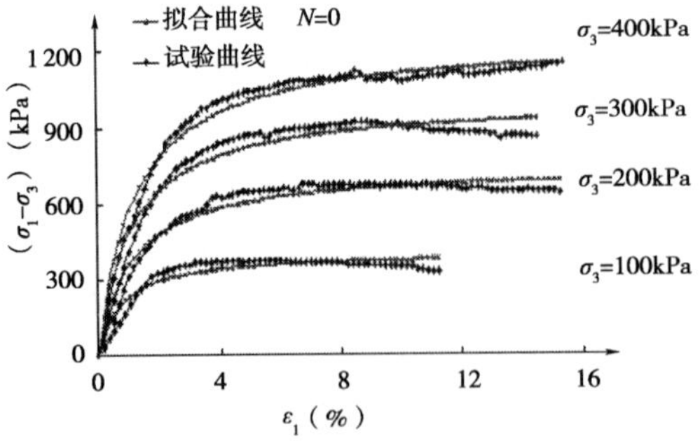

a）素土样

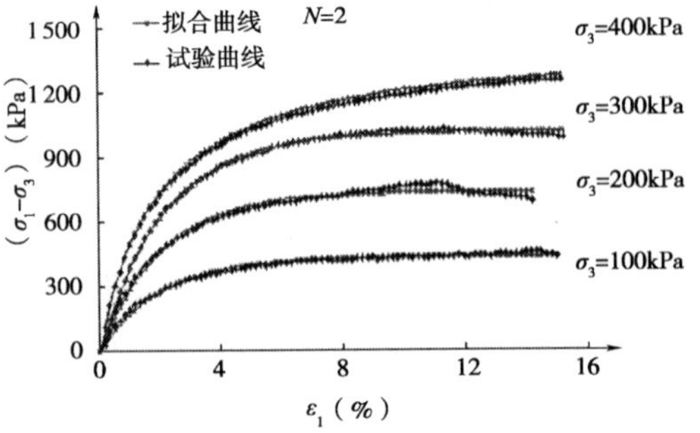

b）加筋两层

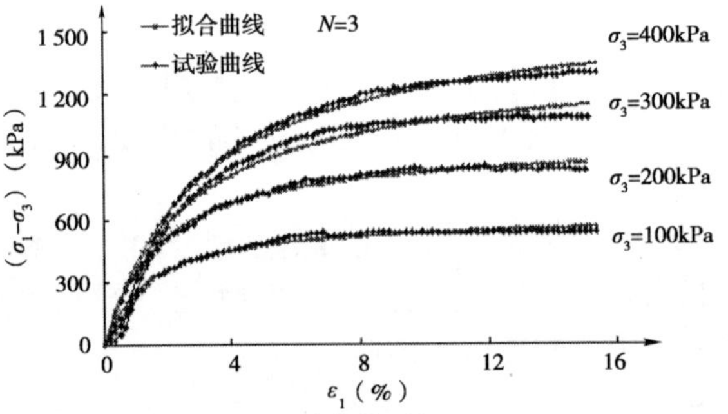

c）加筋三层

图2-50　加筋土应力—应变关系拟合曲线（双曲线模型）

李晓俊等[216]在双曲线模型的基础上增加了一个参数c后对加筋碎石土体（包括素碎石土）的应力—应变关系进行了拟合。

$$\sigma_1-\sigma_3=\frac{\varepsilon_1}{a\varepsilon_1^2+b\varepsilon_1+c}=\frac{1}{a\varepsilon_1+\dfrac{c}{\varepsilon_1}+b} \tag{2-33}$$

加筋土体初始切线模量E_0和切线模量E_t可用以下两式计算：

$$E_0=\frac{1}{c}=Kp_a\left(\frac{\sigma_3}{p_a}\right)^{t(n+1)} \tag{2-34}$$

$$E_t=\frac{(\sigma_1-\sigma_3)^2}{E_0}\left(\frac{1}{\varepsilon_1^2}-\frac{1}{\varepsilon_f^2}\right) \tag{2-35}$$

利用式(2-33)进行拟合，如图2-51所示。由于该本构模型多了一个参数，使得拟合的精度得到了提高。但各个参数物理意义不明显。初始切线模量E_0的计算公式中试验常数K随着加筋层数的增加并非是不变的，与双曲线模型比较，加筋层数的影响仅仅是乘以一个系数。这显然是不合理的。

（3）指数模型

本文拟采用指数模型来近似表示双绞合六边形钢丝网加筋土的应力—应变关系。假定三轴试验的$(\sigma_1-\sigma_3)\sim\varepsilon_a$关系式为：

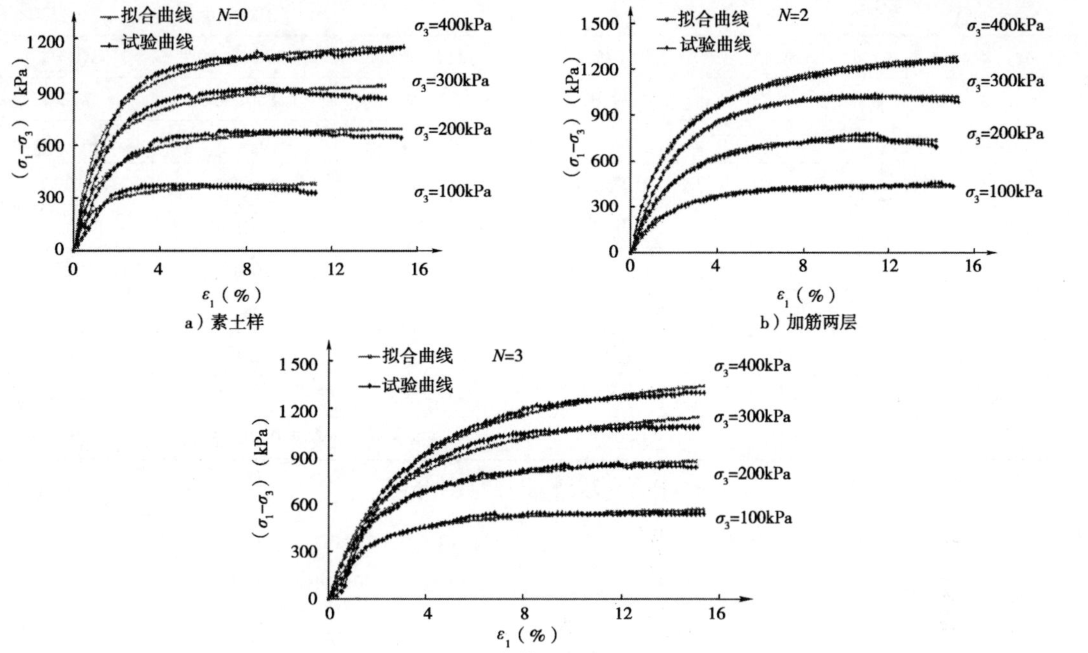

a）素土样　b）加筋两层　c）加筋三层

图 2-51　加筋土应力—应变关系拟合曲线（优化双曲线模型）

$$\sigma_1 - \sigma_3 = a[1 - \exp(b\varepsilon_1)] \tag{2-36}$$

上式仅在 $b<0, \varepsilon_1 \to \infty$ 时，$(\sigma_1 - \sigma_3)$ 取最大值。则有峰值抗压强度为：

$$(\sigma_1 - \sigma_3)_f = a \tag{2-37}$$

根据莫尔—库仑强度准则，有：

$$(\sigma_1 - \sigma_3)_f = \frac{2c\cos\varphi + \sigma_3\sin\varphi}{1 - \sin\varphi} \tag{2-38}$$

在常规三轴压缩试验中，将加筋土应力应变关系进行拟合如图 2-52，将试验结果整理分析见表 2-11，并绘出 $\lg(E_i/p_a)$ 与 $\lg(\sigma_3/p_a)$ 的关系图，可以发现二者近似呈直线关系。由此可得初始切线模量 E_0 和切线模量 E_t 的计算公式为：

$$E_0 = \frac{d(\sigma_1 - \sigma_3)}{d\varepsilon_1}\bigg|_{\varepsilon_1 \to 0} = -ab = Kp_a\left(\frac{\sigma_3}{p_a}\right)^n \tag{2-39}$$

$$E_t = Kp_a\left(\frac{\sigma_3}{p_a}\right)^n\left[1 - \frac{(\sigma_1 - \sigma_3)(1 - \sin\varphi)}{2c\cos\varphi + 2\sigma_3\sin\varphi}\right] \tag{2-40}$$

式中：K、n——试验常数。

该公式中包括 4 个材料参数（K、n、φ、c）。

三轴压缩试验结果分析（10^{-7} Pa）　　表 2-11

σ_3(kPa)	N	0(14%)	2(14%)	3(14%)	3(17%)
100	a	363.57	434.76	535.26	464.26
	b	−0.910 6	−0.495 8	−0.525 7	−1.053 7
	相关系数	0.980 5	0.995 7	0.997 6	0.939 0

续上表

σ_3(kPa)	N	0(14%)	2(14%)	3(14%)	3(17%)
200	a	679.97	739.98	850.60	792.77
	b	-0.541 4	-0.481 0	-0.425 3	-0.354 1
	相关系数	0.992 9	0.994 1	0.993 7	0.998 8
300	a	897.50	1 017.39	1 092.66	1 011.51
	b	-0.642 9	-0.460 8	-0.361 0	-0.367 0
	相关系数	0.996 2	0.998 7	0.996 4	0.995 7
400	a	1 171.02	1 246.93	1 309.86	1 244.40
	b	-0.613 0	-0.426 2	-0.315 9	-0.363 5
	相关系数	0.989 3	0.998 5	0.996 5	0.998 9

将含水率 $w=14\%$ 的三轴试验土样结果整理，绘出 $\lg(E_i/p_a)$ 与 $\lg(\sigma_3/p_a)$ 的关系如图2-53所示，可见二者近似呈直线关系。

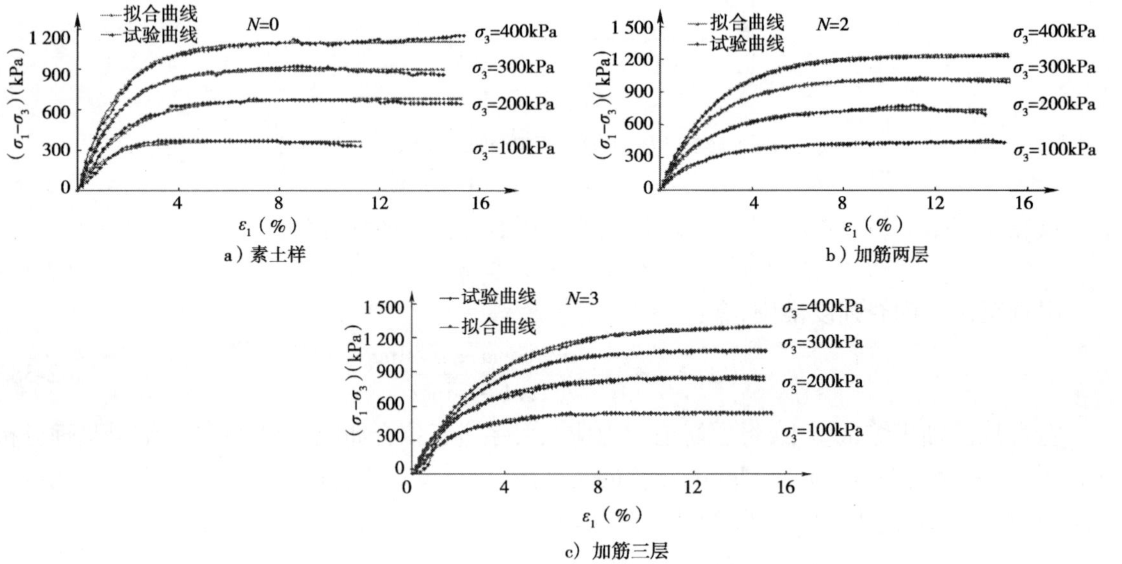

图 2-52　加筋土应力—应变关系拟合曲线（指数模型）

即：

$$\lg\left(\frac{E_i}{p_a}\right) = \lg K + n\lg\left(\frac{\sigma_3}{p_a}\right) \tag{2-41}$$

$$E_i = Kp_a\left(\frac{\sigma_3}{p_a}\right)^n \tag{2-42}$$

则试验参数 n 随加筋层数 N 的变换规律为：

$$n = -0.25N + 1.001 \qquad R^2 = 0.964$$

K 随加筋层数 N 的变换规律为：

$$K = 1.862\,5 \times 10^{0.068\,7N} \qquad R^2 = 0.941$$

对于同一土样，随着围压的增加，初始弹性模量也随之增加；随着加筋层数的增加，初始弹性模量逐渐降低，其中 K 值逐渐增加，而 n 值却逐渐减小。这是因为对于不同筋材和不同的试验方法，复合土强度有提高(CD)和降低(CU)两种表现，双绞合六边形钢丝网加筋土样在低应变时的加筋效果并不明显，甚至有减弱的趋势，加筋效果比较明显是在应变较大时才逐渐显现的。

随着含水率 w 的增大，试验参数 K 和 n 的值也是变化的。对于含水率为 14% 和 17% 的加筋两层土样，初始弹性模量与围压的变化曲线如图 2-54 所示。可见，随着含水率 w 的增加，K 值逐渐增加，而 n 值却逐渐减小。

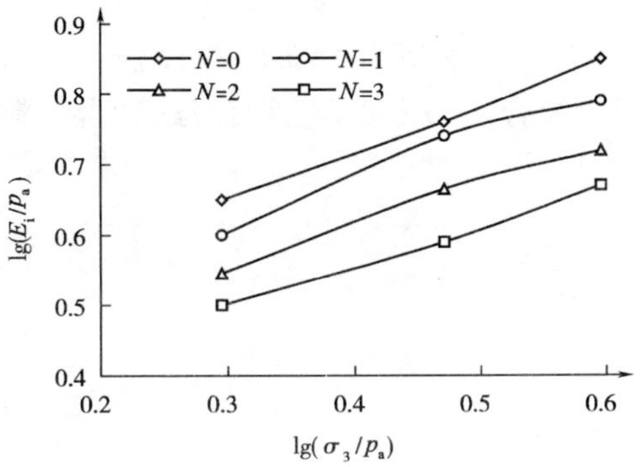

图 2-53　初始弹性模量与围压的关系曲线

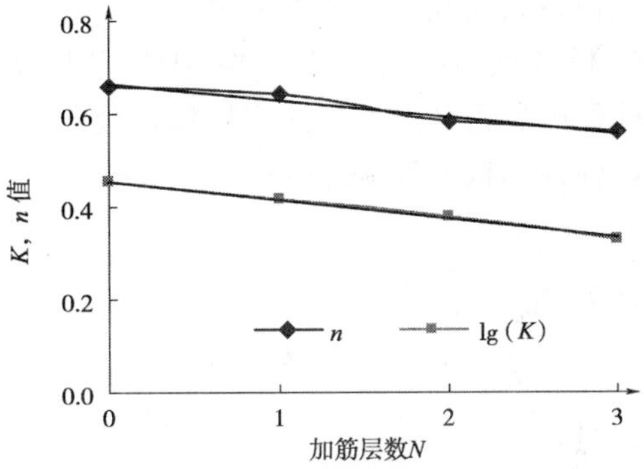

图 2-54　参数 K,n 与加筋层数的关系曲线

参数 c、φ 值随加筋层数和含水率变化规律的讨论见 2.4.4 节。

综上所述：初始弹性模量与围压有关，受加筋层数和含水率的影响。切线变形模量公式中的四个材料参数(K、n、φ、c)中，参数 K 和 n 是加筋层数 N 和含水率 w 的函数，当加筋层数 N 和含水率 w 一定时，参数 K 和 n 是常数。

由式(2-40)～式(2-42)可得基于指数函数模型的加筋土非线性弹性本构方程：

$$E_t = K_{(w,S_r)} p_a \left(\frac{\sigma_3}{p_a}\right)^{n_{(w,S_r)}} \left[1 - \frac{(\sigma_1 - \sigma_3)(1 - \sin\varphi)}{2c_{(w,S_r)}\cos\varphi + 2\sigma_3 \sin\varphi}\right] \tag{2-43}$$

2.6　本章小结

本章回顾了加筋机理研究成果，对双绞合六边形钢丝网加筋红砂岩粗粒土进行了拉拔试验、粗粒土三轴试验，系统研究了双绞合六边形钢丝网加筋土的筋土界面关系、加筋效果的发展过程、加筋土本构关系。主要研究结论如下：

(1)以红砂岩粗粒土为填料，对钢丝直径为 2.2mm 和 2.7mm 的双绞合六边形钢丝网进行了不同围压条件下的拉拔试验，得到了两种筋材与红砂岩粗粒土相互作用的筋土界面参数，为工程设计提供了必要的设计参数。

(2)以拉拔试验成果为基础，提出了基于幂函数的筋土界面非线性关系公式(2-23)，利用 Fish 语言对 FLAC 3D中 Geogrid 单元的界面特性进行了修正，开展了拉拔试验数值模拟，表明基于幂函数的筋土界面特性关系可以反映双绞合六边形钢丝网与红砂岩粗粒土的剪应力—位移特征。

（3）对不同含水率、不同加筋层数的双绞合六边形钢丝网加筋红砂岩试样进行了粗粒土大型三轴试验，获得了相应的抗剪强度指标，为工程设计提供了依据与设计参数。

（4）分析了双绞合六边形钢丝网加筋红砂岩粗粒土的变形特性以及应力—应变关系，研究总结了加筋效果的发挥过程、试样抗剪强度指标的变化、加筋层数和含水率对加筋效果的影响。结果表明：双绞合六边钢丝网加筋效果主要表现为提高土体的黏聚力；加筋效果和加筋层数与含水率有很大的关系，加筋效果随加筋层数增加而增大，随含水率的增大而减小；筋材在土体中的作用是随土体应变的增加而逐渐发挥出来的，且与围压条件有关，低围压条件下加筋效果发挥时间较高围压条件下早。

（5）根据室内三轴试验成果，推导了压实度为93%，含水率为14%时双绞合六边形钢丝网加筋红砂岩粗粒土的切线变形模量公式，提出了双绞合六边形钢丝网加筋红砂岩粗粒土的非线性弹性本构方程。

第 3 章　加筋格宾挡墙强度与变形特性研究

3.1　概述

筋材拉力的分布是研究加筋土挡墙力学性质的一个重要方面，一直深受研究者的关注。研究表明：筋材拉力沿筋带并非均匀分布，分布形式与筋材、填土的力学性质、筋材间距等许多因素有关。筋材上最大拉力点的连线可以将填土分为两个区[217,218]：活动区（主动区）和稳定区（阻力区），如图 3-1 所示。通常将两个区的分界线（最大张力线）称为加筋土结构的潜在破裂面。潜在破裂面的确定直接影响筋带长度的确定和加筋土结构的稳定性分析。

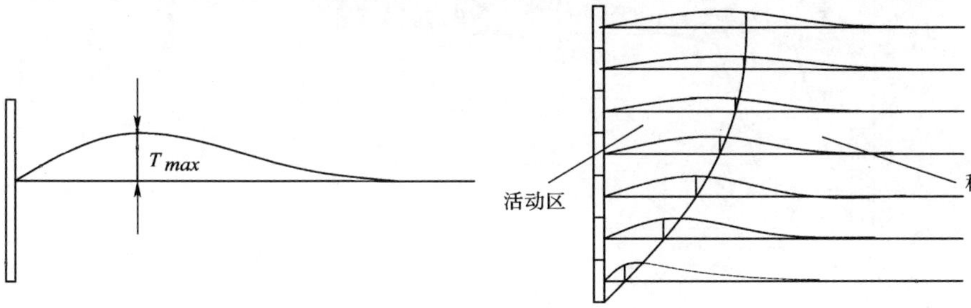

图 3-1　加筋土结构中筋带拉力分布与潜在破裂面

加筋土挡墙属于柔性支挡结构，与刚性支挡结构有较大的差异，其墙背土压力的计算不宜采用传统的朗肯土压力理论或库仑土压力理论。加筋土挡墙墙背土压力计算理论主要有锚固结构理论、黏结重力式结构理论（1978 年，Schlosser）、滑裂楔体法（Segretin. P）、能量法（1977 年，M. A Osman）、剪胀法（1981 年，赵炎华）等。我国《公路路基设计规范》（JTG D30—2004）采用变系数法。美国各州公路与运输工作者协会规定：对于柔性挡土墙，计算侧向土压力应该假定为主动应力状态，利用库仑土压力理论所定义的滑动面确定土楔体[219]。

在路基支挡工程领域，以双绞合六边形钢丝网为基本构件所组成的格宾结构、加筋格宾结构，得到愈来愈广泛的应用。作为一种新型加筋材料，国外的研究工作主要集中在美国、意大利、法国、英国等发达国家以及亚洲的泰国，国内的相关研究目前还很少。本章首先对加筋土挡墙主动土压力的计算公式进行了理论推导，然后根据加筋格宾挡墙的现场试验结果，采用 FLAC 3D对双绞合六边形钢丝网加筋挡墙的筋带拉力分布特点、潜在破裂面形状进行了研究，探讨了双绞合六边形钢丝网加筋土挡墙的强度和变形特性。

3.2　加筋土挡墙主动土压力通用计算公式

随着支挡结构填料范围的不断拓宽，比如冰渍层砾石土、泥质红砂岩填料，炭质页岩、泥岩、煤矸石等复杂土石混合填料都得到了充分应用[220~223]，支挡结构的受力模式变得越来越复杂,但是对加筋土挡墙墙背土压力研究国内还比较少。本文以库仑理论为基础,从库仑的基本假定出发,采用与库仑相反的计算程序来求解加筋土挡墙的土压力计算公式,即先求出加筋土挡墙墙背土压力强度 P 的表达式,然后求出墙背总土压力 E 的表达式,得出了加筋土挡墙土压力分布和合力作用点的高度计算公式。通过对双绞合六边形钢丝网加筋红砂岩粗粒土挡墙实测土压力值进行了对比分析,验证了公式的正确性。

3.2.1 基本假定与计算模型

计算模型如图 3-2 所示。

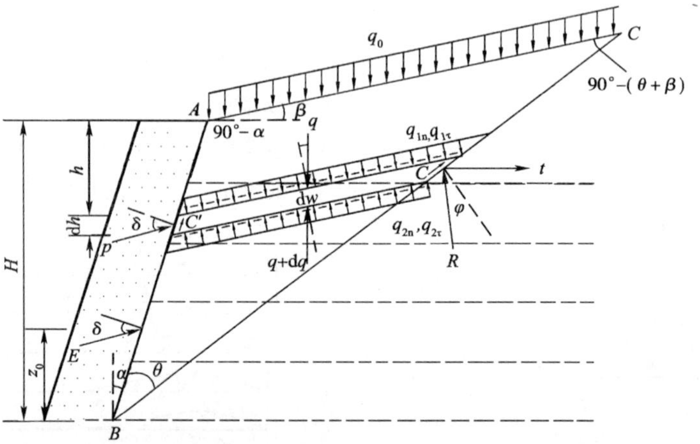

图 3-2　土压力计算模型

公式推导沿用库仑公式的基本假定并加以适当的扩充,具体如下:

(1)土质是单一的和各向同性的,内摩擦角为 φ;

(2)破裂面为平面;

(3)破裂楔体作为一个整体而移动;

(4)墙摩擦存在于墙与土的接触面上;

(5)破裂是一个平面问题;

(6)与填料平面平行的截面上忽略上下层水平切力差;

(7)回填土的黏聚力 C 以及填土与墙背的黏结力 C' 分别沿破裂面和墙背均匀分布;

(8)筋带拉力 t 对破裂楔体的作用沿破裂面均匀分布,方向水平。

3.2.2 公式推导

在图 3-2 处于总体平衡的滑动土楔体 ABC 中,取一平行于填料面 AC 的微分单元 $defg$(图 3-3),然后建立作用于微分薄条上三个静力平衡方程。即水平方向力的平衡($\sum H=0$),铅直方向力的平衡($\sum V=0$),对 gd 边中点的力矩平衡($\sum M=0$)。

联立三式解微分方程得:

当 $-1<a<0$ 时,求得土压力强度 p:

$$p = m_1 x^{-a} - m_2 x - m_3 \tag{3-1}$$

当 $a \geqslant 0$ 时,令 $a=0$,求得:

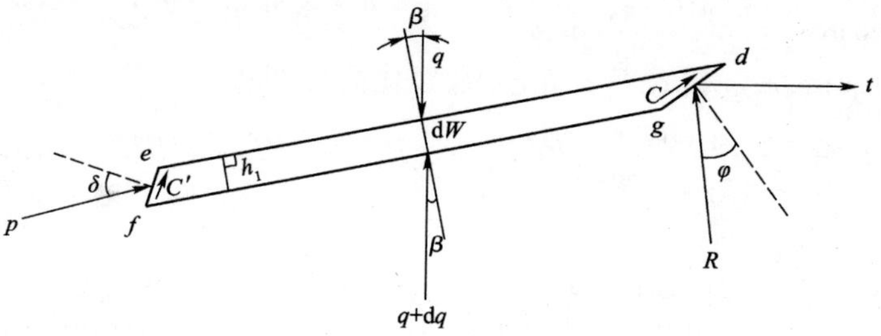

图3-3 微分单元隔离体

$$p = n_1\left[\gamma h\frac{\cos(\alpha-\beta)}{\cos\alpha} + q_0 - b\ln x\right] + n_2c' - n_3c - n_4t \tag{3-2}$$

当 $a \leqslant -1$ 时，令 $a=-1$，求得：

$$p = n_1\left[q_0x + b\frac{h}{H} - \gamma(H-h)\frac{\cos(\alpha-\beta)}{\cos\alpha}\ln x\right] + n_2c' - n_3c - n_4t \tag{3-3}$$

式中：

$$m_1 = n_1\left[\gamma\frac{\cos(\alpha-\beta)}{\cos\alpha}\frac{H}{1+a} + \frac{b}{a} + q_0\right], m_2 = n_1\gamma\frac{\cos(\alpha-\beta)}{\cos\alpha}\frac{H}{1+\alpha},$$

$$m_3 = n_1\frac{b}{a} - n_2c' + n_3c + n_4t, x = 1 - \frac{h}{H}(0 < x \leqslant 1)$$

$$a = 1 - n_1\frac{\cos(\theta+\beta)}{\cos(\theta+\varphi)}\cdot\frac{\sin(\theta+\varphi+\alpha+\delta)}{\sin(\theta+\alpha)}$$

$$b = \left\{\frac{2[\cos\varphi\cos(\alpha-\beta)\sin(\alpha+\delta-\beta)c - \cos\delta\cos(\theta+\beta)\sin(\theta+\varphi+\beta)c' + \sin(\theta+\varphi)\cos(\alpha-\beta)\sin(\alpha+\delta-\beta)t]}{\sin(\theta+\alpha)[\sin(\theta+\varphi+\beta-\alpha-\delta) + \cos(\theta+\varphi+\alpha+\delta)\sin\beta]}\right\}$$

$$n_1 = \frac{\cos(\theta+\varphi)}{\cos(\theta+\beta)}\times\frac{2\sin\theta\sin\alpha\sin\beta + \sin(\theta-\alpha)\cos\beta}{\sin(\theta+\varphi+\beta-\alpha-\delta) + \cos(\theta+\varphi+\alpha+\delta)\sin\beta}$$

$$n_2 = \frac{\cos(\theta+\varphi+\beta-\alpha) + \sin(\theta+\varphi+\alpha)\sin\beta}{\sin(\theta+\varphi+\beta-\alpha-\delta) + \cos(\theta+\varphi+\alpha+\delta)\sin\beta}$$

$$n_3 = \frac{\cos(\alpha-\beta)}{\cos(\theta+\beta)}\times\frac{\cos\varphi\cos\beta}{\sin(\theta+\varphi+\beta-\alpha-\delta) + \cos(\theta+\varphi+\alpha+\delta)\sin\beta}$$

$$n_4 = \frac{1}{\cos(\theta+\beta)}\times\frac{\sin(\theta+\varphi)\cos(\alpha-\beta)\cos\beta}{\sin(\theta+\varphi+\beta-\alpha-\delta) + \cos(\alpha+\delta+\theta+\varphi)\sin\beta}$$

墙背总土压力 E 可由积分求得：

当 $-1 < a < 0$ 时，

$$E = \frac{H}{\cos\alpha}\left(\frac{m_1}{1-a} - \frac{m_2}{2} - m_3\right) \tag{3-4}$$

当 $a=0$ 时，

$$E = \frac{H}{\cos\alpha}\times\left[n_1\gamma H\frac{\cos(\alpha-\beta)}{2\cos\alpha} + n_1b + n_1q_0 + n_2c' - n_3c - n_4t\right] \tag{3-5}$$

当 $a=-1$ 时，

$$E = \frac{H}{\cos\alpha} \times \left[n_1 \gamma H \frac{\cos(\alpha - \beta)}{4\cos\alpha} + \frac{1}{2} n_1 b + \frac{1}{2} n_1 q_0 + n_2 c' - n_3 c - n_4 t \right] \tag{3-6}$$

如将 m_1、m_2、m_3、n_1、n_2、n_3、n_4 及 a、b 还原,经化简得到:

$$E = \frac{1}{2}\gamma H^2 \frac{\cos(\alpha - \beta)}{\cos\alpha} K_a + q_0 H K_a - cHK - c'HK' - tHK_t \tag{3-7}$$

其中:

$$K_a = \frac{\sin(\theta + \alpha)\cos(\theta + \varphi)}{\cos\alpha\cos(\theta + \beta)\sin(\theta + \varphi + \alpha + \delta)}, K = \frac{\cos\varphi\cos(\alpha - \beta)}{\cos\alpha\cos(\theta + \beta)\sin(\theta + \varphi + \alpha + \delta)}$$

$$K' = \frac{\cos(\theta + \varphi + \alpha)}{\cos\alpha\sin(\theta + \varphi + \alpha + \delta)}, K_t = \frac{\sin(\theta + \varphi)\cos(\alpha - \beta)}{\cos\alpha\cos(\theta + \beta)\sin(\theta + \varphi + \alpha + \delta)}$$

则合力作用点高度为:

$$z_0 = \int_0^H (pz\mathrm{d}h/\cos\alpha) \Big/ \int_0^H (p\mathrm{d}h/\cos\alpha) \tag{3-8}$$

当 $a \neq 0$ 且 $a \neq -1$ 时,求得:

$$z_0 = \frac{H}{3} \times \frac{1 - a}{2 - a} \times \frac{6m_1 - 2 \times (2 - a)m_2 - 3 \times (2 - a)m_3}{2m_1 - (1 - a)m_2 - 2 \times (1 - a)m_3}$$

当 $a = 0$ 或 -1,$c = 0$,$c' = 0$,$q_0 = 0$,$t = 0$ 的情况下,合力作用点的高度为:

$z_0 = H/3$ $(a = 0)$ (同库仑压力公式计算)

$z_0 = 4H/9$ $(a = -1)$ (同黄文熙建议值)

3.2.3 参数分析

利用库仑理论的滑楔体整体平衡法可对式(3-7)进行校核,用图3-4计算图示建立水平和竖直方向的两个平衡方程。

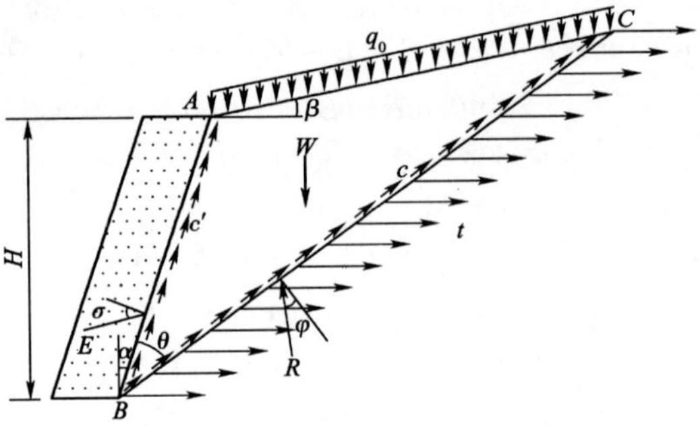

图3-4 库仑理论的滑楔体平衡计算法

由 $\sum H = 0$,得:

$$E\cos(\alpha + \delta) - c' \cdot AB \cdot \sin\alpha - R\cos(\theta + \varphi) + c \cdot BC \cdot \sin\theta + t \cdot BC = 0 \tag{3-9}$$

由 $\sum V = 0$,得:

$$E\sin(\alpha + \delta) + c' \cdot AB \cdot \cos\alpha + R\sin(\theta + \varphi) + c \cdot BC \cdot \cos\theta - W - q_0 \cdot AC = 0 \tag{3-10}$$

联立两式可解得:

$$E = \frac{1}{2}\gamma H^2 \frac{\sin(\theta + \alpha)\cos(\alpha - \beta)\cos(\theta + \varphi)}{\cos^2\alpha\cos(\theta + \beta)\sin(\theta + \varphi + \alpha + \delta)} + q_0 H \frac{\sin(\theta + \alpha)\cos(\theta + \varphi)}{\cos\alpha\cos(\theta + \beta)\sin(\theta + \varphi + \alpha + \delta)}$$

$$-cH\frac{\cos\varphi\cos(\alpha-\beta)}{\cos\alpha\cos(\theta+\beta)\sin(\theta+\varphi+\alpha+\delta)}-c'H\frac{\cos(\theta+\varphi+\alpha)}{\cos\alpha\sin(\theta+\varphi+\alpha+\delta)}-$$

$$tH\frac{\sin(\theta+\varphi)\cos(\alpha-\beta)}{\cos\alpha\cos(\theta+\beta)\sin(\theta+\varphi+\alpha+\delta)} \tag{3-11}$$

可见式(3-11)与式(3-7)完全相同。

从以上的推导过程可以看出,本文推导的理论公式能和库仑公式完全吻合,从某种意义上说,库仑公式只是本公式的一种特例,本文的理论公式是一个适用于任意土质,任意墙背倾度、填料面为任意单一斜度,并考虑筋带作用的通用理论计算公式,它既适用于浆砌片石等刚性挡土墙,也适用于加筋土挡墙等柔性支挡结构。

3.2.4　实例分析

潭衡西线高速公路DK124 +340断面采用了双绞合六边形钢丝网加筋红砂岩粗粒土挡墙方案,墙高9.78m,下部为加筋格宾结构,上部为绿色加筋格宾结构。施工时对断面的土压力进行了监测。本文以工程实测参数为基础,分别采用本文理论公式、朗肯土压力计算公式、库仑土压力计算公式以及《公路路基设计规范》(JTG D30—2004)推荐方法进行了土压力计算,并与实测土压力进行了对比,如图3-5所示。可见本文公式的计算结果与实测值较为吻合。

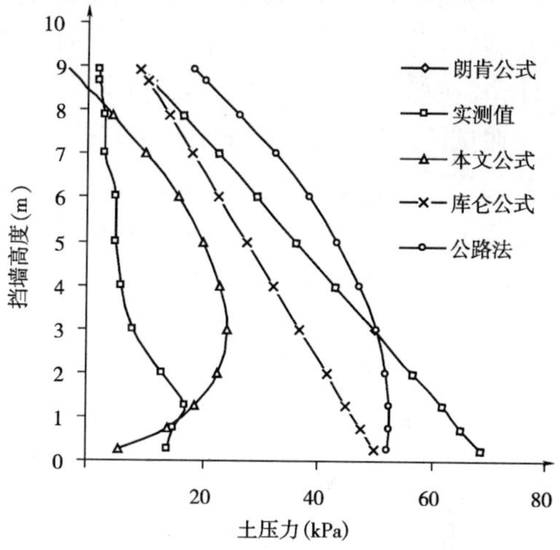

图3-5　不同计算方法得到的土压力

由图3-5可见,实测土压力分布形状与杨广庆实测值与分析值[100]类似;由于填土中有加筋材料,土压力一般小于各理论计算的土压力,土压力大小分布规律为实测值 < 本文公式的计算结果 < 库仑公式的计算结果 < 朗肯公式的计算结果 < 公路法的计算结果,本文公式的计算结果最接近实测值;挡墙上部 $H>4$m 段,有的面板实测水平土压力很小,甚至接近0,这与面板之间相对自由活动有关,面板受力后产生向外位移,使水平土压力随时释放,这充分体现了加筋土柔性结构的特点;实测底部的面板水平土压力剧增与该处面板的变形限制有关,为限制面板向外位移,在基础顶部底层面板外侧一般设有平台。

土压力是土与挡墙结构之间相互作用的结果,其大小不仅与挡墙的高度、填土的性质有关,而且与挡土墙的刚度、变形与时间效应有关。目前的加筋土挡墙墙背土压力计算公式如公路法、库仑公式与朗肯公式等计算的土压力均偏大,分布形式也不符合加筋土挡墙墙背土压力沿墙高实际分布形式,有待进一步地研究。

3.3　加筋格宾挡墙潜在破裂面研究

潜在破裂面的确定是加筋土挡墙内部稳定计算的关键,直接影响筋带长度的确定和加筋土结构的内部稳定性分析。Schlosser 和 Segrestin 等[224]认为加筋土挡墙破裂面为一对数螺旋线；王祥等[93]通过对梅坎铁路双级土工格栅加筋土挡墙原位观测，认为其破裂面为一通过墙趾与水平面成$(45° + \varphi/2)$的直线；周世良等[225]通过台阶式格栅加筋挡墙大尺度模型试验及有限元分析，认为当上阶挡墙前趾位于下阶挡墙的主动区内时，破裂面为一连续曲面；当上阶挡墙前趾位于下阶挡墙的过渡区内时，破裂面为分段曲面；高江平[63]通过加筋土模型挡墙试验，认为具有上覆荷载的加筋土结构存在两组折线形复合式滑裂面，上部为过均布荷载中心及承载板之后加筋体拉裂区后部界面的竖直平面，下部倾斜部分为朗肯破裂面；欧阳仲春[226]认为若以拉筋的位移（拔出）来控制加筋体的破裂，则破裂面接近 Rankine 理论破裂面，计算中小于 8m 的挡墙采用 $0.3H$ 的折线破裂面，大于 15m 的挡墙采用 Rankine 破裂面为妥；美国联邦公路局加筋结构设计规范[227]认为简化破裂面适用于不可拉伸的大刚度筋材，如金属条带等，朗肯破裂面适用于可拉伸的筋材，如土工合成材料等。综上所述，破裂面的位置与筋材的刚度、结构的几何尺寸、施加的荷载、动力影响以及筋材的耐久性等诸多因素有关。

马克菲尔公司对双绞合六边形钢丝网所构成的加筋格宾挡墙进行了模型试验[228]。试验挡墙墙后填土为碎石土，如图 3-6 所示。试验时在第 1、2、3、5、7 层筋材上设置黏结式电阻应变计，并在相应位置埋设土体应变计和土压力盒。

在试验基础上，利用 FLAC 3D对这一试验挡墙进行数值分析，如图 3-7、图 3-8 所示。采用 FLAC 3D土工格栅单元模拟双绞合六边形钢丝网与格宾箱，筋土界面的相关参数见第 2 章。墙后填土与格宾箱中的填料均采用莫尔—库仑模型。数值模拟的结果如图 3-9 所示。实测值与模拟值的差别很小，说明模拟值能够很好地反映筋材的拉应力分布规律。采用式(3-12)对模拟值进行拟合，其相关系数均在 0.998 6 ~ 0.999 8 之间。利用 Matlab 可求出各筋材上最大拉应力的位置见表 3-1。

图 3-6　加筋格宾挡墙原型观测

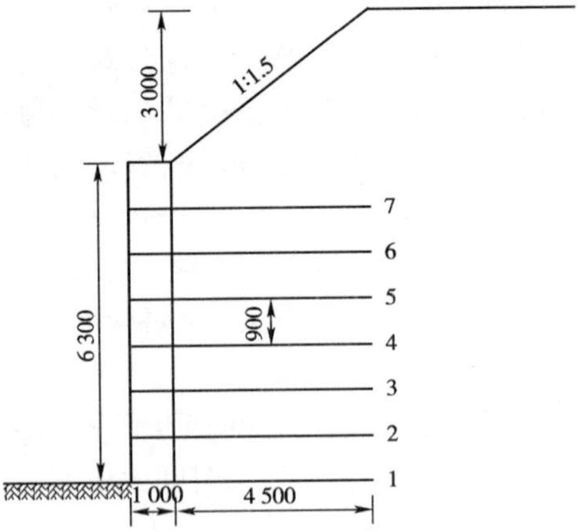

图 3-7　模型断面图（单位：mm）

$$y = a_6x^6 + a_5x^5 + a_4x^4 + a_3x^3 + a_2x^2 + a_1x + a_0 \tag{3-12}$$

将最大拉应力连线进一步整理可得到加筋格宾挡墙如图 3-10 所示的潜在破裂面，为与前述典型破裂面区别，本文将此命名为“新折线型破裂面”。图中 H 为考虑填土高度的等代墙高，T_j 为第 j 根筋材最大的拉应力，L_{ej}为第 j 根筋材锚固区的长度。

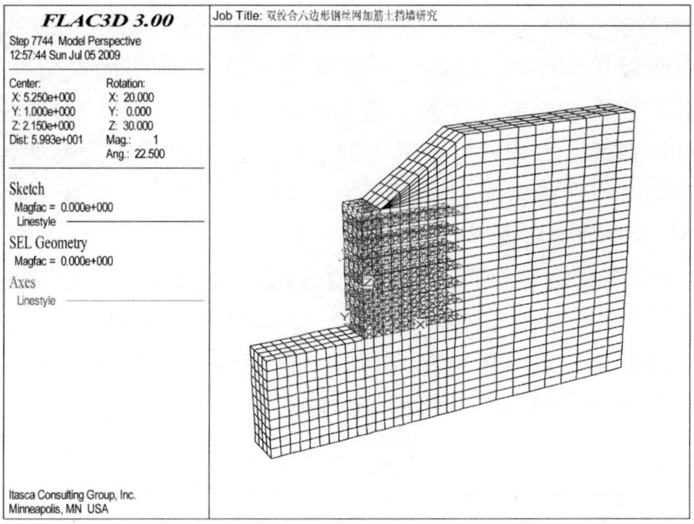

图 3-8　FLAC 3D分析模型

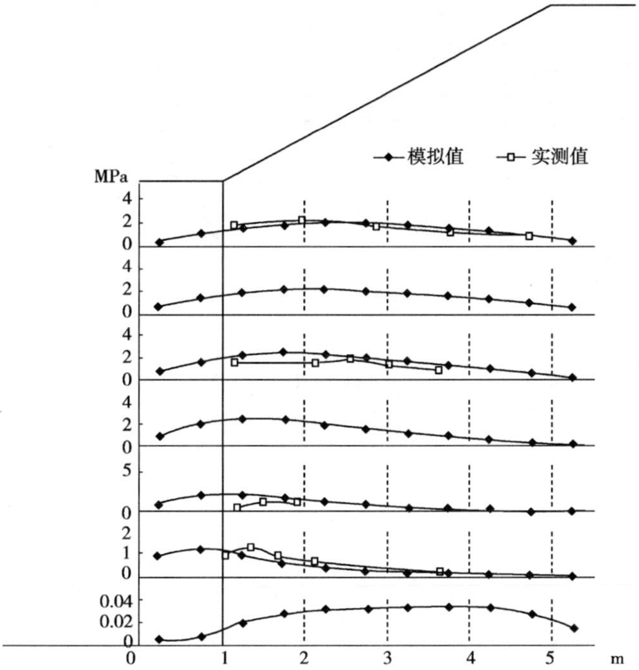

图 3-9　拉筋应力分布曲线

筋材最大拉应力的位置　　表 3-1

筋材序号	2	3	4	5	6	7
距面板距离(m)	0.65	1.01	1.40	1.74	2.15	2.39

加筋土结构墙后填土滑裂形状和位置主要有 4 种[229]:直线型、对数螺旋滑面、直曲滑面、0.3H 简化破裂面。直线型破裂面即朗肯破裂面,为一通过墙趾与水平面成$(45° + \varphi/2)$的平面。由于加筋土挡墙不能满足朗肯主动状态的边界条件和变形条件,所以加筋土挡墙实测破

裂面位置往往远离朗肯破裂面[230]。《公路路基设计规范》(JTG D30—2004)将破裂面简化为上部平行于墙面(距面板0.3H,H为墙高),下部通过墙脚(与水平面夹角为45°+$\varphi/2$)的两段折线破裂面;铁路路基支挡结构设计规范(TB 10025—2006)对于路肩墙,检算拉筋抗拔稳定性时,拉筋锚固区和非锚固区的分界也采用0.3H分界线,但简化破裂面的转折点固定为$H/2$;英国BS8006规范简化破裂面的转折点则固定为0.4H。铁路规范与BS8006的破裂面下部与水平面的夹角均跟填料内摩擦角无关。

将加筋格宾模型挡墙实测破裂面、数值模拟破裂面、铁路规范、公路规范和BS8006破裂面整理如图3-11的。可知实测值与模拟值非常接近,新折线型破裂面比公路规范和铁路规范以及BS8006所采取的简化破裂面更合理,折点上部,新折线型破裂面更接近模拟值,经济性最好,安全也能得到保障;折点下部,破裂面同铁路规范,但较公路规范安全。

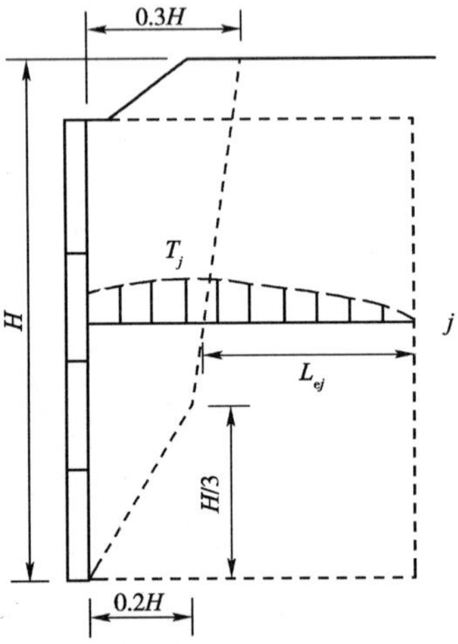

图3-10　新折线型破裂面

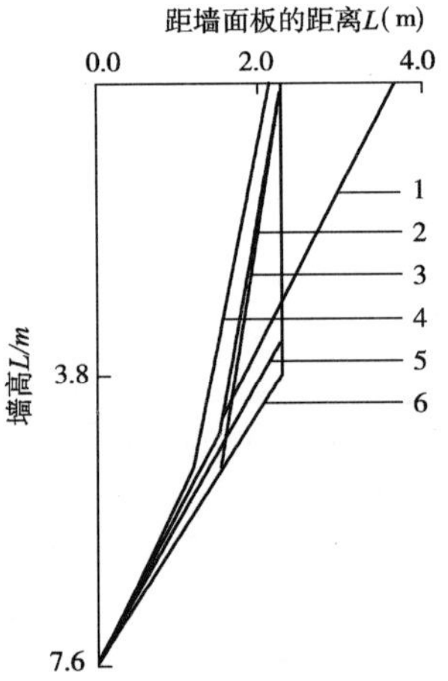

图3-11　加筋格宾挡墙破裂面比较

1-朗肯破裂面;2-新折线型破裂面;3-BS8006规范破裂面;4-实测破裂面;5-公路规范破裂面;6-铁路规范破裂面

以对数螺旋线为基础进一步研究,针对现行规范的不足,结合上述试验结果,对不同对数螺旋线进行分析。对数螺旋线的极坐标方程为$r_i = r_0 e^{\theta\tan\varphi}$,$r_0$为极点到顶部破裂面点的距离,$\theta$为极角,$\varphi$为极点与顶部破裂面点连线与水平面的夹角,如图3-12所示。可见,公路规范的0.3H简化破裂面在下部时比实测值小,φ角越小,偏离就越明显;铁路规范的0.3H简化破裂面较实测对数螺旋线偏于安全;而新折线型破裂面与实测对数螺旋线吻合程度最高,采用新折线型破裂面计算,结果比公路规范和BS8006规范安全,比铁路规范经济,具体比较结果见表3-2。

安全、经济比较　　表3-2

破裂面形式	对数螺旋线	公路规范	铁路规范	BS8006规范	改进双折线
抗拔安全系数	3.815	3.447	3.750	3.566	3.693
筋材费用(元/m)	995	1036	1179	1015	1052

注:筋材费用采用安全系数抗拔安全系数1.5求得。

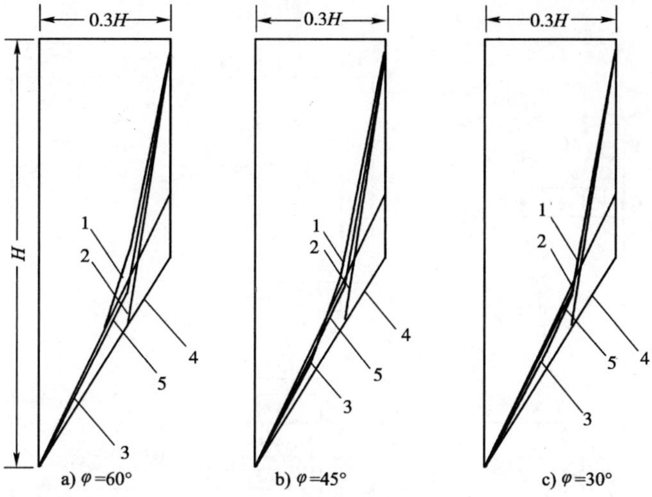

图 3-12　破裂面位置与形状比较

1-对数螺旋线破裂面;2-新折线型破裂面;3-公路规范破裂面;4-BS8006 破裂面;5-铁路规范破裂面

在折线型破裂面折点位置的研究历程中,从铁路规范的 $H/2$,至 BS8006 规范的 $0.4H$,到本文所提的 $H/3$,有利于在保证加筋土挡墙设计简单的前提下,实现安全、经济、合理的目标。因此,对于加筋格宾组合式挡墙破裂面的分析采用该破裂面更为合适。

3.4　加筋格宾挡墙的承载力特性研究

加筋土挡墙内部稳定分析中,结构的破坏分为拉力(断裂)破坏和黏着(摩擦)破坏两种模式。文献[136~140]筋材研究对象均为钢筋混凝土筋带,既能承受拉力,也能承受剪切和弯矩。而双绞合六边形钢丝网筋材只能提供拉力,不考虑筋材的剪力,本文采用新折线型破裂面,推导了双绞合六边形钢丝网筋材在外荷载作用下的承载力公式。

3.4.1　拉力破坏时的承载力分析

图 3-13 表示拉力破坏时双绞合六边形钢丝网被拉断,沿墙身方向以单位长度研究其静力平衡时的受力状态。假定 M 为破裂面水平投影长度,OA 线在水平方向投影长度为 x_1,在垂直方向投影长度为 y_1,AB 线在水平方向投影长度为 x_2,在垂直方向投影长度为 y_2,则有几何关系可得:

$$x_1 + x_2 = M, y_1 + y_2 = H \tag{3-13}$$

$$\tan\alpha = \frac{y_1}{x_1}, \tan\beta = \frac{y_2}{x_2}$$

联立可求得:

$$x_1 = \frac{M\tan\beta - H}{\tan\beta - \tan\alpha}, y_1 = \frac{\tan\alpha(M\tan\beta - H)}{\tan\beta - \tan\alpha}$$

$$x_2 = \frac{H - M\tan\alpha}{\tan\beta - \tan\alpha}, y_2 = \frac{\tan\beta(H - M\tan\alpha)}{\tan\beta - \tan\alpha}$$

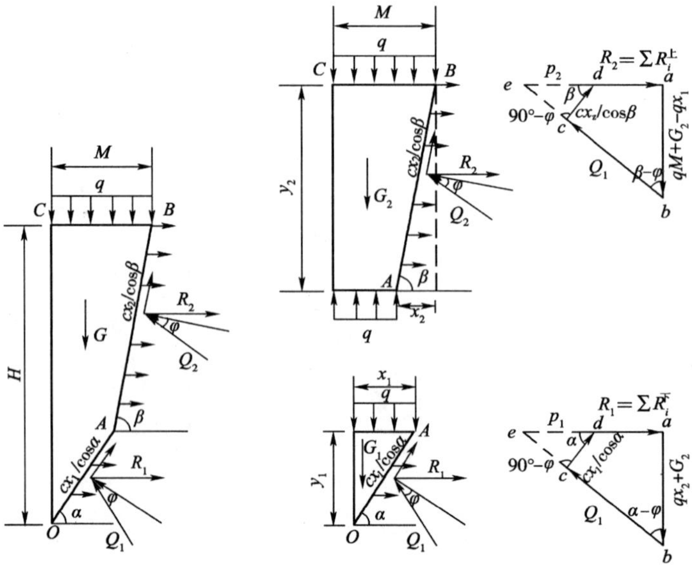

图 3-13　拉力破坏时双绞合六边形钢丝网加筋土挡墙的应力分析图

H-挡墙高度；*G*-单位长度土体重力；P_1，P_2-计算参数；R_1-下部纵向钢丝网拉力之和；R_2-上部纵向钢丝网拉力之和

以转折点 *A* 为分界点，分别为对上下两部分进行隔离受力分析。对于加筋土结构下部，根据力多边形法则或静力平衡条件，可得：

$$q'x_1 + G_1 = (R + P)\cot(\alpha - \varphi) \tag{3-14}$$

$$qM - q'x_1 + G_2 = (R + P)\cot(\beta - \varphi) \tag{3-15}$$

式中：G_1——单位长度下部土体重力；

G_2——单位长度上部土体重力。

其中：

$$G_1 = \frac{1}{2}\gamma x_1 y_1 = \frac{1}{2}\gamma x_1^2 \tan\alpha, G_2 = \frac{1}{2}\gamma(M + x_1)y_2 = \frac{1}{2}\gamma(M + x_1)x_2\tan\beta$$

$$P_1 = cx_1[1 + \tan\alpha\tan(\alpha - \varphi)], P_2 = cx_2[1 + \tan\beta\tan(\beta - \varphi)]$$

$$R_1 = \sum R_i^{下}, R_2 = \sum R_i^{上}$$

式中：γ——土的重度；

R_i——单张纵向钢丝网的抗拉强度。

由式(3-14)可得：

$$q' = \frac{\cos(\alpha - \varphi)}{x_1}\sum_{i=1}^{N} R_i^{下} + c[\cot(\alpha - \varphi + \tan\alpha)] - \frac{1}{2}\gamma x_1 \tan\alpha \tag{3-16}$$

由式(3-15)、式(3-16)可得：

$$q = \frac{\sum_{i=1}^{N} R_i^{上}\cot(\beta - \varphi) + \sum_{i=1}^{N} R_i^{下}\cot(\alpha - \varphi)}{M} + \frac{cx_2[\cot(\beta - \varphi) + \tan\beta]}{M}$$

$$\frac{cx_1[\cot(\alpha - \varphi) + \tan\alpha]}{M} - \frac{\gamma[(M + x_1)x_2\tan\beta + x_1^2\tan\alpha]}{2M} \tag{3-17}$$

(1)当 $\alpha=\beta=45°+\varphi/2, x_1=0.3H, M=H\cot\alpha$ 时,破裂面即为朗肯破裂面,此时代入式(3-15)可得到其承载力为:

$$q=\frac{\sum_{i=1}^{N}R_i\cot(\alpha-\varphi)}{H\cot\alpha}+c[\cot(\alpha-\varphi)+\tan\alpha]-\frac{\gamma H}{2}$$

$$=\frac{\sum_{i=1}^{N}R_i\cot(\alpha-\varphi)}{H\cot\alpha}+\frac{c\cos\varphi}{\sin(\alpha-\varphi)\cos\alpha}-\frac{\gamma}{2}H \tag{3-18}$$

若采用极限平衡法对朗肯破裂面进行整体受力分析,如图3-14所示。

根据力的多边形法则或静力平衡条件,可得:

$$qH\cot\alpha+G=(R+P)\cot(\alpha-\varphi) \tag{3-19}$$

式中:G——单位长度下部土体重力;

γ——土的重度;

R——纵向钢丝网拉力的总和;

R_i——单张纵向钢丝网的抗拉强度;

P——计算参数。

其中:

$$G=\frac{1}{2}\gamma H^2\cot\alpha, P_1=cx_1[1+\tan\alpha\tan(\alpha-\varphi)], P_2=cx_2[1+\tan\beta\tan(\beta-\varphi)]$$

$$R=\sum R_i, P=cH\cos\varphi/[\sin\alpha\cos(\alpha-\varphi)]$$

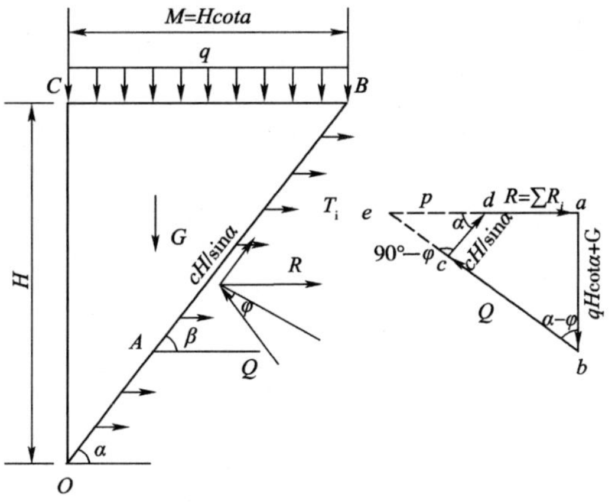

图3-14　朗肯破裂面受力分析图

由式(3-17)可得:

$$q=\frac{\sum_{i=1}^{N}R_i\cot(\alpha-\varphi)}{H\cot\alpha}+\frac{c\cos\varphi}{\sin(\alpha-\varphi)\cos\alpha}-\frac{\gamma}{2}H \tag{3-20}$$

由此可见,两者是完全相同,从而进一步验证了朗肯破裂面为式(3-17)中的一种特殊情况。

(2)当 $\beta=\pi/2, M=0.3H$ 时,破裂面即为 $0.3H$ 简化破裂面。若假定上部破裂面不开裂,活动区的土体沿破裂面滑动,即考虑上部破裂面存在黏聚力和土体抗力,此时:

$$x_1=\lim_{\beta\to\frac{\pi}{2}}\frac{M\tan\beta-H}{\tan\beta-\tan\alpha}=0.3H,\ y_1=\lim_{\beta\to\frac{\pi}{2}}\frac{\tan\alpha(M\tan\beta-H)}{\tan\beta-\tan\alpha}=0.3H\tan\alpha$$

$$x_2=\lim_{\beta\to\frac{\pi}{2}}\frac{H-M\tan\alpha}{\tan\beta-\tan\alpha}=0,\ y_2=\lim_{\beta\to\frac{\pi}{2}}\frac{\tan\beta(H-M\tan\alpha)}{\tan\beta-\tan\alpha}=H(1-0.3\tan\alpha)$$

代入式(3-17),可得到其承载力为:

$$q=\mathop{\mathrm{lin}}_{\beta\to\frac{\pi}{2}}\left(\frac{\sum_{i=1}^{N}R_i^{上}\cot(\beta-\varphi)+\sum_{i=1}^{N}R_i^{下}\cot(\alpha-\varphi)}{M}+\frac{c\{x_2[\cot(\beta-\varphi)+\tan\beta]+x_1[\cot(\alpha-\varphi)+\tan\alpha]\}}{M}-\frac{\gamma[(M+x_1)x_2\tan\beta+x_1^2\tan\alpha]}{2M}\right)$$

$$=\frac{\sum_{i=1}^{N}R_i^{上}\tan\varphi+\sum_{i=1}^{N}R_i^{下}\cot(\alpha-\varphi)}{0.3H}+\frac{cH(1-0.3\tan\alpha)}{0.3H}+c[\cot(\alpha-\varphi)+\tan\alpha]-\gamma H(1-0.15\tan\alpha)$$

假定上部破裂面完全开裂,即不考虑上部破裂面上的黏聚力和土体抗力。根据极限平衡法,上部土体中钢丝网的拉力由下部土体的抗力来平衡。取下部为隔离体,进行受力分析(图3-15)可得:

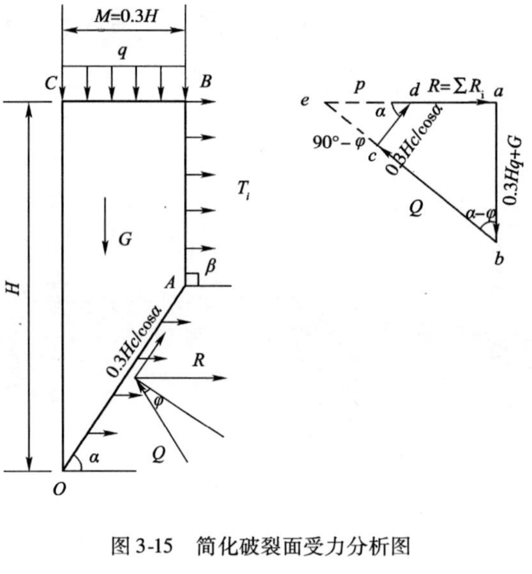

图3-15　简化破裂面受力分析图

$$0.3Hq+G=(R+P)\cot(\alpha-\varphi)\tag{3-21}$$

式中:G——单位长度下部土体重力;

γ——土的重度;

R——纵向钢丝网拉力的总和;

R_i——单张纵向钢丝网的抗拉强度;

P——计算参数。

其中:

$$G=0.3\gamma H(H-0.15H\tan\alpha),R=\sum R_i,P=0.3Hc[1+\tan\alpha\tan(\alpha-\varphi)]$$

则：
$$q=\frac{\sum_{i=1}^{N}R_i\cot(\alpha-\varphi)}{0.3H}+c[\cot(\alpha-\varphi)+\tan\alpha]-\gamma H(1-0.15\tan\alpha) \tag{3-22}$$

(3)当 $\tan\alpha=1/0.6,\tan\beta=1/0.15,M=0.3H$ 时，破裂面即为本文所提出的双折线破裂面，此时代入式(3-17)可得到其承载力为：

$$q=\frac{\sum_{i=1}^{N}R_i^{上}\cot(\beta-\varphi)+\sum_{i=1}^{N}R_i^{下}\cot(\alpha-\varphi)}{0.3H}+\frac{c\{[\cot(\beta-\varphi)+\tan\beta]+2[\cot(\alpha-\varphi)+\tan\alpha]\}}{3}-2\gamma H/3 \tag{3-23}$$

3.4.2　黏着破坏时的承载力分析

图 3-16 表示黏着破坏下加筋土中纵向钢丝网被拔出，沿墙身方向取单位长度研究其静力平衡时的受力状态。设填土与钢丝网之间的摩擦系数为 μ，破裂面上各加筋极限承载力之和如下所述。

以转折点 A 为分界点，分别对上下两部分进行隔离受力分析。对于加筋土结构下部，根据力多边形法则或静力平衡条件，可得：

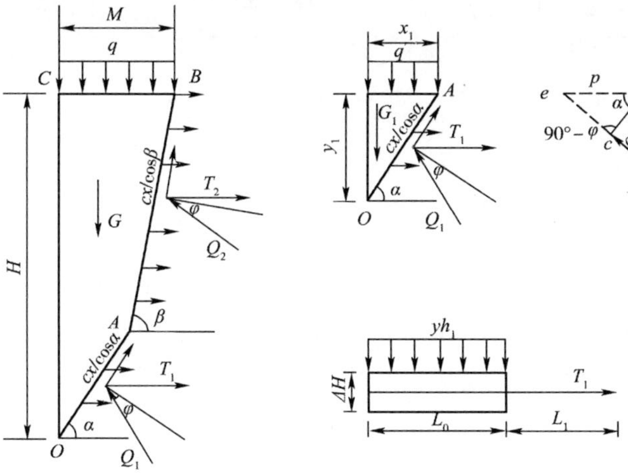

图 3-16　黏着破坏时应力分析图

$$q'x_1+G_1=(T_1+P)\cot(\alpha-\varphi) \tag{3-24}$$
$$G_1=\frac{1}{2}\gamma x_1y_1=\frac{1}{2}\gamma x_1^2\tan\alpha$$
$$T_1=\sum T_i^{下}=2\mu\sum_{i=1}^{N_1}L_{ai}\gamma h_i$$
$$P=cx_1[1+\tan\alpha\tan(\alpha-\varphi)]$$

式中：G_1——单位长度下部土体重力；

γ——土的重度；

T_1——下部纵向钢丝网拉力总和；

L_{ai}——位于“锚固区”的第 i 层纵向钢丝网的锚固长度；

P——计算参数。

则：
$$q' = \frac{\cot(\alpha-\varphi)\times 2\mu\sum_{i=1}^{N_1}L_{ai}\gamma h_i}{x_1} + c[\cot(\alpha-\varphi)+\tan\alpha] - \frac{1}{2}\gamma x_1\tan\alpha \tag{3-25}$$

对于加筋土结构上部，如图 3-17 所示，根据力的多边形法则或静力平衡条件，可得：

$$qM - q'x_1 + G_2 = (T_2 + P)\cot(\beta-\varphi) \tag{3-26}$$

式中：G_2——单位长度上部土体重力；

γ——土的重度；

T_2——上部纵向钢丝网拉力总和；

P——计算参数。

其中：

$$G_2 = \frac{1}{2}\gamma(M+x_1)y_2 = \frac{1}{2}\gamma(M+x_1)x_2\tan\beta, T_1 = \sum T_i^{下} = 2\mu L_{ai}\gamma h_i$$

$$T_2 = \sum T_i^{上} = 2\mu\sum_{i=1}^{N_2}L_{ai}\gamma h_i, P = cx_2[1+\tan\beta\tan(\beta-\varphi)]$$

由式(3-25)、式(3-26)可得：

$$q = \frac{2\mu_i\sum_{i=1}^{N_2}L_{ai}\gamma h_i\times\cot(\beta-\varphi) + 2\mu_i\sum_{i=1}^{N_1}L_{ai}\gamma h_i\times\cot(\alpha-\varphi)}{M} + \frac{cx_2[\cot(\beta-\varphi)+\tan\beta]}{M} +$$

$$\frac{cx_1[\cot(\alpha-\varphi)+\tan\alpha]}{M} - \frac{\gamma[(M+x_1)x_2\tan\beta + x_1^2\tan\alpha]}{2M} \tag{3-27}$$

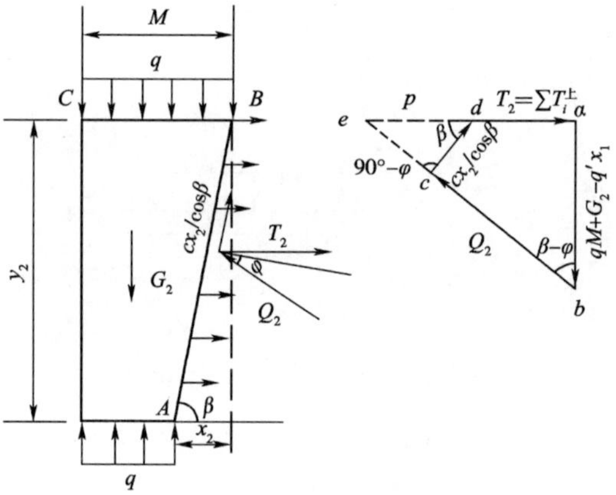

图 3-17　挡墙结构上部受力分析图

由此可见，黏着破坏时承载力公式与拉断破坏时承载力公式的区别在于：黏着力之和 $\sum T_i$ 与拉力之和 $\sum R_i$ 的计算不同，拉断破坏时承载力公式中的 $R=\sum R_i$ 换为 $T=\sum T_i$ 即可得到相应的黏着破坏时承载力公式。

在实际工程中与相关研究中，对加筋格宾挡墙结构而言，基本不存在这两种破坏情况。主要的破坏来自于排水设计不当和结构施工问题所致。从实际工程的监测结果看，作用在筋材上的力很小，远没有达到设计值，因此基本不会发生拉断破坏。从室内试验情况来看，首先发生的是拉断破坏。

模拟交通荷载及 50 ~ 300kPa 荷载，已完成的大量承载力模型试验（详见 4.3 节）所得到的应变均小于 3%，模型破坏均为拉力破坏，没有出现黏着破坏。

利用式（3-27），计算拉力破坏时极限承载力为 263kPa，与试验施加荷载至 275kPa 时出现拉断破坏现象基本吻合，验证了本文方法和公式的适用性。

3.5　加筋格宾挡土墙的变形特性研究

加筋土挡土墙容许产生较大的变形，但变形量必须严格控制在工程所容许的范围内，既要不影响结构的正常使用，又要保证不会导致结构的整体失稳[231]。因此变形机制与变形控制研究是加筋土挡土墙理论研究的重要内容之一。

加筋土挡土墙墙面产生水平位移的主要原因有拉筋的拉伸特性和蠕变特性、拉筋与土的相对位移、面板与拉筋连接点的位移、柔性面板的位移、刚性面板的平移或旋转、墙体的水平位移和外部荷载的作用等[232]。加筋土挡土墙墙体水平位移作为墙面水平位移的重要组成部分，在计算时一般将其作为黏结重力式挡土墙来考虑。

本文视加筋土挡土墙墙体为各向异性的弹性体，基于悬臂梁的假定[233]，根据公路规范的变系数法，提出了在墙后填土抛物线分布水平土压力作用下，承受纯弯曲和纯剪切作用时的加筋土挡土墙墙面水平位移的新方法。

3.5.1　加筋格宾挡土墙等效的各向异性弹性体

加筋格宾挡土墙是由每层相互交替的钢丝网和土体组成的复合体。当假定层间界面水平时，就每层材料而言，水平方向上是均质的、各向同性的连续介质，且钢丝网和土体的弹性模量和泊松比分别为 E_r，ν_r 和 E_s，ν_s。在基于各向异性弹性体的假定条件下，加筋土挡土墙可等效成如图 3-18 所示系统。假定 E_v 为弹性体竖直方向的弹性模量，E_h 为水平方向的弹性模量，G_v 为竖直平面内由剪切应变引起的剪切模量，G_h 为水平面内由剪切应变引起的剪切模量，ν_{hz} 表征弹性体由于 h 方向水平应力引起的 z 方向水平应变时对应的泊松比，ν_{hv} 表征弹性体由于 h 方向水平应力引起的 v 方向竖向应变时对应的泊松比，ν_{vh} 表征弹性体由于 v 方向竖向应力引起的 h 方向水平应变时对应的泊松比。

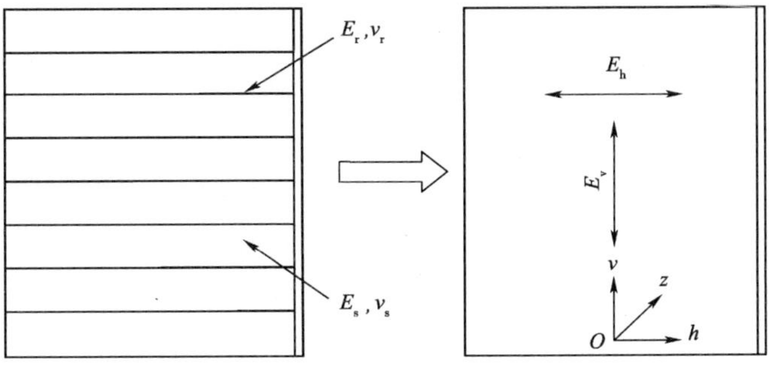

图 3-18　加筋土结果理想的各向异性系统

3.5.2 各向异性加筋土挡墙的弹性特征

设加筋土挡墙墙高为 S，每层拉筋厚度为 s，则拉筋厚度比 t 可表示为：

$$t = \frac{\sum s}{S} \tag{3-28}$$

假定加筋土挡墙在水平方向上是均质、各向同性的连续介质，如图 3-19 所示。由广义虎克定律可得：

$$\delta\varepsilon_{h} = \frac{\delta\sigma_{h}}{E_{h}} - v_{vh}\frac{\delta\sigma_{v}}{E_{v}} - v_{zh}\frac{\delta\sigma_{z}}{E_{h}} \tag{3-29}$$

$$\delta\varepsilon_{v} = \frac{\delta\sigma_{v}}{E_{v}} - v_{hv}\frac{\delta\sigma_{h}}{E_{h}} - v_{zv}\frac{\delta\sigma_{z}}{E_{h}} \tag{3-30}$$

$$\delta\varepsilon_{z} = \frac{\delta\sigma_{z}}{E_{h}} - v_{vz}\frac{\delta\sigma_{v}}{E_{v}} - v_{hz}\frac{\delta\sigma_{h}}{E_{h}} \tag{3-31}$$

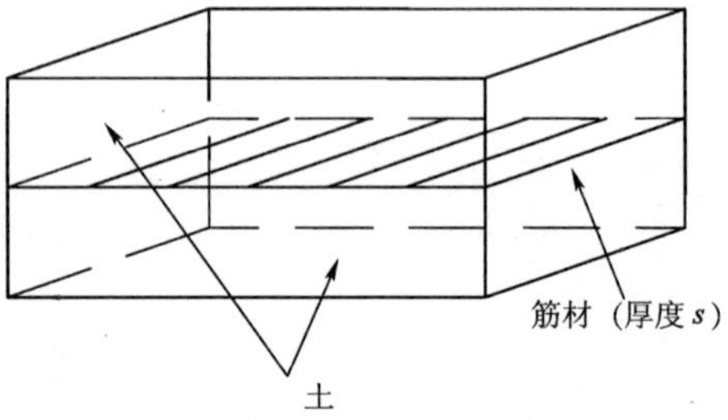

图 3-19 加筋土结构简图

同理：

$$\delta\varepsilon_{hr} = \frac{\delta\sigma_{hr}}{E_{r}} - v_{r}\frac{\delta\sigma_{vr}}{E_{r}} - v_{r}\frac{\delta\sigma_{zr}}{E_{r}} \tag{3-32}$$

$$\delta\varepsilon_{hs} = \frac{\delta\sigma_{hs}}{E_{s}} - v_{vz}\frac{\delta\sigma_{vs}}{E_{s}} - v_{hz}\frac{\delta\sigma_{zs}}{E_{s}} \tag{3-33}$$

式中的下标 s、r 分别代表土体介质和筋材介质。

考虑到加筋土单元 3 个方向上的应力分布情况，其垂直方向的应力增量 $\delta\sigma_{v}=0$。根据平面应变条件有 $\delta\varepsilon_{z}=0$，且 $\delta\varepsilon_{h}=\delta\varepsilon_{hs}=\delta\varepsilon_{hr}$。因此，

$$\delta\sigma_{z} = v_{hz}\delta\sigma_{h}, \delta\sigma_{zr} = v_{r}\delta\sigma_{hr}, \delta\sigma_{zs} = v_{s}\delta\sigma_{hs} \tag{3-34}$$

根据式(3-28)和图 3-19 可得：

$$\delta\sigma_{h} = t\delta\sigma_{hr} + (1-t)\delta\sigma_{hs} \tag{3-35}$$

$$\delta\sigma_{hs} = \frac{E_{s}(1-v_{hz}^{2})}{E_{h}(1-v_{s}^{2})}\delta\sigma_{h} \tag{3-36}$$

$$\delta\sigma_{hr} = \frac{E_{r}(1-v_{hz}^{2})}{E_{h}(1-v_{r}^{2})}\delta\sigma_{h} \tag{3-37}$$

因此，

$$E_{h} = \left[\frac{(1-t)E_{s}}{1-v_{s}^{2}} + \frac{tE_{r}}{1-v_{r}^{2}}\right](1-v_{hz}^{2}) \tag{3-38}$$

同理可得：

$$\delta\sigma_{z} = t\delta\sigma_{zr} + (1-t)\delta\sigma_{zs} \tag{3-39}$$

$$\delta\sigma_{z} = tv_{r}\delta\sigma_{hr} + (1-t)v_{s}\delta\sigma_{hs} \tag{3-40}$$

将式(3-34)、式(3-37)、式(3-38)代入式(3-40)，则：

$$V_{hz} = \left[\frac{tv_{r}E_{r}}{E_{h}(1-v_{r}^{2})} + \frac{(1-t)v_{s}E_{s}}{E_{h}(1-v_{s}^{2})}\right](1-v_{hz}^{2}) \tag{3-41}$$

由式(3-38)、式(3-41)可得：

$$V_{hz}=\frac{\dfrac{tv_rE_r}{1-v_r^2}+\dfrac{(1-t)v_sE_s}{1-v_s^2}}{\dfrac{(1-t)E_s}{1-v_s^2}+\dfrac{tE_r}{1-v_r^2}} \tag{3-42}$$

由于：

$$\delta\varepsilon_{vs}=\frac{\delta\sigma_{vs}}{E_s}-v_s\frac{\delta\sigma_{hs}}{E_s}-v_s\frac{\delta\sigma_{zs}}{E_s} \tag{3-43}$$

$$\delta\varepsilon_{vr}=\frac{\delta\sigma_{vr}}{E_r}-v_s\frac{\delta\sigma_{hr}}{E_r}-v_s\frac{\delta\sigma_{zr}}{E_r} \tag{3-44}$$

所以：

$$\delta\varepsilon_v=-\frac{v_{hr}}{E_h}(\delta\sigma_h+\delta\sigma_z) \tag{3-45}$$

同理可得：

$$\delta\varepsilon_{vr}=-\frac{v_r}{E_r}(\delta\sigma_{hr}+\delta\sigma_{zr}) \tag{3-46}$$

$$\delta\varepsilon_{vs}=-\frac{v_s}{E_s}(\delta\sigma_{hs}+\delta\sigma_{zs}) \tag{3-47}$$

又因为：

$$\delta\varepsilon_v=t\delta\varepsilon_{vr}+(1-t)\delta\varepsilon_{vs} \tag{3-48}$$

将上述有关参数代入式(3-48)，则：

$$V_{hv}=(1-v_{hz})\left[\frac{(1-t)v_s}{1-v_s}+\frac{tv_r}{1-v_r}\right] \tag{3-49}$$

对于各向异性弹性体而言[233]，有：

$$\frac{v_{hv}}{E_h}=\frac{v_{vh}}{E_v} \tag{3-50}$$

同理可求出：

$$\frac{1}{E_v}=\frac{1-t}{E_s}\left(1-\frac{2v_s^2}{1-v_s}\right)+\frac{t}{E_r}\left(1-\frac{2v_r^2}{1-v_r}\right)+\frac{2v_{hv}^2}{(1-v_{hz})E_h} \tag{3-51}$$

由图3-19可得：

$$G_h=\frac{\tau_{hz}}{\gamma_{hz}}=\frac{E_h}{2(1+v_{hz})} \tag{3-52}$$

$$\frac{1}{G_v}=\frac{\gamma_{hv}}{\tau_{hv}}=\frac{t\gamma_r+(1-t)\gamma_s}{\tau_{hv}} \tag{3-53}$$

$$\tau_{hv}=\tau_s=\tau_r \tag{3-54}$$

故：

$$\frac{1}{G_v}=\frac{2t(1-v_r)}{E_r}+\frac{2(1-t)(1-v_s)}{E_s} \tag{3-55}$$

3.5.3　加筋格宾挡墙墙体的水平位移

根据《公路路基设计规范》(JTG D30—2004)，由墙后填料产生的水平土压力，其分布曲线如图3-20所示，按下式计算：

$$p_{hi}=k_i\gamma h_i \tag{3-56}$$

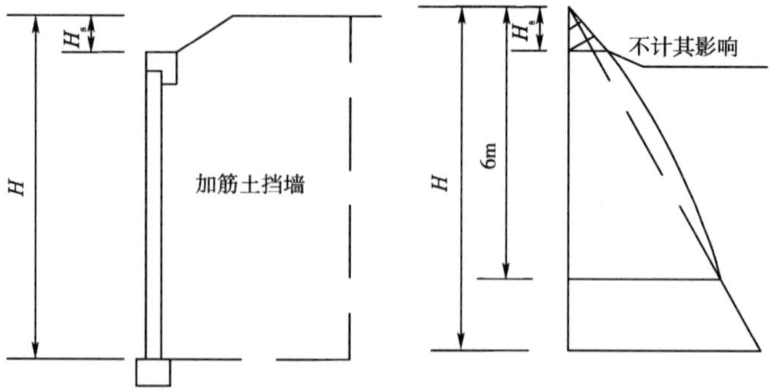

图 3-20　由填料产生的水平土压力分布图(单位:m)
H_s-墙顶以上填土高度;H-墙高与 H_s 之和

当 $h_i \leqslant 6\text{m}, k_i = k_0(1-h_i/6)+k_a(h_i/6)$

当 $h_i > 6\text{m}, k_i = k_a$

式中:p_{hi}——填料产生的水平土压应力,kPa;

γ——加筋土墙体后填料的重度,kN/m^3;

h_i——墙顶填土距第 i 层墙面板中心的高度,m;

k_i——加筋土挡土墙内 h_i 深度处的土压力系数;

k_0——静止土压力系数,$k_0 = 1-\sin\varphi_0$;

k_a——主动土压力系数,$k_a = \tan^2(45° - \varphi_0/2)$;

φ_0——填料综合内摩擦角,(°)。

(1)抛物线荷载作用下,只考虑纯弯作用时悬臂梁的水平位移

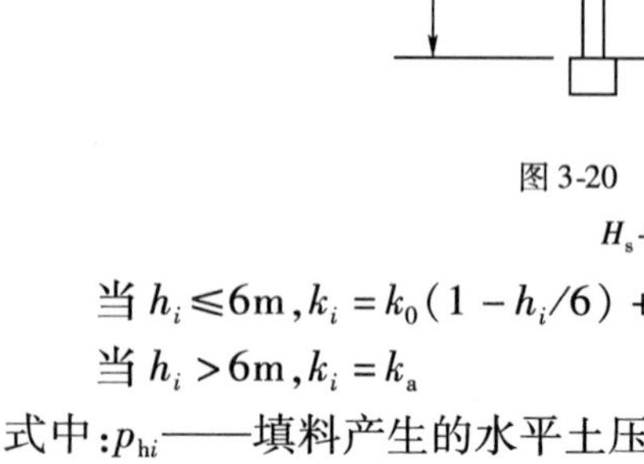

图 3-21　悬臂梁在纯弯作用下引起的水平位移

在抛物线荷载作用下(图 3-21),悬臂梁的挠曲线微分方程为:

$$E_h I \frac{d^2 u_b(v)}{dv^2} = M(v) \tag{3-57}$$

$$M(v) = \frac{2}{3}k_i\gamma h^2 \cdot \frac{3}{8}h = \frac{\gamma h^3}{4}\left[k_0 + (k_a - k_0)\frac{h}{6}\right] \tag{3-58}$$

式中:$u_b(v)$——水平位移。

将式(3-58)代入式(3-57)进行二次积分,得:

$$u_{h1}(v) = \frac{1}{E_h I}\frac{\gamma}{4}\left[\frac{k_0}{20}h^5 + (k_a - k_0)\frac{h^6}{180}\right] + C_1 h + C_2 \tag{3-59}$$

由边界条件 $u_{h1(v=H)} = \frac{du_{h1}}{dv_{(v=H)}} = 0$,可求得:

$$C_1 = -\frac{\gamma}{4E_h I}\left[\frac{k_0}{4}H^4 + (k_a - k_0)\frac{H^5}{30}\right], C_2 = \frac{\gamma}{4E_h I}\left[\frac{k_0}{5}H^5 + (k_a - k_0)\frac{H^6}{36}\right]$$

其中:$I = L^3/12$。故:

$$u_{h1}(v) = \frac{3\gamma}{E_h L^3}\left\{\frac{k_0}{20}h^5 + (k_a - k_0)\frac{h^6}{180} - \left[\frac{k_0}{4}H^4 + (k_a - k_0)\frac{H^5}{30}\right]h + \left[\frac{k_0}{5}H^5 + (k_a - k_0)\frac{H^6}{36}\right]\right\} \tag{3-60}$$

(2)抛物线荷载作用下,只考虑纯剪作用时悬臂梁的水平位移

距墙顶以下 v 处的剪应力(图 3-22)为:

$$p(h) = \left[k_0\left(1 - \frac{h}{6}\right) + k_a \frac{h}{6}\right]\gamma h \tag{3-61}$$

如图 3-23 所示,取梁上一厚度为 dz 的微单元体分析,根据静力平衡条件,有:

$$\left[\tau(h) + \frac{\mathrm{d}\tau(h)}{\mathrm{d}h}\mathrm{d}h\right]L - \tau(h)L - \frac{1}{2}[p(h) + p(h + \mathrm{d}h)]\mathrm{d}h = 0 \tag{3-62}$$

即:

$$\frac{\mathrm{d}\tau}{\mathrm{d}h}\mathrm{d}h = \frac{1}{2L}[p(h) + p(h + \mathrm{d}h)]\mathrm{d}h \tag{3-63}$$

当 dh→0 时,有:

$$\frac{\mathrm{d}\tau}{\mathrm{d}h} = \frac{\gamma h}{L}\left[k_0\left(1 - \frac{h}{6}\right) + k_a \frac{h}{6}\right] \tag{3-64}$$

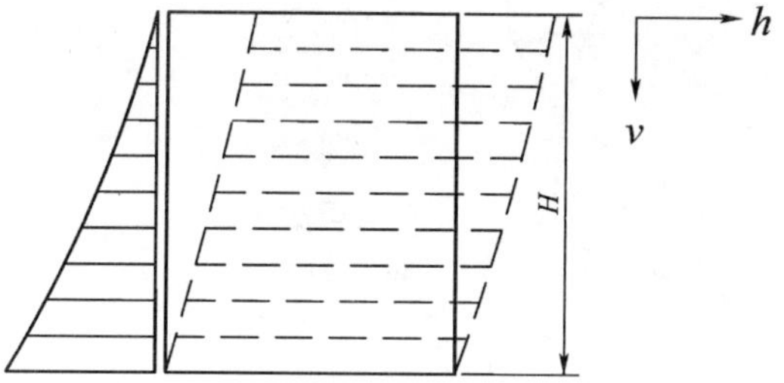

图 3-22　悬臂梁在纯剪作用下引起的水平位移

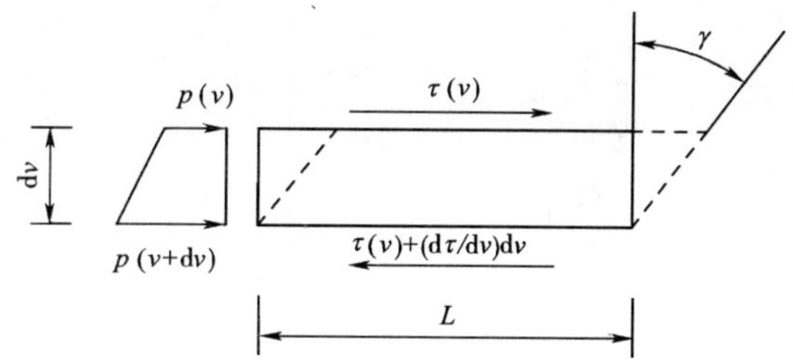

图 3-23　纯剪过程中单元变形

由剪切模量 $G_h = \tau/\gamma$ 可得:

$$\tau = G_h \frac{\mathrm{d}u_{h2}}{\mathrm{d}h} \tag{3-65}$$

故:

$$\frac{\mathrm{d}\tau}{\mathrm{d}h} = G_h \frac{\mathrm{d}^2 u_{h2}}{\mathrm{d}h^2} = \frac{\gamma h}{L}\left[k_0\left(1 - \frac{h}{6}\right) + k_a \frac{h}{6}\right] \tag{3-66}$$

$$\frac{\mathrm{d}u_{h2}}{\mathrm{d}h} = \frac{\gamma}{G_h L}\left[\frac{k_0}{2}h^2 + (k_a - k_0)\frac{h^3}{18}\right] + C_1 \tag{3-67}$$

$$u_{h2} = \frac{\gamma}{G_h L}\left[\frac{k_0}{6}h^3 + (k_a - k_0)\frac{h^4}{72}\right] + C_1 h + C_2 \tag{3-68}$$

将边界条件 $u_{h2(v=H)} = 0$, $\tau_{v=H} = \frac{2\gamma H^2}{3L}\left[k_0 + (k_a - k_0)\frac{H}{6}\right]$ 代入式(3-64)、式(3-66)、式(3-68)可得:

$$C_1 = \frac{\gamma H^2}{G_h L}\left[\frac{k_0}{6} + (k_a - k_0)\frac{H}{18}\right], C_2 = -\frac{\gamma H^3}{G_h L}\left[\frac{k_0}{3} + (k_a - k_0)\frac{5H}{72}\right]$$

$$u_{h2} = \frac{\gamma}{G_h L}\left[\frac{k_0}{6}h^3 + (k_a - k_0)\frac{h^4}{72}\right] + \frac{\gamma}{G_h L}\left[\frac{k_0}{6}H^2 + (k_a - k_0)\frac{H^3}{18}\right]h - \frac{\gamma}{G_h L}\left[\frac{k_0}{3}H^3 + (k_a - k_0)\frac{5H^4}{72}\right] \tag{3-69}$$

因此,在墙后填土水平土压力作用下,基于纯弯和纯剪作用引起的双绞合六边形钢丝网加筋土挡墙墙体的水平位移为:

$$u_h = u_{h1} + u_{h2} \tag{3-70}$$

3.5.4 工程实例

以潭衡西线高速公路第十二合同段 K124 + 340 断面为例进行分析。计算时取 $t = 0.004$, $E_r = 100\text{MPa}$, $V_r = 0.2$, $E_s = 15\text{MPa}$, $V_s = 0.3$, 计算得 $E_h = 15.344\text{MPa}$, $V_{hz} = 0.297$, $G_h = 5.913\text{MPa}$,计算结果见图 3-24,图中的实测值为全站仪观测到的墙面水平位移。对比可知,本文提出的抛物线荷载法可以较好地计算出双绞合六边形钢丝网加筋土挡墙的水平位移。

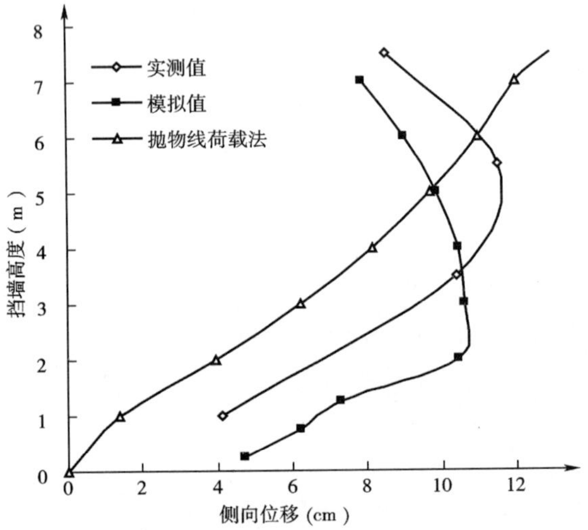

图 3-24 加筋土墙体水平位移实测结果与计算结果

3.6 本章小结

本章在理论分析和公式推导的基础上对加筋格宾挡墙的强度和变形特性进行研究。主要的工作和研究结论如下:

(1)基于极限平衡理论,深入研究了加筋格宾挡墙的墙背土压力的分布形式,推导了加筋土挡墙主动土压力计算通用公式[式(3-7)],提出了适合任意土质、任意墙背倾角、任意填料倾斜面的加筋土挡墙墙背主动土压力计算公式,并与工程实测值进行了对比分析,验证了公式的正确性。

(2)通过对加筋格宾模型挡墙进行试验研究及 FLAC 3D模拟分析,提出了新折线型破裂面。结果表明:采用新折线型破裂面计算,比公路规范和 BS8006 规范安全,比铁路规范经济。

(3)采用极限平衡法,提出了新折线型破裂面在拉力破坏和黏着破坏时的通用承载力计算公式,统一了两种破裂面(0.3H 简化破裂面和朗肯破裂面)形式下的承载力计算公式。

(4)根据公路规范的变系数法,推导了墙后填土抛物线分布水平土压力作用下,承受纯弯曲和纯剪切时加筋土挡墙的水平位移公式[式(3-70)]。

第 4 章　加筋格宾挡墙模型试验研究

4.1　概述

采用双绞合六边形钢丝网筋材的加筋格宾挡墙和绿色加筋格宾挡墙均是新型加筋支挡结构,国内研究很少。为了全面了解其结构特性,模型试验是非常必要的。本文依托潭衡西线高速公路和武广客运专线建设,在中南大学土木安全科学实验室进行了加筋格宾挡墙在加—卸载循环荷载下的承载力特性、重复荷载下的疲劳特性和地震荷载下的抗震性能系列试验。

4.2　试验概况

模型试验所用填料为红砂岩,取自潭衡西线高速公路施工现场,其主要物理力学指标见表 2-2 所示。加筋格宾模型挡墙、绿色加筋格宾模型挡墙的筋材分别采用钢丝直径为 2.2mm 和 2.7mm 的双绞合六边形钢丝网,筋材的力学性能见表 2-1。采用美国 MTS 五通道拟动力试验系统,如图 4-1 所示。该平台具有两个 1 000kN 静态作动缸、两个 500kN 动态疲劳级作动缸、1 套 5 站台 5 通道数字控制系统 FlexTest GT Controller,其 6kHz 闭环控制速率和高达 42.5kHz 的数采率保证了试验的高精度和可重复性。

a) MTS系统

b) MTS加载装置

图 4-1　试验系统

试验制作了专门的模型箱,其尺寸为 3.0m(长)×0.85m(宽)×2.0m(高)。有机玻璃观测面 1 个,尺寸为 3.0m(长)×2.0m(高),两个临空面中,一个 3.0m(长)×0.85m(宽)的顶面用于施加竖向荷载,另一个 0.85m(宽)×2.0m(高)的前端面用于修筑模型挡墙的面墙。其余 3 个面焊接了钢板。在有机玻璃观测面,横向每隔 24cm 焊接角钢作为竖向支撑,以保证有机玻璃不发生侧向变形。模型箱示意图如图 4-2 所示。

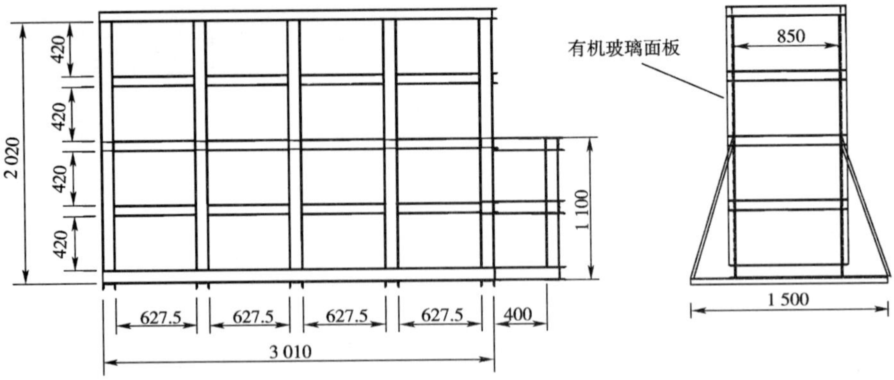

图 4-2 模型箱示意图(尺寸单位:mm)

4.3 加筋格宾挡墙承载力特性模型试验研究

4.3.1 试验概况

试验通过 MTS 系统在模型箱顶面分别施加 0 ~ 50kPa、0 ~ 100kPa、0 ~ 150kPa、0 ~ 200kPa 和 0 ~ 250kPa 五组循环荷载,每组荷载分五级施加,每一组荷载分别进行 3 个以上加卸载循环。通过布置在墙面板位的水平向和竖向百分表、墙内筋材上的柔性位移计和填料中的土压力盒测量面墙每层的竖向和水平变形、筋材的变形、土压力等。

加筋格宾模型挡墙和绿色加筋格宾模型挡墙的设计与元器件布置如图 4-3 所示。在模型箱内分 5 层按 95% 的压实度人工填筑加筋土层。填筑完毕的加筋格宾模型挡墙和绿色加筋格宾模型挡墙如图 4-4 所示。

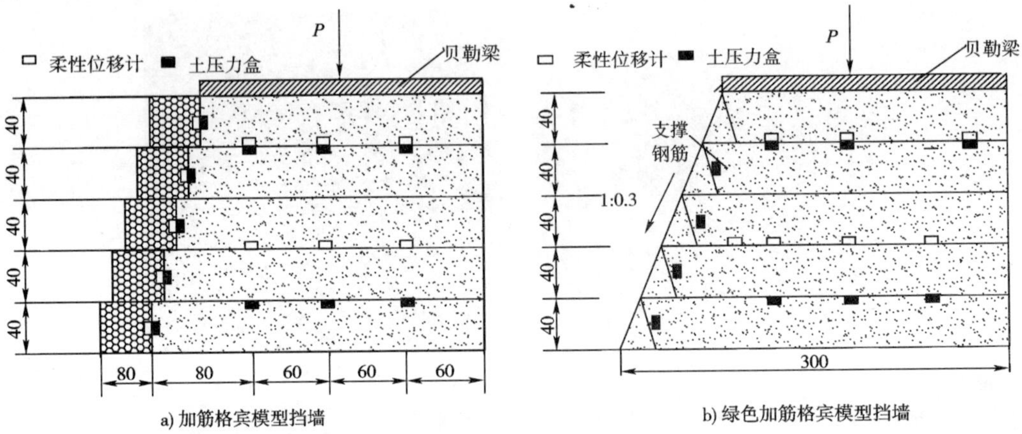

图 4-3 模型挡墙设计与元器件布置(尺寸单位:cm)

4.3.2 试验结果与分析

试验对加筋格宾模型挡墙进行了 5 个荷载水平(0 ~ 50kPa、0 ~ 100kPa、0 ~ 150kPa、0 ~ 200kPa、0 ~ 250kPa)的加卸载、每个荷载水平均进行了三次加卸,共 15 次;对绿色加筋格宾模型挡墙在前者的基础上增加了一个荷载水平(0 ~ 300kPa)的加卸载试验。两组模型挡墙在

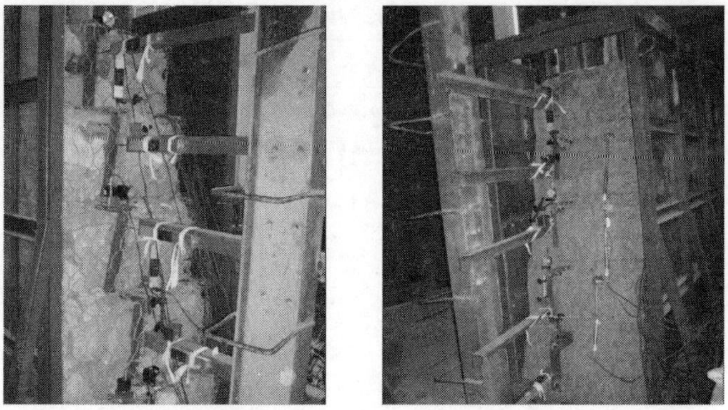

a) 加筋格宾模型挡墙　　　b) 绿色加筋格宾模型挡墙

图 4-4　模型挡墙面板及仪器安装

加卸载循环荷载作用下的沉降值见表 4-1、表 4-2。

加卸载循环荷载作用下加筋格宾模型挡墙沉降值　　　表 4-1

0 ~ 50kPa	荷载(kPa)	0	12.5	25	37.5	50	37.5	25	12.5	0
	沉降(mm)	0	0.69	1.33	2.14	3.22	2.89	2.5	2.03	1.07
		1.07	1.71	2.22	2.73	3.39	3.09	2.67	2.18	1.26
		1.26	1.86	2.35	2.84	3.46	3.18	2.77	2.3	1.39
0 ~ 100kPa	荷载(kPa)	0	25	50	75	100	75	50	25	0
	沉降(mm)	1.39	2.5	3.75	8.09	15.26	14.79	14.11	13.13	11.12
		11.12	12.34	13.3	14.32	16.13	15.66	14.98	14.07	12
		12	13.32	14.28	15.26	16.62	16.14	15.47	14.56	12.55
0 ~ 150kPa	荷载(kPa)	0	37.5	75	112.5	150	112.5	75	37.5	0
	沉降(mm)	12.55	14.08	15.61	20.09	33.49	32.83	31.99	30.69	27.47
		27.47	29.01	30.41	32.1	35.79	35.16	34.33	33.06	30.28
		30.28	31.89	33.15	34.51	36.65	36.05	35.25	34	31.14
0 ~ 200kPa	荷载(kPa)	0	50	100	150	200	150	100	50	0
	沉降(mm)	31.14	33.15	34.92	37.32	53.95	53.01	51.75	50.07	46.02
		46.02	48.19	49.9	51.99	56.24	55.3	54.08	52.42	48.41
		48.41	50.54	52.27	54.28	57.72	56.76	55.55	53.94	50.19
0 ~ 250kPa	荷载(kPa)	0	62.5	125	187.5	250	187.5	125	62.5	0
	沉降(mm)	50.19	52	54.33	57.6	75.98	74.87	73.46	71.22	65.55
		65.55	68.43	70.6	73.37	79.22	78.2	76.77	74.6	69.08
		69.08	71.65	73.9	76.64	81.35	80.34	78.94	76.75	71.2

设 P 为施加的垂直荷载，S 为垂直荷载作用下的加筋挡墙沉降量，H 为挡墙的高度（$H = 2\text{m}$），沉降率 $\varepsilon = S/H$。两个模型挡墙在不同荷载水平下加卸载试验的 $P \sim \varepsilon$ 曲线分别如图 4-5 和图 4-6 所示。图中的曲线 a 为模型挡墙在每一级荷载水平下第一次加载过程中的 ε 连线。曲线 a 可视为连续加载的 $P \sim \varepsilon$ 曲线。

加卸循环荷载作用下绿色加筋格宾模型挡墙的沉降值 表 4-2

0 ~ 50kPa	荷载(kPa)	0	12.5	25	37.5	50	37.5	25	12.5	0
	沉降(mm)	0	2.57	6.13	9.71	13.78	13.54	13.11	12.54	11.59
		11.59	12.13	12.73	13.27	14.31	14.03	13.63	13.11	12.18
		12.18	12.75	13.29	13.84	14.61	14.35	13.97	13.4	12.54
0 ~ 100kPa	荷载(kPa)	0	37.5	75	112.5	150	112.5	75	37.5	0
	沉降(mm)	33.17	34.75	36.24	41.27	58.19	57.47	56.52	55.26	51.86
		51.86	53.46	54.92	56.56	60.34	59.67	58.78	57.45	54.86
		54.86	55.74	57.17	58.79	61.68	60.96	60.1	58.8	55.52
0 ~ 150kPa	荷载(kPa)	0	50	100	150	200	150	100	50	0
	沉降(mm)	55.52	57.13	59.28	62.99	84.96	84.13	82.95	81.08	75.17
		75.17	77.51	79.67	82.55	88.02	87.21	86.14	84.22	78.62
		78.62	80.88	83.04	85.73	89.97	89.18	88.15	86.21	80.61
0 ~ 200kPa	荷载(kPa)	0	62.5	125	187.5	250	187.5	125	62.5	0
	沉降(mm)	80.61	82.96	86.07	90.28	116.6	115.54	114.1	110.96	102.63
		102.63	109.14	111.82	115.37	124.87	123.98	122.59	120.2	114.2
		114.2	117.98	120.29	123.06	128.01	127.07	125.77	123.72	118.92
0 ~ 250kPa	荷载(kPa)	0	75	150	225	300	225	150	75	0
	沉降(mm)	118.92	121.74	124.14	127.21	141.46	140.32	138.61	135.73	129.45
		129.45	132.24	134.89	138.01	144.9	143.8	142.12	139.26	133.01
		133.01	135.81	138.49	141.55	147.34	146.28	144.59	141.78	135.57

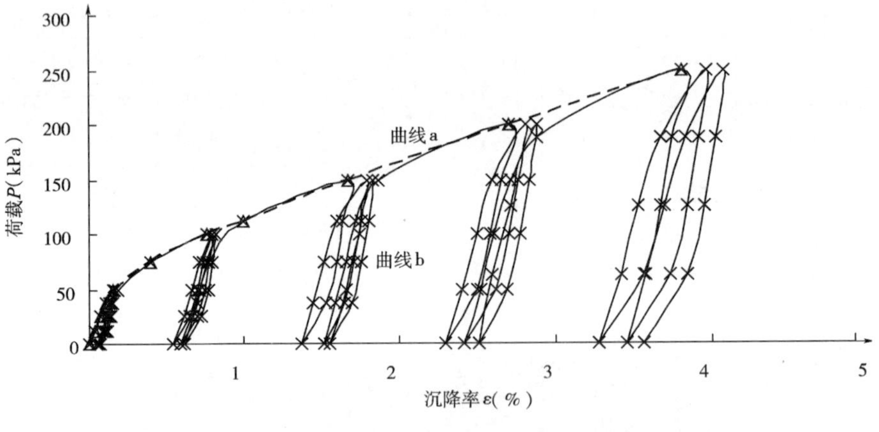

图 4-5 加筋格宾模型挡墙荷载—沉降率曲线

从图中可以看出,双绞合六边形钢丝网模型挡墙在循环荷载作用下有如下受力特点:

(1)两个模型挡墙的 $P \sim \varepsilon$ 曲线都呈现出明显的弹塑性,其沉降率增量 $d\varepsilon$ 由弹性沉降率增量 $d\varepsilon_e$ 和塑性沉降率增量 $d\varepsilon_p$ 两部分组成,即 $d\varepsilon = d\varepsilon_e + d\varepsilon_p$。

(2)每组荷载作用下第一次加卸载产生较大的塑性变形(沉降),此时最大荷载 P_{max}、最小荷载 P_{min} 对应的加载割线模量 E_t 较小;第二次、第三次加卸载滞回环趋于稳定。

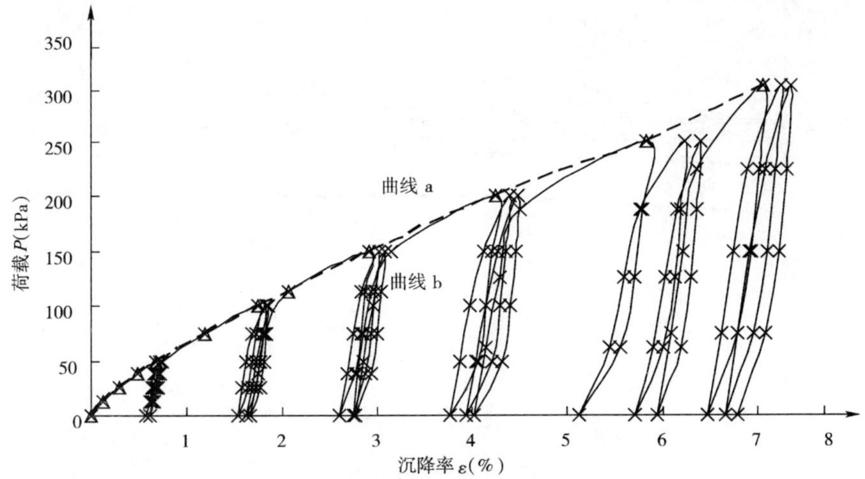

图 4-6　绿色加筋格宾模型挡墙荷载—沉降率曲线

(3)随着加卸载荷载水平的增大,当滞回环趋于稳定时,两个模型挡墙的弹性沉降率增量 $d\varepsilon_e$ 和塑性沉降率增量 $d\varepsilon_p$ 均呈现出递增的趋势。

(4)两个模型挡墙的 $P \sim \varepsilon$ 曲线加载时凹向荷载轴,卸载时凸向荷载轴。

(5)加筋格宾模型挡墙和绿色加筋格宾模型挡墙在第一级荷载水平(0~50kPa)作用下的沉降率分别为 0.173% 和 0.731%,塑性沉降率为 0.069% 和 0.627%,这主要受填土压实度的影响。当加载到第五级荷载水平(0~250kPa),两个模型挡墙的沉降率分别为 4.068% 和 6.401%。加筋格宾模型挡墙的响应要比绿色加筋格宾模型挡墙体小,这主要与填土的压实度和面板形式有关。

定义割线模量 $E_t = \Delta P/\Delta\varepsilon$,两个模型挡墙加卸载割线模量与循环次数的关系如图 4-7 和图 4-8 所示。从图 4-7 可以看出,在同一荷载水平下,随着加卸载次数的增加,加筋格宾模型挡墙的加卸载割线模量呈现出递增的趋势,且在同一次加卸载循环中,卸载割线模量大于加载割线模量;由于试验的离散性,绿色加筋格宾模型挡墙的规律性不如加筋格宾模型挡墙明显,但从图 4-8 中也基本可以看到同样的趋势。

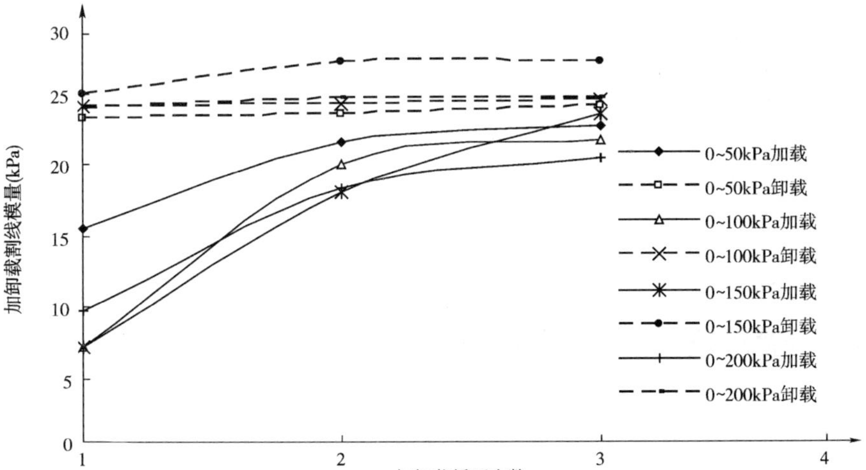

图 4-7　加筋格宾模型挡墙加卸载割线模量与循环次数的关系

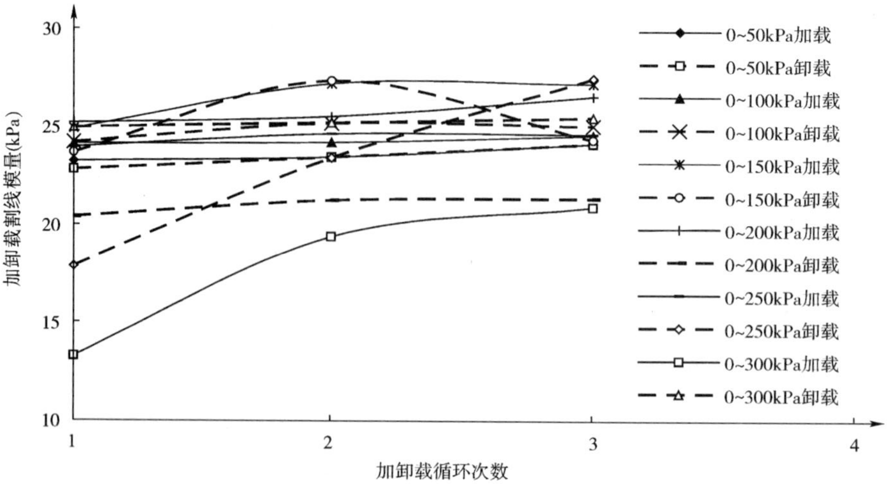

图 4-8　绿色加筋格宾模型挡墙加卸载割线模量与循环次数的关系

在不同的荷载水平下模型挡墙的加卸载割线模量变化如图 4-9 所示，图中横坐标为荷载水平，1、2、3、4、5、6 分别表示荷载水平为 0 ~ 50kPa、0 ~ 100kPa、0 ~ 150kPa、0 ~ 200kPa、0 ~ 250kPa和 0 ~ 300kPa。可见，随着荷载水平的增大，两个模型挡墙的加载割线模量总体上都呈逐渐减小的趋势，而卸载割线模量呈逐渐增加趋势，并且随着加卸循环次数的增加，加卸载割线模量均增大，当滞回曲线稳定性后，加载割线模量小于卸载割线模量。图中两个模型的曲线分布也有一定的差异，尤其是在卸载割线量上，加筋格宾模型挡墙呈先增后减，而绿色加筋格宾模型挡墙呈先减后增的趋势，说明挡墙的面板形式对挡墙力学响应有一定的影响。

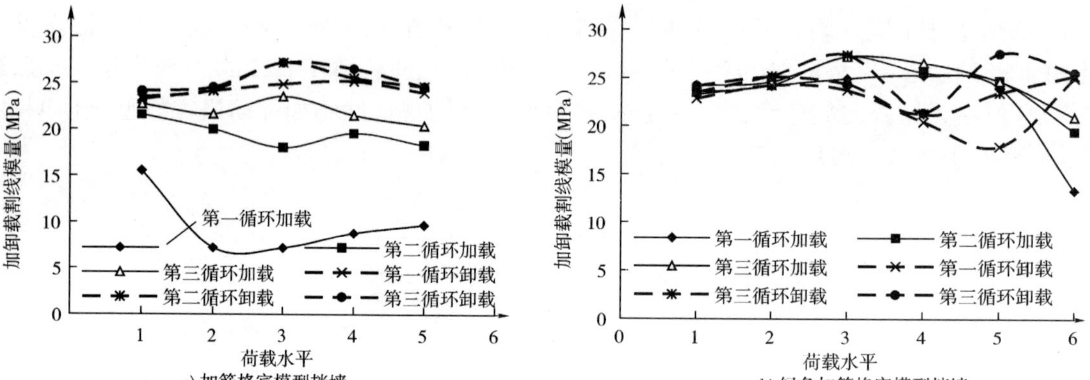

a) 加筋格宾模型挡墙　　b) 绿色加筋格宾模型挡墙

图 4-9　不同荷载水平下模型挡墙的加卸载割线模量

4.4　加筋格宾挡墙疲劳特性模型试验研究

4.4.1　试验内容与方法

随着高速公路、高速铁路的建设，交通荷载对路基结构的影响日益受到关注。研究路基结构在长期竖向交通荷载作用下的疲劳特性是路基支挡结构研究的一个重要方面。本节对加筋格宾和绿色加筋格宾模型挡墙进行疲劳特性模型试验，研究双绞合六边形钢丝网加筋土挡墙在竖向交通荷载作用下的结构响应。

试验时采用 MTS 伺服激振器模拟列车荷载，列车荷载的大小和运行速度通过伺服激振器的荷载输出与频率来反映。施加到模型挡墙顶面的荷载频率分别为 2Hz、4Hz、6Hz、8Hz、10Hz 用以模拟不同的列车车速，动应力幅值分别为 40 ~ 80kPa、50 ~ 100kPa、60 ~ 120kPa。两组模型挡墙元器件的布置如图 4-10、图 4-11 所示，两个模型挡墙填筑完成后如图 4-12 和图 4-13 所示。

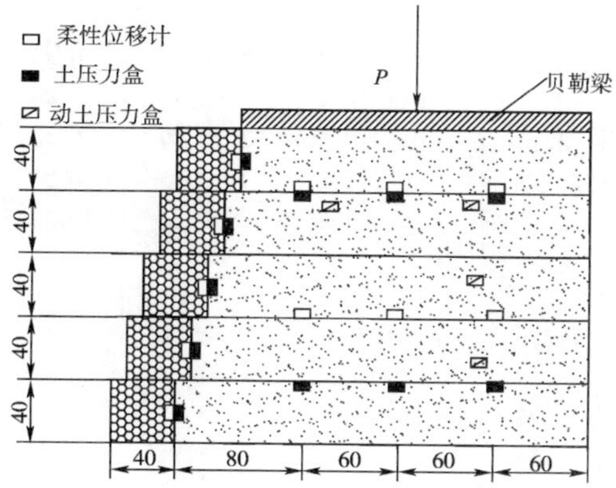

图 4-10　加筋格宾模型挡墙元器件布置(尺寸单位：cm)

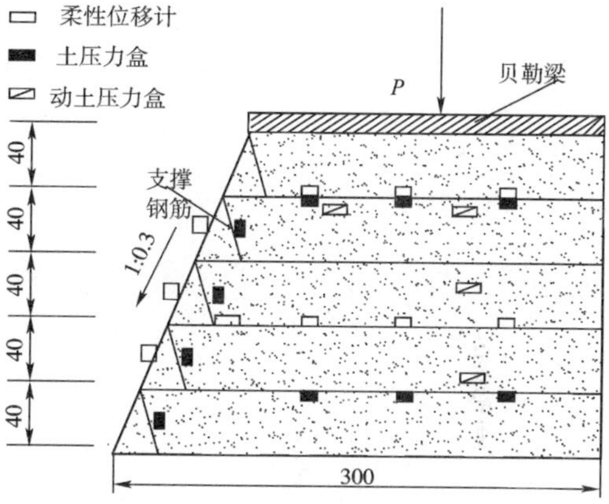

图 4-11　绿色加筋格宾模型挡墙元器件布置(尺寸单位：cm)

图 4-12　加筋格宾挡墙元器件布置

图 4-13　绿色加筋格宾挡墙元器件布置

4.4.2　试验结果与分析

1)模型挡墙在交通荷载下的累计变形

两组模型挡墙在交通荷载下的累计变形见表 4-3 和表 4-4。表中 nH 表示第 n 层的累计水平变形量，nV 表示第 n 层的累计沉降量。模型挡墙的最大累计变形及最大累计变形率见表 4-5和表 4-6。

从表 4-4 ~ 表 4-6 可知，加筋格宾模型挡墙在竖向交通荷载作用下，随着振幅的增加和振次的增加，墙面的水平变形、沉降均增大，且随着振次的增加而水平变形和沉降均趋于稳定。

加筋格宾模型挡墙的最大水平变形发生在3/5H墙高的位置,其最大水平变形率为0.228%H;最大竖向变形(沉降)发生在墙顶,其最大沉降变形率为0.913%H。绿色加筋格宾模型挡墙最大水平变形发生在墙顶高的位置,其最大水平变形率为0.106%H;最大竖向变形(沉降)发生在墙顶,其最大沉降变形率为0.185%H。

竖向交通荷载下加筋格宾模型挡墙累计变形量(mm) 表4-3

荷载幅值(kPa)	频率(Hz)	累计振动次数(万次)	5H	4H	3H	2H	1H	5V	4V	2V
40~80	2	1	0.11	0.18	0.37	0.10	0.05	4.87	0.77	0.46
		5	0.26	0.21	0.39	0.10	0.04	4.96	0.78	0.44
		10	0.23	0.23	0.44	0.12	0.06	5.12	0.79	0.46
	4	15	0.34	0.22	0.45	0.13	0.06	5.21	0.85	0.50
		20	0.38	0.22	0.45	0.13	0.06	5.26	0.85	0.49
	6	25	0.62	0.52	0.65	0.63	0.06	5.54	1.63	1.25
		30	0.58	0.52	0.65	0.63	0.06	5.64	1.64	1.26
	8	35	0.75	0.47	0.69	0.68	0.07	5.85	1.74	1.32
		40	0.76	0.46	0.70	0.68	0.08	5.92	1.74	1.34
	10	45	0.63	0.46	0.80	0.71	0.08	6.06	1.93	1.48
		50	0.65	0.47	0.82	0.56	0.08	6.12	1.98	1.51
50~100	2	55	1.24	0.74	1.21	0.67	0.2	7.47	2.35	1.73
		60	1.53	0.77	1.25	0.69	0.22	7.56	2.37	1.75
	4	65	1.36	0.89	1.44	0.76	0.25	8.00	2.52	1.89
		70	1.40	0.89	1.43	0.75	0.25	8.07	2.55	1.90
	6	75	1.68	0.94	1.65	0.78	0.25	8.20	2.77	2.01
		80	1.68	0.93	1.67	0.78	0.25	8.49	2.80	2.02
	8	85	1.79	0.99	2.04	0.94	0.36	9.72	3.30	2.23
		90	1.85	1.05	2.07	0.97	0.38	9.89	3.36	2.25
	10	95	2.16	1.26	2.25	1.16	0.43	10.14	3.60	2.39
		100	2.29	1.30	2.24	1.17	0.44	10.15	3.61	2.39
60~120	2	105	2.68	1.78	2.92	1.31	0.50	13.37	4.47	2.82
		110	2.75	1.99	3.12	1.41	0.54	14.27	4.69	2.95
	4	115	2.77	1.99	3.10	1.42	0.55	14.48	4.73	2.96
		120	2.81	2.00	3.10	1.42	0.54	14.51	4.73	2.97
	6	125	3.05	2.07	3.40	1.63	0.66	15.26	5.17	3.2
		130	3.05	2.11	3.45	1.66	0.68	15.96	5.26	3.23
	8	135	4.16	4.41	4.51	2.37	1.12	17.84	6.83	4.30
		140	4.26	4.39	4.48	2.37	1.11	17.88	6.82	4.26
		145	4.36	4.40	4.48	2.37	1.12	17.97	6.89	4.27
	10	150	4.46	4.42	4.48	2.38	1.14	18.06	6.95	4.29
		170	4.56	4.42	4.51	2.38	1.13	18.16	7.01	4.36
		200	4.52	4.50	4.56	2.45	1.12	18.26	7.12	4.43
卸载(kPa)	120		4.52	4.03	4.56	2.45	0.87	18.26	7.12	4.43
	100		4.52	4.04	4.57	2.45	0.88	17.88	7.07	4.39
	80		4.52	4.06	4.58	2.44	0.90	17.42	7.01	4.34
	60		4.52	4.09	4.59	2.44	0.92	16.92	6.97	4.30
	30		4.52	4.12	4.62	2.44	0.96	15.29	6.93	4.22
	0		4.62	4.10	4.60	2.44	0.99	13.08	6.59	3.97

竖向交通荷载下绿色加筋格宾模型挡墙累计变形量(mm)　　表 4-4

荷载幅值(kPa)	频率(Hz)	累计振动次数(万次)	5H	4H	3H	2H	1H	5V	4V	3V	2V	1V
30 ~ 60	4	5	0.17	0.18	0.10	0.05	0.07	1.27	1.05	0.83	0.71	0.51
		10	0.17	0.20	0.10	0.05	0.07	1.29	1.12	0.83	0.71	0.52
	6	20	0.17	0.20	0.10	0.05	0.07	1.30	1.13	0.84	0.72	0.53
	8	30	0.20	0.20	0.10	0.05	0.08	1.39	1.21	0.91	0.78	0.58
	10	40	0.20	0.20	0.10	0.08	0.10	1.40	1.20	0.90	0.75	0.55
40 ~ 80	4	45	0.65	0.30	0.15	0.13	0.14	1.43	1.32	1.00	0.84	0.68
		50	0.70	0.35	0.21	0.15	0.16	1.45	1.34	1.28	0.85	0.66
	6	60	0.74	0.38	0.29	0.15	0.15	1.36	1.26	1.20	0.82	0.72
	8	70	0.78	0.37	0.39	0.18	0.17	1.47	1.29	1.26	0.86	0.74
	10	80	0.81	0.53	0.54	0.18	0.19	1.50	1.29	1.25	0.87	0.77
50 ~ 100	4	85	0.90	0.66	0.56	0.24	0.21	1.59	1.32	1.29	0.90	0.86
		90	0.92	0.69	0.57	0.24	0.21	1.67	1.35	1.34	0.93	0.87
	6	100	0.93	0.72	0.59	0.25	0.22	1.77	1.40	1.40	0.97	0.90
	8	110	0.93	0.75	0.61	0.25	0.23	1.87	1.45	1.44	0.97	0.90
	10	120	0.95	0.78	0.62	0.25	0.23	1.87	1.45	1.44	0.99	0.90
60 ~ 120	4	125	1.89	1.57	0.91	0.47	0.33	2.75	1.73	1.87	1.31	1.11
		130	1.92	1.64	0.94	0.47	0.34	2.79	1.71	1.87	1.31	1.12
	6	140	1.96	1.67	0.96	0.51	0.34	2.98	1.84	1.99	1.39	1.14
	8	150	2.00	1.80	1.04	0.55	0.36	3.26	1.99	2.15	1.55	1.23
		160	2.04	1.92	1.12	0.59	0.37	3.54	2.14	2.30	1.70	1.33
	10	180	2.07	1.93	1.12	0.59	0.37	3.61	2.15	2.32	1.71	1.33
		200	2.11	1.96	1.15	0.59	0.38	3.70	2.20	2.38	1.75	1.35
卸载(kPa)		120	2.11	1.96	1.15	0.59	0.38	3.70	2.20	2.38	1.75	1.35
		100	2.11	1.96	1.15	0.59	0.38	3.64	2.13	2.34	1.72	1.35
		80	2.12	1.96	1.15	0.59	0.38	3.50	2.02	2.24	1.64	1.35
		60	2.09	1.97	1.15	0.59	0.38	3.34	1.87	2.12	1.54	1.34
		30	2.03	1.96	1.15	0.59	0.38	2.95	1.55	1.83	1.37	1.34
		0	1.89	1.87	1.14	0.59	0.38	1.83	0.69	1.04	0.79	0.50

加筋格宾模型挡墙最大累计变形及最大累计变形率　　表 4-5

荷载幅值(kPa)	累计振动次数(万次)	3H 最大累计水平变形(mm)	3H 最大累计水平变形率(%)	5V 最大累计沉降变形(mm)	5V 最大累计沉降变形率(%)
40 ~ 80	50	0.82	0.041	6.12	0.306
50 ~ 100	100	2.24	0.112	10.15	0.508
60 ~ 120	150	4.48	0.224	18.06	0.903
	200	4.56	0.228	18.26	0.913

绿色加筋格宾模型挡墙最大累计变形及最大累计变形率　　表 4-6

荷载幅值 (kPa)	累计振动次数 (万次)	5*H* 最大累计水平变形 (mm)	5*H* 最大累计水平变形率 (%)	5*V* 最大累计沉降变形 (mm)	5*V* 最大累计沉降变形率 (%)
30 ~ 60	40	0.20	0.010	1.40	0.070
40 ~ 80	80	0.81	0.041	1.50	0.075
50 ~ 100	120	0.95	0.048	1.87	0.093
60 ~ 120	160	2.04	0.102	3.54	0.177
	200	2.11	0.106	3.70	0.185

2)模型挡墙在交通荷载下的动变形特性

模型挡墙的累计侧向变形和沉降随振动次数变化曲线如图 4-14、图 4-15 所示。如图 4-16 所示为累计侧向变形随墙高的变化曲线。可见:累计侧向和竖向变形受振动次数和动应力幅值的影响;当动应力幅值增大时,累计侧向变形和竖向变形均发生了一定程度的突变,其主要原因可能是受格宾箱充填率的影响;当加载到 130×10^4 次循环时,累计变形值和竖向变形也产生了突变;在累计振动 130×10^4 次之前,面墙的第 5 层和第 3 层的累计侧向变形接近且最大;140×10^4 次循环后,侧向变形和竖向变形都趋于稳定,其中,第 3 ~ 5 层累计侧向变形最大且三者很接近。第 5 层(顶面)的竖向变形远大于第 2 和第 4 层;相同振幅和振动次数条件下,面墙第 5 层(顶面)竖向变形大于水平方向的最大侧向变形。

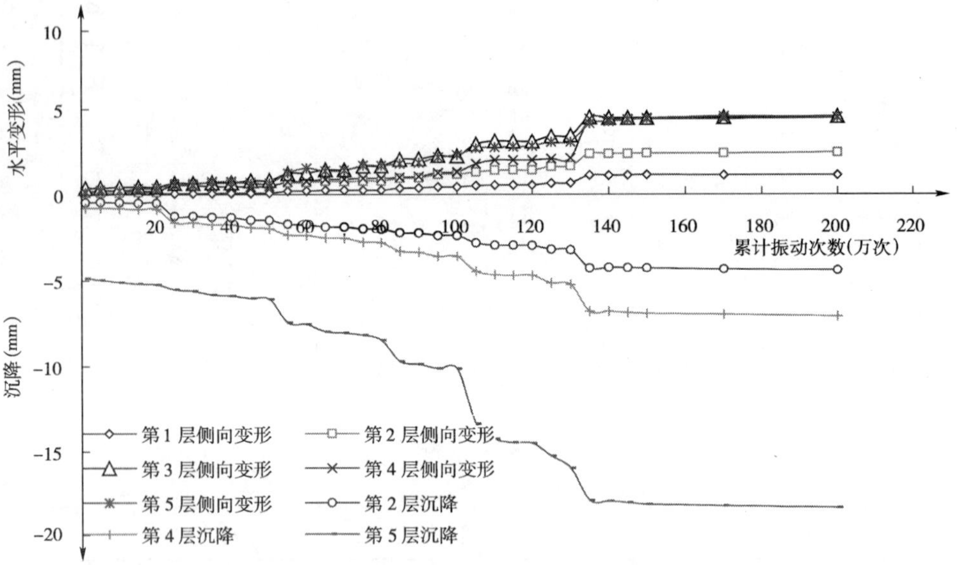

图 4-14　加筋格宾模型挡墙累计侧向变形和沉降随振动次数变化曲线

以加筋格宾模型挡墙为例进一步分析双绞合六边形钢丝网加筋土挡墙的动变形特性。定义累计变形率为累计变形值与模型挡墙墙高 H($H = 2$m)的比值。第 3 层的累计侧向变形较大。因此,累计侧向变形率选取第 3 层作典型分析研究,累计竖向变形率则选取第 5 层(顶面)进行分析研究。第 3 层累计侧向变形率及第 5 层(顶面)的累计竖向变形率试验结果如图 4-17 所示,图中 S 为面墙第 5 层(顶面)的累计竖向变形值,D 为面墙第 3 层中心位置处的累计

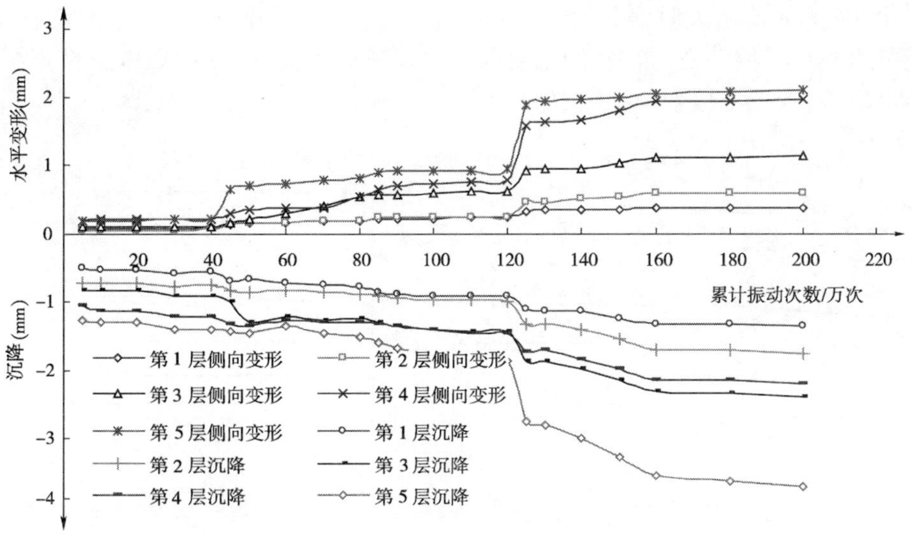

图 4-15　绿色加筋格宾模型挡墙累计侧向变形和沉降随振动次数变化曲线

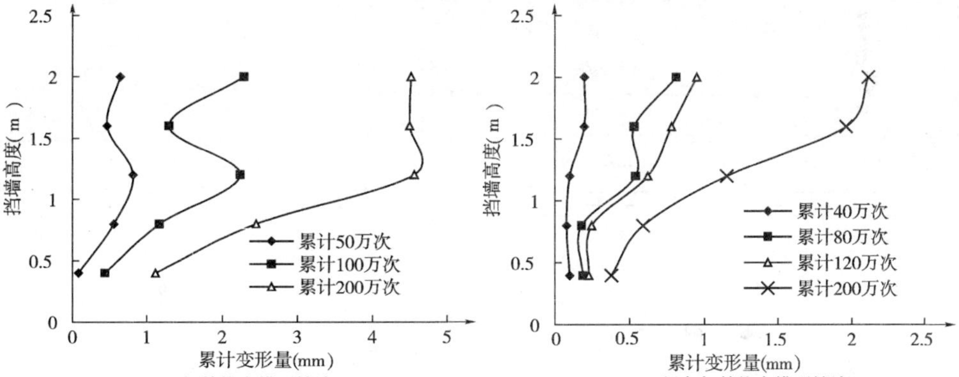

a) 加筋格宾模型挡墙　　b) 绿色加筋格宾模型挡墙

图 4-16　模型挡墙累计侧向变形随墙高的变化

侧向变形值。S_1/H,S_2/H,S_3/H 分别表示动应力幅值为 40 ~ 80kPa,50 ~ 100kPa,60 ~ 120kPa 时面墙第 5 层的累计竖向变形率;D_1/H,D_2/H,D_3/H 分别表示动应力幅值为 40 ~ 60kPa,50 ~ 100kPa,60 ~ 120 kPa 时面墙第 3 层中心位置处的累计侧向变形率。

3)模型挡墙在卸载过程中的变形特性

加筋格宾模型挡墙在经过 200×10^4 次重复荷载作用后进行分级卸载。卸载时读取顶部荷载分别为 120kPa,100kPa,80kPa,60kPa,30kPa 和 0kPa 时对应面墙的变形值。第 1 ~ 5 层的累计侧向变形以及第 2 层、第 4 层和第 5 层(顶面)的竖向变形(沉降)随荷载的变化曲线如图 4-18 所示。从图中可以看出,第 3 层、第 5 层的累计侧向变形很接近,且最大;侧向变形在卸载过程中几乎没有弹性恢复;第 2 层、第 4 层的竖向变形(沉降)的弹性回弹量很小,第 5 层(顶面)的竖向变形(沉降)弹性回弹相对大一些,达到了 28.3%。

4)试验结论

(1)双绞合六边形钢丝网加筋土挡墙模型在重复荷载作用下产生的动变形比较小;无论是累计侧向变形率还是累计竖向变形(沉降)率,均小于 1%。

（2）当动应力幅值增大时，累计侧向变形和竖向变形（沉降）均发生了一定程度的突变。影响加筋格宾模型挡墙动变形特性的主要因素为动荷载幅值、振动次数以及格宾箱充填率等因素；振动频率对变形特性影响不显著。

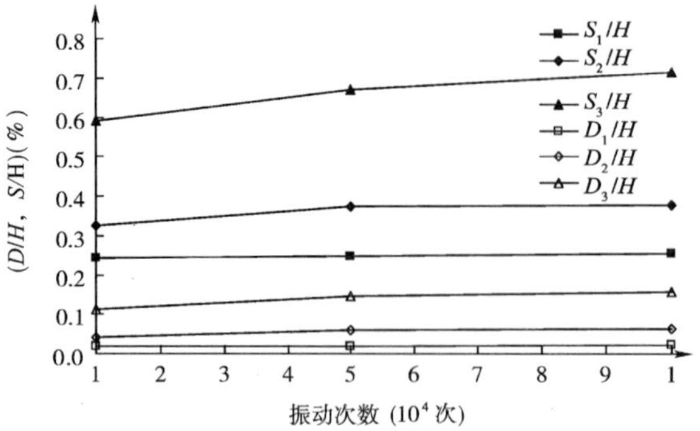

a) 2 Hz

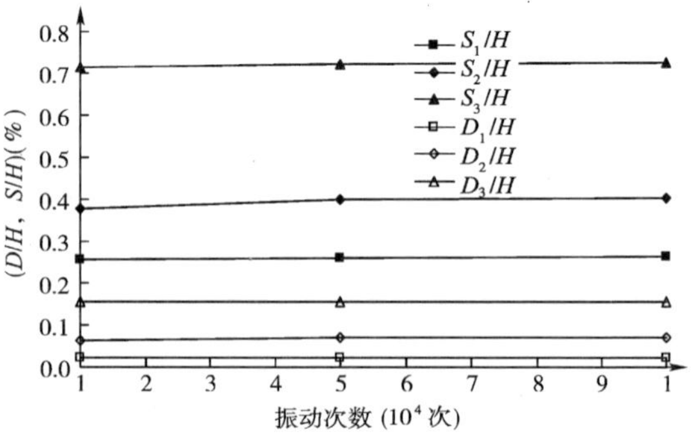

b) 4 Hz

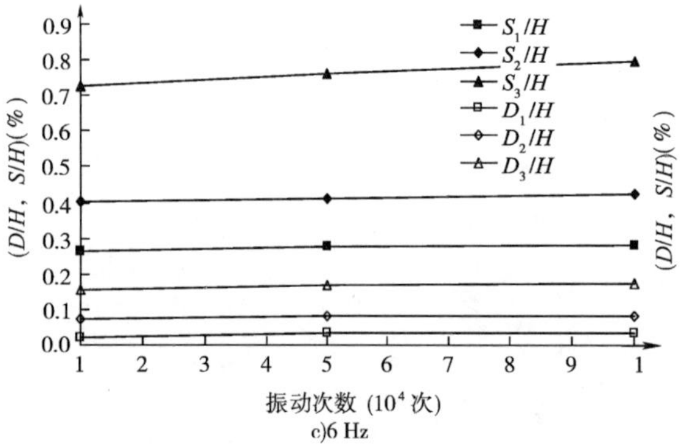

c)6 Hz

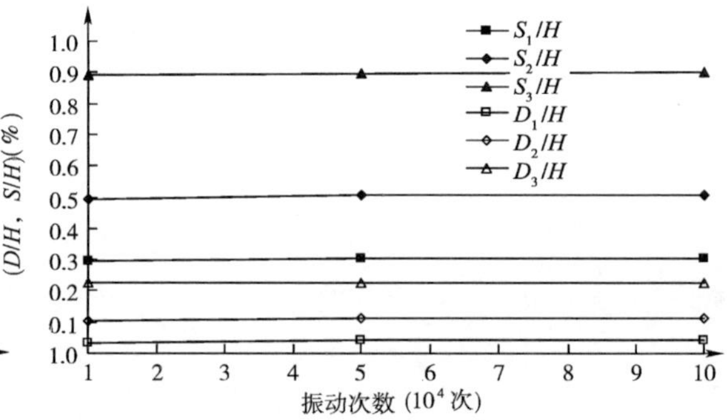

d) 8 Hz

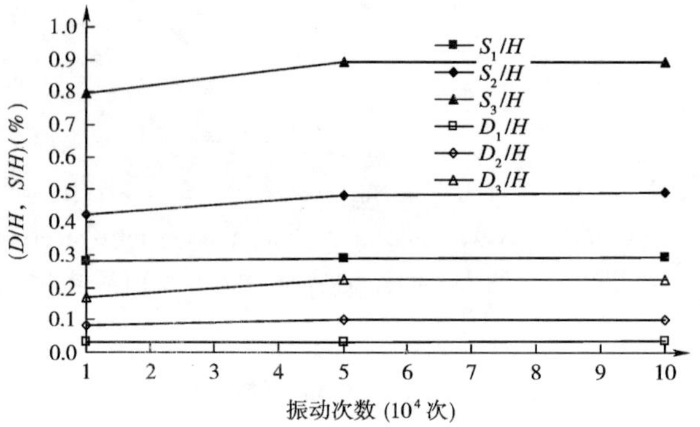

e)10 Hz

图 4-17　加筋格宾模型挡墙累计变形率与振动次数的关系

（3）相同振幅和振次条件下，竖向变形大于侧向变形。当达到一定振动次数时，累计侧向变形和竖向变形均趋于平缓。试验中 $3H/5$，$4H/5$ 和 H 墙高处累计侧向变形最大。

（4）随着动荷载幅值的增大，达到变形稳定所需的振动次数增加，变形值亦增大。

（5）动变形的发展随振动历时的增长而增大，初期增长较快，随后逐渐变缓。

（6）分级卸载过程中，侧向变形在卸载过程中几乎没有弹性恢复。

(7)公路与铁路路基在较低的侧压力下承受长期的重复荷载作用,由于塑性应变累积和路基刚度变化,造成路基的变形和破坏。但双绞合六边形钢丝网加筋挡墙路基,由于筋材能够提供足够的侧向约束,有利于结构保持长期稳定。

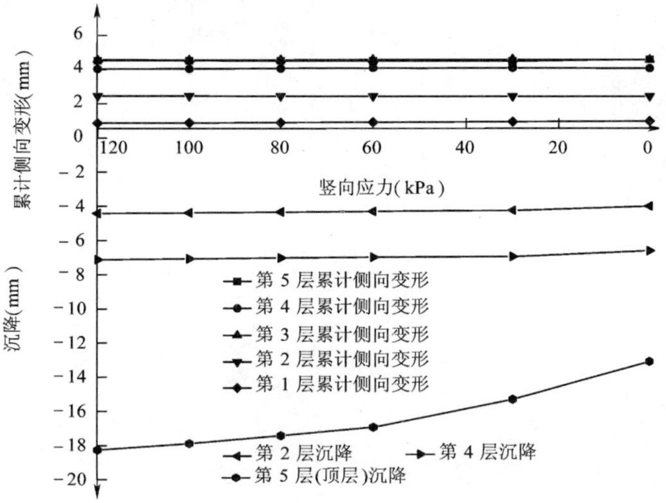

图 4-18　加筋格宾模型挡墙卸载过程中累计侧向变形和沉降的变化曲线

4.5　加筋格宾挡墙抗震性能模型试验研究

4.5.1　试验概况

近年来如 2008 年 5 月四川大地震、2010 年 2 月智利大地震造成的生命和财产损失是有目共睹的。为了尽量减少地震带来的损失,一个重要的方面就是进行工程抗震。目前工程界对建筑、桥梁、地下结构的抗震性能有一定的研究,但对于路基支挡结构的抗震性能研究还很少,对加筋土挡墙抗震机理的认识尚不清楚,加筋土挡墙的抗震设计还缺少为公路工程界所接受的合理规范。

为了进一步研究双绞合六边形钢丝网加筋格宾挡土墙这种复杂结构的动力特性和抗震机理,本文依据《建筑抗震设计规范》(GB 50011—2010)和《铁路工程抗震设计规范》(GB 50111—2006),对加筋格宾模型挡墙、绿色加筋格宾模型挡墙的抗震性能进行了试验与研究。

(1)地震荷载

地震时地面水平运动加速度一般要比竖向地面运动加速度大,而结构物通常抵抗竖向荷载的能力比抵抗侧向变形的能力要强,因此,很多情况下,主要是考虑水平地震作用的影响,本次模型试验也主要探讨水平地震荷载对加筋土挡墙动力响应的影响。试验采用 MTS 系统的 500kN 伺服激振器对模型箱底板面施加水平地震波激振力模拟地震荷载。地震波采用 ELCE_NS 地震波和 HACHI_EW 地震波,峰值分别为 0.342g 和 0.183g,地震波的波形如图 4-19 所示。试验进行了不同峰值的水平地震激励(ELCE_NS 地震波分别为 0.17g、0.34g、0.51g、0.68g,HACHI_EW 地震波分别为 0.09g、0.18g、0.27g、0.36g)。

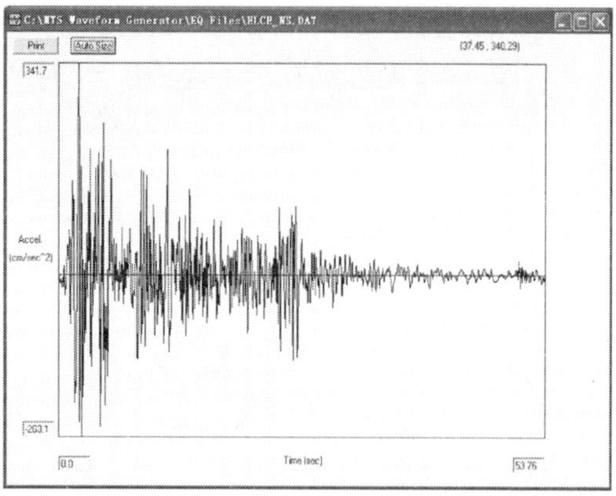

a) ELCE_NS

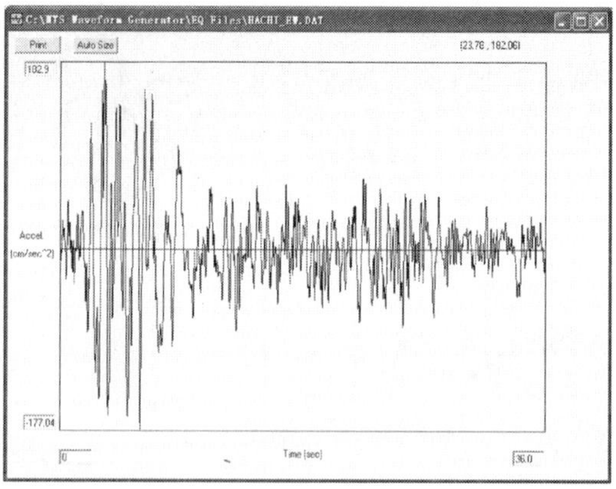

b) HACHI_EW

图 4-19　输入的地震波

(2)模型设计与仪器布置

利用前述的模型箱填筑了加筋格宾和绿色加筋格宾两个试验模型,如图 4-20 和图 4-21 所示。试验时在模型挡墙的第 1 层、第 3 层、第 5 层墙顶面位置处(即墙高分别为 0.4m、1.2m、2.0m 处)分别布置两个 941B 型拾震器(一个水平、一个竖向),采用 DASP 数据采集系统进行数据的自动采集。在模型挡墙内、墙高分别为 0.5m、1.0m、1.5m 处的位置埋设动土压力盒,在墙面安装了百分表,以测试其累计变形与沉降值。

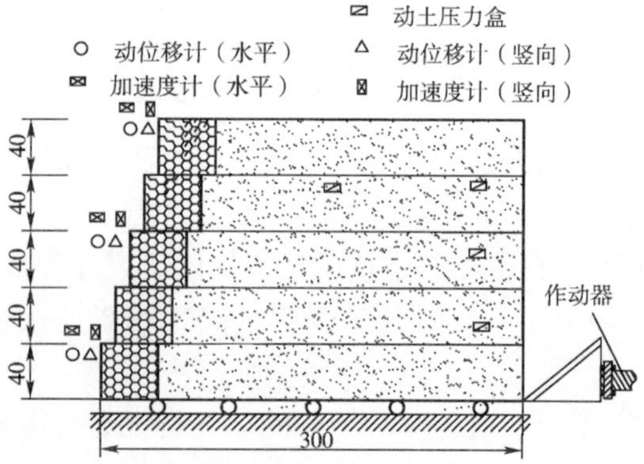

图 4-20　加筋格宾挡墙元器件布置图(尺寸单位:cm)

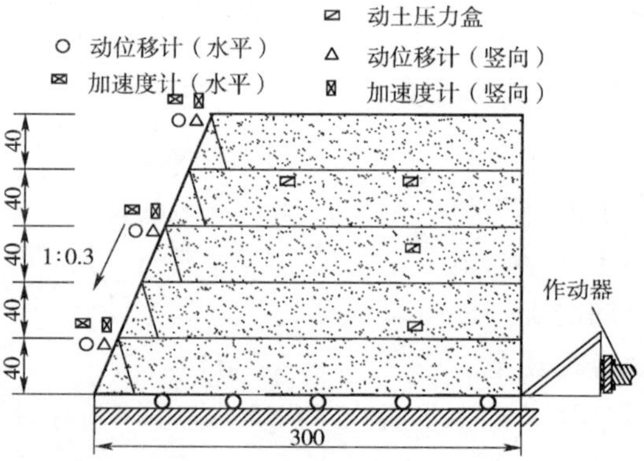

图 4-21　绿色加筋格宾模型挡墙元器件布置图(尺寸单位:cm)

4.5.2　水平抗震试验结果与分析

试验时对两个模型都分别输入两条地震波(ELCE_NS 波和 HACHI_EW),测试模型挡墙在水平地震激励下不同峰值时的第 1 层(0.4m)、第 3 层(1.2m)、第 5 层(2.0m)墙顶面处的水平加速度、竖向加速度、水平动位移、竖向动位移响应峰值、动应力响应峰值、沿墙高加速度放大倍数等参数指标。

1)模型挡墙水平抗震试验结果

加筋格宾模型挡墙在两种水平地震荷载激励下第 1 层、第 3 层、第 5 层墙顶面处的加速度、动位移响应峰值见表 4-7 和表 4-8,动应力响应峰值见表 4-9。

加筋格宾模型挡墙加速度和位移响应峰值(ELCE_NS)　　表 4-7

输入地震波峰值(g)	测试点的墙高位置(m)	水平加速度响应峰值(g)	水平位移响应峰值(mm)	竖向加速度响应峰值(g)	竖向位移响应峰值(mm)
0.17	2.0	0.32	43.52	0.08	1.30
	1.2	0.27	44.32	0.07	2.43
	0.4	0.28	44.25	0.07	3.87
0.34	2.0	0.62	82.67	0.16	3.90
	1.2	0.53	84.36	0.15	4.02
	0.4	0.55	88.57	0.16	6.65
0.51	2.0	0.91	108.64	0.27	4.12
	1.2	0.78	106.85	0.26	4.04
	0.4	0.82	108.32	0.26	7.45
0.68	2.0	1.14	106.45	0.36	4.15
	1.2	0.99	105.65	0.35	5.26
	0.4	1.06	118.69	0.35	7.86

加筋格宾模型挡墙加速度和位移响应峰值(HACHI_EW)　　表 4-8

输入地震波峰值(g)	测试点的墙高位置(m)	水平加速度响应峰值(g)	水平位移响应峰值(mm)	竖向加速度响应峰值(g)	竖向位移响应峰值(mm)
0.09	2.0	0.25	45.58	0.04	1.39
	1.2	0.18	44.37	0.05	1.42
	0.4	0.17	47.25	0.04	4.08
0.18	2.0	0.48	90.67	0.10	2.52
	1.2	0.36	84.36	0.10	2.45
	0.4	0.33	87.55	0.09	6.48
0.27	2.0	0.69	101.64	0.15	2.86
	1.2	0.49	105.81	0.14	3.56
	0.4	0.47	106.22	0.14	6.54
0.36	2.0	0.84	110.42	0.20	2.84
	1.2	0.63	108.66	0.18	2.73
	0.4	0.59	120.55	0.19	6.89

绿色加筋格宾模型挡墙在两种水平地震荷载激励下第 1 层、第 3 层、第 5 层墙顶面处的加速度、动位移响应峰值见表 4-10 和表 4-11，动应力响应峰值见表 4-12。检查试验后的模型挡墙可以发现，当施加地震烈度为 9 度的水平加速度 0.4g 时[290]，两组模型挡墙均没有发生倒塌、滑动、鼓肚等破坏现象，都具有很好的抗震性能。

加筋格宾模型挡墙在不同水平地震激励下动应力响应峰值 表4-9

输入地震波	动土压力盒的墙高位置(m)	动应力响应峰值(kPa)			
		0.17g	0.34g	0.51g	0.68g
ELCE_NS	1.5	78.6	120.1	189.3	374.5
	1.0	32.4	63.2	145.6	146.8
	0.5	36.8	82.7	218.8	192.5
HACHI_EW	1.5	66.5	99.2	286.3	370.5
	1.0	67.7	90.4	172.5	212.8
	0.5	66.8	98.7	288.6	240.6

绿色加筋格宾模型挡墙加速度和位移响应峰值(ELCE_NS) 表4-10

输入地震波峰值(g)	测试点的墙高位置(m)	水平加速度响应峰值(g)	水平位移响应峰值(mm)	竖向加速度响应峰值(g)	竖向位移响应峰值(mm)
0.17	2.0	0.32	45.42	0.08	0.98
	1.2	0.22	48.92	0.06	1.40
	0.4	0.23	49.38	0.07	2.45
0.34	2.0	0.62	86.53	0.18	2.48
	1.2	0.46	73.10	0.14	1.79
	0.4	0.45	92.58	0.14	5.17
0.51	2.0	0.90	102.84	0.32	2.85
	1.2	0.68	101.71	0.27	2.18
	0.4	0.66	109.07	0.30	6.06
0.68	2.0	1.14	109.59	0.42	2.91
	1.2	0.88	108.44	0.32	3.91
	0.4	0.87	116.80	0.40	5.75

绿色加筋格宾模型挡墙加速度和位移响应峰值(HACHI_EW) 表4-11

输入地震波峰值(g)	测试点的墙高位置(m)	水平加速度响应峰值(g)	水平位移响应峰值(mm)	竖向加速度响应峰值(g)	竖向位移响应峰值(mm)
0.09	2.0	0.19	47.35	0.04	1.41
	1.2	0.12	49.50	0.03	1.40
	0.4	0.13	49.30	0.04	2.97
0.18	2.0	0.37	91.13	0.10	2.40
	1.2	0.24	92.63	0.09	2.09
	0.4	0.25	95.80	0.08	5.24
0.27	2.0	0.53	101.38	0.14	2.73
	1.2	0.36	86.94	0.12	3.13
	0.4	0.35	105.00	0.15	5.30
0.36	2.0	0.65	111.76	0.25	2.66
	1.2	0.47	79.65	0.18	2.58
	0.4	0.45	117.64	0.22	5.48

绿色加筋格宾模型挡墙在不同水平地震激励下挡土墙动应力响应峰值　　表 4-12

输入地震波	动土压力盒墙高位置(m)	动应力响应峰值(kPa)			
		0.17*g*	0.34*g*	0.51*g*	0.68*g*
ELCE_NS	1.5	81.4	115.3	179.0	368.8
	1.0	33.5	60.9	132.6	142.4
	0.5	34.5	88.9	221.9	186.0
输入地震波	墙高(m)	0.09*g*	0.18*g*	0.27*g*	0.36*g*
HACHI_EW	1.5	67.8	97.1	261.5	364.9
	1.0	67.3	87.9	189.8	236.6
	0.5	67.0	98.2	289.9	243.9

2)双绞合六边形钢丝加筋挡墙抗震性能分析

两组模型挡墙都是采用双绞合六边形钢丝网为筋材,模型的几何尺寸相同,区别只是面板形式不同,具体试验结果表明两者的结构响应也基本相同。为了节约论文篇幅,本文仅以加筋格宾模型挡墙为例分析双绞合六边形钢丝加筋挡墙抗震性能。

(1)水平加速度响应峰值分析

图 4-22 为不同峰值地震荷载激励下加筋格宾模型挡墙水平加速度沿墙高的放大倍数,图 4-23 为模型挡墙不同高度处水平加速度放大倍数与输入荷载的关系。从图中可以看出:

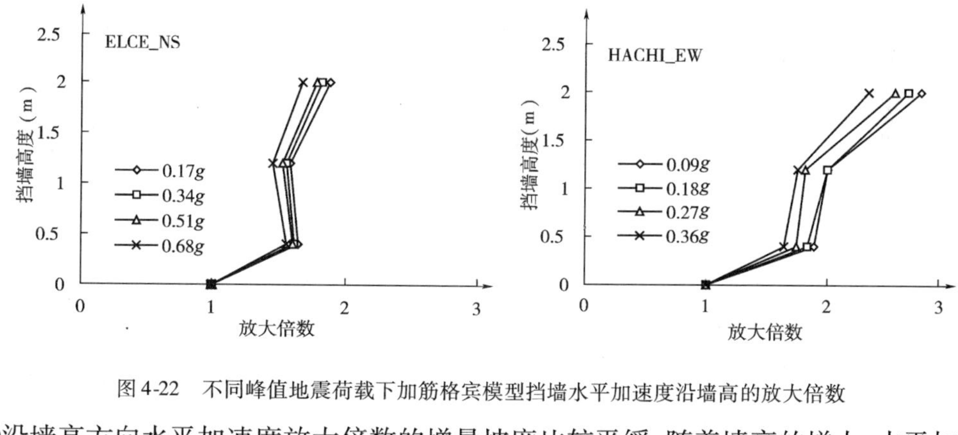

图 4-22　不同峰值地震荷载下加筋格宾模型挡墙水平加速度沿墙高的放大倍数

①沿墙高方向水平加速度放大倍数的增量坡度比较平缓,随着墙高的增大,水平加速度有增大的趋势。加筋格宾模型挡墙各点对 ELCE_NS 地震波的放大倍数为 1 ~2.41 倍,对 HACHI_EW 地震波的放大倍数为 1 ~4.67 倍。

②墙顶各点的加速度放大倍数随输入加速度的增加而增加,变化基本上为线性的。

③加筋格宾模型挡墙内对台面加速度有明显的放大效应。一个理想的具有线弹性和线性阻尼的系统不管其输入的加速度是多少,其放大曲线都是一致的,且随加速度的增大而越发明显。这种现象正好说明了红砂岩加筋格宾模型挡墙的非线性,即随着应变的增加,弹性模量降

低，阻尼比增大。

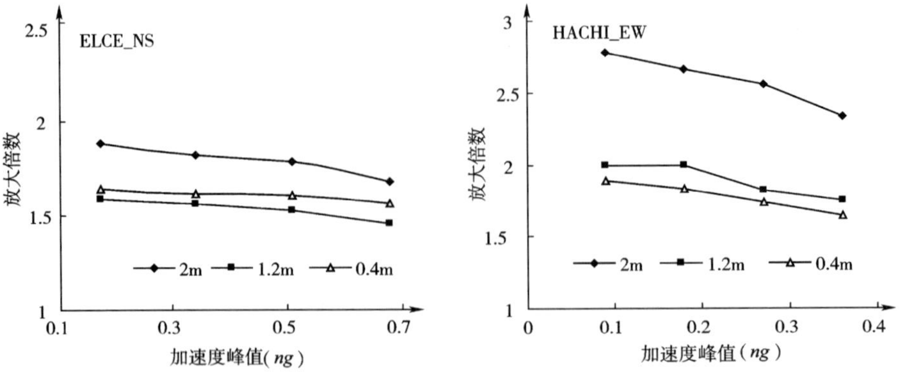

图 4-23　加筋格宾模型挡墙不同高度处水平加速度放大倍数与输入荷载的关系

(2)竖向加速度响应峰值分析

图 4-24 为不同峰值地震荷载下加筋格宾模型挡墙竖向加速度沿墙高的放大倍数，图 4-25 为加筋格宾模型挡墙不同高度处竖向加速度放大倍数与输入荷载的关系。可以看到，在水平地震荷载激励下，模型挡墙的竖向加速度响应和水平加速度响应有较大的差异；随着地震荷载加速度峰值的增加，模型挡墙的竖向加速度呈非线性增大，且对 HACHI_EW 地震波和 ELCE_NS 地震波的增大方式不一样，对 HACHI_EW 地震波的放大倍数要稍大；随着墙高的增大，竖向加速度有增大的趋势，在结构高度 $3/5H$ 即墙高 1.20m 以上，竖向加速度放大倍数变化明显加大；HACHI_EW 地震波为 $0.27g$ 时，竖向加速度值出现拐点，表明结构能满足抗震设防烈度 8 度[290]。

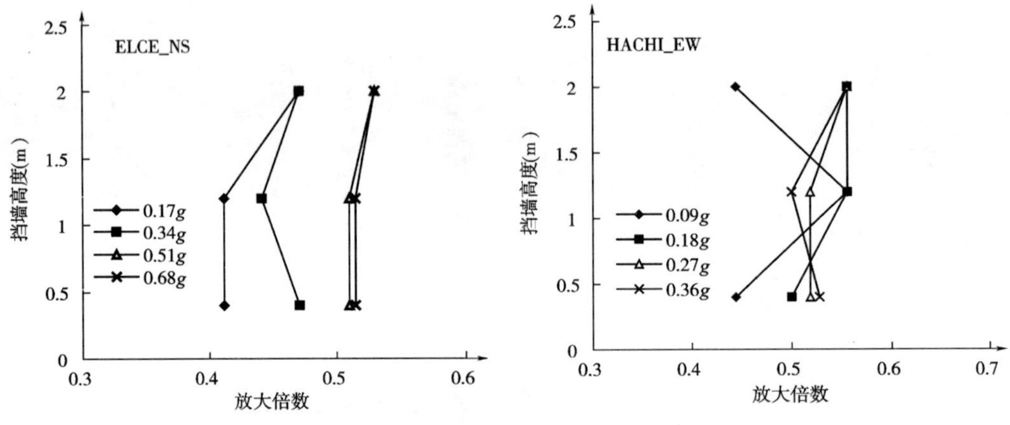

图 4-24　不同峰值地震荷载下加筋格宾模型挡墙竖向加速度沿墙高的放大倍数

(3)水平位移响应峰值

图 4-26 为不同加速度峰值地震荷载激励下加筋格宾模型挡墙的水平位移响应峰值曲线。两种地震波下曲线均表明，在水平地震激励下，水平位移随输入加速度峰值的增加而增加，但增量坡度逐渐变得平缓；不同高度处的位移峰值相差不大，加筋土体在地震作用下呈整体变形特性，说明双绞合六边形钢丝网可以改善土体的抗剪强度，有效提高土体的整体性。

图 4-26 中在相同荷载作用下，不同挡墙高度的水平位移响应峰值的大小关系还表明，试

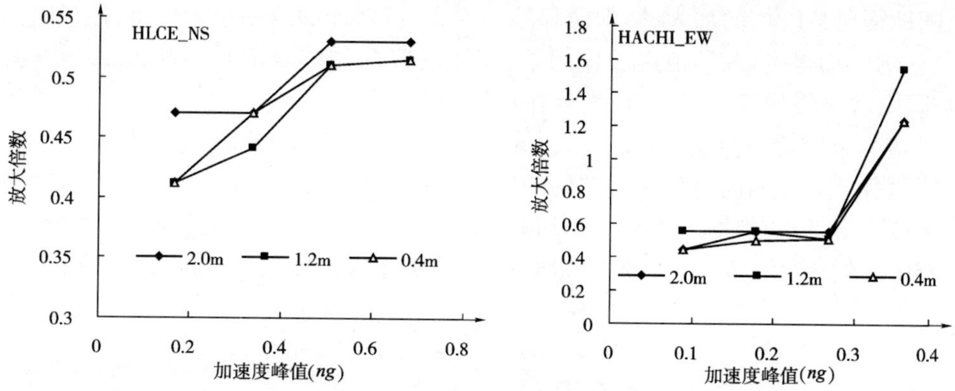

图 4-25　加筋格宾模型挡墙不同高度处竖向加速度放大倍数与输入荷载的关系

验中最大水平位移在挡墙底部，主要原因可能是加载方式造成的。由于设备的限制，对模型挡墙施加的是水平方向的地震波，主要考虑到地震时地面水平运动加速度一般要比竖向地面运动加速度大这一特点，没有考虑地震波竖向分量的影响。在条件允许时有必要做进一步深入研究。

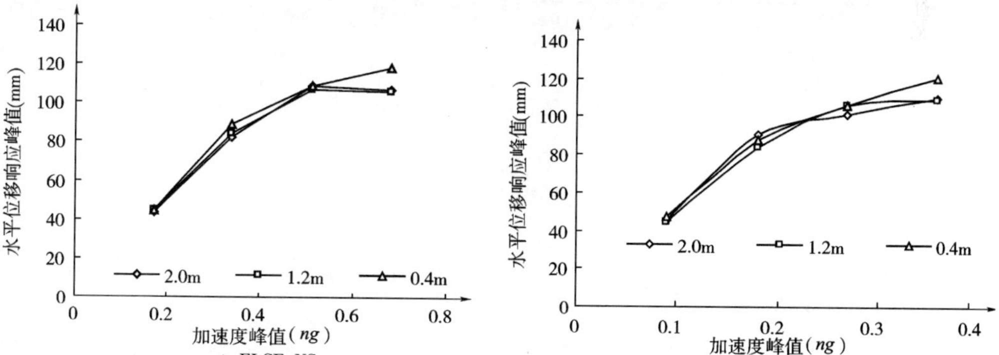

a) ELCE_NS　　b) HACHI_EW

图 4-26　加筋格宾模型挡墙水平位移响应峰值曲线

(4)竖向位移响应峰值分析

不同加速度峰值地震荷载激励下加筋格宾模型挡墙的竖向位移响应峰值曲线如图 4-27 所示。可以看到，在不同峰值地震荷载的激励下，模型挡墙的竖向位移同水平位移响应有相同

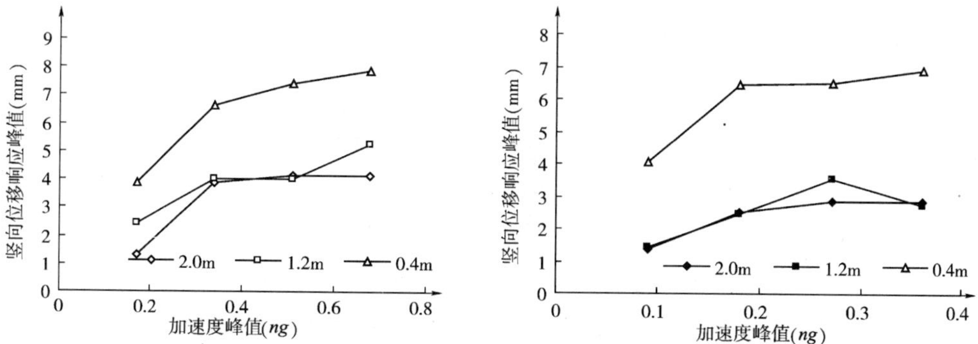

a) ELCE_NS　　b) HACHI_EW

图 4-27　加筋格宾模型挡墙竖向位移响应峰值曲线

的趋势;随地震荷载峰值的加大,竖向位移峰值增大,但增加的速率慢慢变小;但竖向位移响应比水平位移响应小得多,两种地震波作用下,挡墙的竖向位移峰值均不超过 10mm;模型挡墙的竖向位移沿墙高慢慢变小,最大值发生在挡墙的底部。

(5)动应力响应峰值分析

地震荷载作用下,加筋格宾模型挡墙的动应力响应峰值随着输入加速度峰值的增加而增加,且增量坡度变得越来越陡;墙高 0.5H 以下动应力沿墙高方向变化不大,在 0.5H 处动应力最小;随着墙高的增大,动应力也随之增加,在 0.75H 处达到最大,如图 4-28 所示。

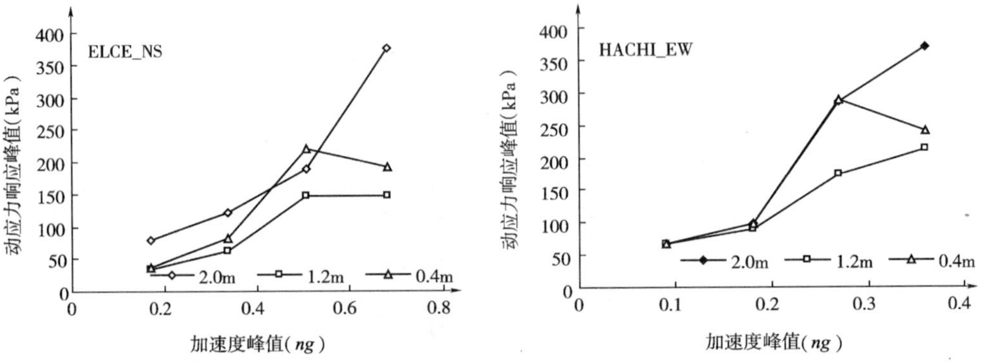

图 4-28 加筋格宾模型挡墙的动应力响应峰值曲线

4.6 本章小结

本章通过在加卸载循环荷载、交通荷载和水平地震荷载的模型试验,研究了加筋格宾挡墙在复杂荷载作用下的动力特性。结果表明:

(1)加筋格宾挡墙在循环荷载作用下的 $P \sim \varepsilon$ 曲线都呈现出明显的弹塑性,其沉降率增量 $\mathrm{d}\varepsilon$ 由弹性沉降率增量 $\mathrm{d}\varepsilon_e$ 和塑性沉降率增量 $\mathrm{d}\varepsilon_p$ 两部分组成,即 $\mathrm{d}\varepsilon = \mathrm{d}\varepsilon_e + \mathrm{d}\varepsilon_p$;随着加卸载荷载水平的增大,当滞回环趋于稳定时,两个模型挡墙的弹性沉降率增量 $\mathrm{d}\varepsilon_e$ 和塑性沉降率增量 $\mathrm{d}\varepsilon_p$ 均呈现出递增的趋势;在同一荷载水平下,随着加卸载次数的增加,两个模型挡墙的加卸载割线模量 E_t 均呈现出递增的趋势,且在同一次加卸载循环中,卸载割线模量 E_{t-} 大于加载割线模量 E_{t+};在不同的荷载水平下,当滞回曲线趋于稳定时,随着荷载水平的增大,加卸载割线模量 E_t 呈现出先递增,然后递减的趋势;模型挡墙的沉降率分析表明双绞合六边形钢丝网能有效改善土体的应力分布,减少不均匀沉降。

(2)加筋格宾模型挡墙在竖向疲劳荷载作用下,随着振幅和振次的增加,墙面的水平变形、沉降均增大;某一级振幅作用下,随着振次的增加而水平变形和沉降均趋于稳定。最大水平变形发生在 3/5H 墙高的位置,其最大水平变形率为 0.228%H;最大竖向变形(沉降)发生在墙顶,其最大沉降变形率为 0.913%H;绿色加筋格宾模型挡墙在竖向疲劳荷载作用下,随着振幅的增加和振次的增加,墙面的水平变形、沉降均增大,某一级振幅作用下,随着振次的增加而水平变形和沉降均趋于稳定。最大水平变形发生在墙顶的位置,最大水平变形率为0.106%H;最大竖向变形(沉降)发生在墙顶,最大沉降变形率为 0.185%H。

(3)加筋格宾挡墙具有很好的抗震性能,在大于 0.6g 地震激励下,加筋土挡土墙并没有出现破坏的迹象；沿墙高方向水平加速度放大倍数的增量坡度比较平缓，离开墙底的距离愈大，各质点的水平加速度有增大的趋势；墙顶一点的加速度放大倍数随输入加速度的增加而增加，变化基本上为线性的；水平地震激励下对竖向位移特性影响不大；水平位移随输入加速度的增加而增加，但增量坡度变得平缓；竖向加速度随输入加速度的增加而增加；动应力响应峰值随着输入加速度的增加而增加，且增量坡度变得越来越陡；墙高 $0.5H$ 以下动应力沿墙高方向变化不大，在 $0.5H$ 处动应力最小；随着墙高的增大，动应力也随之增加，在 $0.75H$ 处达到最大。

第 5 章　加筋格宾挡墙设计方法研究

5.1　概述

自 1960 年 Vidal 提出了加筋土“黏聚力”设计理论以来,各国学者和工程技术人员对加筋土结构的设计方法进行了大量卓有成效的研究。1969 年 Vidal 和 Schlosser[234] 进一步将加筋土挡墙设计分为内部稳定性验算和外部稳定性验算两部分;1986 年 Gourc[235] 等考虑了合成材料张拉变形特征提出了“位移法”;Jewell(1990)对上述设计方法进行了完善,提出了适用于加筋土路堤结构的设计方法;Lemonnier[236](1998)提出了“变分位移法”。这些方法基本上都是建立在极限平衡理论基础之上的,目前国内外大多数规范、规程都是采用这类设计方法。

岩土工程中存在大量的不确定性。20 世纪 40 年代工程结构设计中开始应用可靠性分析,考虑结构在不同状态下各种不确定性因素所带来的影响。我国在 20 世纪 50 年代中期开始对结构可靠性问题进行研究。目前在岩土工程中的许多领域都进行了应用,如边坡、隧道、地基、基础等。对于加筋土工程也有部分学者进行可靠性研究。

目前数值分析已经成为岩土工程研究的主流方法之一[237]。加筋土挡墙是一个涉及填料、筋材、地基、面板等单元以及各单元间相互作用的复杂系统,采用数值分析法研究可以将单元间的变形协调与应力平衡相结合,克服传统分析方法将两者分开的局限性。数值分析法在加筋土技术中的应用主要有复合材料法、筋土分开模拟法和等效附加应力法三种。

目前,国内对加筋土挡墙的设计以极限平衡法为主,但正在向可靠性分析转移,对于重要的复杂工程开始采用数值分析法进行校核。本文根据双绞合六边形钢丝网加筋土挡墙的主要应用形式和特点,分别对基于极限平衡理论、可靠度分析和数值分析的设计方法进行了研究,以对双绞合六边形钢丝网加筋土挡墙的设计提供一套完善的方法。

5.2　加筋格宾挡墙计算方法研究

5.2.1　基于极限平衡理论的设计方法

1)稳定性分析模型

结合 NCMA 法[238]和国内相关规范,考虑倾斜墙面、倾斜填土的一般情况,分别建立双绞合六边形钢丝网加筋挡墙外部和内部稳定性分析模型,如图 5-1 和图 5-2 所示。其他如垂直墙面、水平或倾斜填土均为其特殊情况。模型中的 q_l 为活动荷载;q_d 为永久荷载。

为了简化计算、方便推广应用,模型中的土压力采用库仑土压力理论计算。根据库仑土压力理论,作用在挡土墙墙背的主动土压力可以由式(5-1)计算。

$$P_s = 0.5K_a\gamma'(H + h)^2 \tag{5-1}$$

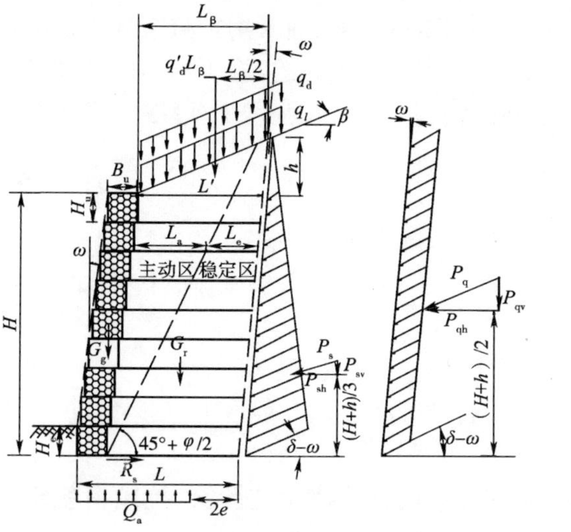

图 5-1　外部稳定性计算模型

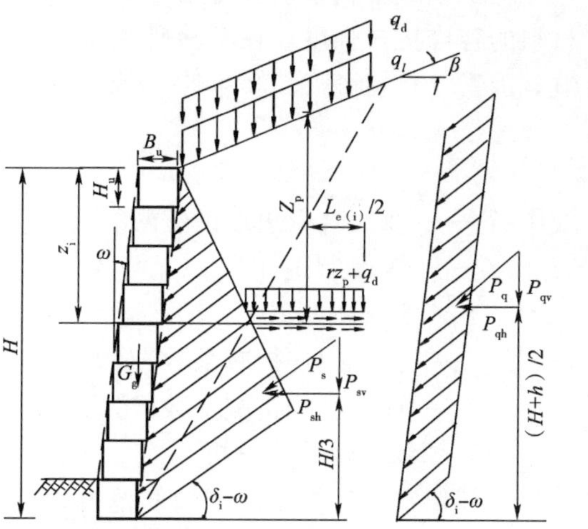

图 5-2　内部稳定性计算模型

K_a 为验算外部稳定性时的主动土压力系数,由式(5-2)计算。

$$K_a = \frac{\cos^2(\omega + \varphi')}{\cos^2\omega\cos(\omega - \delta)} \times \left(1 + \sqrt{\frac{\sin(\varphi' + \delta)\sin(\varphi' - \beta)}{\cos(\omega - \delta)\cos(\omega + \beta)}}\right)^{-2} \tag{5-2}$$

式中:γ'——墙后填土的单位重度,kN/m^3;

φ'——墙后填土的内摩擦角,(°);

ω——墙背与竖直线的夹角,(°);

β——填土表面坡角,(°);

δ——加筋墙背与墙后土体之间的摩擦角,(°),$\delta = \min(\varphi, \varphi')$。

则主动土压力的水平分量和竖直分量:

$$P_{sh} = 0.5K_a\gamma'(H + h)^2\cos(\delta - \omega) \tag{5-3}$$

$$P_{sv} = 0.5K_a\gamma'(H + h)^2\sin(\delta - \omega) \tag{5-4}$$

挡土墙上部附加荷载引起的土压力为:

$$P_q = (q_l + q_d)K_a(H + h) \tag{5-5}$$

其水平分量和竖直分量分别为:

$$P_{qh} = (q_l + q_d)K_a(H + h)\cos(\delta - \omega) \tag{5-6}$$

$$P_{qv} = (q_l + q_d)K_a(H + h)\sin(\delta - \omega) \tag{5-7}$$

所以,挡土墙背后土压力的水平分量为:

$$P_{ah} = P_{sh} + P_{qh} \tag{5-8}$$

墙后土压力的计算也可以采用本文第 3 章的土压力计算通用公式[式(3-7)]。

加筋土挡墙的内部临界破裂面的确定是内部稳定分析的前提。通常认为加筋挡墙的内部临界破裂面的类型主要有两种:简化破裂面(0.3H 法)和朗肯破裂面。国内外研究表明柔性筋材加筋土挡墙的内部破裂面形态更符合朗肯破裂面[239]~[241],如 FHWA 和 AASHTO 两个机构均推荐采用朗肯理论验算其内部稳定性,这样的假定属于偏安全的[242]。

对加筋格宾挡墙而言,其潜在破裂面建议采用新折线型模型(见 3.3 节)。

土工合成材料长期埋置于土中，其强度会受到许多因素的影响，通常用折减系数法来确定材料的容许抗拉强度。在实验研究和工程实践的基础上，考虑加工误差、施工损伤以及环境影响等因素，以设计寿命60年计，双绞合六边形钢丝网的长期允许抗拉强度 T_a 可按下式计算：

$$T_a = \frac{T_c}{f_m \cdot f_d \cdot f_e} \tag{5-9}$$

式中：T_c——双绞合六边形钢丝网的极限抗拉强度，可由筋材拉伸试验确定；

f_m——考虑制造工艺误差以及大量数据推演的折减系数，以设计寿命60年计，一般取 $f_m = 1.20$；

f_d——施工损伤折减系数，对砾类土 $f_d = 1.25$，对黏土、砂土 $f_d = 1.05$；

f_e——环境影响折减系数(考虑老化、生物降解、腐蚀等因素)，一般取1.10。

2)外部稳定性计算分析

外部稳定性计算是假定加筋范围内的土体为刚性体，进行抗滑稳定验算、抗倾覆稳定验算、地基承载力验算和整体稳定验算。

(1)抗滑稳定验算

抗滑稳定性主要是要求加筋土挡墙应能抵抗挡土墙背后的水平推力而不发生沿"基底"与地基土之间的滑动。《公路路基设计规范》(JTG D30—2004)第3.4.3条规定：挡土墙抗滑稳定性系数 K_c 不应小于1.3。

基底摩擦阻力即抗滑阻力 R_s 可由式(5-10)计算：

$$R_s = C_{ds}[C_f L + (q_d L_\beta + G_g + G_r + G_\beta + P_{sv})\tan\varphi_f] \tag{5-10}$$

式中：C_f——地基土的黏聚力，kPa；

φ_f——地基土的内摩擦角，(°)；

C_{ds}——抗滑力修正系数。墙底无筋材时，取 $C_{ds} = 1.0$，有筋时其值应降低，如无实测数据，可取 $C_{ds} = 0.65$；

G_g、G_r、G_β——格宾面墙的重力、加筋填土的重力和挡墙上部锲形体的重力，忽略上部锲形体填土重度和加筋体重度间的差异后，可由式(5-11)~式(5-13)计算。

$$G_g = B_u \gamma_g H \tag{5-11}$$

$$G_r = (L - B_u)\gamma H \tag{5-12}$$

$$G_\beta = \frac{1}{2}L'\gamma H = \frac{1}{2}L'\gamma L_\beta \tan\beta \tag{5-13}$$

式中：γ_g——格宾面板墙的重度，kN/m^3；

γ——加筋体填土重度，kN/m^3。

基底抗滑稳定系数 K_c 按式(5-14)计算：

$$K_c = \frac{R_s}{P_{ah}} \tag{5-14}$$

如果不能满足规范要求，筋材的长度就要增加，然后重新验算。

(2)抗倾覆稳定验算

抗倾覆稳定验算要求加筋体不能绕墙趾发生旋转倾覆。《公路路基设计规范》(JTG D30—2004)要求Ⅰ、Ⅱ类荷载组合时抗倾覆稳定系数 K_0 不小于1.5，Ⅲ类荷载组合时不小1.3。

抗倾覆稳定系数 K_0 按下式计算：

$$K_0 = \frac{M_r}{M_0} \tag{5-15}$$

式中：M_r ——稳定力系对加筋体墙趾的力矩，kN · m；

M_0 ——倾覆力系对加筋体墙趾的力矩，kN · m。

其中：

$$M_r = G_g X_g + G_r X_r + G_\beta X_\beta + q_d L_\beta X_q \tag{5-16}$$

$$X_r = \frac{1}{2}(L + B_u + H\tan\omega) \tag{5-17}$$

$$X_g = \frac{1}{2}(B_u + H\tan\omega) \tag{5-18}$$

$$X_\beta = \frac{2}{3}L' + B_u + H\tan\omega \tag{5-19}$$

$$X_q = L + (H + h)\tan\omega - \frac{1}{2}L_\beta \tag{5-20}$$

$$M_0 = P_{sh} Y_s + P_{qh} Y_q \tag{5-21}$$

$$Y_s = \frac{1}{3}(H + h) \tag{5-22}$$

$$Y_q = \frac{1}{2}(H + h) \tag{5-23}$$

(3)地基承载力验算

传统的承载力验算分析考虑了加筋土体的宽度，加筋土体被看作是带状连续体，必须有足够的长度以防止地基受力过大而产生剪切破坏或过大的下沉量。NCMA 法采用梅耶霍夫理论(Meyerhof)估计地基的承载力。

根据梅耶霍夫理论，地基的承载能力可以由下式估计：

$$Q_{ult} = C_f N_c + 0.5\gamma_f B N_\gamma + \gamma_f H_e N_q \tag{5-24}$$

式中：　H_e ——墙趾埋入深度，m；

N_c、N_r、N_q ——由地基土内摩擦角确定的承载力因子；

C_f、γ_f ——地基土的黏聚力和重度；

B——等效地基宽度。

$$B = L - 2e \tag{5-25}$$

式中：e ——承载力合力到墙体中心的心距(偏心距)：

$$e = \frac{[P_{sh} Y_s + P_{qh} Y_q - G_g(L - X_g) - G_r(X_r - L/2) - G_\beta(X_\beta - L/2) - q_d L_\beta(X_q - L/2)]}{G_g + G_r + G_\beta + q_d L_\beta} \tag{5-26}$$

则等效地基宽度上 B 的荷载 Q_a：

$$Q_a = \frac{1}{B}[G_g + G_r + G_\beta + (q_1 + q_d)L_\beta] \tag{5-27}$$

为防止地基整体剪切破坏,荷载 Q_a 应符合以下条件,即:

$$Q_a \leqslant \frac{Q_{ult}}{K_b} \tag{5-28}$$

式中:K_b ——安全系数,要求 $K_b \geqslant 2.0$。

同时《公路路基设计规范》(JTG D30—2004)中对偏心距 e 要求:

$$\text{土质地基: } e \leqslant \frac{L}{6}$$

$$\text{岩质地基: } e \leqslant \frac{L}{4} \tag{5-29}$$

(4)整体稳定验算

将加筋复合体视为刚体按传统方法计算,安全系数应符合 $K_s \geqslant 1.5$。若不满足,应加长筋材或进行地基处理。一般采用简化毕肖普法或简化简布法进行计算。

3)内部稳定性计算分析

根据加筋体内部的两种破坏模式,内部稳定性计算包括网材的抗拉强度验算与网材抗拔出验算两部分。

(1)网材抗拉强度验算

如图 5-2 所示的双绞合钢丝网加筋格宾挡墙筋材长度为 L,等长布置。第 i 层筋材水平拉力 T_i 等于该层的土压力(包括水平附加荷载)与筋材间距之积,即:

$$T_i = \left[\left(rz_i + \frac{1}{2}rh + q_d + q_l\right)K_{a(int)}\right]S_v \tag{5-30}$$

式中:S_v ——筋材的垂直间距,m;

z_i ——第 i 层加筋网到加筋体顶面的垂直距离,m;

$K_{a(int)}$ ——内部稳定性验算的主动土压力,当采用式(5-2)计算时,δ 为加筋体与格宾面墙间的摩擦角,$\delta = 2\varphi/3$。

筋材强度条件应符合式(5-31)的要求。

$$T_{imax} \leqslant T_a \tag{5-31}$$

式中:T_{imax} ——各层筋材中最大水平力,kN/m;

T_a ——筋材的允许抗拉强度,kN/m。

筋材间距由式(5-30)和式(5-31)计算后确定,一般等间距布置,也可沿墙高划分几个等间距区,靠近墙底的区域,间距小些。

(2)网材抗拔出验算

考虑到筋材上下两面都承受摩擦力,抗拔安全稳定应满足式(5-32),即:

$$T_i \leqslant 2(rz_p + q_d)L_e f' \frac{1}{F_b} \tag{5-32}$$

式中:L_e ——筋材有效长度,即超出填土破裂面的筋材锚固长度,m;

z_p ——筋材锚固段中点上覆土层深度,m;

f' ——双绞合六边形钢丝网—土似摩擦系数,由试验或经验取得;

F_b ——要求的抗拔安全系数,$F_b \geqslant 1.5$。

(3)筋材长度

筋材总长度按式(5-33)确定,即:

$$L = L_e + L_a \tag{5-33}$$

式中: L_e ——筋材锚固长度,m;

L_a ——筋材在主动区的长度,m;

L_e 和 L_a 分别按式(5-34)和式(5-35)计算,即:

$$L_e = \frac{1}{2}F_b \frac{T_i}{(rz_p + q_d)f'} \tag{5-34}$$

$$L_a = (H - z_i)\tan\left(45° - \frac{\varphi}{2}\right) \tag{5-35}$$

筋材的有效长度 L_e 应不小于 1m。为施工方便,不同层的筋材应按要求的最大长度等长度铺设。如从内部稳定性的要求出发,亦可以分段采用不等长度,底部较短,顶部较长。

由于墙后填料内的加筋材料与格宾箱底板是一整体,面板墙与加筋网片之间的连接强度等同于网片的抗拉强度,故两者的连接强度不再需要进行验算。

4)实例分析

湘衡西线高速公路 K124 + 300 ~ K124 + 895 段,平均填土高度 9.00m,最大高度 11.8m。路基左右两侧均设置加筋挡墙。在横断面布置上,采用阶梯形断面,视填土高度、基础条件分段进行设计。基底夯实、换填 30cm 碎石垫层,以满足承载力要求。加筋土挡墙设计参数见表 5-1。

加筋土挡墙设计参数　　表 5-1

密度(g/cm^3)	黏聚力 C(kPa)	内摩擦角 φ(°)	筋材抗力(kN/m)	筋土似摩擦系数
2.1	24.3	33.7	50①/35②	0.29①/0.47②

注:①为加筋格宾筋材。

②为绿色加筋格宾筋材。

按照《公路路基设计规范》(JTG D30—2004)的要求,以本节提出的基于极限平衡理论的设计方法,对该路段分段进行结构设计与稳定性验算,以 K124 + 300 断面为例,其结构如图 5-3 所示,各失稳模式下验算的安全系数见表 5-2。

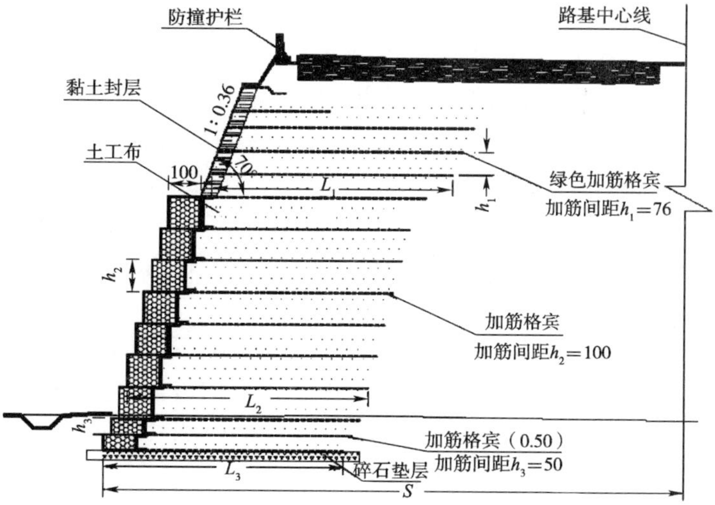

图 5-3　双绞合六边形钢丝网加筋土挡墙横断面设计图(单位:cm)

K124+300断面的安全系数 表5-2

验算内容	安全系数	规范要求	验算内容	安全系数	规范要求
抗拉强度验算	满足	小于筋材抗拉强度	抗倾覆稳定性验算	1.683	≥1.5
抗拔出验算	1.655	≥1.5	整体稳定验算	1.641	≥1.5
抗滑稳定性验算	1.762	≥1.3	地基承载力验算	2.312	≥2.0

5.2.2 基于可靠度分析的设计方法

1)工程结构可靠性与极限状态

传统的安全系数法在设计中将材料性能、结构尺寸以及作用在结构上的荷载看作是确定的单值量,以单一的安全系数表示工程结构的安全性。影响工程结构状态的各个因素都具有一定的不确定性,单一安全系数不能反映结构的真实安全性[243]。

工程结构可靠性分析承认所有的工程变量都是随机变量,以结构达到某种功能要求的极限状态为依据进行结构设计分析。影响工程结构状态的各种因素可分为荷载效应和结构抗力两类。荷载效应是指作用在结构上的荷载引起的结构内力,如墙后水平土压力、筋带受到的拉力等;结构抗力是指结构承受荷载和变形的能力,如筋带的抗拉强度、地基的承载力等。这些因素都是随机变量,用 $X_1,X_2,\cdots,X_n$ 表示,工程结构的状态可用以 $X_1,X_2,\cdots,X_n$ 为自变量的状态函数表示:

$$Z = F(x_1,x_2,\cdots,x_n) = \frac{R(x_1,x_2,\cdots,x_n)}{S(x_1,x_2,\cdots,x_n)} \tag{5-36}$$

式中:$R(x_1,x_2,\cdots,x_n)$ ——抗滑力或抗滑力矩;

$S(x_1,x_2,\cdots,x_n)$ ——下滑力或下滑力矩。

当 $Z>1$ 时,工程结构可靠;

当 $Z=1$ 时,工程结构处于极限状态;

当 $Z<1$ 时,工程结构失效。

2)工程结构可靠性指标(可靠度)的计算

工程结构可靠性是指工程结构在规定的条件下和规定的时间内完成规定功能的概率,通常使用可靠性指标或可靠度来定量表示。可靠度的计算方法有多种,如验算点法、蒙特卡罗法、神经网络法、遗传算法、统计矩法等。本文采用 Rosenblueth 法计算。

Rosenblueth 法[244]又称统计矩的点估计方法,是由罗森布鲁斯(Rosenblueth)于1975年提出的一种矩估计的近似方法。其基本思想是:当各种状态变量的概率分布为未知时,只要利用其均值和方差(通常由点估计给出),就可以求得状态函数的一阶矩(均值)、二阶中心矩(方差)及三、四阶中心矩,进而可求得可靠指标、破坏概率。采用 Rosenblueth 法计算可靠度的方法如下:

在状态变量 x_i($i=1,2,\cdots,n$)的分布函数未知的情况下,不需考虑其变化形态,只在区间($x_{\min},x_{\max}$)上分别对称地择其两个取值点,例如,通常取均值 μ_{xi} 的正负一个标准差 σ_{xi} ,即:

$$\begin{aligned} x_{i1} &= \mu_{xi} + \sigma_{xi} \\ x_{i2} &= \mu_{xi} - \sigma_{xi} \end{aligned} \tag{5-37}$$

对于 n 个状态变量,则有 $2n$ 个取值点,取值点的所有可能组合有 2^n 个。在 2^n 个组合下,可根据状态方程,求得 2^n 个状态函数 Z。如果 n 个状态变量相互独立,每一组合出现概率相等,则 Z 的均值估计为:

$$\mu_z = \frac{1}{2^n}\sum_{j=1}^{2^n} Z_j \tag{5-38}$$

如果 n 个状态变量相关,且每一组合出现的概率不相等,则其概率值 P_j 的大小取决于变量间相关系数 ρ ,即:

$$P_j = \frac{1}{2^n}(1 + e_1e_2\rho_{12} + e_2e_3\rho_{23} + \cdots + e_{n-1}e_n\rho_{(n-1)n}) \tag{5-39}$$

式中:e_i($i = 1,2,\cdots,n$)。当 x_i 取 x_{i1} 时, $e_i = 1$;当 x_i 取 x_{i2} 时, $e_i = -1$;$\rho_{n-1,n}$ 为状态变量 x_{n-1} 与 x_n 之间的相关系数,若 x_{n-1} 与 x_n 不相关,则取 $\rho_{n-1,n} = 0$ 。Z 的均值估计式为:

$$\mu_z = \sum_{j=1}^{2^n} P_jZ_j \tag{5-40}$$

根据中心矩与原点矩的估计,可以导出状态函数 Z 的 1 ~4 阶矩 M_1、M_2、M_3、M_4 的点估计分别为:

$$M_1 = E(Z) = \mu_z = \int_{-\infty}^{+\infty} zf(z)\,\mathrm{d}z \approx \sum_{j=1}^{2^n} P_jZ_j \tag{5-41}$$

$$M_2 = E(Z - \mu_z)^2 = \int_{-\infty}^{+\infty} (Z - \mu_z)^2 f(z)\,\mathrm{d}z = \sigma_z^2 \approx \sum_{j=1}^{2^n} P_jZ_j^2 - \mu_z^2 \tag{5-42}$$

$$M_3 = E(Z - \mu_z)^3 = E(Z^3) - 3\mu_z E(Z^2) - 2\mu_z^3 \approx \sum_{j=1}^{2^n} P_jZ_j^3 - 3\mu_z \sum_{j=1}^{2^n} P_jZ_j^2 + 2\mu_z^3 \tag{5-43}$$

$$M_4 = E(Z - \mu_z)^4 \approx \sum_{j=1}^{2^n} P_jZ_j^4 - 4\mu_z M_3 - 6\mu_z^2 M_2 - 4\mu_z^4 \tag{5-44}$$

由此可得到反映 Z 分布形态的统计参数。均值 $\mu = M_1$,反映 Z 的平均取值;变异系数 $\delta = \sqrt{M_2}/M_1$,反映 Z 的离散程度。求出状态函数的 μ_z 和 σ_z^2 ,如果状态函数服从正态分布或对数正态分布,可计算出破坏概率为 $P_f = 1 - \Phi(\beta)$ 。其中:

$$\Phi(\beta) = \frac{1}{\sqrt{2\pi}}\int_{-\infty}^{\beta} e^{\frac{x^2}{2}}\,\mathrm{d}x \tag{5-45}$$

3)双绞合六边形钢丝网加筋土挡墙可靠性分析

(1)内部稳定可靠性分析

加筋土挡墙内部失稳主要包括筋材拉断破坏和筋材拔出破坏两类。筋材拉断破坏是指由于筋材所受拉力很大而产生过度延伸或断裂,导致结构产生过大变形甚至坍塌。筋材抗拉稳定计算是验算筋材设计强度是否大于所受的拉力,其极限状态方程[6]为:

$$\sum [W_i \cdot \sin\alpha_i - C_i \cdot l_i - W_i \cdot \cos\alpha_i \cdot \tan\varphi] = \sum T_i(\sin\alpha_i \cdot \tan\varphi + \cos\alpha_i) \tag{5-46}$$

式中:W_i——第 i 条土条重力,kN;

C_i——第 i 条土条底土体黏聚力,kPa;

φ_i ——第 i 条土条底土体内摩擦角,(°);

α_i ——第 i 条土条底部滑裂面的切线与水平面的夹角,(°);

l_i ——第 i 条土条底部滑弧长,m。

筋材拔出破坏是指筋材的锚固长度不足,造成筋材被拔出。筋材的抗拔稳定验算是计算筋材是否有足够的锚固长度,其相应的极限状态方程为:

$$\frac{T_j}{2\sigma_j f'} - l_j = 0 \tag{5-47}$$

式中:T_j ——第 j 层筋材设计抗拉强度,kN/m;

σ_j ——作用在第 j 层筋材上的上覆压力,kPa;

f' ——土与筋材的界面摩擦系数;

l_j ——第 j 层筋材的最小锚固长度,m。

(2)外部稳定可靠性分析

加筋土挡墙外部失稳主要包括水平滑动稳定性、倾覆稳定性、地基承载力和深层整体滑动稳定性。滑动破坏是指挡墙在主动土压力的作用下,产生向外的滑动趋势,有可能沿加固体与下伏土层的接触面向外侧滑动。若基底水平,不计墙前被动土压力,加筋土挡墙抗水平滑动稳定性系数的计算公式为:

$$F_s = \frac{N \cdot \mu}{E_x} \tag{5-48}$$

式中:N ——作用于基底上合力的竖向分力;

μ ——基底与地基间的摩擦系数;

E_x ——墙后主动土压力的水平分量。

整体滑动破坏是指由于挡墙所在土体失稳而造成的破坏。在此情况下,地基产生整体滑动破坏。整体滑动稳定性系数可采用式(5-49)计算[226]。

$$F_s = \frac{R \cdot \sum [C_i \cdot l_i + (W_i \cdot \cos\alpha_i + T_i \cdot \sin\alpha_i) \cdot \tan\varphi + T_i \cdot \cos\alpha_i]}{R \cdot \sum W_i \cdot \sin\alpha_i} \tag{5-49}$$

式中:T_i ——双绞合六边形钢丝网的抗拉拔力;

W_i ——第 i 条土条重力,kN;

C_i ——第 i 条土条底土体黏聚力,kPa;

φ_i ——第 i 条土条底土体内摩擦角,(°);

α_i ——第 i 条土条底部滑裂面的切线与水平面的夹角,(°);

l_i ——第 i 条土条底部滑弧长,m。

4)实例分析

以潭衡西高速公路 K124 +300 断面为例(图 5-3),进行内部稳定性分析,并探讨相关因素对稳定性的影响。

根据笔者所完成的红砂岩粗粒土路基现场大型水平推剪试验的 10 组试验结果[245],计算出 C 、φ 的均值和方差,其他参数变异性较小,作常量处理。由于所考虑随机变量仅为 C 、φ 两个变量,所以可得到 F 的 4 个函数值为:

$$F_1 = F(\mu_C + \sigma_C, \mu_\varphi + \sigma_\varphi) = F(28.831, 39.264) = 1.961$$

$$F_2 = F(\mu_C + \sigma_C, \mu_\varphi - \sigma_\varphi) = F(28.831, 28.176) = 1.505$$

$$F_3 = F(\mu_C - \sigma_C, \mu_\varphi + \sigma_\varphi) = F(19.689, 39.264) = 1.830$$

$$F_4 = F(\mu_C - \sigma_C, \mu_\varphi - \sigma_\varphi) = F(19.689, 28.176) = 1.375$$

随机变量 C 、φ 具有负相关性，将 C 和 φ 视为独立变量，偏于安全[246]。故假定两者相互独立，即 $\rho_{C,\varphi} = 0$ ，由式(5-39)，有：

$$P_j = \frac{1}{4} \qquad (j = 1,2,3,4)$$

由式(5-40)得：

$$\mu_z = \sum_{j=1}^{4} P_j Z_j$$

由式(5-42)得：

$$\sigma_z^2 = \sum_{j=1}^{4} P_j Z_j^2 - \mu_z^2 = \frac{11.35}{4} - 1.668^2 = 0.056 = 0.237^2$$

所以标准差 $\sigma_z = 0.237$。

设 $Z = F(x_1, x_2)$ 服从正态分布，即 $Z \sim N(\mu_z, \sigma_z^2)$，则可靠指标 β 为：

$$\beta = \frac{\mu_z - 1}{\sigma_z} = \frac{1.668 - 1}{0.237} = 2.819$$

破坏概率为：

$$P_f = 1 - \Phi(\beta) = 1 - \Phi(2.819) = 0.24\%$$

故该双绞合六边形钢丝网加筋土挡墙的失效概率为0.24%。该结构安全，设计可靠。

(1)抗剪强度参数均值与内部稳定性可靠指标的关系

为了定量地说明设计参数均值对内部稳定影响的大小程度，根据红砂岩粗粒土现场实测推剪试验的结果，分别取以下几种计算工况：对于黏聚力 C ，均值分别取 0kPa、10kPa、20kPa、30kPa、40kPa 五种状况，对于内摩擦角 φ 的均值可取 20°、24°、28°、32°、36°，其他随机变量的均值与变异性均不变[247]。通过编制程序计算，分别探讨它们与内部稳定可靠指标的关系，如图5-4和图5-5所示。

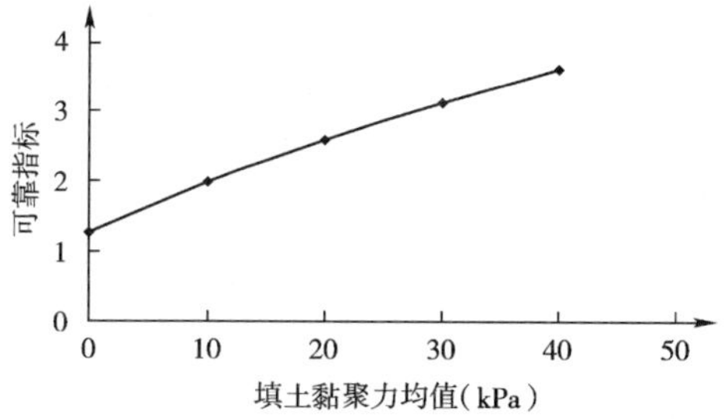

图5-4　黏聚力均值与可靠指标关系曲线

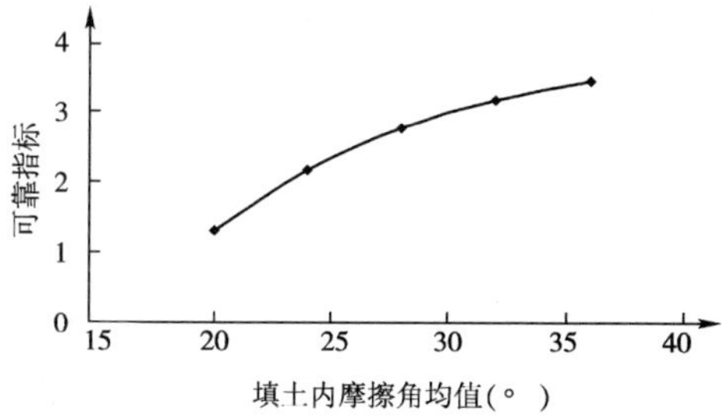

图5-5　内摩擦角均值与可靠指标关系曲线

从图5-4可以看出：当黏聚力均值由0增加到40kPa时，其内部稳定可靠指标由1.264增加到3.590，且具有良好的线性关系。由此可见黏聚力均值对内部稳定性影响很大，黏聚力越大，内部稳定性就越好。

从图5-5可以看出：当填土内摩擦角均值由20°增加到36°时，其内部稳定可靠指标由1.136增加到3.009，且具有良好的对数关系。由此可见内摩擦角均值对内部稳定性影响很大，内摩擦角越大，内部稳定性就越好。

(2)抗剪强度参数变异系数与内部稳定性可靠指标的关系

根据大量实测结果,抗剪强度参数黏聚力 C 和内摩擦角 φ 变异系数的变化范围在 0.1 ~ 0.3 之间比较恰当。保持均值不变,变异系数 δ_C 、δ_φ 分别取 0.10、0.15、0.20、0.25 和 0.30 五种状况,其他随机变量的均值与变异性均不变,与相应的内部稳定可靠指标的关系曲线如图 5-6 和图 5-7 所示。

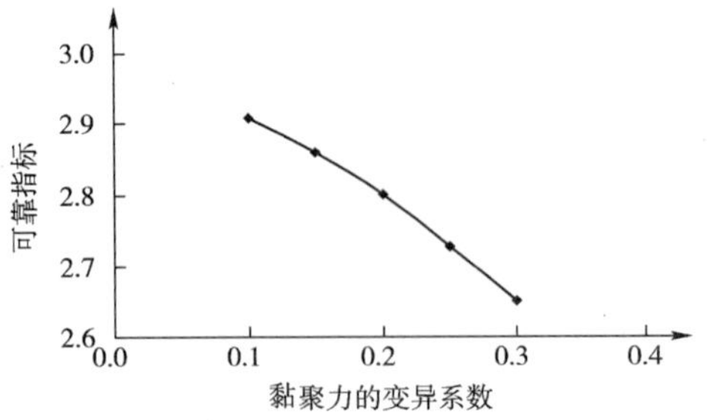

图 5-6 黏聚力变异系数与可靠指标关系曲线

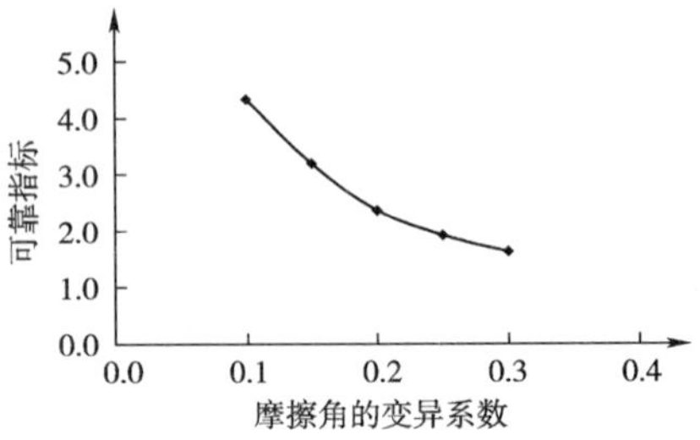

图 5-7 内摩擦角变异系数与可靠指标关系曲线

从图 5-6 可以看出:当黏聚力的变异系数由 0.1 增加到 0.3 时,其内部稳定可靠指标由 2.908降低到 2.650,且具有良好的指数关系。由此可见填土黏聚力的变异系数对内部稳定性影响较小,变异系数越大,内部稳定性就越差。

从图 5-7 可以看出:当填土内摩擦角的变异系数由 0.1 增加到 0.3 时,其内部稳定可靠指标由 4.325 降低到 1.625,且具有良好的幂函数关系。由此可见内摩擦角的变异系数对内部稳定性影响很大,变异系数越大,内部稳定性就越差。

(3)其他因素对内部稳定性可靠指标的影响

在黏聚力 $C = 0$ 和内摩擦角 $\varphi = 35^{\circ}$ 时,分析网面拉力、地震力、结构填土的重度、不同公路等级行车荷载、组合结构的加筋间距对内部稳定性可靠指标有一定的影响。

从图 5-8 可以看出:当网面拉力由 10kN/m 增加到 80kN/m 时,其内部稳定可靠指标由 1.601增加到 3.997,且两者具有良好的幂函数关系。当网面拉力为 10 ~ 40kN/m 时,其内部稳定可靠指标基本接近于线性增长;当网面拉力为 50 ~ 70kN/m 时,增长趋势变缓。当网面拉力大于 70kN/m 时,其内部稳定可靠指标基本保持不变。由此可见网面拉力对内部稳定性影响很大。网面拉力越大,内部稳定性就越好,但网面拉力大于 70kN/m 时,其内部稳定可靠指标基本保持不变。由此可见,设计网面拉力为 50kN/m 具有很好的科学性和合理性,目前用于加筋支挡结构的双绞合六边形钢丝网筋材网面拉力一般为 50kN/m,是从长期的工程实践中总结定型的,从另一方面验证了上述计算分析的正确性。

从图 5-9 可以看出:当水平地震加速度峰值由 $0.1g$ 增加到 $0.6g$ 时,其内部稳定可靠指标由 3.382 降低到 1.245,且具有良好的指数关系。当水平地震加速度峰值为 $0.2g$ 时,其内部稳定可靠指标小于 2.500,结构不安全。由此可见,该加筋挡墙具有良好的抗震性能,能够抵挡抗震设防烈度为 7 度的地震。

从图 5-10 可以看出:当填土重度由 14kN/m^3 增加到 24kN/m^3 时,其内部稳定可靠指标由 3.533 降低到 3.028。由此可见填土重度对内部稳定性影响较小。在一定范围内,重度越大,内部稳定性就越差。

从图 5-11 可以看出：当汽车荷载由 $0kN/m^2$ 增加到 $25kN/m^2$ 时，其内部稳定可靠指标由 3.404 降低到 3.170。由此可见汽车荷载对内部稳定性影响也较小。汽车荷载越大，内部稳定性就越差。

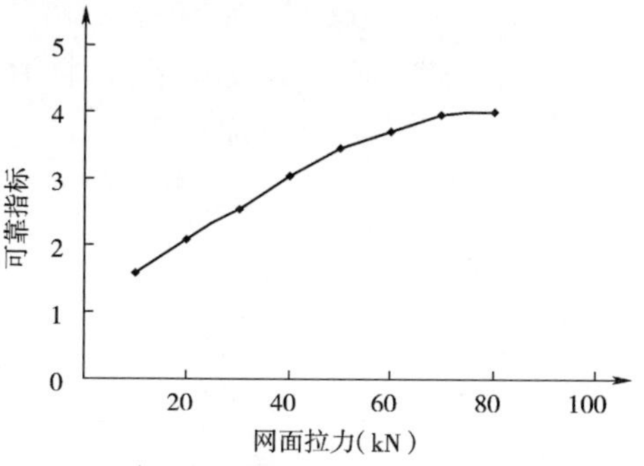

图 5-8　网面拉力与可靠指标关系曲线

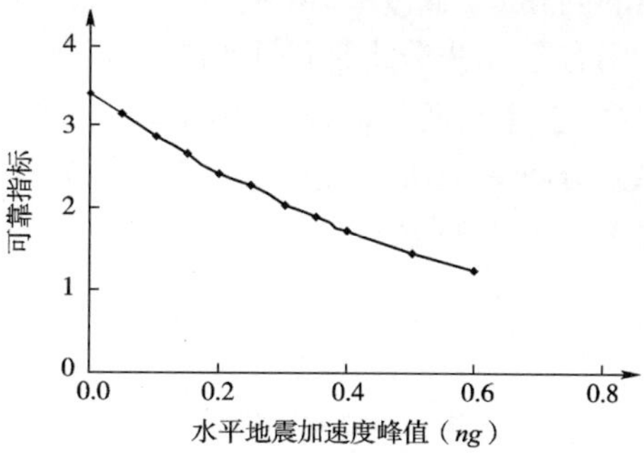

图 5-9　地震力与可靠指标关系曲线

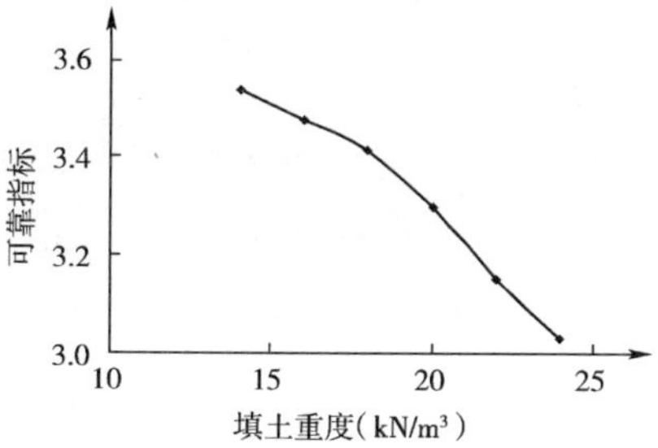

图 5-10　填土重度与可靠指标关系曲线

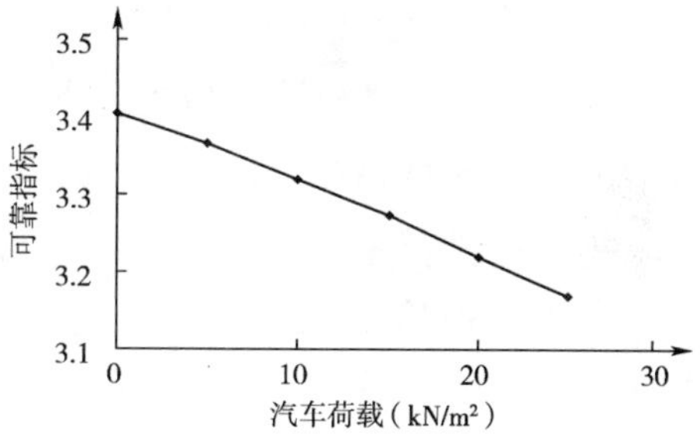

图 5-11　汽车荷载与可靠指标关系曲线

另外，上部绿色加筋的间距为 0.76m，下部格宾结构的加筋间距为 1.0m 时，计算内部稳定可靠指标为 3.250；若改变其间距，上部绿色加筋格宾的间距为 0.61m，下部格宾结构的加筋间距为 0.5m 时，内部稳定可靠指标为 4.009。可见，这两种计算方法得出的结果相差不大，比较接近。

5.2.3　数值分析法

采用数值分析法研究加筋土结构可以同时模拟受荷加筋土结构的应力与变形，能在计算中考虑土体的非均质和非线性的特性以及土体随时间、荷载的变化，能反映从施工期到运行期土体性状的变化，是研究、解决岩土工程问题有效的手段，已被学术界和工程界广泛接受。

目前，对加筋土结构进行数值分析主要有三种模式：复合材料法、筋土分开模拟法和等效附加应力法。其中筋土分开模拟法概念明确，思路清晰，因而得到了广泛的应用。

目前岩土工程中广泛应用的数值分析方法主要有有限元法、有限差分法、边界元法和离散元法、颗粒流法等多种。国内外的许多研究机构与咨询公司也研究开发了多种相应的商业软件，如 Z_SOIL2D/3D、MIDAS/GTS、PLAXIS、GEO-SLOPE、ANSYS、ADINA、ABAQUS、FLAC/FLAC 3D、PFC/PFC 3D等。一直以来，有限元法是岩土工程数值分析的主要方法，但近年来以 FLAC/FLAC 3D为代表的有限差分法得到了越来越多的应用。故本文利用有限元法和有限差分法分别探讨了双绞合六边形钢丝网加筋土挡墙设计计算方法。

1）有限元法

（1）基本原理

各种数值分析法中以有限元法应用最为广泛。其基本思想是：将所考虑的区域分割成有限个小区域,称之为有限单元,这些单元仅在有限个结点上相连接;根据变分原理把微分方程变换成变分方程;通过物理上的近似,把求解微分方程的问题变换成求解关于结点未知量的代数方程的问题[248]。

采用有限元法分析加筋土结构不仅可以满足力的平衡条件,而且可以考虑材料的应力—应变关系、土体与筋材以及面板与土体的相互作用关系,使得计算结果更加符合实际。

单元分析一般采用位移法,以节点位移为基本未知量,根据单元的力学特性和能量原理,可建立单元的平衡方程[249]

$$\{F\}^e = [K]^e[\delta]^e \tag{5-50}$$

式中:$[K]^e$ ——单元刚度矩阵;

$[\delta]^e$ ——单元节点位移矩阵。

整体分析时,根据各单元在节点处力的平衡条件,即可得到总体平衡方程:

$$[K][\delta] = [F] \tag{5-51}$$

$$[K] = \sum_{1}^{m}[C][K]^e[C]^e \tag{5-52}$$

式中:$[K]$ ——总体刚度矩阵;

$[C]^e$ ——单元选择矩阵;

$[\delta]$ ——节点位移矩阵;

$[F]$ ——节点力矩阵。

根据方程,并结合边界条件,即可用各种行之有效的数值方法求解该代数方程组,从而求得节点位移、应力与应变。

$$\{\varepsilon\}^e = [B][\delta]^e \tag{5-53}$$

$$\{\sigma\}^e = [S][\delta]^e = [D][B][\delta]^e \tag{5-54}$$

式中:$[B]$ ——几何矩阵;

$[D]$ ——弹性矩阵;

$[S]$ ——应力矩阵。

最后根据一般的解析式可求得结构中任一点的主应力、主应变及其方向。

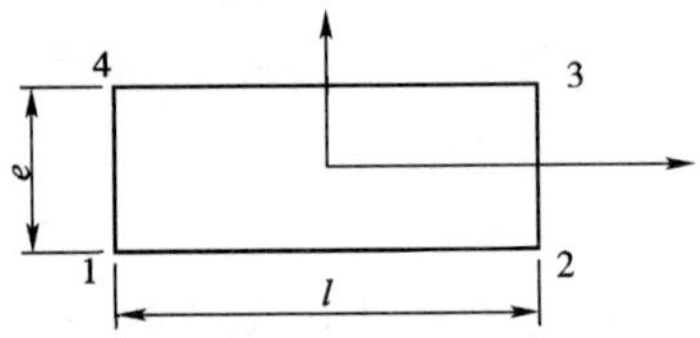

图 5-12 Goodman 单元

当采用筋土分开模拟法进行加筋土有限元分析时,在筋土接触面间一般要设置界面单元。目前接触面间的界面单元比较多,但以 Goodman 单元应用最多。

Goodman 单元为 4 结点单元[250],如图 5-12 所示。在两种材料的两侧各设置两个结点 1、2 和 3、4,其厚度可以为零,也可以不为零(但与其长度相比应很小)。

在局部坐标系中,假定接触面之间由无数的法向和切向微小弹簧相联系,两类弹簧之间无耦合作用,接触面之间仅传递法向应力 σ_n 和切向应力 τ_s ,σ_n 和 τ_s 与相对位移 ω_s 和 ω_n 成正比,即:

$$\{\sigma\} = \begin{Bmatrix}\tau_s \\ \sigma_n\end{Bmatrix} = \begin{bmatrix}\lambda_s & 0 \\ 0 & \lambda_n\end{bmatrix}\begin{Bmatrix}\omega_s \\ \omega_n\end{Bmatrix} = [\lambda]\{\omega\} \tag{5-55}$$

式中:λ_s 、λ_n ——切向和法向劲度系数,kN/m。

近年来强度折减法在岩土工程领域内得到越来越广泛的应用。强度折减法通过不断降低岩土体强度使结构达到极限破坏状态，从而可直接计算得到结构破坏滑动面和强度储备系数，十分贴近工程设计[251]。将强度折减法和有限元法结合在一起分析加筋土结构的稳定性，不需要假定滑动面的形状和位置以及筋材的拉力，可以由程序计算得到任意形状所有的潜在滑动面，开创了边坡稳定分析的一个新领域。

（2）实例分析

湖北大广北高速公路兰溪互通 AK0 + 939.68 ~ AK1 + 079.71、BK0 + 296.55 ~ BK0 + 366.18为高填方路基，最大高度达 16m。地基持力层为砂土，$[\sigma_0]$ = 240kPa，路基紧挨农田，取土与征地困难，为节约良田，经多方技术、经济比较，确定采用双绞合六边形钢丝网加筋格宾陡坡方案（图 5-13）。

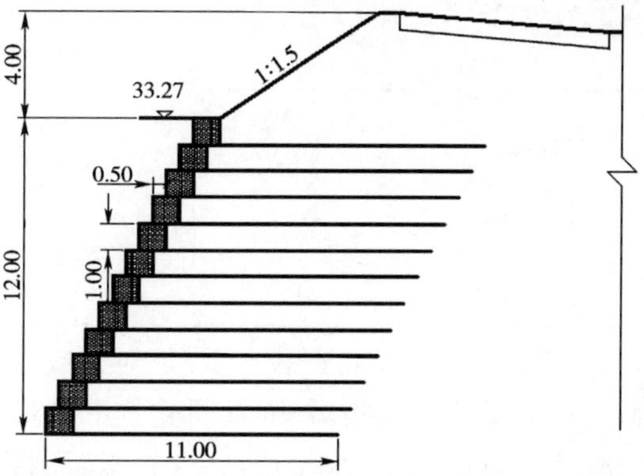

图 5-13 加筋陡坡设计断面图（单位：m）

①有限元模型的建立

计算采用加拿大 Rocscience Inc 公司的专业有限元强度折减法软件 Phase2。该程序特点是：在运用剪切强度折减法分析边坡稳定性时，其材料模式可选用 Mohr – Coulomb、Hoek-Brown、Generalized Hoek-Brown 及 Drucker-Prager 之一，并可设定剪切强度折减的区域[252]；同时该软件具有专业的加筋土筋材 Line 土工合成材料单元，可计算筋材上的拉力，能非常方便地模拟筋材对加筋边坡稳定的影响；软件模块化较高，如单元划分、收敛设置等，非常符合设计人员的操作习惯，易于掌握，成本较低，对复杂结构的稳定分析时，非常实用。

按照平面应变问题建立模型，土体单元采用摩尔—库仑材料本构模型，采用 Line 单元模拟双绞合六边形钢丝网筋材。Line 单元其本质是一维杆单元，只能发挥纵向抗拉强度，不能承受弯矩。双绞合六边形钢丝网的表面积很小，抗拔能力绝大部分通过筋材与土体之间的相互咬合来提供。故筋材与土的相对位移很小。根据反复尝试，设置界面接触单元与否，计算结果相差不大。因此可不考虑筋材和土之间的相对位移，即认为筋材和土位移完全协调[253]；边界条件：上部为自由边界，左右两侧水平约束，底部固定，顶部路面作用 20kN/m 的均布交通荷载。所建立的有限元模型如图 5-14 所示。

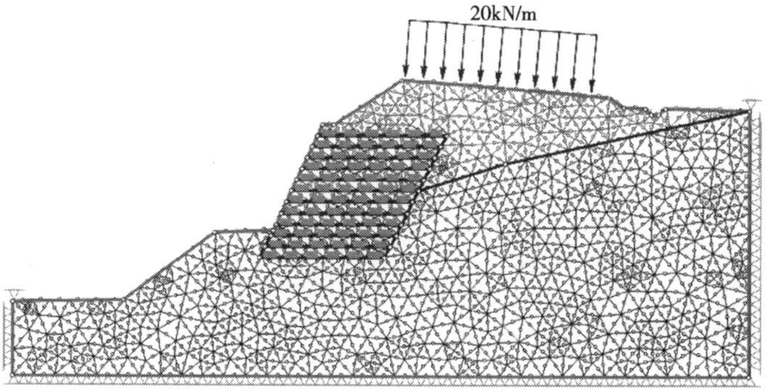

图 5-14 有限元模型的网格划分

双绞合六边形钢丝网采用 Line 单元模拟，选择土工合成材料单元类型，在 Line 单元特性中设置筋材的抗拉强度和拉伸模量。参照英国国家独立试验室出具的关于双绞合六边形金属网的 BBA 报告，考虑施工损伤、制造误差以及生物腐蚀对筋材长期抗拉性能的影响，取长期设计抗拉强度为 36kN/m，相应的拉伸模量为 360kN/m。根据相关的地质资料，土体计算参数的取值见表 5-3。

土体的物理力学参数　　表 5-3

材料名称	单位重度 (kN/ m^3)	弹性模量 (MPa)	泊松比	黏聚力 (kPa)	内摩擦角 (°)
原状土	20	100	0.3	10	30
路基填料	20	100	0.3	0	35

有限元强度折减法的本质，是对组成结构的各个材料组分进行强度折减。目前仅能对填料的相关参数进行折减，对筋材这样的杆件单元还没有合适的折减方法，故现有的有限元强度折减法是将加筋土填料进行强度折减，而将筋材对结构稳定性的贡献看作外荷载。

加拿大著名边坡稳定分析软件 Slope/w，正是将筋材的贡献看作水平作用的点荷载。因此从理论上分析可以得出结论：仅对填料进行强度折减的加筋土结构的有限元分析方法，其所得安全系数应该和 Slope/w 的结果非常接近。鉴于理论和实践的考虑，本文采用考虑筋材作用的极限平衡条分法的计算结果作为有限元强度折减法数值模拟计算结果的参照。

②数值模拟结果及分析

a. 极限平衡条分法计算结果

为了对有限元强度折减法的结果进行合理评价，采用 GeoStudio 公司的 Slope/w 软件计算该加筋边坡的内部和外部稳定安全系数，计算结果如图 5-15 所示。内部稳定安全系数为 1.354，外部稳定安全系数为 1.318。

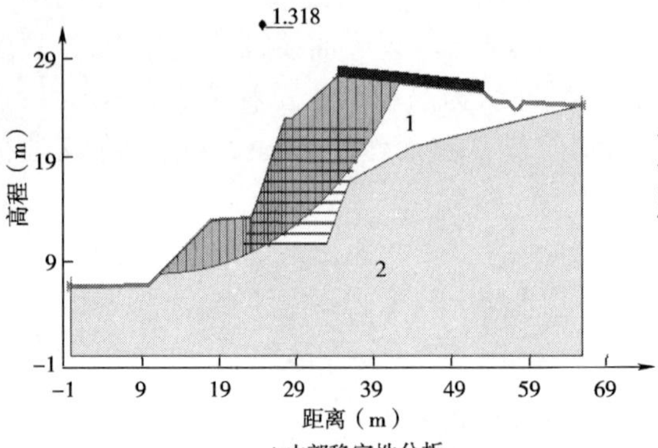

a) 内部稳定性分析

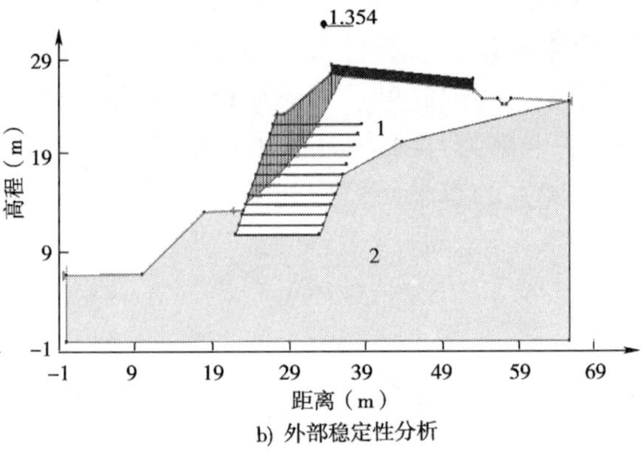

b) 外部稳定性分析

图 5-15　极限平衡条分法计算结果

b. 单元选型对计算结果的影响

为评估单元选型对计算结果的影响，本文分别研究了 4 种单元：3 节点三角形单元(T3)、6 节点三角形单元(T6)、4 节点四边形单元(Q4)、8 节点四边形单元(Q8)。单元总数为 800，最大迭代步为 500,允许误差为 0.001。各模型的计算结果如表 5-4 和图 5-16 所示。

不同单元类型的安全系数　　表 5-4

类型 \ 位置	Slope/w 简化 Bishop 法	有限元强度折减法			
		T3	T6	Q4	Q8
内部	1.354	1.540	1.360	1.750	1.310
外部	1.318	1.440	1.340	1.500	1.290

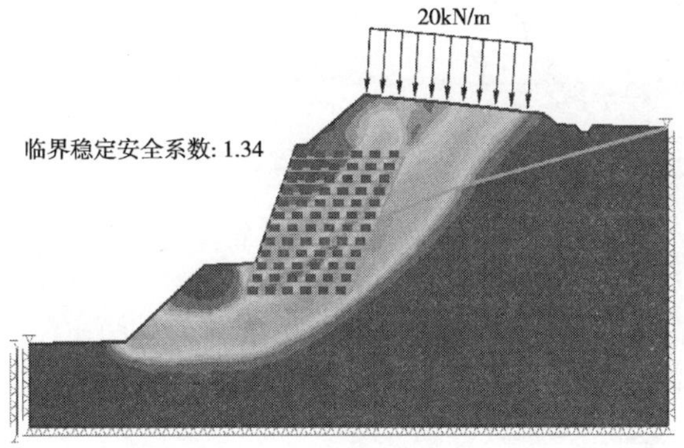

a) 内部稳定性分析（T6）

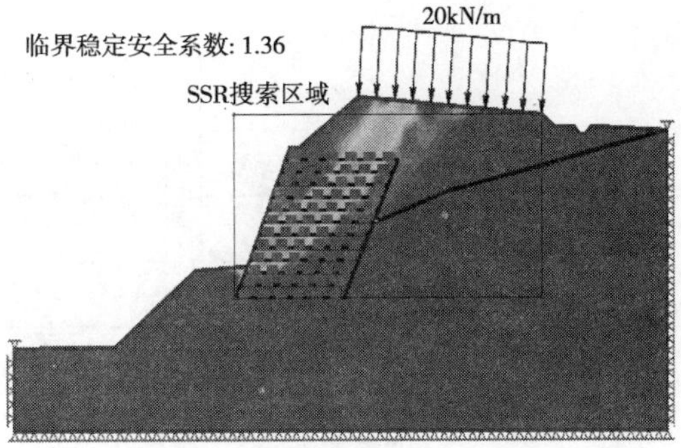

b) 外部稳定性分析（T6）

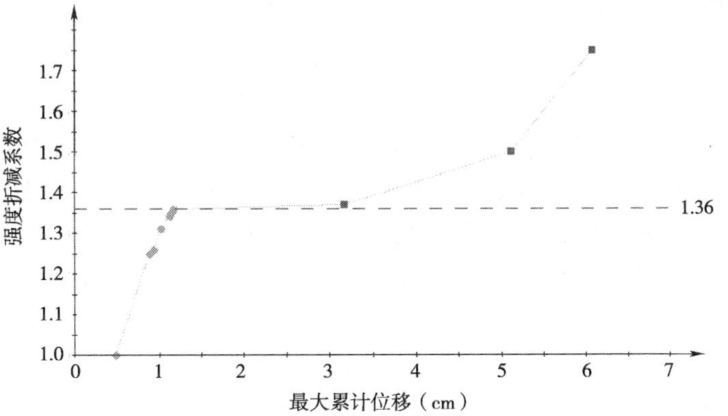

c) 位移和安全系数的关系曲线

图 5-16　有限元强度折减法计算结果

从表 5-4 的数据可以看出,采用 T3 和 Q4 单元所得的安全系数与简化 Bishop 法的误差均超过 5%,而 T6 和 Q8 的计算结果均非常接近简化 Bishop 法的计算结果。因此在应用该方法计算边坡稳定分析时,宜选用 6 节点以上的单元类型。

c. 筋材拉力分布和筋材拉断情况

在经典的极限平衡理论中,均假定各处筋材所发挥的拉力相等。即当没有发生拔出破坏时,所有筋材的拉力相等,均等于筋材的长期设计抗拉强度。而实际上,各层筋材的拉力并不相等。本文采用有限元强度折减法,得到了筋材上拉力的分布情况和拉力的值,如图 5-17 所示。同时采用软件的后处理技术,得到筋材上屈服单元的分布如图 5-18 所示。

该加筋土结构具有 1.5m 左右的埋深,从实践角度考虑,筋材的内部破坏必然从坡顶某个点开始，到坡脚处为止。所以在分析中为了节省计算费用和时间，设定了内部破裂面的搜索范围，故图 5-17 中下部三根筋材没有拉力显示。在极限平衡状态下，筋材在破裂面上的点均处于屈服状态，因此破裂面上的拉力基本相等。

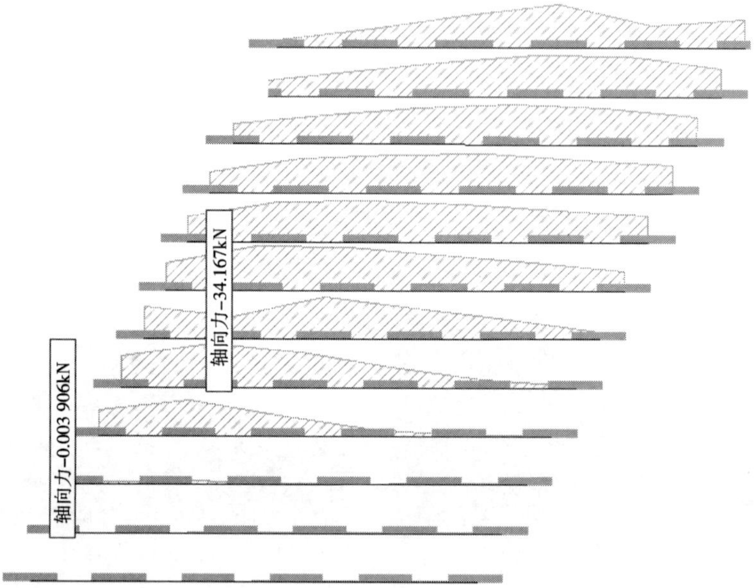

图 5-17　筋材上拉力的分布和计算结果

众所周知，加筋土结构内部稳定分析的难点是如何确定结构的内部破裂面。现有研究成果表明：加筋土结构的内部破裂面不仅与结构的布置有关，还和筋材的力学特性有关。而通过试验来模拟该破裂面往往耗资不菲，而且试验结果局限性很大。本文采用有限元强度折减方法，能得到令人满意的内部破裂面。因此，可以尝试将该技术应用于复杂的加筋土结构中，比如高大的分台阶加筋土结构的内部稳定分析。

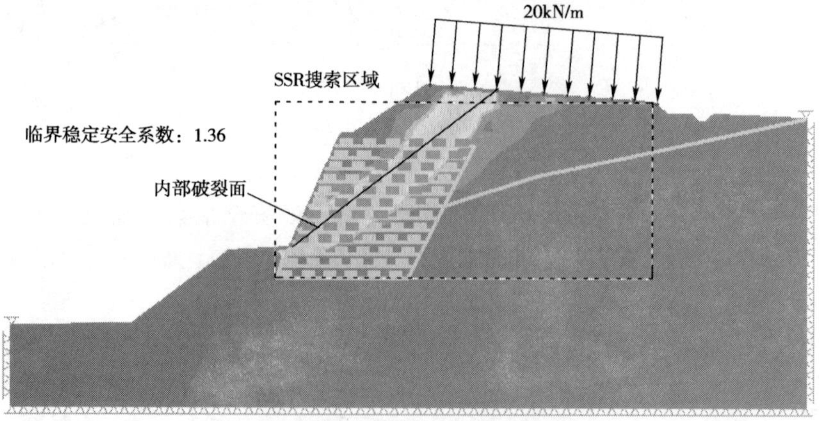

图 5-18　筋材屈服单元显示

③结论

本文采用有限元强度折减法对湖北大广北高速公路兰溪互通一段双绞合六边形钢丝网加

筋格宾陡坡的稳定性进行了评价，通过对不同模型的分析，得到的结论如下：

a. 单元选型与有限元强度折减法的计算结果有很大的关系。在实际工程中，需选用6节点以上的单元类型。

b. 采用有限元强度折减法得到的安全系数及破裂面的位置与极限平衡条分法的结果非常吻合，证明该技术可作为极限平衡条分法的有益补充，应用于加筋土边坡的稳定分析中。

c. 对于设计规范中没有涉及的加筋土结构类型和规模（比如高度大于12m）等，可尝试采用该技术确定加筋土结构的内部破裂面。

2）有限差分法

（1）有限差分法与FLAC/FLAC 3D

有限差分法是求解给定初值和（或）边值微分方程组的古老数值方法之一。其基本思想是把连续的定解区域用由有限个离散点（节点）构成的网格来代替，把区域上的连续函数用在网格上定义的离散变量函数来近似；以差商、积分和近似代替原微分方程和定解条件中的微商和积分，构成有限差分方程组，解此方程组就可以得到原问题在离散点上的近似解，再利用插值方法便可以从离散解得到定解问题在整个区域上的近似解。

FLAC（Fast Lagrangian Analysis of Continua）是美国ITASCA咨询公司开发的二维显式有限差分程序，可以用来分析各种复杂的岩土工程问题。FLAC内部提供了10种弹塑性材料的本构模型及5种计算模式，可以模拟高度非线性、不可逆响应的材料，例如土和高度节理化岩体；材料在大应变模式下可以屈服甚至流动，网格能够变形；可以考虑各种结构（锚杆、桩、土工格栅等）与土的相互作用；并且内嵌有功能强大的Fish语言，用户可以定义新的变量或函数以满足特殊需要。FLAC 3D在是FLAC计算程序在三维空间的扩展，用于模拟三维岩土体或其他材料体的力学特性。本文主要采用FLAC 3D进行双绞合六边形钢丝网加筋土挡墙的数值研究。

与有限元方法相比较，FLAC 3D的主要特点有[254]：

①采用了“混合离散化”技术，能精确模拟加筋土区填料的塑性破坏和塑性流动，在力学上比常规有限元的数值积分更为合理。

②采用动态的运动方程求解（对静态问题也如此）。因此，它可以较好地模拟系统的力学不平衡到平衡的全过程，实现动态的模拟过程。

③求解中采用“显式”差分方法大大节约了计算时间。特别对求解任意的非线性应力—应变问题尤为重要，它不需要刚度矩阵，采用中等容量的内存就可以求解多单元结构的大变形问题，而且花费的时间几乎不比小变化问题多。

④采用多种多面体单元表示物体，可以反映研究体的真实形状，每个单元力学行为是对应力应变法则和边界力、约束条件的响应。材料能产生屈服和流动，而且网格也能变形，并随材料移动。

⑤具有强大的后处理功能。能根据需要输出设定阶段的应力—应变成果，提取各部位的应力、应变的量值，同时还可以根据追踪功能（History）获取所需变量值的历时变化曲线。

（2）FLACD 3D的基本原理[255]

FLACD 3D采用混合离散方法，将区域离散为常应变六面体单元的集合体，又将每个六面体看作以六面体角点为角点的常应变四面体的集合体，应力、应变、节点不平衡力等变量均在四面体上进行计算，六面体单元的应力—应变取值为其内四面体的体积加权平均。

如：对于一四面体（图 5-19），节点编号为 1 到 4，第 n 面表示与节点 n 相对的面，设其内一点的速率分量为 v_i，由高斯公式得：

$$\int_V v_{i,j}\mathrm{d}v = \int_S v_i n_j \mathrm{d}s \tag{5-56}$$

式中：V——四面体的体积；

S——四面体的外表面；

n_j——外表面的单位法向向量分量。

对于常应变单元，V 为线性分布，n_j 在每个面上为常量，由式（5-56）得：

$$\bar{v}_i^f = \frac{1}{3}\sum_{l=1,l\neq f}^{4} v_i^l \tag{5-57}$$

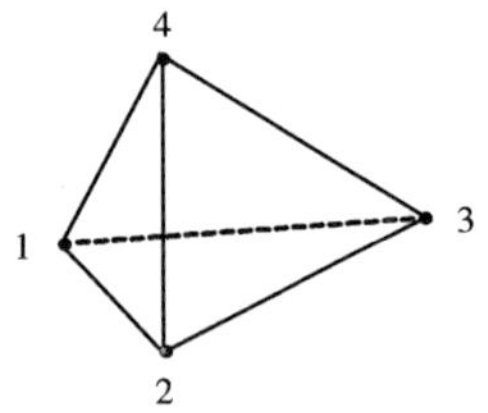

图 5-19　四面体单元

式中的上标 l 表示节点 l 的变量。

FLAC 3D以节点为计算对象，在时域内求解。节点运动方程可表示为：

$$\frac{\partial v_i^l}{\partial t} = \frac{F_i^l(t)}{m^l} \tag{5-58}$$

式中：$F_i^l(t)$——t 时刻 l 节点在 i 方向上的不平衡力分量，可由虚功原理导出。m 为节点的集中质量。对于静态问题，采用虚拟质量以保证数值稳定，而对于动态问题则采用实际的集中质量。

将上式左端用中心差分来近似，则可得：

$$v_i^l\left(t + \frac{\Delta t}{2}\right) = v_i^l\left(t - \frac{\Delta t}{2}\right) + \frac{F_i^l(t)}{m^l}\Delta t \tag{5-59}$$

FLAC 3D由速率来求某一时步的单元应变增量，即：

$$\Delta e_{ij} = \frac{1}{2}(v_{i,j} + v_{j,i})\Delta t \tag{5-60}$$

有了应变增量，即可由本构方程求出应力增量，进而得到总应力。

对于静态问题，在式（5-58）的不平衡力中加入了非黏性阻尼，以使系统的振动逐渐衰减直到达到平衡状态（即不平衡力接近零），此时式（5-58）为：

$$\frac{\partial v_i^l}{\partial t} = \frac{F_i^l(t) + f_i^l(t)}{m^l} \tag{5-61}$$

阻尼为：

$$f_i^l(t) = -a\left|F_i^l(t)\right|\mathrm{sign}(v_i^l) \tag{5-62}$$

其中 a 为阻尼系数，其默认值为：

$$\mathrm{sign}(y) = \begin{cases} +1 & y > 1 \\ -1 & y < 1 \\ 0 & y = 0 \end{cases} \tag{5-63}$$

由以上可以看出，FLAC 3D的计算循环如图 5-20 所示。

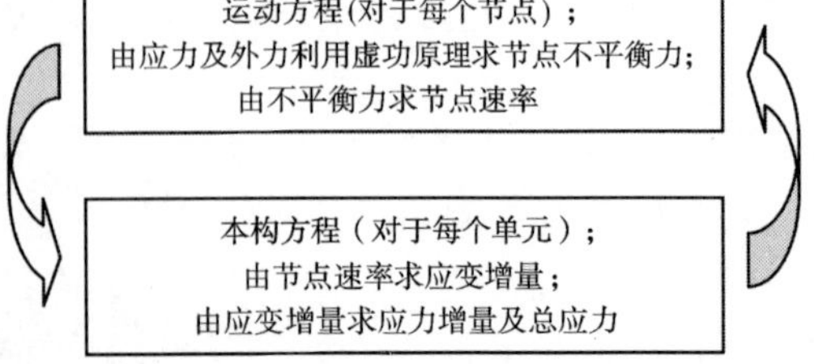

图 5-20　FLAC 3D的计算循环图

（3）采用 FLAC/FLAC 3D模拟双绞合六边形

钢丝网加筋土结构的关键技术

①本构关系

FLAC/FLAC 3D程序中提供了空模型、弹性模型和塑性模型等十种常用的本构关系模型，所有模型均通过相同的迭代计算得到解决：给定前一步的应力条件和当前步的整体应变增量，能够计算出对应的应变增量和新的应力条件。本文采用筋—土—面板分开模式模拟加筋土的结构，土体的本构关系采用 Mohr-Coulomb 模型，加筋材料采用弹性模型。

②筋材模拟与筋土界面关系

FLAC/FLAC 3D内嵌有多种结构单元，其中 Cable 单元和 Geogrid 单元比较适合模拟主要依靠与土体之间的摩擦、剪切作用的柔性加筋材料。当采用 FLAC 对加筋土结构进行平面应变分析或筋材为条带式时，可以采用 Cable 单元，当采用 FLAC 3D分析时，可以采用 Geogrid 单元。本文采用 Geogrid 单元模拟双绞合六边形钢丝网。

Geogrid 单元是 ITASCA 公司为加筋土结构专门开发的结构单元，可以看作是一维 Cable 单元的二维物，其界面特性如图 5-21 所示[206]。

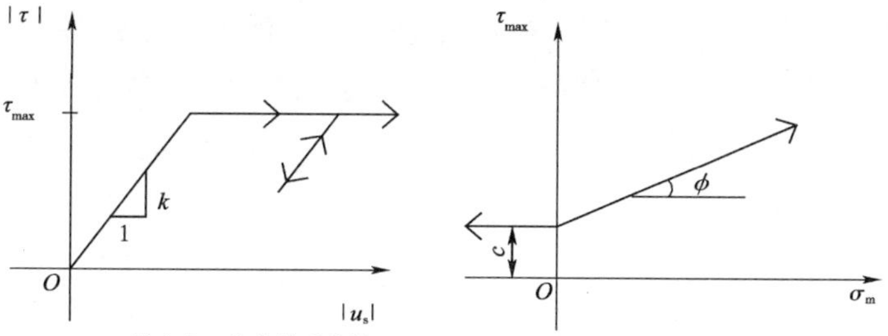

a) 剪应力—位移关系曲线　　b) 剪切强度准则

图 5-21　土工格栅单元剪切方向的界面强度

由图 5-21 可以看出，双绞合六边钢丝网拉拔试验表现出来的界面特性与土工格栅单元本身的界面特性表达方式有很大的区别，笔者在第二章中采用 Fish 函数对土工格栅单元的界面特性进行了修正，修正后的拉拔试验模拟结果能够很好地反映双绞合六边形钢丝的特性，本文在后续模拟研究中也都采用同样的方法对土工格栅单元的界面特性进行了修正。

③筋材面板及面板与筋材的连接

通常认为加筋土结构中，由填土自身重力和外部荷载产生的土压力作用于墙面，通过墙面板上的连接件将土压力传递给筋材。因此数值分析时应当考虑到面板的模拟及面板与筋材的连接问题，以保证应力的传递。

采用 FLAC/FLAC 3D对加筋土挡墙进行研究时，可以根据实际情况采用相应的结构单元对面板墙进行模拟。如对于混凝土模块面板墙时可以采用梁（Beam）单元、壳（Shell）结构单元、衬砌（Liner）结构单元进行模拟，模拟面板的单元与模拟筋材的单元之间通过设置节点连接关系来实现面板与筋材之间的连接。对于包裹式面板和加筋格宾挡墙，构成面板部分的筋材通常是土体加筋材料一部分，可以直接由筋材包裹土体构成面板。将面板处的筋材单元和墙内筋材单元设置相同的 ID 号就可以保证面板与筋材的之间的连接，不同的筋材单元参数通过指定筋材单元的 CID 号设置。本文在研究加筋格宾挡墙和包裹式面板挡墙时就是采用这种方法，保证了面板与筋材间内力的传递。

具体算例可参见 2.3、2.4 节和第 6 章、第 7 章相关内容。

5.3 地震荷载下加筋格宾挡墙设计方法研究

在近年的多次大型地震中,加筋土挡墙的抗震性能得到了证实[256,257]。加筋土挡墙抗震性能好、安全、经济,因此随着我国西部大开发的展开,加筋土挡墙在高烈度地震区域的水利、交通及城建等领域的应用已越来越广泛。

目前,在加筋土挡墙的抗震设计方面通常采用极限平衡分析法和拟静力分析方法[258~264]。根据加筋土挡墙分层填筑、分层加筋、分层压实呈水平成层土体的特点,竖向条分法分析加筋土结构存在明显不足,因此,在加筋结构分析中引入了水平条分的思想[265~267]。这些方法均假设加筋土结构的破裂面为对数螺旋线状或多折线,需要通过优化分析程序求解,不便于工程应用。

根据3.3节的研究,本文采用双折线破裂面,水平条分法对加筋格宾挡墙地震稳定性分析进行研究,并分析相关因素对筋材拉力及筋材长度的影响。

1)水平条分法的基本假设

(1)根据国内外相关设计规范[239],对不同模量筋材挡墙可采用如图5-22所示的双折线破裂面。对于双绞合六边形钢丝网加筋土挡墙,采用$H/3$的双折线破裂面。

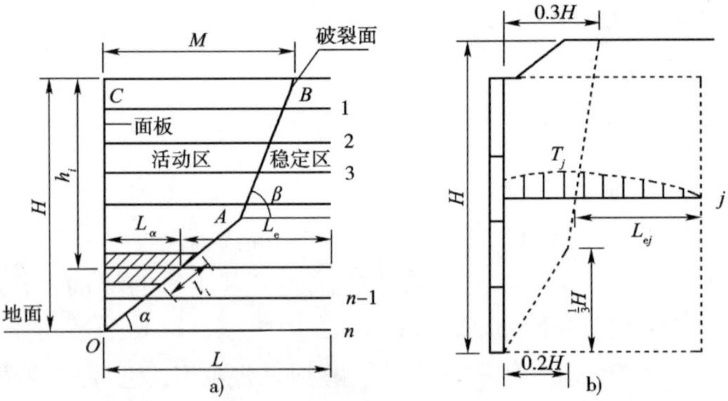

图5-22 双绞合六边形钢丝网加筋土挡墙水平土条的划分

H-挡墙高度;M-顶部破裂点距面板的距离;h_i-第i层筋材离墙顶高度;L_a-筋材无效长度;L_e-筋材锚固长度;L-筋材总长;$1\sim n$-筋材层数序号;l_i-第i水平土条与破裂面交线长度

(2)将挡墙滑动体$OABC$划分成n个水平土条,每一水平土条包含一层筋材(图5-22)。每一水平土条的受力如图5-23所示,图中:W_i为土条自重;$F_{N,i}$,$F_{N,i+1}$,$F_{t,i}$,$F_{t,i+1}$分别为水平土条上下两侧的法向条间力和切向条间力;$N_{N,i}$和$N_{t,i}$分别为滑动面的法向反力和切向反力;T_i为第i层筋材所受拉力;$F_{EH,i}$和$F_{EV,i}$分别为作用在土条上的水平地震惯性力和竖向地震惯性力。

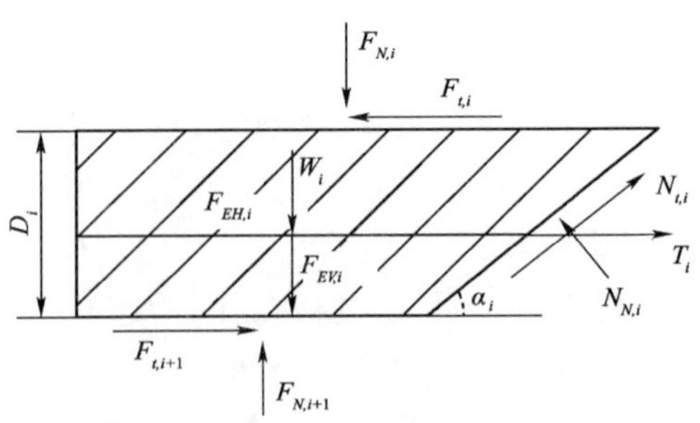

图5-23 每一水平土条的受力示意图

D_i-第i水平土条厚度;α_i-第i水平土条破裂面与水平面的夹角

(3)假定作用在每一水平土条上的法向条间力等于土条上部超载。

(4)安全系数F_S定义为破裂面抗剪强度τ_f与

作用在其上剪切应力 τ_r 的比值，即：

$$\tau_f / \tau_r = F_S \tag{5-64}$$

2）筋材拉力计算

以折点 A 为分界点，OA 线在水平方向投影长度为 x_1，在垂直方向投影长度为 y_1；AB 线在水平方向投影长度为 x_2，在垂直方向投影长度为 y_2。分别对上下两部分的土体进行受力分析。对于下部土体，第 i 个水平土条达到受力平衡时，其竖向分量之和以及水平分量之和均为零。即：

$$F_{N,i+1} - F_{N,i} - W_i - F_{EV,i} + N_{t,i}\sin\alpha_i + N_{N,i}\cos\alpha_i = 0 \tag{5-65}$$

$$\sum_{i=1}^{n} T_i^{下} + \sum_{i=1}^{n} N_{t,i}\cos\alpha_i - \sum_{i=1}^{n} N_{N,i}\sin\alpha_i - \sum_{i=1}^{n} F_{EH,i} = 0 \tag{5-66}$$

其中：

$$N_{t,i} = \frac{1}{F_S}(Cl_i + N_{N,i}\tan\varphi) \tag{5-67}$$

式中：C——填土黏聚力；

φ——填土内摩擦角。

式(5-67)代入式(5-65)得：

$$N_{N,i} = \frac{F_{N,i} - F_{N,i+1} + W_i + F_{EV,i} - (Cl_i/F_S)\sin\alpha_i}{(\tan\varphi/F_S)\sin\alpha_i + \cos\alpha_i} \tag{5-68}$$

式(5-67)、式(5-68)代入式(5-66)得：

$$\sum_{i=1}^{n} T_i^{下} + \sum_{i=1}^{n} \frac{1}{F_S}(Cl_i + N_{N,i}\tan\varphi)\cos\alpha_i - \sum_{i=1}^{n} F_{EH,i} - \sum_{i=1}^{n} \frac{F_{N,i} - F_{N,i+1} + W_i + F_{EV,i} - (Cl_i/F_S)\sin\alpha_i}{(\tan\varphi/F_S)\sin\alpha_i + \cos\alpha_i}\sin\alpha_i = 0 \tag{5-69}$$

对 A 点以下部土体，从式(5-69)可得出挡墙内部稳定所需筋材拉力总和为：

$$\sum_{i=m}^{n} T_i^{下} = k_h W_1 - \frac{Cy_1\cos\alpha}{F_S\sin\alpha} - \frac{[(\cos\alpha\tan\varphi/F_S) - \sin\alpha][qx_1 + (1+k_v)W_1 - (Cy_1/F_S)]}{(\tan\varphi\sin\alpha/F_S) - \cos\alpha} \tag{5-70}$$

式中：q——下墙顶的均布超载；

k_h、k_v——水平和竖向地震加速度系数，其值分别等于水平地震加速度、竖向地震加速度与重力加速度之比；

α——挡墙下部破裂面倾斜部分与水平面的夹角；

W_1——下部滑动体的重力。

同理，对于 A 点以上部土体，也可得出挡墙内部稳定所需筋材拉力总和为：

$$\sum_{i=1}^{m} T_i^{上} = k_h W_2 - \frac{Cy_2\cos\beta}{F_S\sin\beta} - \frac{[(\cos\beta\tan\varphi/F_S) - \sin\beta][(q'M - qx_1) + (1+k_v)W_2 - (Cy_2/F_S)]}{(\tan\varphi\sin\beta/F_S) + \cos\beta} \tag{5-71}$$

式中：q'——墙顶面的均布超载。

因此挡墙内部稳定所需筋材拉力总和为：

$$\sum_{i=1}^{n}T_i=k_hW-\frac{CM}{F_S}-\frac{\left[\left(\frac{\cos\alpha\tan\varphi}{F_S}\right)-\sin\alpha\right]\left[qx_1+(1+k_v)W_1-\left(\frac{Cy_1}{F_S}\right)\right]}{\left(\frac{\tan\varphi\sin\alpha}{F_S}\right)+\cos\alpha}-\frac{\left[\left(\frac{\cos\beta\tan\varphi}{F_S}\right)-\sin\beta\right]\left[(q'M-qx_1)+(1+k_v)W_2-\left(\frac{Cy_2}{F_S}\right)\right]}{\left(\frac{\tan\varphi\sin\beta}{F_S}\right)+\cos\beta}\tag{5-72}$$

式中：$W_1=\frac{1}{2}\gamma x_1^2\tan\alpha, W_2=\frac{1}{2}\gamma(x_1+M)x_2\tan\beta$。

①当 $\alpha=\beta=45^\circ+\varphi/2$，$x_1=0.3H$，$M=H\cot\alpha$ 时，破裂面即为朗肯破裂面，此时代入式(5-72)可得到其挡墙内部稳定所需筋材拉力总和为：

$$\sum_{i=1}^{n}T_i=k_hW-\frac{CH\cos\alpha}{F_S\sin\alpha}-\frac{\left[\left(\frac{\cos\alpha\tan\varphi}{F_S}\right)-\sin\alpha\right]\left[q'H\cot\alpha+(1+k_v)W-\left(\frac{CH}{F_S}\right)\right]}{\left(\frac{\tan\varphi\sin\alpha}{F_S}\right)+\cos\alpha}$$

式中：W——滑动体 $OABC$ 的重力，$W=\gamma H^2\cot\alpha/2$。

②当 $\beta=\pi/2$，$M=0.3H$ 时，破裂面即为 $0.3H$ 简化破裂面。

此时：

$$W_1=0.045\gamma H^2\tan\alpha,\ W_2=0.3\gamma H^2(1-0.3\tan\alpha)$$

$$x_1=\lim_{\beta\to\frac{\pi}{2}}\frac{M\tan\beta-H}{\tan\beta-\tan\alpha}=0.3H, y_1=\lim_{\beta\to\frac{\pi}{2}}\frac{\tan\alpha(M\tan\beta-H)}{\tan\beta-\tan\alpha}=0.3H\tan\alpha$$

$$x_2=\lim_{\beta\to\frac{\pi}{2}}\frac{H-M\tan\alpha}{\tan\beta-\tan\alpha}=0, y_2=\lim_{\beta\to\frac{\pi}{2}}\frac{\tan\beta(H-M\tan\alpha)}{\tan\beta-\tan\alpha}=H(1-0.3\tan\alpha)$$

代入式(5-70)，可得到其挡墙内部稳定所需筋材拉力总和为：

$$\sum_{i=1}^{n}T_i=k_hW-\frac{0.3CH}{F_S}-\frac{\left[\left(\frac{\cos\alpha\tan\varphi}{F_S}\right)-\sin\alpha\right]\left[qx_1+(1+k_v)\times0.045\gamma H^2\tan\alpha-\left(\frac{0.3CH\tan\alpha}{F_S}\right)\right]}{\left(\frac{\tan\varphi\sin\alpha}{F_S}\right)+\cos\alpha}+\frac{\left[(q'M-qx_1)+(1+k_v)0.3\gamma H^2(1-0.3\tan\alpha)-\left(\frac{CH(1-0.3\tan\alpha)}{F_S}\right)\right]}{\frac{\tan\varphi}{F_S}}\tag{5-73}$$

这与蒋建清等[266]关于可延展性筋材采用朗肯破裂面，不可延展性筋材采用 $0.3H$ 简化破裂面公式一致。

将挡墙内部稳定所需筋材拉力总和（$\sum_{i=1}^{n}T_i$）无量纲化为参数 K，等效于挡墙传统设计方法使用的土压力系数，参数 K 表达如下：

$$K=\frac{\sum_{i=1}^{n}T_i}{0.5\gamma H^2}\tag{5-74}$$

因此，第 i 层筋材所受的拉力可以表达如下：

$$T_i = \gamma h_i D_i K \tag{5-75}$$

3）网材抗拉强度计算与抗拔出验算

（1）加筋材断面积计算

挡墙极限平衡时，若发生筋材拉断破坏，则筋材所受拉力等于筋材的容许拉力，因此，第 i 层筋材所需断面面积可按下式计算：

$$A_i = \frac{T_i}{[\sigma_L]} \tag{5-76}$$

式中：$[\sigma_L]$——筋材的容许应力。

（2）加筋材长度计算

从图5-22可以看出，所需筋材长度由两部分组成：位于挡墙稳定区的锚固长度 L_e，位于挡墙活动区的无效长度 L_a。挡墙极限平衡时，若发生筋土之间的黏着破坏，则筋材所受拉力等于筋—土摩擦提供的抗拔力，那么，第 i 层筋材锚固长度 L_{ei} 可由下式求出：

$$L_{ei} = \frac{T_i}{2\sigma_{vi} B_i f^* \tan\varphi} \tag{5-77}$$

式中：σ_{vi}——加筋土体内第 i 层筋材深度 h_i 处的竖向应力；

f^*——筋土拔摩擦系数，可通过拉拔试验得出；

B_i——挡墙单位宽度内第 i 层筋材总宽度。

因此，对于加筋土挡墙（图5-22），当筋材位于地面至折点范围时，所需筋材长度为：

$$L_i = (H - h_i)\cot\alpha + \frac{T_i}{2\sigma_{vi} B_i f^* \tan\varphi} \tag{5-78}$$

当筋材位于上部土体范围时，所需筋材长度为：

$$L_i = \frac{\tan\alpha(M\tan\beta - H)}{\tan\beta - \tan\alpha} + \left[\frac{\tan\beta(H - M\tan\alpha)}{\tan\beta - \tan\alpha} - h_i\right]\cot\beta + \frac{T_i}{2\sigma_{vi} B_i f^* \tan\varphi} \tag{5-79}$$

令所需筋材长度参数为 L_c：

$$L_c = \frac{L_{i,\max}}{H} \tag{5-80}$$

式中：$L_{i,\max}$——各层筋材长度的最大值。

5.4　加筋格宾膨胀土挡墙设计方法研究

5.4.1　加筋土填料概述

自从Henri. Vidal提出现代加筋土技术以来，加筋土的填料大多选用粒状土，主要是因为是粒状土具有较大的内摩擦角和良好的排水性，且与筋带间能有较好的摩擦作用。因此，各国对加筋土挡墙填料的技术指标或使用要求一般都作了明确规定[267]，见图5-24和表5-5。

我国《公路挡土墙设计与施工技术细则》及《公路加筋土工程设计规范》（JTJ 015—91）对加筋土填料的规定：加筋土的填料必须易于填筑和压实，能与拉筋产生足够的摩擦力，满足化学和电化学标准，不应对筋带产生腐蚀作用，水稳定性好；优先采用渗水性强有一定级配的砾类土、砂类土。《公路路基设计规范》(JTG D30—2004)规定挡土墙墙背填料宜采用渗透性强的砂性土,砂砾、碎石、粉煤灰等材料,严禁采用淤泥、腐殖土、膨胀土,不宜采用黏土作为材料。

可见,对于黏性土、膨胀土等,国内外都将其排除在加筋土填料之外。这种排斥极大地限制了加筋土结构在缺乏砂性填料地区的应用。

为了拓宽加筋土技术的应用范围,国内外对加筋土挡墙的填料作了一些研究工作。周世良[268]对加筋土挡墙中使用黏性土填料的特性与施工要求进行了研究;王凤江[269]通过三轴试验研究了土工织物加筋尾矿砂的变形破坏特征;尹光志[270]通过模型试验研究了尾矿堆坝加筋加固的作用效果;雷胜友[271]用三轴试验方法研究了加筋黄土的应力—应变及强度特性;杨荣尚、段伟刚[272]对加筋粉煤灰的工程力学性质进行了试验研究。研究及工程实践表明,除了粒状土之外,加筋土填料范围还可以进行适当的拓宽。2006年至今,笔者先后选用膨胀土、红黏土、泥质红砂岩等特殊岩土作为加筋填料进行工程实践[245,273]。

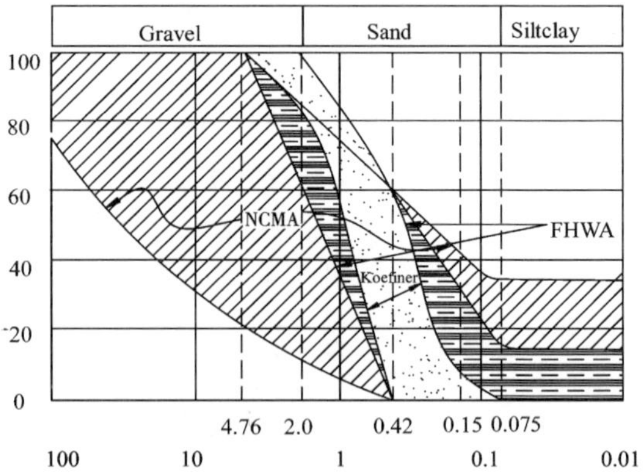

图5-24 土工合成材料加筋土挡墙加筋区填料的级配要求

国外对加筋区填料的要求 表5-5

类 型	颗粒粒径(mm)	规定通过率		
		Koemer(1998)	FHWA(1998)	NCMA(1997)
—	100	—	—	75~100
No.4	4.8	100	100	20~100
No.10	2	90~100	—	—
No.40	0.42	0~60	0~60	0~60
No.100	0.15	0~5	—	—
No.200	0.075	0	0~15	0~35

5.4.2 膨胀土工程分类与处治方法

膨胀土是以强亲水性的蒙脱石和伊利石为主的高塑性黏土,其特点是吸水膨胀软化、失水收缩开裂并能反复胀缩变形,同时具有超固结性和多裂隙性。由于膨胀土的干缩湿胀特性,使膨胀土地区的公路、铁路、建筑物等经常遭受巨大的破坏,给世界各国造成巨大的经济损失。1938年美国开垦局首次认识到膨胀土的问题,1959年美国召开了第一次全国性的膨胀性黏土学术会议。我国是世界上膨胀土分布最广的国家之一,在广西、湖南、海南等20多个省市都有分布。二十世纪五六十年代我国开始对膨胀土也开展了系统地研究并取得了丰硕的成果[273]。

国内外学者从膨胀土的胀缩机理出发,根据膨胀土的变形规律,对不同的工程问题提出了有效地处理措施,归纳起来有以下几点[274]:

①做好防、排水工作。

②改善膨胀土的性能。

③采取支挡措施，如抗滑挡墙、抗滑桩、填土反压等。土工合成材料和加筋土的发展为整治膨胀土提供了一种新的方法。目前许多专家学者都在进行研究，并结合工程实践，取得了良好的效果[275~277]。实践证明，除强膨胀土禁止利用外，其他类型膨胀土均可采用。以加筋土技术处治膨胀土带来的工程危害有着广泛的应用前景。

采用膨胀土作为填料，进行加筋土挡墙设计与施工时，首先应结合工程实际，深入研究膨胀土的工程性质与特点，对其进行正确的分类。作者及导师杨果林教授进行了膨胀土分类研究，创造性地提出微膨胀土的类别（表5-6），具有重大的工程意义。

湖南省典型膨胀土的分类标准[278]　　表5-6

分　类	主要黏土矿物成分	<0.005mm 黏粒含量(%)	自由膨胀率(%)	液限含水率(%)	胀缩总率(%)
强膨胀土	蒙脱石、伊利石	>50	>80	>65	>4
中等膨胀土	蒙脱石、伊利石	35~50	55~80	55~65	2~4
弱膨胀土	蒙脱石、伊利石、高岭石	30~35	40~55	40~55	1~2
微膨胀土	蒙脱石、伊利石、高岭石	25~30	30~40	30~40	<1

注：胀缩总率为土在50kPa压力条件下的膨胀率与收缩率之和。

5.4.3 加筋膨胀土的设计方法

（1）膨胀土挡墙土压力变化规律

在气候影响下，加筋土挡墙内填料的含水率不可避免地会发生变化。当采用膨胀土作为填料时，这种变化可能对结构的稳定性产生很大的影响。有研究表明，砂土和一般黏性土饱和前后主动土压力略有增加，但饱和后膨胀土的主动土压力增大很多，可达到十几倍。因此，进行加筋膨胀土挡墙设计时必须充分注意因水量变化而造成的墙背土压力变化。

张颖钧[279]通过试验研究了膨胀土的膨胀力与土样初始含水率的关系，并得到了含水率增加引起的膨胀力的计算公式；文献[280]研究了平坦地面下土体含水率在各种气候条件下的变化规律，认为在长期干旱期间，土体含水率随深度增大而增加，并在某一深度之后趋于一个定值；在雨季，土体含水率随深度增大略有减小，并很快趋于一定值，变化的幅度比旱季要小；土体含水率的变化值随深度增大而逐渐减小，并在一定深度（气候影响层深度）处趋近于0。

作者和导师杨果林教授[281]以广西南友路宁明地段“中等膨胀性土”和湖南常张路慈利地段“弱膨胀土”为填料，按90%压实度填筑了试验路堤，进行了不同排水边界（基底排水和不排水）条件、不同路堤边坡坡度（为1∶0.75；1∶1；1∶1.5；1∶2）条件下和不同气候（积水、降雨、阴天和日照）条件下的膨胀土路堤模拟试验，研究了膨胀土路堤中土压力的变化规律。研究表明膨胀土路堤中的土压力与路堤填料、路堤土的压实度、排水边界条件和路堤中的含水率等密切相关：膨胀土路堤堤顶积水时，当路堤中含水率从最佳含水率增大到饱和含水率左右时，路堤中的土压力增大6~73kPa不等；有较高含水率（接近饱和）的膨胀土路基，在阴天、日照和降雨气候条件下膨胀土路基中的土压力变化在±13kPa，一般不会超过±2kPa；膨胀土路堤受大气影响深度范围为2.5~3m，越靠近膨胀土路堤表面，土压力变化幅度越大；膨胀土路堤中的土压力变化，是由膨胀土路堤中含水率变化所引起的土体自重的变化和膨胀土在不同气候条件下不同含水率所产生膨胀土压力的变化综合作用结果。

(2)加筋膨胀土挡墙的设计方法

相比于普通填料,采用膨胀土作为加筋土挡墙的填料时,在设计上就必须考虑含水率变化对挡墙土压力的影响和对筋土界面性能的影响以及填料的防渗保湿与挡墙防排水设施。这里主要分析膨胀土主动土压力的计算方法。

Fredlund 根据非饱和土的直剪和三轴试验提出了用净正应力和基质吸力表示的双变量的强度公式:

$$\tau_f = C' + (\sigma - u_a)\tan\varphi' + (u_a - u_w)\tan\varphi^b \qquad (5\text{-}81)$$

式中: C' ——有效黏聚力;

$(\sigma - u_a)$——破坏时在破坏面上的净法向应力;

u_a ——破坏时在破坏面上的孔隙气压力;

φ' ——与净法向应力状态变量($\sigma - u_a$)有关的内摩擦角;

$(u_a - u_w)$ ——破坏时在破坏面上的基质吸力;

φ^b ——抗剪强度随基质吸力 $(u_a - u_w)$ 而增加的速率。

由于填土孔隙中的气体一般与外界相通,相对于大气压力来说,可认为式中的孔隙气压力为零。可见,吸力摩擦角 φ^b 是基质吸力的函数,它随基质吸力的增大而减小,在基质吸力较小时,其变化较快,当基质吸力较大时,其变化较为平缓。在工程中常遇到的吸力范围内,可将其作为常数。对于非饱和膨胀土而言,吸力与含水率的关系相当密切,在双对数坐标上二者呈直线关系[282],即:

$$\lg u_s = -m \cdot \lg w + n \qquad (5\text{-}82)$$

式中: w ——膨胀土的含水率;

n ——常数,可由试验确定。

文献[283]在这一研究基础上,以库伦理论为基础,提出了一种具有实用价值的非饱和膨胀土主动土压力计算方法。

该方法假设:①墙后填土达到主动极限状态时的破裂面为通过墙踵的平面;②由于在膨胀土地区修建挡墙时,一般要求在墙背和填土之间填有一定厚度的非膨胀性材料,在墙背处不考虑吸力的影响。

计算模型如图 5-25 所示,挡土墙高为 h ,墙背 AB 与垂直方向的夹角为 α ,填土面的倾角为 β ,填土的有效黏聚力和有效内摩擦角为 C' 和 φ' ,填土与墙背之间的摩擦角为 δ 、黏聚力为 C_w ,填土的平均吸力摩擦角为 φ^b ,基质吸力为 μ_s 。假设挡土墙向前位移,墙后土体达到极限状态时,土体中形成的破裂面 BC 与水平面的夹角为 θ 。一般认为,膨胀土不能承受拉应力,因此在墙后填土中常存在拉应力形成的裂隙。裂隙 DD' 的深度 z_0 可按朗肯土压力公式计算。

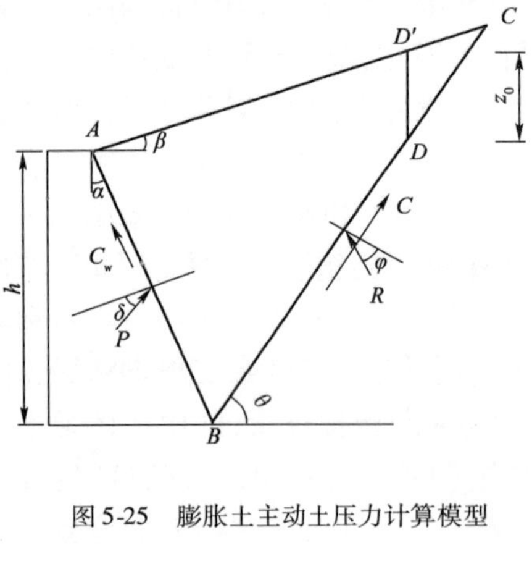

图 5-25 膨胀土主动土压力计算模型

$$z_0 = \frac{2(C' + \mu_s\tan\varphi^b - \mu_a\tan\varphi')}{\gamma\tan\left(45° - \frac{\varphi'}{2}\right)} \qquad (5\text{-}83)$$

取单位厚度的滑动土块 $ABDD'$ 为分析对象，受到的作用力有重力 W、滑动面上的等效黏聚力的合力 C、墙背上的黏聚力的合力 C_w、滑动面上的法向反力与内摩擦角提供的剪力合力 R，它与法线方向的夹角为 φ'、墙背与填土接触面上的法向反力与外摩擦角提供的剪力合力 P，它与法线方向的夹角为 δ。W、C 和 C_w 可分别按式(5-84)～式(5-86)计算。

$$W = \frac{1}{2}\gamma h^2\left[\frac{\cos(\alpha-\beta)\cos(\alpha-\theta)}{\cos^2\alpha\cdot\sin(\theta-\beta)} - \frac{1}{2}z_0^2\gamma\frac{\cos(\alpha+\beta)\cos\theta}{\sin(\theta-\alpha-\beta)}\right] \tag{5-84}$$

$$C = (c' + \mu_s\tan\varphi^b)\left[\frac{h\cos(\alpha-\beta)}{\cos^2\alpha\cdot\sin(\theta-\beta)} - \frac{z_0\cos(\alpha+\beta)}{\sin(\theta-\alpha-\beta)}\right] \tag{5-85}$$

$$C_w = c_w\frac{h}{\cos\alpha} \tag{5-86}$$

根据滑动土块 $ABDD'$ 的平衡条件，可以得到墙背对土体的作用力 P

$$P = \frac{\sin(\theta-\varphi')}{\cos(\theta-\alpha-\delta-\varphi')}W - C\cdot\sin\theta - C_w\cos\alpha - C\cos\theta - C_w\sin\alpha)\cot(\theta-\varphi') \tag{5-87}$$

对一定含水率的膨胀土来说，其基质吸力可由式(5-82)确定。这样，挡土墙受到的土压力是 θ 的函数，当 θ 取某一值时，土压力 P 达到极大值，此极大值即为挡土墙受到的主动土压力。

进行加筋膨胀土挡墙设计时，可以式(5-87)代替式(5-1)计算出作用在挡墙墙背的主动土压力后，按5.2.1节的方法进行设计计算。

5.5　本章小结

(1)提出了基于极限平衡法的加筋格宾挡墙的设计方法，填补了国内有关规范的空白。

(2)提出了加筋格宾挡墙可靠度分析方法，基于Rosenblueth方法开发了相应计算程序，探讨了填料黏聚力 C、内摩擦角 φ、网面拉力、地震力、填土重度、车辆荷载以及加筋间距等参数对可靠度指标的影响。该分析方法简单、科学、合理，可以应用于具体工程设计。

(3)提出了采用有限元强度折减法计算加筋格宾挡墙筋材拉力分布的方法，从而确定加筋土结构内部破裂面。依托我国第一座高速公路加筋格宾陡坡支挡结构，以岩土工程专业有限元程序Phase2 V6.0为研究平台，采用有限元强度折减法对其稳定性进行了评价，分析了单元选型对计算结果的影响。

(4)采用双折线破裂面，水平条分法对加筋格宾挡墙进行了地震荷载作用下的稳定性分析，提出了地震荷载下加筋格宾挡墙的设计方法。

(5)在膨胀土处治技术研究基础上，结合笔者对膨胀土的研究与工程实践，考虑加筋膨胀土挡墙填料在气候影响下含水率的变化，分析了挡墙侧向膨胀力的计算，提出了加筋膨胀土挡墙的设计方法。

第6章　双绞合六边形钢丝网+土工格栅复合加筋挡墙研究

6.1　概述

在加筋土挡墙的建造中，筋材费用占到总投资的25%～50%。对于高大复杂特殊加筋土挡墙而言，在保证工程安全的前提下尽可能地降低工程造价是当今研究的热门课题。

不同的筋材具有不同的刚度，筋材的刚度对加筋土挡墙的变形影响很大，挡墙的水平位移会随着筋材刚度的增加而减小[284、285]。采用多种筋材的复合加筋土挡墙具有单一加筋挡墙不同的特点，目前国内研究主要都集中在单一筋材，即挡墙内的筋材具有相同刚度。国外已对复合加筋土挡墙进行了大量的研究，并取得了一些成果。

国内对复合加筋挡墙进行研究的报道还很鲜见。为充分了解这种新型挡墙的力学响应，本章在双绞合六边形钢丝网+土工格栅复合加筋挡墙模型试验的基础上，采用FLAC 3D对复合加筋挡墙的力学响应进行深入地研究，对各种不同面板、不同加筋方式的墙面侧向变形和筋材拉力分布规律进行了研究，提出了复合加筋的最佳加筋方式。

6.2　双绞合六边形钢丝网+土工格栅复合加筋挡墙模型试验研究

Ghionnav. N(2002)等[176]在ENEL-HYDRO土木工程试验室进行了双绞合六边形钢丝网+土工格栅复合加筋挡墙模型试验。资金赞助者Maccaferri公司将全部原始数据授权作者研究使用。本节将在这一试验的基础上进一步研究复合加筋新型挡墙的特性。

6.2.1　模型设计

模型试验以中等均匀级配的天然硅砂为填料，填料力学参数见表6-1，筋材为双绞合六边形钢丝网（最大抗拉强度 $T=50\text{kN/m}$）和土工格栅（最大抗拉强度 $T=30\text{kN/m}$）。

填土的力学特性　　表6-1

体积模量	内聚力	剪胀角	内摩擦角	切变模量	抗拉强度	密度
34MPa	0	17°	43°	0.7MPa	0	1.56g/mm³

试验模型如图6-1所示。模型宽2.00m，高3.60m，采用包裹式面板，墙内布设了六层筋材：底部为双绞合六边形钢丝网，其上为土工格栅，往上依次交替布置。墙面与铅垂面呈20°倾角。

为了监测挡墙在加载过程中的响应，在模型墙体内安装了土压力盒、柔性位移计及测斜管等仪器，仪器的布设如图6-2所示。如图6-3所示为柔性位移计的安装，图6-4为填筑完成后的模型挡墙。加载时在模型挡墙顶部设置了一块1.9mm×1.1m的钢板，用于对挡墙施加竖向荷载，荷载通过液压系统施加，液压系统和钢板之间用球关节相连，如图6-5所示。

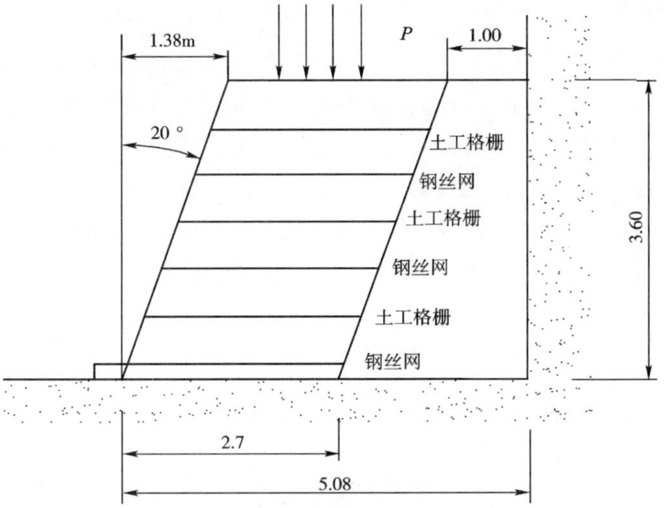

图 6-1　复合加筋挡墙试验模型(尺寸单位:m)

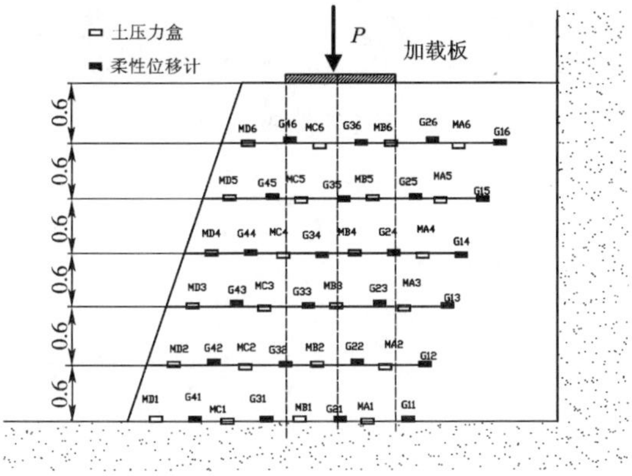

图 6-2　仪器布置图(尺寸单位:m)

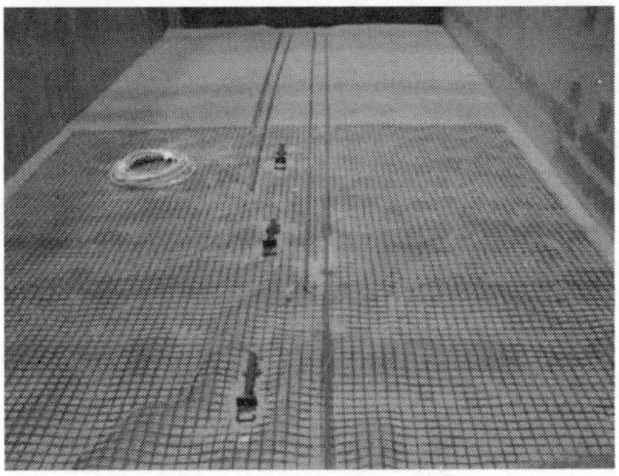

图 6-3　柔性位移计的安装

图 6-4　填筑完成后的挡墙

图 6-5　竖向荷载加载装置

6.2.2 试验过程与成果

模型填筑完成后先静置了35天，然后通过液压系统和加载板对模型施加竖向荷载，第一级荷载为35kN(16.6kPa)，加载时对加载板的竖向位移、面板墙的水平位移以及筋材的变形量等进行了监测，当监测值达到稳定后再施加下一级荷载。从开始试验到挡墙崩塌破坏共加载18级，表6-2为各级荷载的大小和加载持续时间。当荷载增加到1 638kN(784kPa)时，模型挡墙面板上部的水平位移在很短的时间内由40mm增加到68mm，挡墙发生了破裂，图6-6为实测的加载板竖向位移与荷载关系曲线。试验完成后对挡墙进行开挖，仔细检查了每层筋材的最终状况。图6-7为被破坏的土工格栅。

模型挡墙加载历程　　表6-2

荷载级数	持续时间（天）	荷载增量（kPa）	总荷载（kPa）	荷载级数	持续时间（天）	荷载增量（kPa）	总荷载（kPa）
1	2	16.6	16.6	10	2	50	409
2	3	30.8	46.4	11	3	50	459
3	2	30.8	78.2	12	1	50	509
4	2	30.8	109	13	1	50	559
5	3	50	159	14	1	50	609
6	2	50	209	15	7	20	629
7	2	50	259	16	3	69	698
8	3	50	309	17	1	50	748
9	2	50	359	18	破裂	36	784

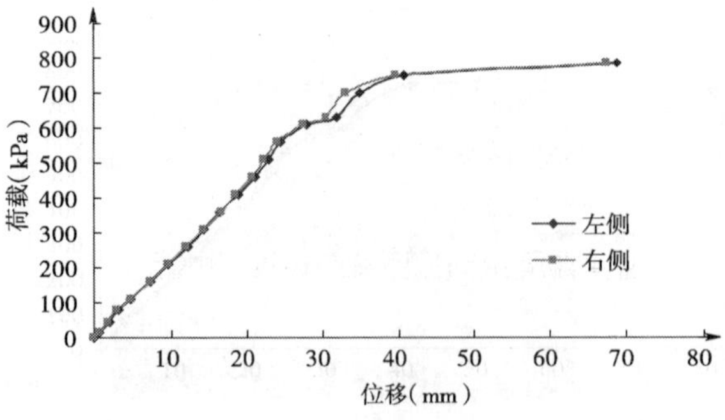

图6-6　加载板的竖向位移与荷载的关系曲线

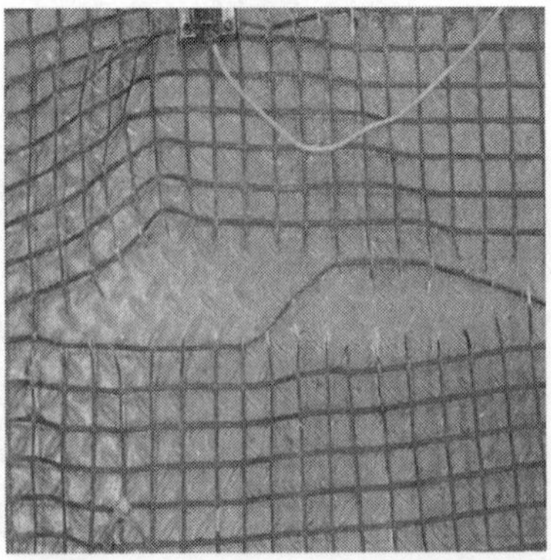

图6-7　被破坏的土工格栅

图6-8为实测破裂面的形状,从图中可以看出,破裂面的形状和对数螺旋线非常相似,从加载板的内侧边缘一直延伸至第三层筋材处。破裂面在加载板下部显得非常清晰,而在第三层筋材处发育还不很完全。

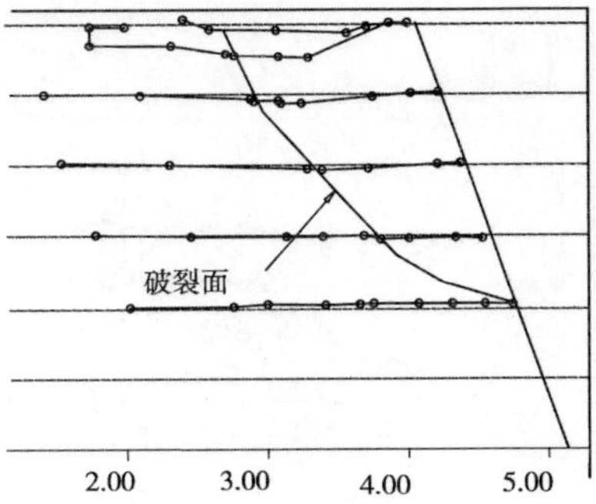

图6-8 实测破裂面的形状(单位:m)

从图6-6中还可以看到,当竖向荷载小于1 177kN(563kPa)时,加载板的竖向位移与荷载基本上成线性关系,随着荷载的继续增加,两者之间表现出非线性关系,挡墙产生了大量的塑性变形。当荷载增加到784kPa时,挡墙达到极限状态发生崩塌破坏。图6-9为模型挡墙面板的实测水平位移曲线。

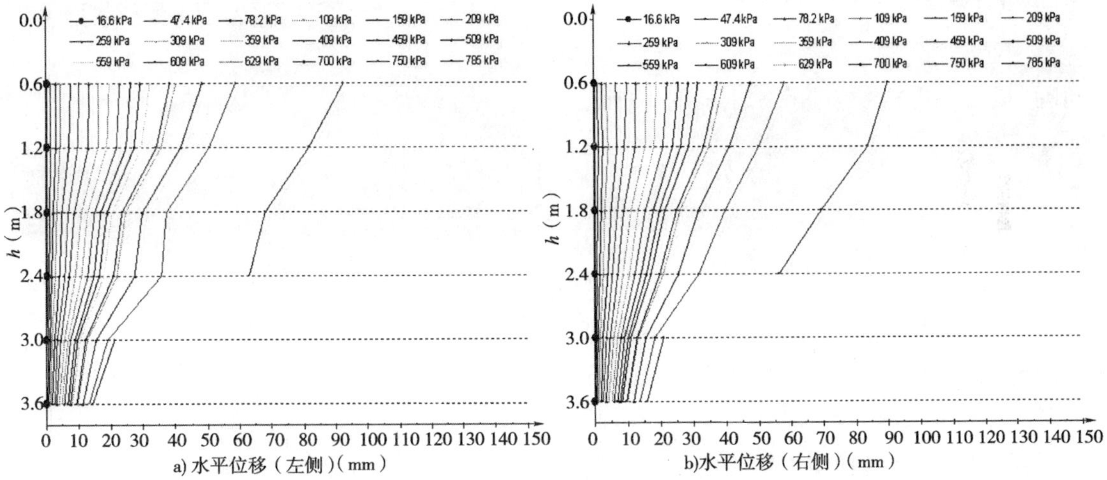

图6-9 各级荷载作用下模型挡墙面板不同高度处的实测水平位移曲线

6.2.3 复合加筋挡墙数值分析

为了进一步探讨复合加筋挡墙的承载力特性与影响因素,验证数值模型的合理性,本文采用FLAC 3D对上述模型试验进行数值模拟。根据模型试验的参数建立如图6-10所示的三维数值模型,模型中共有1 335个六面体,包裹式面板。

采用非线性弹性模型模拟硅砂,符合摩尔—库仑准则,考虑剪胀角的影响,剪胀角为17°;允许扩容和峰后应变软化。两种筋材均采用FLAC 3D自带的Geogrid单元模拟,拉伸强度和刚度分别为:双绞合六边形钢丝网的拉伸强度$T_{网}=50kN/m$,刚度$J_{网}=500kN/m$;土工格栅的拉伸强度$T_{格栅}=30kN/m$,刚度$J_{格栅}=186kN/m$。

FLAC 3D中的土工格栅单元利用节点处的"弹簧滑块"系统来考虑筋土间剪切摩擦作用,采用理想弹塑性关系来描述其界面抗剪性能。笔者对界面抗剪性能的描述采用基于幂函数的筋土界面本构关系,并通过Fish语言进行了修正。

采用实体单元模拟模型挡墙顶部的加载板,选用钢材的力学参数,并符合各向同性弹性模型。在加载板单元与模型顶部间设置界面单元,允许加载板产生转动和滑移,以适应在荷载作用下模型挡墙顶部的变形。界面单元的法向刚度和剪切刚度按FLAC 3D用户手册[255]建议,

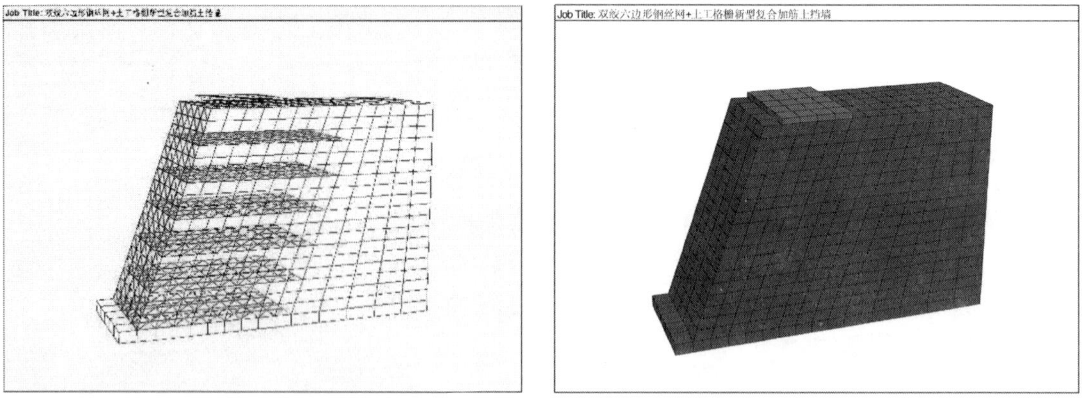

图 6-10　数值分析模型

取周围“最硬”相邻区域的等效刚度的 10 倍。

$$k_n = k_s = 10_{\max}\left[\frac{\left(K + \frac{4}{3}G\right)}{\Delta z_{\min}}\right] \tag{6-1}$$

式中：K——体积模量；

G——剪切模量；

$\Delta z_{\min}$——接触面法向方向上连接区域的最小尺寸。

假定墙体的施工完成时间即为荷载的开始施加时间。加载过程按照表 6-2 的顺序进行，并对加载板的竖向位移、挡墙面的水平位移进行监测。图 6-11 为各级荷载下加载板竖向位移模拟值与实测值的对比曲线，从图中可以看到，两条曲线的基本吻合，尤其是在低荷载作用下模拟值与实测值相差很小。

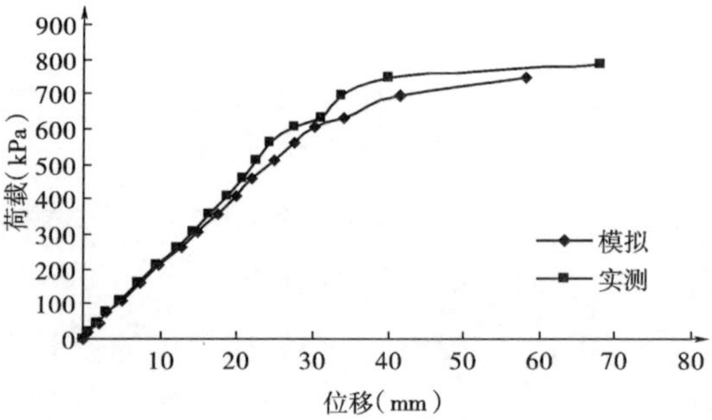

图 6-11　加载板竖向位移的模拟值与实测值对比曲线

图 6-12 为施加不同竖向荷载后挡墙内部筋材拉应力分布云图。从图中可以看出，不同荷载作用下，各层筋材的拉应力分布形式都是两端小，中间大的。最大拉应力的位置随挡墙高度的降低而逐渐向外端移动。双绞合六边形钢丝网由于其刚度较大，承受的拉应力也要大一些，这与文献[154]得到的结论是一致的。

图 6-13 为各级荷载作用下挡墙不同高度面板墙的水平位移曲线，与实测曲线对比，荷载较小时，模拟曲线与实测曲线不仅形态一致，而且相同高度处面板墙的水平位移值也很接近；荷载较大时，模拟曲线与实测曲线有一定的差异。主要表现在模拟时挡墙的最大位移发生在挡墙的中上部（墙高 2m 处），而实测值表明挡墙顶部的位移最大，从顶到底是逐渐减小的。这可能与两者测量方式的差异有关，实测面板墙的水平位移还会受到垂直分量的影响。图 6-14 是挡墙在加载前、加载 47.4kPa、加载 209kPa 和加载 784kPa 发生破坏时的水平位移等值线图。

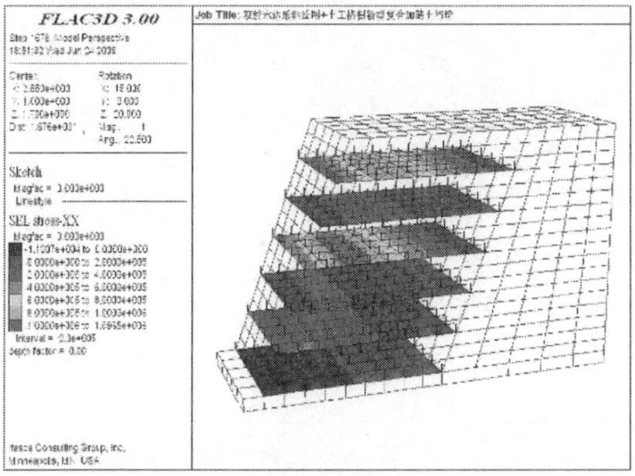

a) 加载前

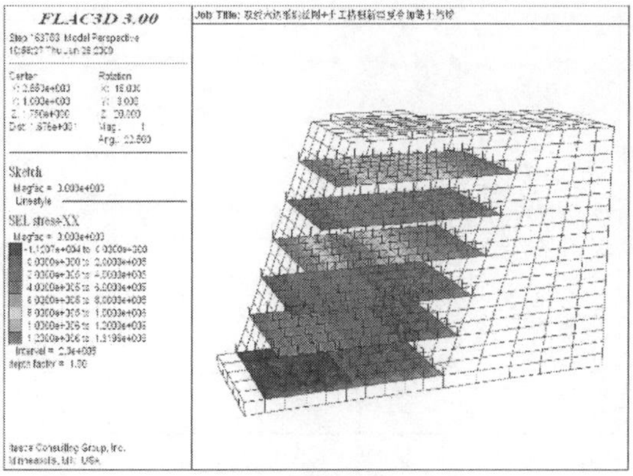

b) 第2级荷载（47.4kPa）

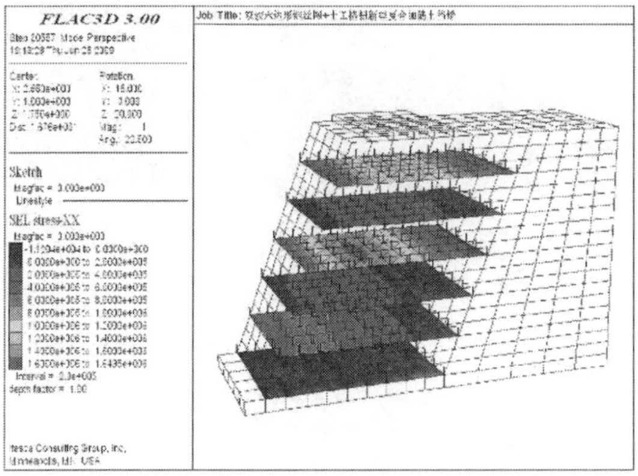

c) 第6级荷载（209kPa）

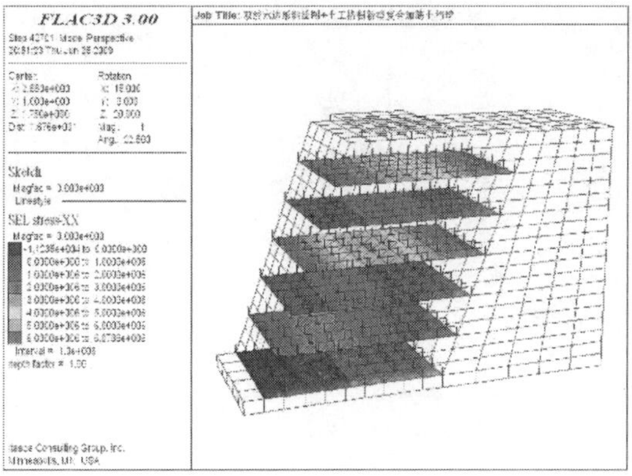

d) 第18级荷载后（784kPa）

图 6-12　施加不同竖向荷载后挡墙内筋材的拉应力分布

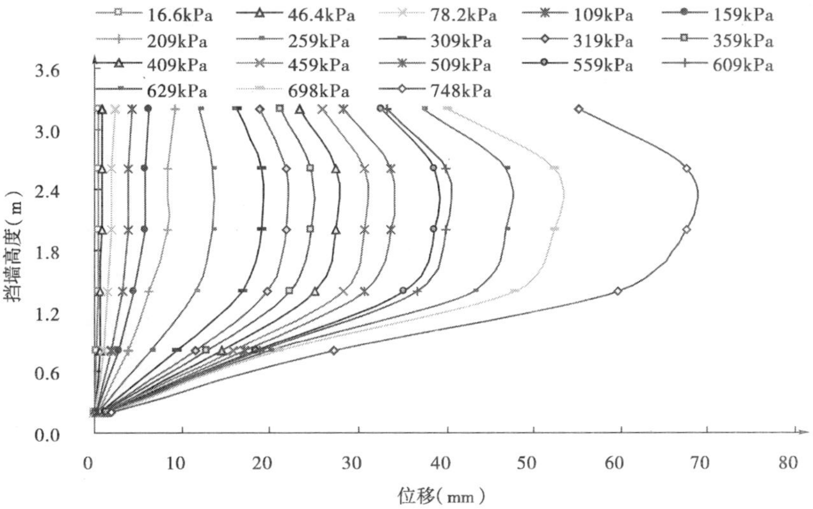

图 6-13　模拟各级荷载作用下挡墙面板不同高度处的水平位移曲线图

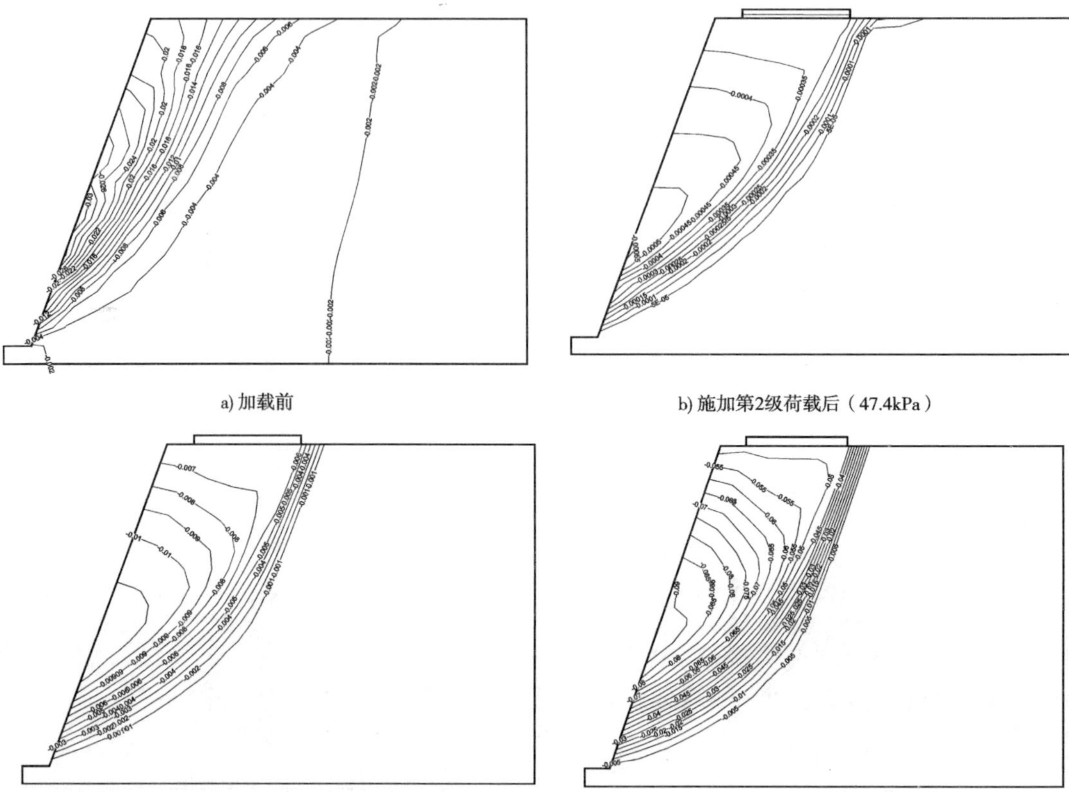

a) 加载前

b) 施加第2级荷载后（47.4kPa）

c) 施加第6级荷载后（209kPa）

d) 施加第18级荷载后（784kPa）

图 6-14　不同荷载作用下挡墙的水平位移等值线图(单位:m)

图6-15是挡墙发生破坏时的网格变形与速度矢量图,图6-16是挡墙破坏时的剪应变增量云图与速度矢量图,图6-17是挡墙破坏时竖向位移等值线图,图6-18是挡墙破坏时最大主应力等值线图。分析上述图形,可知挡墙的最大位移发生在挡墙的中上部与图6-13相吻合,竖向位移等值线与理论分析结果相吻合。

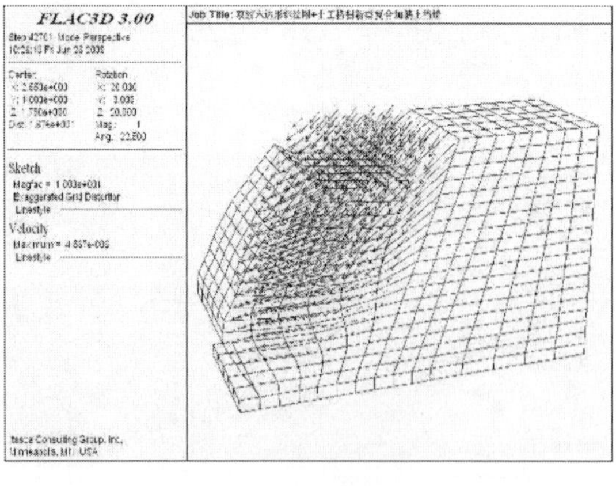

图 6-15　挡墙发生破坏时的网格变形与速度矢量图

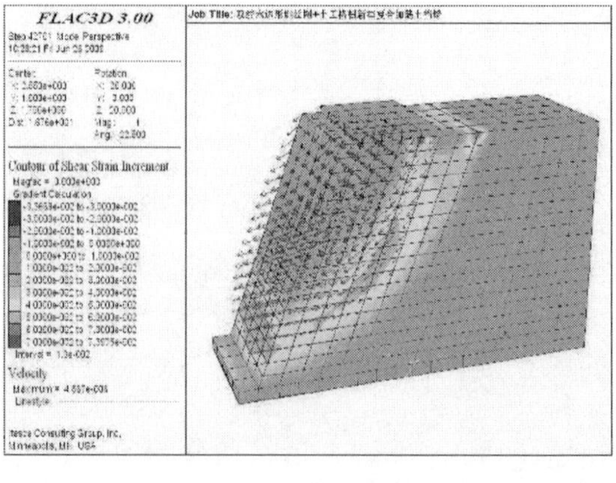

图 6-16　挡墙破坏时的剪应变增量云图与速度矢量图

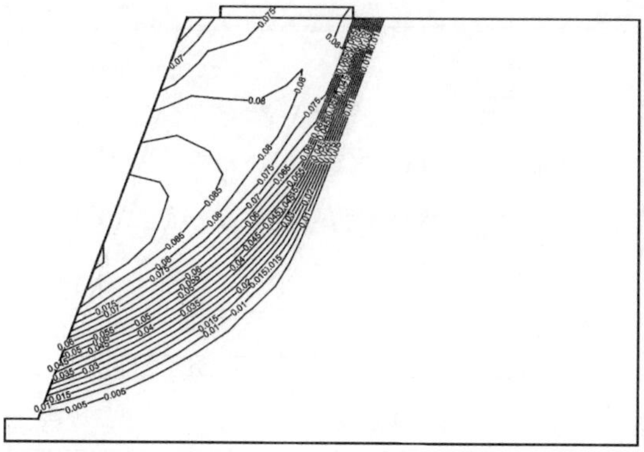

图6-17　挡墙破坏时竖向位移等值线图(单位:m)

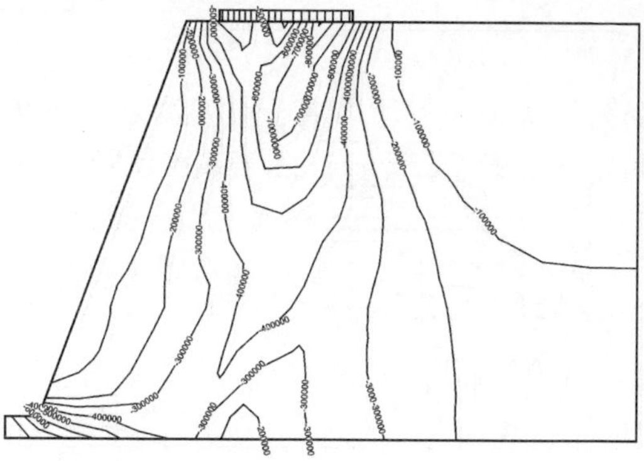

图6-18　挡墙破坏时最大主应力等值线图(单位:Pa)

6.3　复合加筋土挡墙不同加筋方式的数值研究

6.3.1　数值分析模型设计

本节将以潭衡西线高速公路的加筋土挡墙实体工程为基础,利用FLAC 3D对复合加筋新型挡墙的加筋方式进行研究,分析不同加筋方式下对挡墙的侧向位移、筋材拉力的影响,探讨复合加筋的最佳加筋方式。

1)模型设计

潭衡西线高速公路K124+300~K124+895段加筋土工程的平均填土高度9.00m,最大高度达11.8m,以红砂岩粗粒土为填料,施工前对基底进行了夯实、换填碎石垫层等技术处理以保证地基承载力满足要求。双绞合六边形钢丝网的加筋形式为加筋格宾和绿色加筋格宾两种;加筋格宾挡墙的面板是直立式或台阶式,绿色加筋格宾挡墙的面板通常是倾斜式,综合上述因素建立如图6-19所示的三种路堤式加筋土挡墙模型。这三种模型是公路工程中常见的加筋土挡墙模式,也适用于其他加筋材料。

广义上讲,复合加筋挡墙可以在同一座挡墙中将任意多种筋材以任意方式搭配使用,但实际工程中如果筋材种类过多、搭配方式复杂,将使施工复杂,管理难度加大,工程质量难以保证,因此将过多的筋材品种使用在同一座挡墙中并没有实际意义。笔者结合国外现有的混合加筋工程实践[184],确定了同一座挡墙中最多使用4种不同刚度的筋材,在筋材布置方式上考虑以下5种情况:

①均匀加筋,沿墙高使用同1种刚度的筋材。

②分组加筋,沿墙高将加筋区域划分几个小区间,每个区间使用一种筋材。

③交替加筋,沿墙高将两种筋材依次使用。

④混合加筋,同时使用3种或4种不同刚度的筋材,可以分组使用也可以交替使用。

⑤长度交替。

不同的面板形式、布筋方式、布筋位置以及不同筋材长度组合方式非常多,不可能对每种组合方式都进行模拟分析。因此,本文根据笔者自己多年从事工程设计的实践经验,结合K. Hatami[154]的研究成果,建立了表6-3所示的29个分析模型,基本上包括了目前国内外加筋

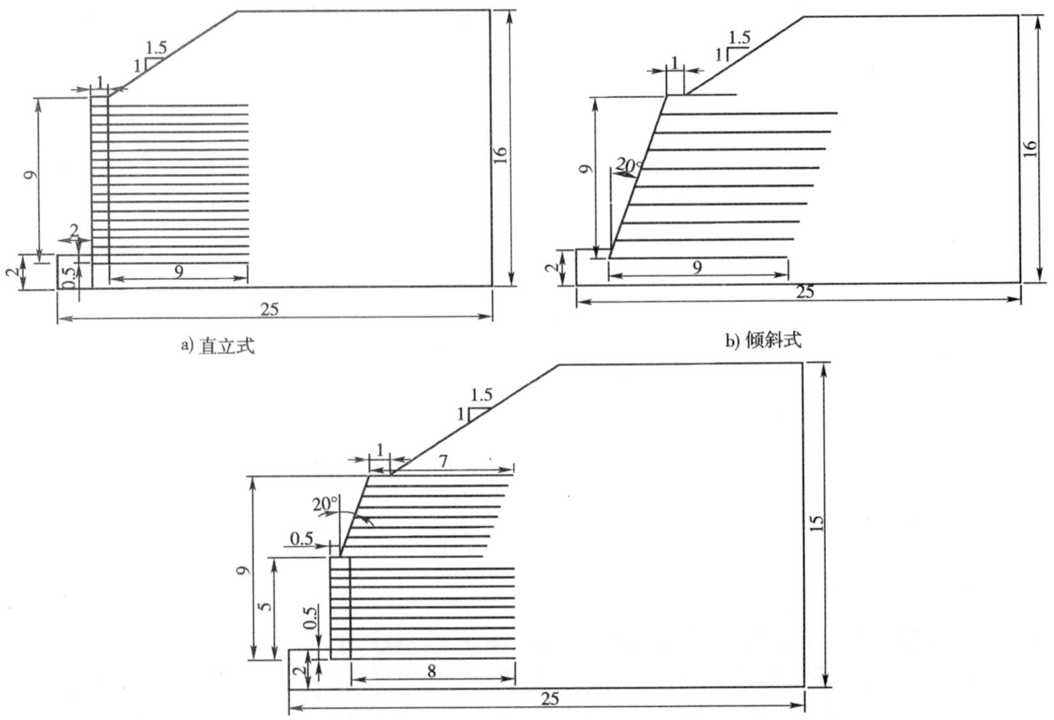

a) 直立式　b) 倾斜式　c) 组合式

图 6-19　模型挡墙的形式(尺寸单位:m)

土挡墙的主要应用形式。

2)土体参数

模拟计算采用潭衡西线高速公路加筋土挡墙路段实际设计参数。地基土经夯实后可以保证基底承载力的要求,填料和顶部超载斜坡填料均采用当地的红砂岩粗粒土,当采用格宾箱面板墙时,格宾箱内充填不易风化的块石,建模时对这些岩土体均假定为符合摩尔—库仑准则。岩土体的力学参数见表 6-4。

3)筋材刚度与加筋量

(1)筋材刚度

刚度是指受外力作用的材料、构件或结构抵抗变形的能力,通常由使其产生单位变形所需的外力值来度量。平面状的加筋材料如土工格栅、双绞合六边形钢丝网等在工作过程中主要用于承受拉应力,其刚度通常用单位宽度筋材产生单位拉伸应变所需的拉力 T 表示,可以通过筋材拉伸试验得到的拉伸曲线(图 6-20)用式(6-2)求得。

$$J = \frac{T}{\varepsilon} \tag{6-2}$$

式中:ε ——筋材的拉应变;

T——单位宽度筋材产生拉应变 ε 所需要的拉力,也称为 ε 应变下的拉伸强度。

筋材的刚度与材料、结构以及生产工艺有关。随着材料与加工技术的进步,目前土工合成材料的可选刚度范围很广,可以满足各种需求。但在高强度筋材的生产方面,我们国家与国外相比差距很大。国家标准《土工合成材料　塑料土工格栅》(GB/T 17689—2008)中给出的土

模拟工况表 表6-3

组号	编号	面板墙形式	加筋模式	筋材刚度(kN/m)	加筋间距(m)	筋材长度(m)	加筋量
第一组	1	直立式	均匀	6 000	0.5	9	3 505
	2	直立式	均匀	3 000	0.5	9	1 752
	3	直立式	分组	下部1 000,上部5 000	0.5	9	1 752
	4	直立式	分组	下部5 000,上部1 000	0.5	9	1 752
	5	直立式	交替	5 000,1 000	0.5	9	1 752
	6	直立式	混合	1 000,3 000,5 000	0.5	9	1 752
第二组	7	倾斜式	均匀	6 000	0.5	9	3 504
	8	倾斜式	均匀	3 000	0.5	9	1752
	9	倾斜式	分组	上部5 000,下部1 000	0.5	9	1 752
	10	倾斜式	分组	上部1 000,下部5 000	0.5	9	1 752
	11	倾斜式	交替	1 000,5 000	0.5	9	1 752
	12	倾斜式	交替	5 000,1 000	0.5	9	1 752
	13	倾斜式	混合	5 000,3 000,1 000	0.5	9	1 752
	14	倾斜式	混合	1 000,3 000,5 000	0.5	9	1 752
	15	倾斜式	混合	1 000,3 000,5 000	0.5	9	1 752
	16	倾斜式	均匀	6 000	1.0	9	2 920
	17	倾斜式	均匀	2 000	0.5	9	1 168
	18	倾斜式	交替	6 000,2 000	0.5	9	2 337
	19	倾斜式	交替	6 000(9m),2 000(4.5m)	0.5	长度交替	1 971
	20	倾斜式	均匀	6 000(9,4.5)	0.5	长度交替	2 409
	21	倾斜式	均匀	3 000(9,4.5)	0.5	长度交替	1 205
	22	倾斜式	交替	3 000(9),6 000(4.5)	0.5	长度交替	1 533
	23	倾斜式	交替	3 000(4.5),6 000(9)	0.5	长度交替	1 533
第三组	24	组合式	均匀	6 000	0.5	9	3 505
	25	组合式	分组	上部3 000,下部5 000	0.5	9	2 337
	26	组合式	交替	5 000,1 000	0.5	9	2 337
	27	组合式	交替	5 000(9),1 000(4.5)	0.5	长度交替	1 570
	28	组合式	混合	下部:6 000,2 000 上部:5 000,1 000	0.5	9	2 174
	29	组合式	混合	下部:6 000(9),2 000(4.5) 上部:5 000(9),1 000(4.5)	0.5	长度交替	1 980

模拟岩土体的力学参数 表6-4

土体 \ 参数	体积模量(MPa)	切变模量(MPa)	内聚力(kPa)	内摩擦角(°)	密度(kg/m³)	备注
地基岩土体	830	430	100	30	2.2×10^3	夯实
加筋体填料	30.4	9.4	10.3	33.7	1.9×10^3	红砂岩粗粒土
格宾箱填料	43	13	12.5	43	16.5×10^3	不易风化的块石
超载部分	30.4	9.4	10.3	33.7	1.9×10^3	红砂岩粗粒土

工格栅最高强度值只有200kN/m，2%应变下的拉伸强度为大于或等于56kN/m，对应的刚度值为2 800kN/m，而国外高强度土工格栅可达20 000kN/m。

数值分析时主要考虑的是筋材与土之间的相互作用，把筋材看作是只能承受拉伸荷载与薄膜荷载的各向同性或正交各向同性、线弹性的材料，不考虑筋材的具体形状、结构。在这种假设条件下，可由材料的应力—应变关系推导筋材的刚度表达式。

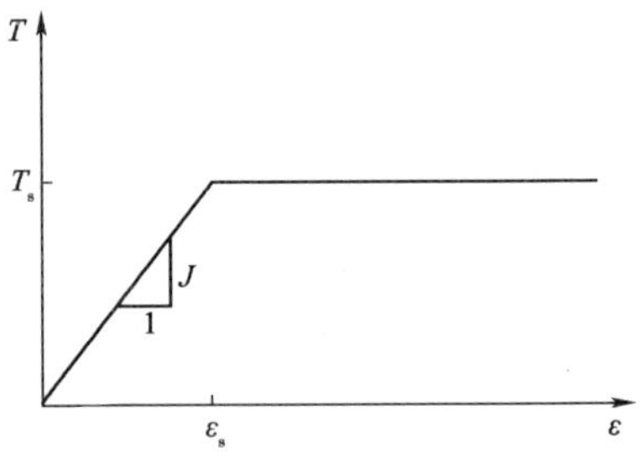

图6-20　平面状筋材的拉伸曲线

筋材拉伸时的拉力与拉应力的关系为：

$$T = \sigma A = \sigma bt \tag{6-3}$$

式中：σ ——筋材拉伸时的拉应力，Pa；

A ——筋材横截面积，m^2。

对于各向同性线弹性材料有：

$$\sigma = E\varepsilon \tag{6-4}$$

将式(6-3)和式(6-4)代入式(6-2)，并取单位宽度可得：

$$J = \frac{T}{\varepsilon} = \frac{\sigma bt}{\varepsilon} = \frac{E\varepsilon bt}{\varepsilon} = Ebt \tag{6-5}$$

(2)加筋层相对刚度

筋材在填土中通常是按一定的间距排列，对于平面状的筋材主要指竖向间距。加筋土挡墙的性能与加筋间距、筋材长度、筋材的性能密切相关，同时这三个因素也决定了挡墙的工程造价。为了便于分析，这里引入加筋层相对刚度的概念[154]，可由下式确定：

$$K_i = \frac{J_i \xi_i L_i}{S_{vi}} \tag{6-6}$$

式中：S_{vi} ——第 i 层筋材的加筋间距，m；

L_i ——第 i 层筋材的长度，m；

ξ_i ——第 i 层筋材的长度系数，由式(6-7)求得：

$$\xi_i = 1 + \frac{\dfrac{L_i}{H} - \lambda}{\dfrac{L_i}{H} + \lambda} \tag{6-7}$$

式中：H ——挡墙的高度，m；

λ ——最佳筋长与墙高的比值(L/H)，通常取0.7。

式(6-7)反映了筋材长度对加筋土挡墙稳定性的影响。当 $L_i/H > \lambda$ 时，筋材有足够的锚固段长度，有利于挡墙的稳定。如我国《公路路基设计规范》(JTG D30—2004)就要求墙高大于3m时，拉筋的最小长度宜大于墙高的4/5。

(3)加筋率

为了使研究具有更好的可比性，体现不同加筋方式之间的经济关系，再引入加筋量的概念，各模型挡墙的加筋量根据加筋体的相对刚度、长度及加筋体横截面积确定，可由式(6-8)计算。

$$R = \frac{\sum_{i=1}^{n} K_i}{\frac{1}{2}K_a \gamma H^2} \tag{6-8}$$

式(6-8)的分母为挡墙的土压力,其土压力系数可以取朗肯主动土压力系数,即:

$$K_a = \tan^2\left(45° - \frac{\varphi}{2}\right) \tag{6-9}$$

式中:φ——填土的内摩擦角,(°)。

加筋率是一个无量纲的参数,反映了挡墙内筋材提供的抗变形能力与土压力的关系,反映了挡墙内筋材供应量,也可以理解为一个反映挡墙筋材成本的指标。

6.3.2　复合加筋挡墙侧向位移的分布规律

(1)筋材刚度对墙体侧向位移的影响

图 6-21 为直立式(格宾箱)面板和倾斜包裹式面板挡墙在施工结束后墙体的侧向位移模拟值。由图可知,均匀加筋模型(2 号、7 号)的侧向位移最小;将一半的筋材换成刚度较小的筋材构成分组加筋模型(3 号、4 号、9 号、10 号)和交替加筋模型(5 号、11 号),墙面板的侧向位移将增大;挡墙的最大位移和位移沿墙高的分布模式取决于筋材的布置方式。在墙体的上半部布置刚度较小的分组加筋(4 号、10 号)模型,墙面板上部变形明显增加,并产生局部鼓胀,而此时墙体下半部的侧向位移相对于均匀加筋(2 号、7 号)模型没有明显差异;在墙体的下半部布置较小刚度的分组加筋(3 号、9 号)模型,挡墙下部侧向位移增加;当将较小刚度的筋材层穿插在较大刚度的加筋层之间形成交替加筋(5 号、11 号模型)时,其位移模式与均匀加筋(2 号、7 号)模型很相似,各层的侧向位移有所增大,但增加量不大,两曲线没有明显的差别。在加筋量相同的情况下,交替加筋比分组加筋更能有效地控制侧向位移。如采用交替加筋的 5 号、7 号模型与分组加筋的 3 号、4 号、9 号、10 号模型相比,加筋量相同,布筋方式不同,前者的侧向位移更小。

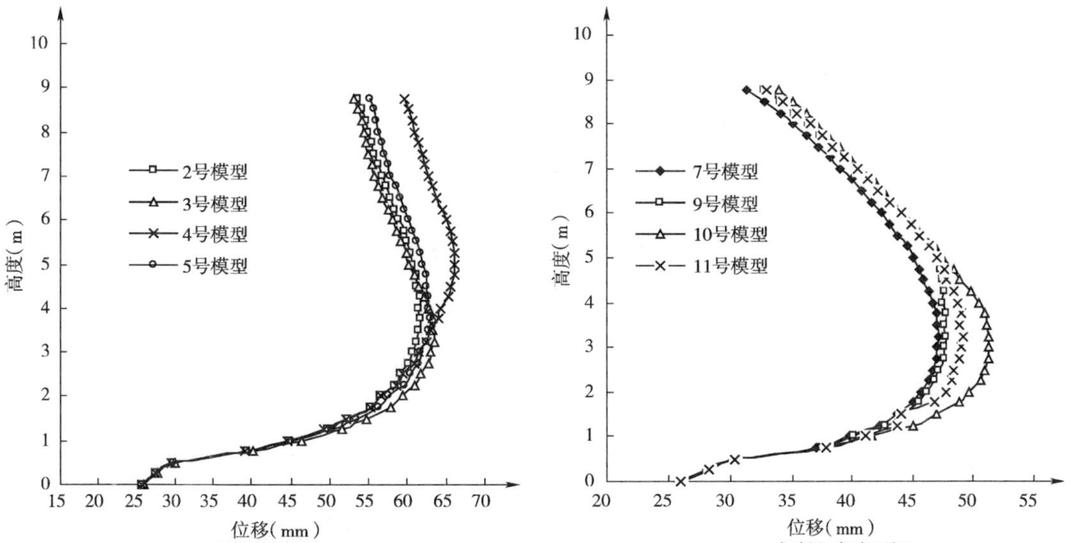

a) 格宾箱面板　　b) 倾斜包裹式面板

图 6-21　挡墙内筋材刚度变化时侧向位移

图6-22为均匀加筋模型与交替加筋模型侧向位移图,2号、8号模型采用均匀加筋,5号、11号模型采用交替加筋,4个模型加筋率相同。从图中可以看到,在加筋率相同的条件下,交替加筋结构与均匀加筋结构的变形模式基本一样,交替加筋结构的变形量比均匀加筋稍大。刚度交替的结构,在实际中其墙体的变形响应可认为与相同加筋率的均匀加筋结构一样。

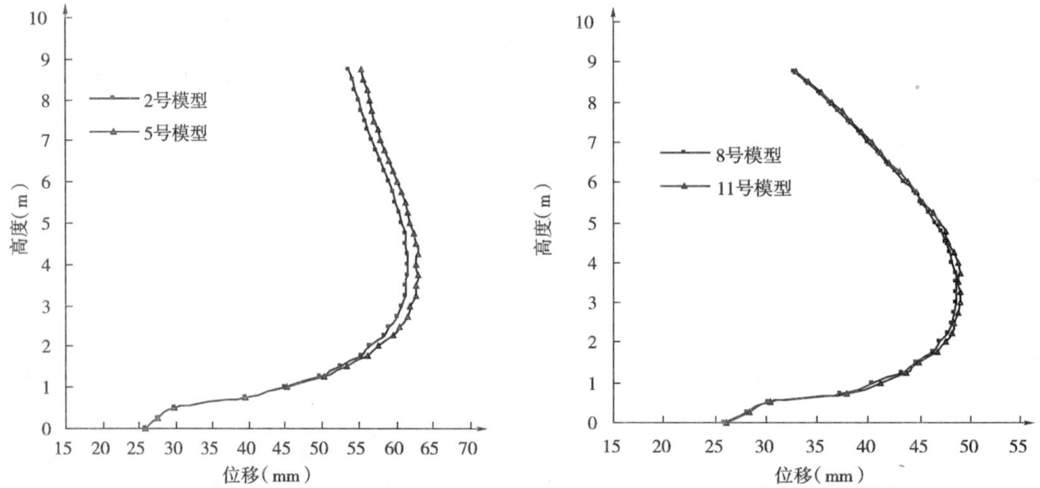

a) 格宾箱面板　　b) 倾斜包裹式面板

图6-22　均匀加筋与交替加筋的挡墙侧向位移

两种筋材交替次序不同对挡墙侧向位移的影响如图6-23所示。从分析可知,两种不同刚度筋材交替的次序对挡墙的侧向位移基本上没有影响,两者的差别表现在挡墙局部变形的凹凸位置相反。

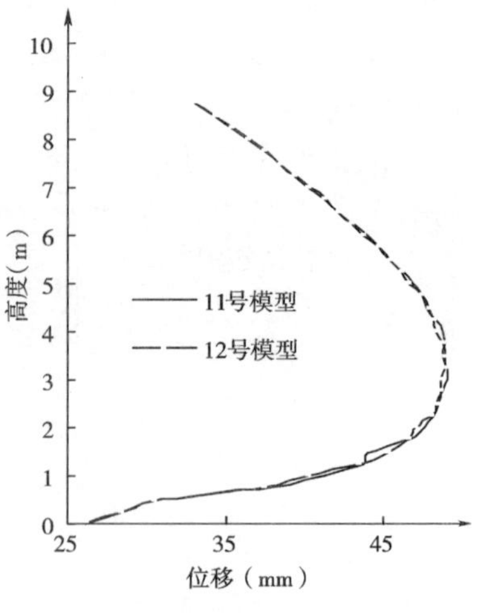

图6-23　不同刚度筋材交替次序对侧向位移的影响

分析图6-21、图6-22中曲线的形态表明,两种形式挡墙的侧向位移均沿墙高逐渐增大,在约为1/3H墙高位置达到最大值,然后又逐渐减小。

分组加筋会造成低刚度筋材所处位置的变形量增加,但当低刚度筋材位于格宾箱面板挡墙的下部,倾斜包裹式面板挡墙的上部时,所增加的位移量不大。基于此因,将交替加筋和分组加筋的优点结合起来,可进一步减小加筋成本。本文将5号模型中下部高刚度筋材的刚度降低,由5 000kN/m减小到3 000kN/m,形成3种刚度的筋材混合加筋的6号模型,将11号模型上部高刚度筋材也做同样处理形成13号模型,如图6-24所示、图6-25所示。挡墙侧向位移如图6-26所示。

从图6-26可以看出,这种修正是很有意义的,两种面板形式下三种刚度的筋材混合加筋的侧向位移比两种刚度的筋材交替加筋的侧向位移仅稍微增大。与5号模型相比,6号模型的加筋量减少了16.7%,墙面板最大位移仅增加3%;与11号模型相比,13号模型的加筋量减少了14.8%,墙面板最大位移仅增加了2%。因此,在交替加筋的同时沿墙高减小筋材刚度可以大量节省挡墙筋材费用。

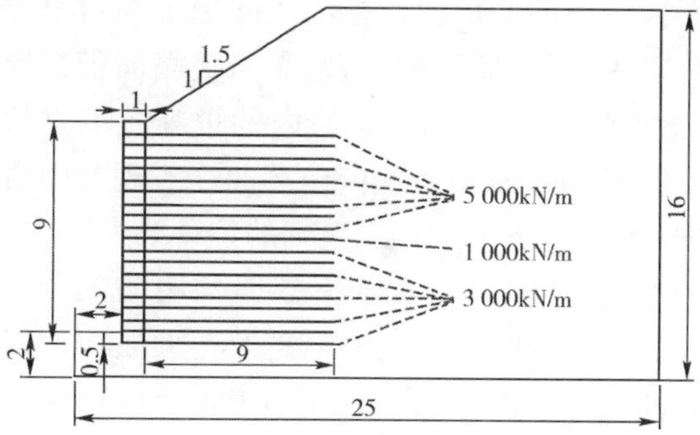

图 6-24　6 号模型（单位：m）

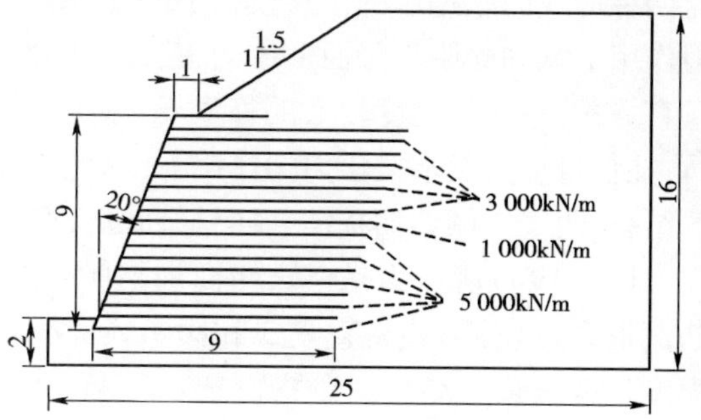

图 6-25　13 号模型（单位：m）

3 种不同刚度的筋材混合加筋使用时还有多种方式。14 号模型是将 3 种刚度的筋材分组使用，考虑到挡墙的变形主要在中间大，刚度值 $J = 5\ 000\text{kN/m}$ 的筋材被布置在挡墙高度的中间，刚度值 $J = 3\ 000\text{kN/m}$ 的筋材布置在挡墙的下部，刚度值 $J = 1\ 000\text{kN/m}$ 的布置在上部；15 号模型则是将 3 种筋材依次交替使用。

模型挡墙侧向位移的模拟结果如图 6-27 所示。分析可知：14 号、15 号模型由于筋材刚度的减小，导致墙面侧向位移较 7 号模型大，但 14 号模型由于将刚度值最大的筋材布置在挡墙变形最大的区域，高刚度筋材有效地控制了挡墙的侧向变形，比 13 号模型侧向位移小，尤其对挡墙的最大位移控制更加明显。15 号模型采用了三种筋材交替加筋，这种方式使得两层较大刚度筋材的间距比较大（1.5m），挡墙侧向位移的控制效果反而不如 14 号模型，和 13 号模型差不多；3 种及 3 种以上不同刚度的筋材混合加筋时，宜将刚度最大的筋材布置于挡墙变形最大的区域。

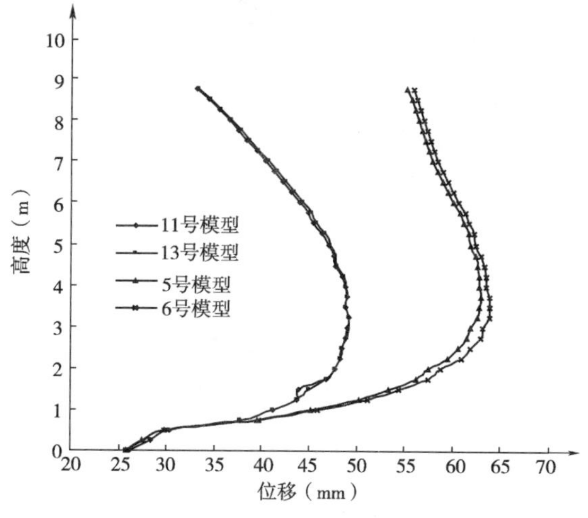

图 6-26　混合加筋对挡墙侧向位移的影响

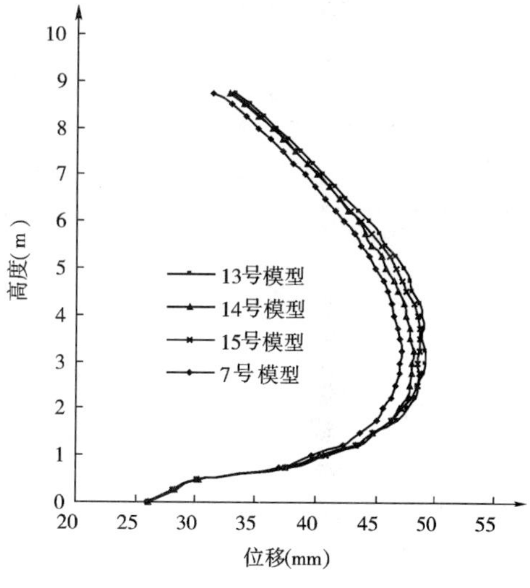

图 6-27　混合加筋对墙体侧向位移的影响

（2）面板形式对墙体侧向位移的影响

直立式面板墙和倾斜式面板墙是加筋土挡墙常见的两种形式。从图 6-21、图 6-22、图 6-26 可知：在加筋量相同的前提下，尽管直立式面板挡墙在节约土地方面比倾斜式面板挡墙有更大的优势，但各种加筋方式下倾斜式面板挡墙都比直立式（格宾箱）面板挡墙侧向位移小，因为这两种形式面板挡墙的位移模式不同，倾斜包裹式面板挡墙的变形主要是由于回填土在自身重力作用下侧向膨胀扩张而形成的，其最大位移大约发生在 1/3H 墙高的位置；而格宾箱面板挡墙呈直立式，一方面刚度较大的格宾箱充填体会绕墙趾转动，另一方面格宾箱内的填料主要是块石，在自身重力及上覆压力的作用下也会发生侧向鼓胀。因此，面板处侧向位移曲线表现为两者的结合，曲线同倾斜面板墙一样呈鼓肚形，最大位移的位置要高一些，挡墙上部的位移要大一些。

图 6-19c）所示为是格宾箱面板与倾斜式面板的组合，也是目前加筋土挡墙常用的一种横断面形式，这种形式将直立式和倾斜式面板挡墙的优点结合在一起。图 6-28 为三种面板形式模型挡墙的模拟结果。分析可知：倾斜包裹式面板和直立式格宾箱面板组合式模型挡墙（24 号、26 号）侧向位移比倾斜包裹式面板挡墙（7 号、11 号）大，但比直立式面板挡墙（1 号、5 号）

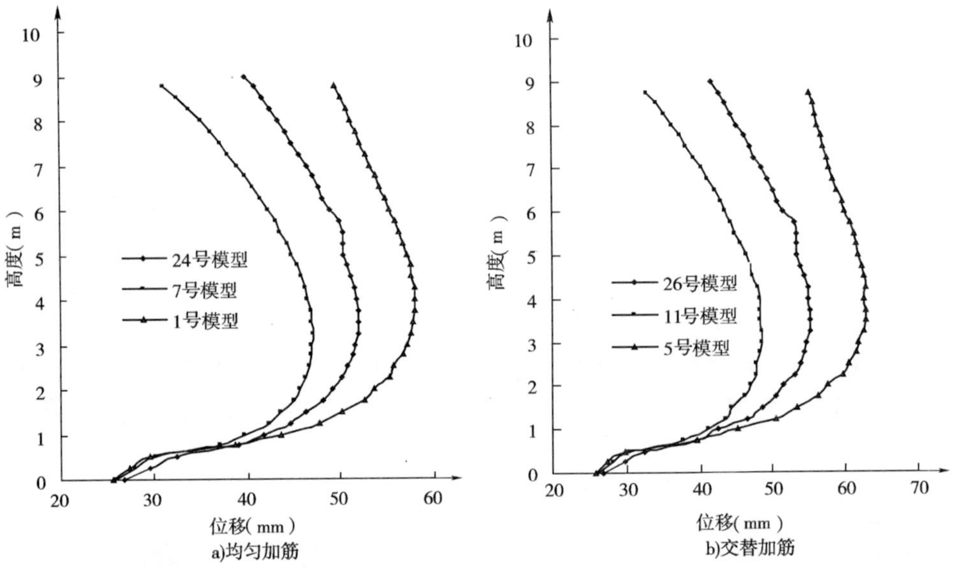

图 6-28　挡墙面板形式对挡墙侧向位移的影响

要小。从图中可以看到组合式模型挡墙（24 号、26 号）侧向位移曲线的上部同倾斜式（7 号、11 号）形状发生了变化，说明挡墙的变形模式已改变。

（3）筋材刚度与加筋间距组合方式对墙体侧向位移的影响

7 号模型为均匀加筋，筋材刚度为 J = 6 000kN/m，加筋间距为 0.5m。以此为参照物，11 号模型筋材刚度调整为 J = 1 000kN/m 和 J = 5 000kN/m，交替加筋；16 号模型将加筋间距调整为 1.0m。模拟结果如图 6-29 所示。对比分析可知：7 号模型位移最小，16 号模型位移最大，表明保持加筋间距不变，减少部分筋材的刚度方案比筋材刚度不变而增大加筋间距方

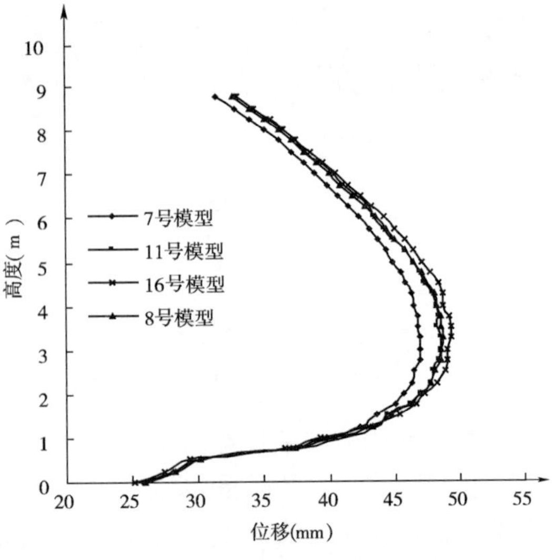

图 6-29　筋材刚度和加筋间距对侧向位移的影响

案更有利于控制挡墙的侧向位移。8 号模型则是将 7 号模型中所有筋材的刚度都减小 50%，从图中的曲线可见，8 号模型的侧向位移仍要比 16 号模型小，可见，保持加筋间距不变而减小加筋刚度，比增大加筋层间距而增大筋材刚度更可取。

(4) 加筋长度对墙体侧向位移的影响

研究复合加筋技术的目的是在保证结构安全可靠的前提下，降低工程成本。本文对不同刚度筋材的配置方式、筋材长度等因素进行探讨分析。图 6-30 为筋材长度变化对墙体侧向位移的影响。其中，7 号模型为均匀加筋，$J = 6\ 000kN/m$，筋材长 $L = 9m$。以此为基础，18 号模型将一半筋材的刚度降低到 $J = 2\ 000kN/m$，采用交替加筋；19 号模型进一步将低刚度筋材的长度减少一半；20 号模型则是在 7 号模型的基础直接将一半筋材的长度减小一半，筋材的刚度没有变化，即刚度上是均匀的，而长度是交替的。21 号模型是在 8 号模型的基础上将筋材长度每隔一层减少一半。从图中可以看到，与 7 号模型相比，18 号、19 号、20 号模型的加筋量减少了，其墙面侧向位移也相应增大了，但这三种模型之间的位移响应却相差不大，其中 19 号模型的位移量比 18 号稍大，说明在交替加筋结构中还可以进一步减小低刚度筋材的长度；20 号模型的侧向位移比 18 号模型还要小一些，与 7 号模型相比，其最大侧向位移增量也比较小(1.5mm)。可见，隔一层将筋材长度减小一半可以有效地减少所需筋材总量，其对墙体的位移响应影响很小。图 6-30b) 进一步说明了这种方法的可行性，21 号模型与 8 号模型相比也有相同的结论。

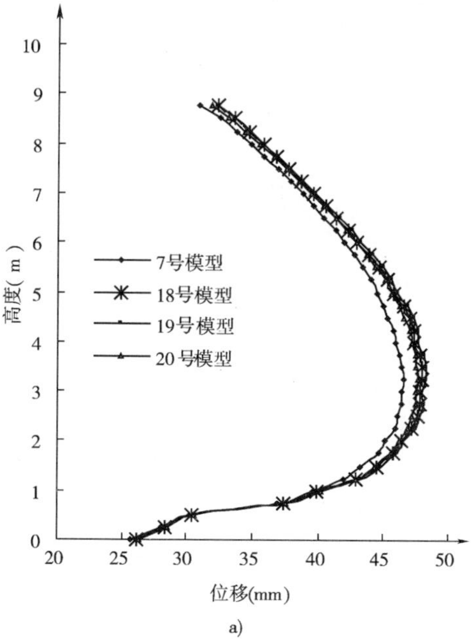

a)

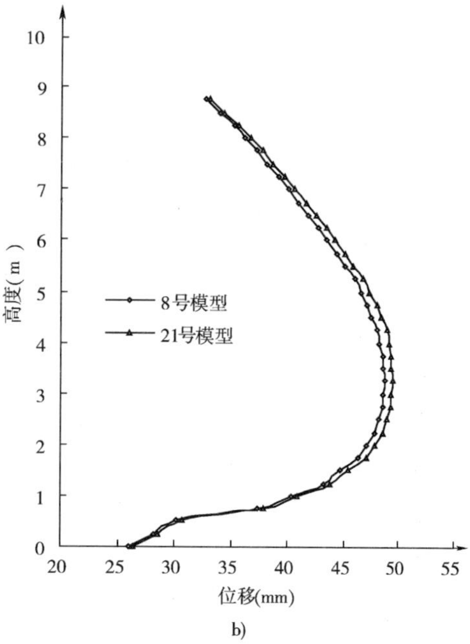

b)

图 6-30　筋材长度变化对墙体侧向位移的影响

6.3.3　复合加筋挡墙的加筋荷载特点

图 6-31 所示为直立式(格宾箱)面板和倾斜包裹式面板挡墙模型筋材拉力 T 沿墙高的分布图。图中所示的 1 号模型、2 号模型、7 号模型和 8 号模型的刚度不同，但加筋间距都为 0.5m，16 号模型和 7 号模型的刚度相同，但 16 号模型加筋间距增大为 1m。分析可知：模型挡

墙采用均匀加筋时,筋材拉力的大小和分布基本与筋材刚度无关,但随加筋间距的增大而增加,加筋间距相同时,对应位置的筋材所承担的土压力相同,因而1号、2号、7号、8号模型的筋带拉力曲线表现出相同的形状与大小;加筋间距增大,单层筋材所承担的土压力相应增大,16号模型的筋材拉力大一些;直立式格宾箱面板挡墙的下部筋材拉力受挡墙变形模式的影响发生凸变,曲线形状光滑,表明挡墙内筋带拉力的大小变化是连续的;面板墙的形式对加筋荷载的大小和分布形式有重要影响。这一结论同 Bathurst 等人[286]所得的试验结果与研究成果是一致的。

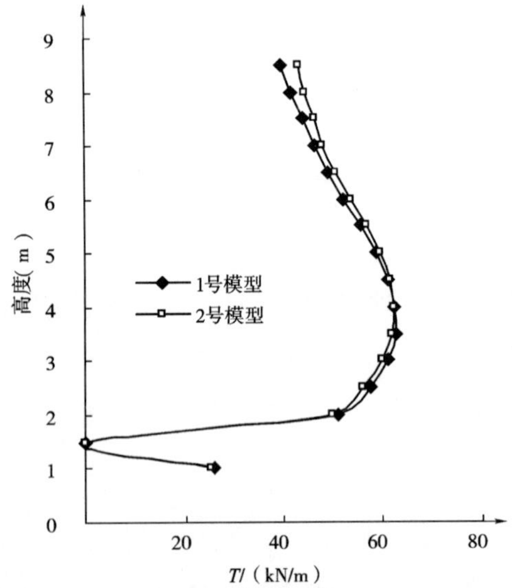

a)格宾箱面板

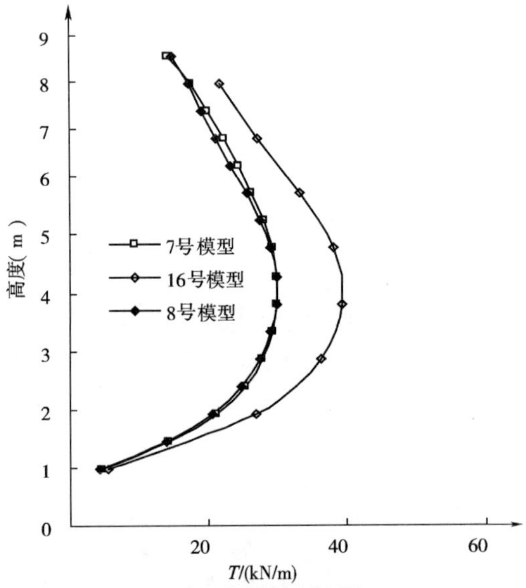

b)倾斜包裹式面板

图 6-31 均匀加筋筋带拉力分布

复合加筋筋材的拉力分布与筋材布置方式关系紧密。图6-32为不同加筋方式下筋材拉力沿墙高的分布曲线。7号模型为均匀加筋,筋材刚度为 $J=6\ 000$kN/m,加筋间距为0.5m;9号模型和10号模型为分组加筋,$J_1=5\ 000$kN/m,$J_2=1\ 000$kN/m,但分组位置相反,11号模型为交替加筋,筋材刚度与模型相同。分析可知:9号模型与10号模型对应的筋带拉力分布曲线在两端与7号模型的曲线相差接近吻合,随着模型挡墙高度的增加(降低),两条曲线均逐渐偏离7号模型的曲线,上部筋材刚度大的9号模型比下部刚度大的10号模型筋材拉力小,但比均匀加筋的7号模型大,分界面处筋材拉力突变。11号模型筋材拉力分布曲线沿墙高呈锯齿状,筋带拉力随筋材刚度交替呈大小交替状,其实质是高刚度的筋材吸收了更多的荷载;12号模型也是交替加筋,但交替次序与11号模型相反,模拟结果如图6-33所示。两条曲线进一步说明复合加筋时较大刚度筋材要承担较大荷载的特点。交替加筋时筋材拉力呈大小交替互补状。刚度相差很大的筋材分别起到主加筋层和次加筋层的作用,刚度大的加筋层作为主筋材将承担更大的侧向土压力,主加筋层的间距控制墙体的侧向位移和墙内的最大加筋荷载。

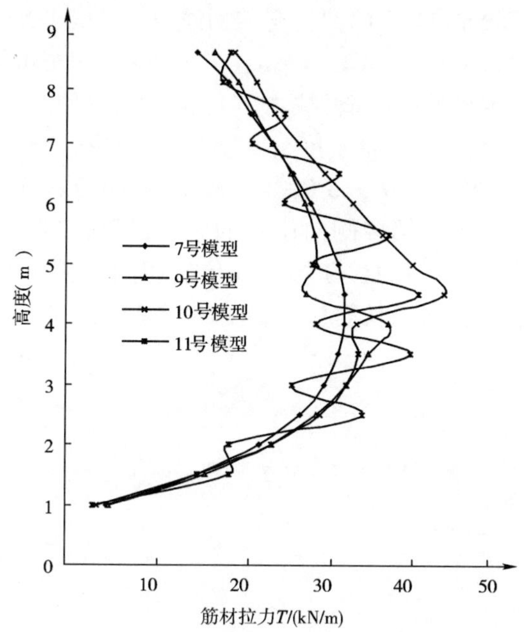

图 6-32　不同加筋方式筋材拉力分布对比

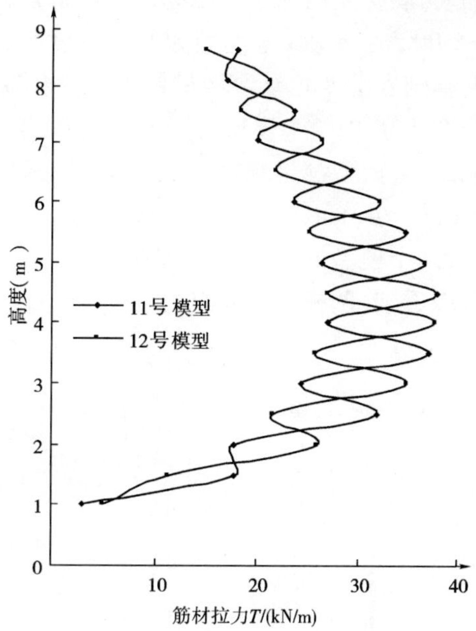

图 6-33　交替加筋筋材拉力分布

11 号模型主加筋层的间距为 1m,15 号模型为 3 种不同刚度的筋材依次交替加筋,主加筋层的间距为 1.5m,模型中筋材的最大刚度值相同。模拟结果如图 6-34 所示。可以看到 15 号模型的筋材拉力要比 7 号模型大,作用位置也不相同,主加筋层的间距对模型挡墙的局部变形影响较大。

图 6-35 为 4 个模型挡墙长度交替加筋方式下筋材拉力沿墙高的分布曲线。7 号模型为均

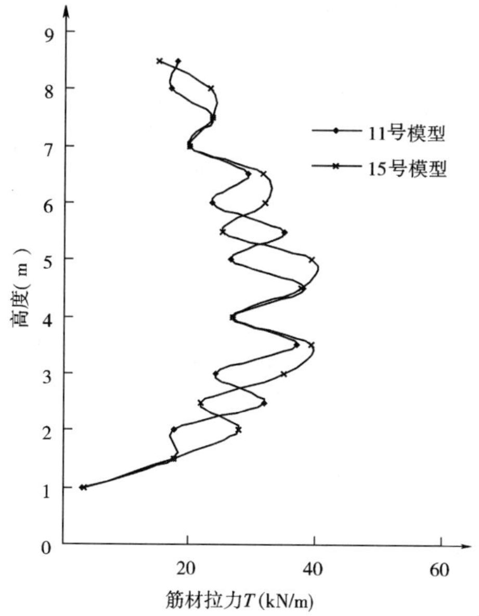

图 6-34　主加筋层间距影响

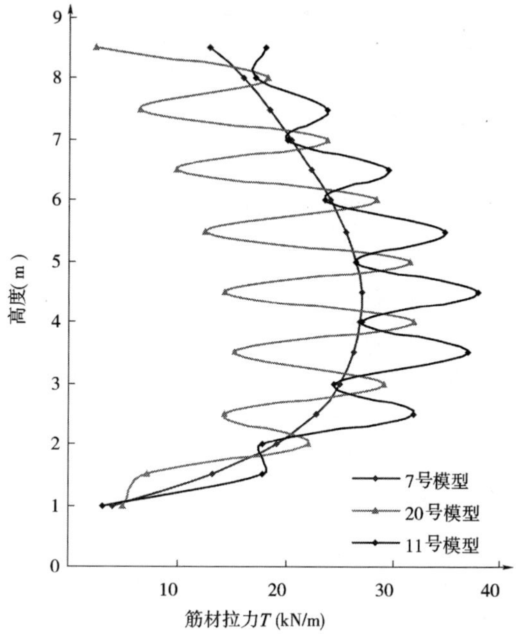

图 6-35　长度交替加筋影响

匀加筋，筋材刚度为 $J=6\ 000\text{kN/m}$，加筋间距为 0.5m；11 号模型为交替加筋，$J_1=1\ 000\text{kN/m}$，$J_2=5\ 000\text{kN/m}$；20 号模型为筋材刚度为 $J=6\ 000\text{kN/m}$，长度 $L_1=9\text{m}$，$L_2=4.5\text{m}$。分析可知：长度与刚度的变化导致筋材拉力发生相应变化，交替加筋时筋材拉力呈大小交替互补状。

图 6-36 中 4 个模型挡墙的筋材拉力分布曲线反映了筋带刚度、长度变化的影响。22 号模型和 23 号模型都是刚度与长度同时交替加筋，22 号模型 $J_1=3\ 000\text{kN/m}$，$L_1=9\text{m}$，$J_2=6\ 000\text{kN/m}$，$L_2=4.5\text{m}$，23 号模型与此相反。为了减少基础对挡墙侧向位移的影响，根据实际工程经验，两个模型的底层筋材都布置为长筋层，故两个模型的长筋层所在位置相同。从图 6-36 中可以看到，两模型中长筋材所承受的拉力要比短筋材大，长筋材起着主加筋层的作用。

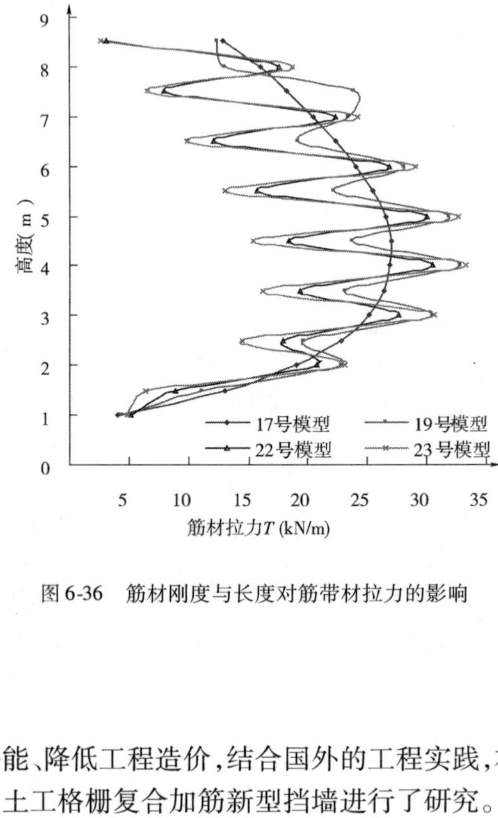

图 6-36　筋材刚度与长度对筋带材拉力的影响

6.4　本章小结

为了充分发挥筋材潜能、降低工程造价，结合国外的工程实践，本文在模型试验的基础上，对双绞合六边形钢丝网 + 土工格栅复合加筋新型挡墙进行了研究。主要工作与结论如下：

（1）在复合加筋模型挡墙试验的基础上，利用 FLAC 3D进行了双绞合六边形钢丝网与土工格栅复合加筋新型挡墙内部破裂面形状、加筋荷载、墙体位移响应对挡墙特性的影响进行了数值分析。研究表明：复合加筋和常用的均匀加筋具有相同的结构响应，但刚度大的筋材承受的拉力大，验算时要特别注意高刚度筋材出现拉力破坏和黏着破坏的可能性。

（2）利用 FLAC 3D对均匀加筋、分组加筋、交替加筋、混合加筋 4 种加筋方式的复合加筋新型挡墙模型进行了数值分析，探讨了复合加筋的最佳布筋方式。研究表明：加筋方式对墙体位移响应影响大，交替加筋比分组加筋有更小的墙面位移响应；保持加筋间距不变而减小加筋刚度，比增大加筋层间距而增大筋材刚度更可取；为了降低工程造价，在交替加筋的同时沿墙高适当减小加筋刚度，墙面侧向位移变化不是很大，均匀加筋时将筋材长度减小一半（隔一层减小一层）是减少所需筋材总量的可行办法。

第 7 章　加筋格宾挡墙现场测试与数值分析

7.1　概述

加筋土现场试验是加筋土挡墙研究的主要方法之一。目前国内外有很多学者如张发春[95]、杨广庆[96~100]、莫介臻[287]、蒲春平[288]等都进行了加筋土挡墙的现场试验研究。这些研究主要以土工格栅为筋材、面板形式简单，对于以双绞合六边形钢丝网为筋材，以格宾箱为面板墙的现场试验研究国内还未见相关报道。本章以潭衡西线高速公路 K124 + 340 断面为观测断面，对双绞合六边形钢丝网加筋土挡墙进行了现场测试和数值分析。

湖南潭衡西线高速公路 K122 + 900 ~ K124 + 835 段位于大面积良田地区，节约土地有非常重要意义。通过采用红砂岩填筑路堤方案，并用加筋土支挡结构以收缩坡脚，可以减少取土 20 万 m^3，节约良田 120 亩（1 亩 = 666.6m^2）、山丘经济林地 300 亩。节约工程造价约1 500万元。本工程完工后已成为当地一道绚丽的风景线，是环境优美、资源节约的典范之作。

7.2　现场测试

7.2.1　测试方案

现场测试选取 K124 + 340 断面进行。该断面采用组合支挡结构，下部为加筋格宾挡墙，高 7.50m；上部为绿色加筋格宾结构，高 3.31m；顶部为路面结构层，厚 0.756m；挡墙总高为 11.57m。断面测点及元器件埋设布置如图 7-1 所示。

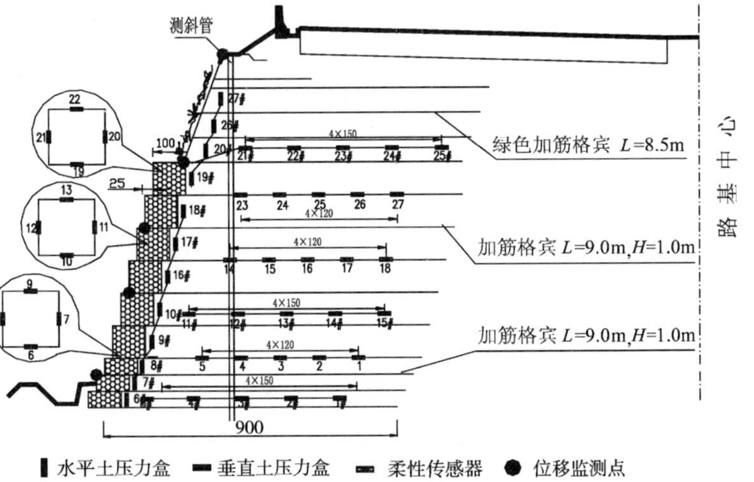

图 7-1　监测元件布置图

根据加筋格宾挡土墙的结构特点，在挡土墙墙背土压力和箱内充填物的挤压作用下，格宾箱面墙会产生一定的变形，测试分别在第4、7、9层格宾箱外侧的4条棱边上布置了柔性位移计，以研究格宾箱的受力变形情况（图7-2、图7-3）。表7-1为测试中用到的仪器元件及方法。

图7-2　加筋格宾挡墙网面柔性位移计埋设

图7-3　格宾箱柔性位移计埋设

测试元件、内容及方法　　表7-1

测试元件	测试内容	测试方法
全站仪	监测点平面位置和高程	人工观测
JMZX-50XX系列智能弦式压力盒	竖向土压力和水平土压力	JMZX-300XX综合测试仪
JMDL-24XX系列智能数码柔性位移计	钢丝网及格宾箱的变形	
测斜管	路堤内侧水平位移	CX-4型测斜直读仪

测试工作从施工之初就开始，一直延续到路堤的正常营运。工程建设期间由于资金问题，曾有近一年的停工期，因而现场测试经历的时间较长。图7-4为施工进程图。

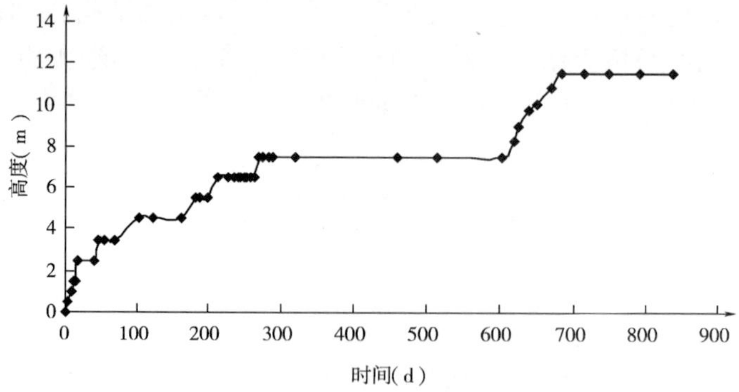

图7-4　施工进程图

7.2.2　竖向土压力分布规律

图7-5为实测第1层筋材面竖向土压力的分布曲线。分析可知：第1层筋材承受的土压力随填土高度的增加而增大；但当填筑高度 H 小于4.5m时，受施工工艺如压路机碾压范围限制和格宾箱面板墙内充填率和压实度的影响，面板墙附近位置竖向土压力增长缓慢，随着距面板墙距离的增加，竖向土压力的增长明显加快；随着填筑高度的增加，第1层格宾箱内的填料逐渐被挤压、破碎、压实，靠近格宾箱侧的红砂岩填料压实度也得到保证，竖向土压力随挡墙高

度增加的增长速率基本相同；在筋材布设方向上，筋材受到的竖向土压力呈非线性分布。挡墙高度 H 小于4.5m 时，呈单峰形，峰值距格宾面板墙内侧约 3/5 筋长的位置；挡墙高度 H 大于4.5m 时，呈双峰形，第一个峰值距格宾面板墙内侧约 3/10 筋长的位置，第二个峰值与挡墙高度 H 小于4.5m 的峰值位置相同；第 1 层竖向土压力盒埋设离基底只有 0.25m，故图 7-5 也反映了基底竖向土压力的分布规律。

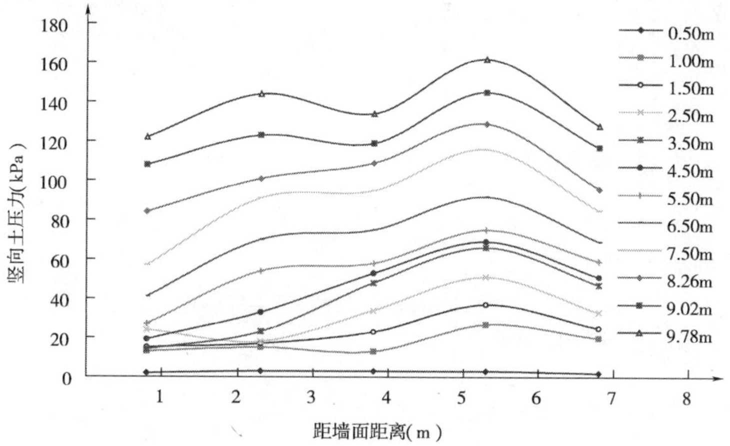

图 7-5　竖向土压力分布曲线（第一层筋材面）

图 7-6 为实测第 5 层筋材面的竖向土压力分布曲线。分析可知：竖向土压力随着挡墙高度的增加而增大；当挡墙填筑至 7.5m 高时，挡墙面板由格宾箱面板变为倾斜包裹式钢丝网面板，挡墙面板的坡度变缓，靠近面板处的竖向土压力的增速明显减小；挡墙内不同高度位置竖向土压力的分布不同，第 5 层筋材受到的竖向土压力呈单峰形，峰值所在的位置基本上是在筋材中部。

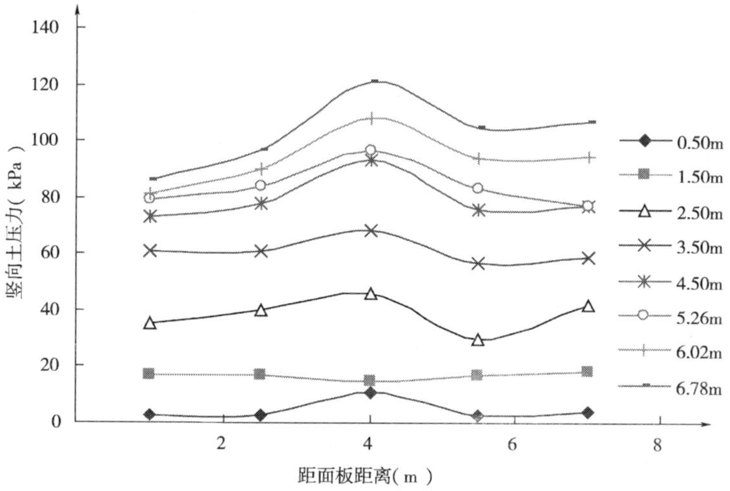

图 7-6　竖向土压力分布曲线（第五层筋材面）

图 7-7 和图 7-8 为第 1 层和第 5 层筋材上方竖向土压力随时间的变化曲线。在挡墙施工初期，第 1 层筋材上竖向土压力变化比较大，其原因是施工初期为春节，雨水较多，填筑的红砂

岩土石混合料因雨水入浸呈饱和状，此后，填料中的水分逐渐挤出路基，竖向土压力又很快下降；随施工进展，挡墙高度增加，竖向土压力也随着增大，外部各种荷载对位于挡墙底部的第一层筋材受力影响较小，竖向土压力在停工期的变化很小。

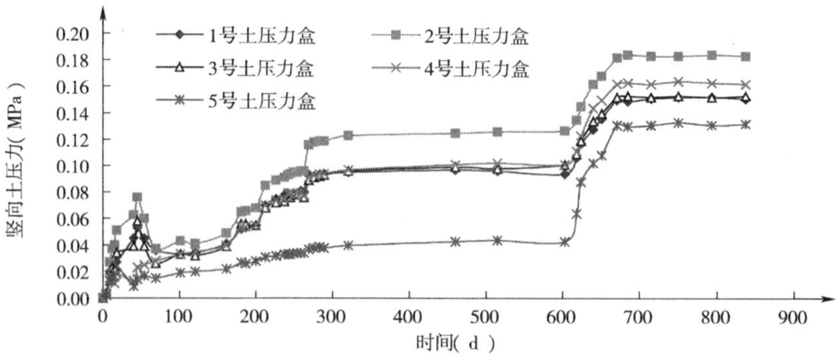

图 7-7　竖向土压力随时间的变化曲线(第一层)

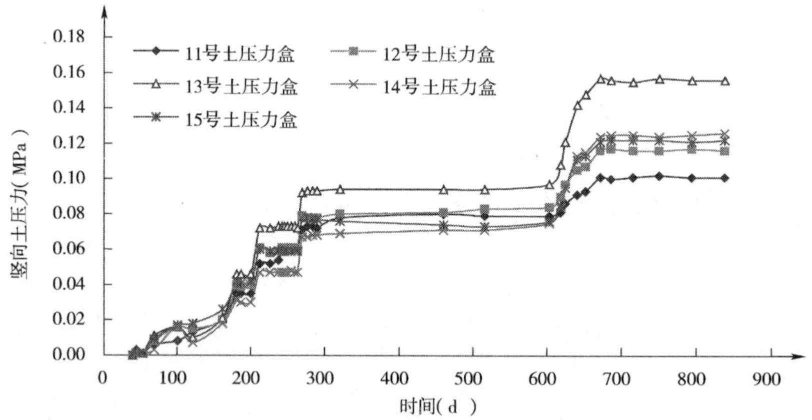

图 7-8　竖向土压力随时间的变化曲线(第五层)

7.2.3　水平土压力分布规律

水平土压力分布规律是加筋土挡墙研究的一个重要内容，国内外很多专家学者对此进行了大量研究，提出各种计算模型，如锚固结构理论、黏结重力结构理论、滑裂楔体法、能量法、剪胀法等。但这些理论和方法都是基于简单面板形式(如直立式、倾斜式)的，对组合式面板加筋土挡墙水平土压力的研究还很少。

图 7-9 为加筋土挡墙墙背水平土压力随挡墙高度的变化曲线，图 7-10 为不同墙高的墙背水平土压力分布曲线。分析可知：墙背水平土压力的分布呈高度非线性；水平土压力最大值位置在墙高 1.5m 左右，而不是在挡墙底部，水平土压力的分布模式与朗肯土压力和库仑土压力都有很大的差异；施工期间同一位置处墙背水平土压力的实测值随着挡墙高度的增加而增大，但增大的速率并不相同。

7.2.4　双绞合六边形钢丝网的变形

与土工格栅相比，双绞合六边形钢丝网与填料间有着更好的摩擦、嵌固作用，通过面板墙和筋材转移的土压力可以传递到更广的范围，使其分布更加均匀，提高了结构整体稳定性。

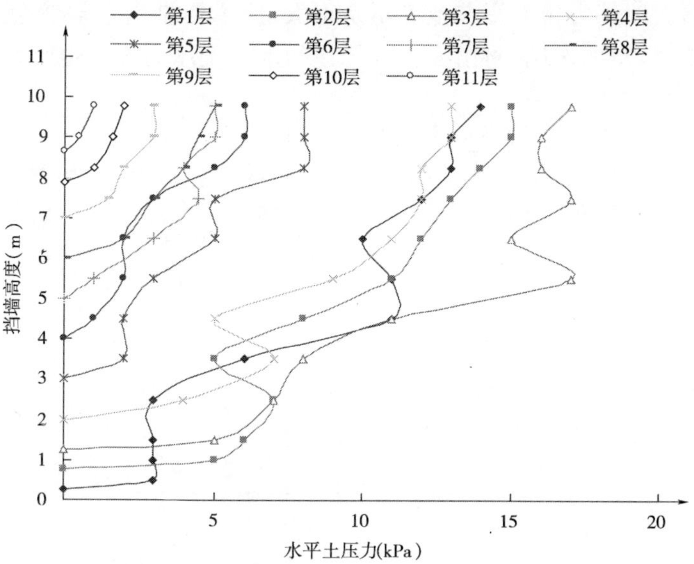

图 7-9　水平土压力随挡墙高度的变化曲线

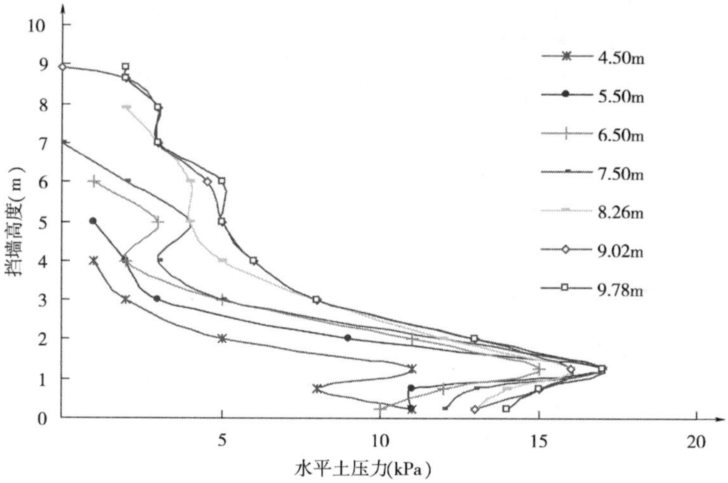

图 7-10　不同墙高的水平土压力分布曲线

图 7-11 ~ 图 7-13 分别是第 4 层、第 7 层和第 9 层双绞合六边形钢丝网的应变随挡墙高度增加的变化曲线。从图中可以看出,各层筋材的应变沿筋材拉力方向上并不是均匀分布的,不同高度筋材的应变分布形式也不相同;筋材的应变主要产生在施工期,3 幅图中的曲线大部分位置都重合在一起,仅在面板附近各曲线的差异比较明显,在水平方向上由外向内,这种差值很快减小了。表明因

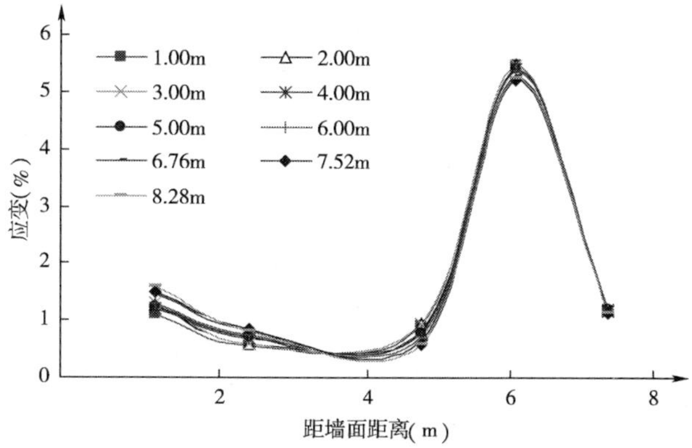

图 7-11　第 4 层筋材应变随挡墙高度增加的变化曲线

挡墙高度增加而增大的筋带拉力影响范围不是很大,这主要是由于双绞合六边形钢丝网与填土间有着很好的咬合、摩擦作用,将由面板墙传递的水平土压力迅速地转移到填料内部。

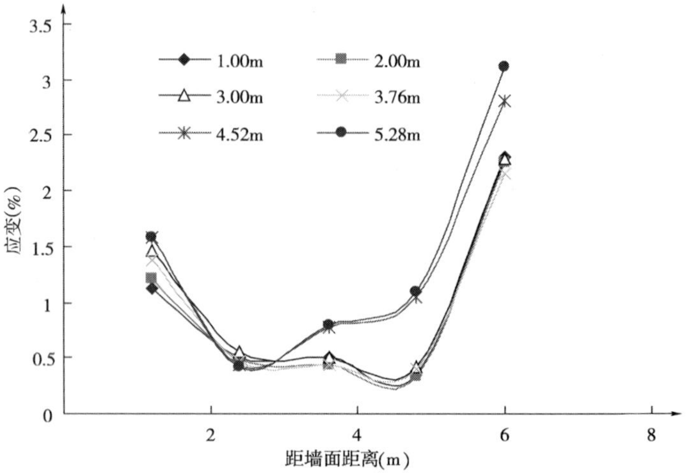

图 7-12　第 7 层筋材应变随挡墙高度增加的变化曲线

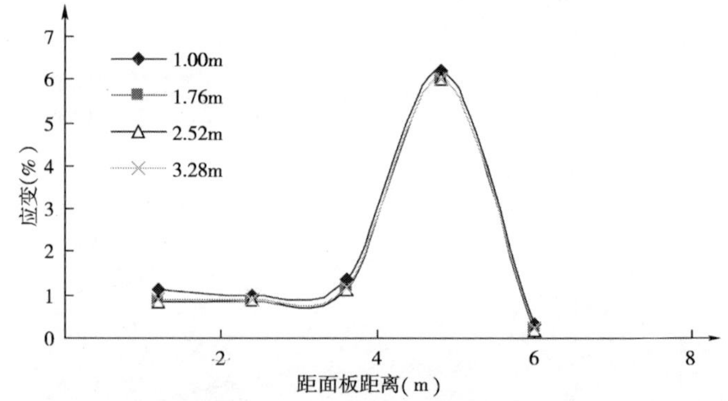

图 7-13　第 9 层筋材应变随挡墙高度增加的变化曲线

图 7-14 ~ 图 7-16 分别为第 4 层、第 7 层和第 9 层双绞合六边形钢丝网应变随时间的变化曲线。可以看出,在筋材埋设后的初期,随着填土高度的填加,筋材的应变迅速增加,但当应变达到一定量之后,其值就基本稳定。这表明筋材的变形主要产生于挡墙的施工期,控制加筋土挡墙变形的关键时期也是在施工期。

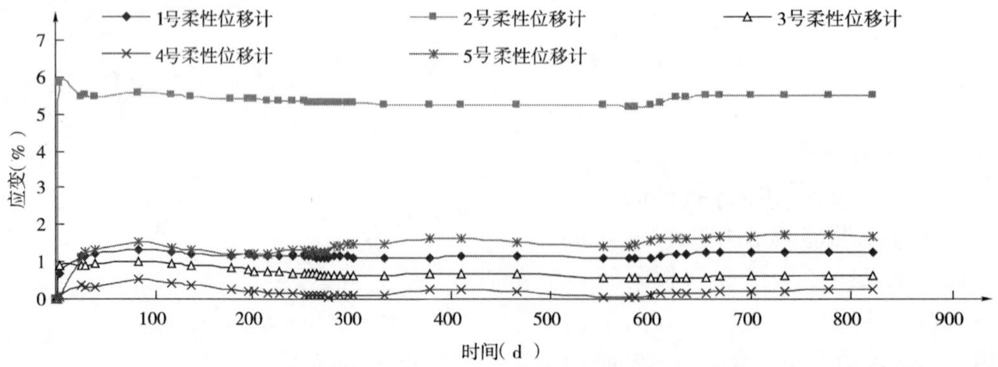

图 7-14　第 4 层筋材应变随时间变化曲线

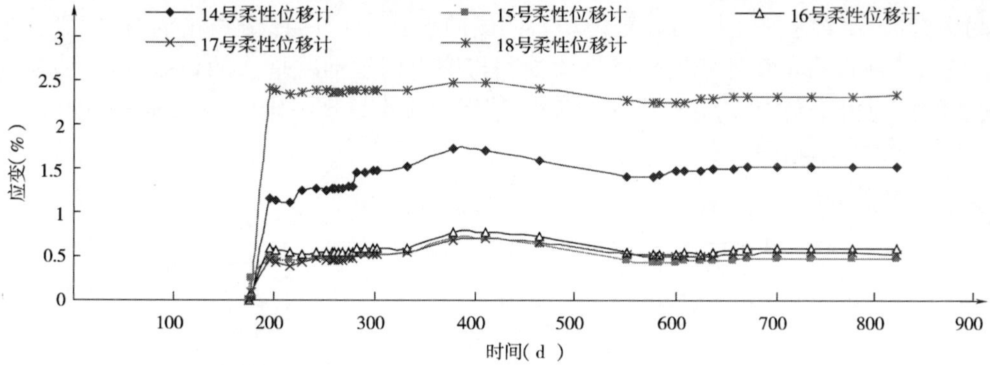

图 7-15　第 7 层筋材应变随时间变化曲线

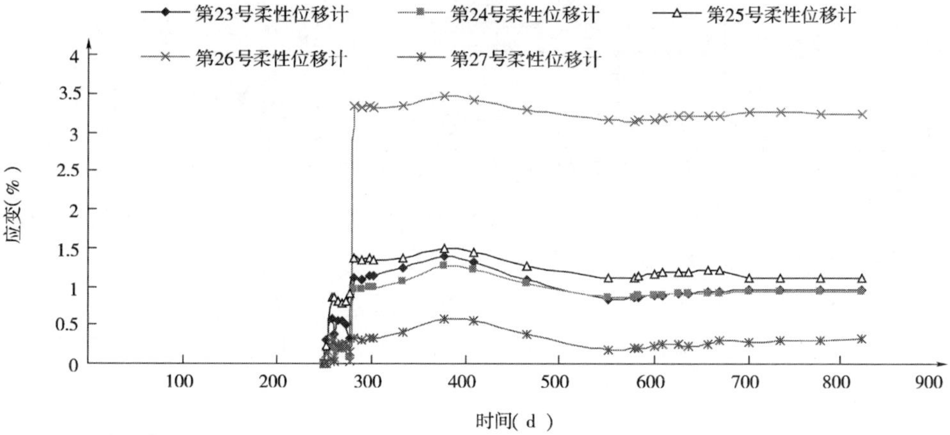

图 7-16　第 9 层筋材应变随时间变化曲线

7.2.5　格宾箱的变形

格宾箱一方面受到加筋土体内侧向土压力的作用，另一方面因为内部充填的是散体状态的块石、砾石，在自身重力和上覆压力的作用下，松散的块石、砾石会对格宾箱产生侧向挤压力，使格宾箱产生变形。现场测试时采用柔性位移计对格宾箱内侧的 4 条棱边的变形进行了监测。图 7-17 和图 7-18 分别为第 4 层和第 7 层格宾箱内侧棱边随填土高度增加的变形曲线。

从图 7-17 和图 7-18 中可看到，格宾箱的变形随填土高度的增加而增大，挡墙下部的格宾箱比上部的格宾箱变形大，第 7 层格宾箱的位置比第 4 层格宾箱要高，其变形也要比后者小；格宾箱顶边的变形要比底边的变形大，图中所示的负应变并不意味着格宾箱的棱边产生压缩变形，而是呈弧形状，如图 7-19 所示。其主要

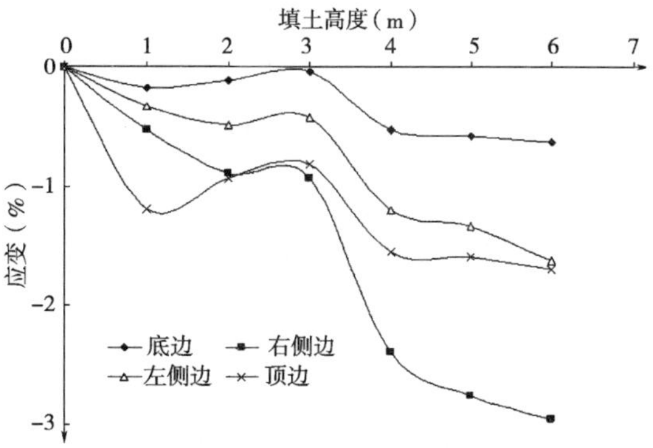

图 7-17　第 4 层格宾箱随填土高度增加的变形曲线

原因是一方面在上部格宾箱和填料的重力作用下格宾箱被压缩，格宾箱的两侧面受压而产生弯曲；另一方面，墙背水平土压力和箱内块石的侧向挤压力作用在格宾箱的右侧钢丝网上，出现“网兜效应”使得格宾箱外侧的4条棱边受到与棱边钢丝轴线垂直的荷载，进一步弯曲。而左右两侧的棱边由于箱内块石充填的随机性，其变形大小呈现一定的差异，但随填土高度的增加其变形的模式基本相同。

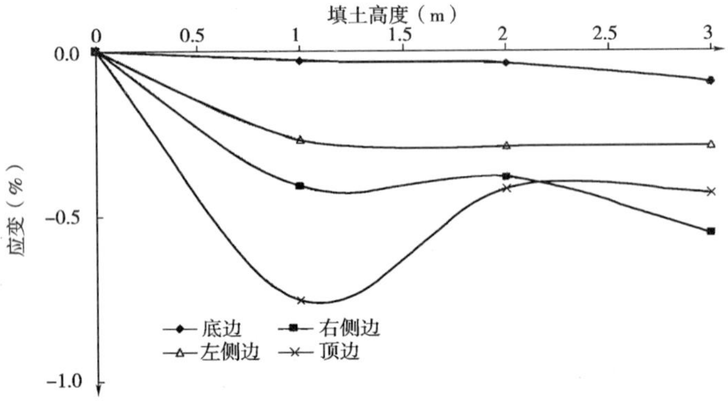

图7-18　第7层格宾箱随填土高度增加的变形曲线

格宾箱的变形是多种荷载共同作用的结果，国内外目前未见相关研究报道。变形监测的结果表明格宾箱的变形并不大，第4层的最大应变发生在外侧边上，最大值小于3%，第7层格宾箱的最大应变发生在顶边上，最大应变小于1%，都远小于双绞合六边形钢丝网筋材的极限应变。图7-20为加筋土挡墙的墙面实景图，从图中也可以看到挡墙面板的变形很小，整体上非常整齐、美观。

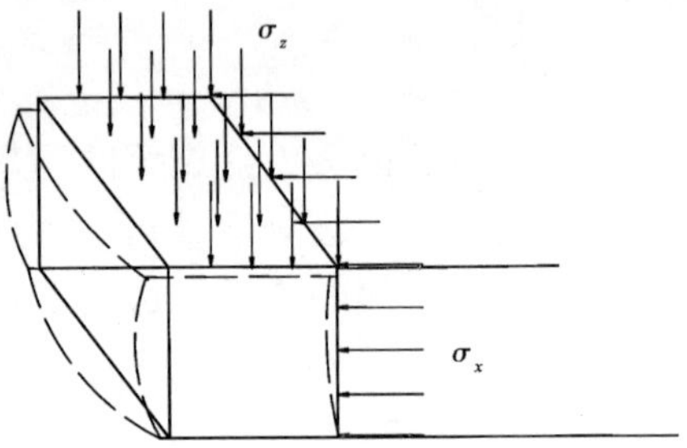

图7-19　格宾箱变形示意图

图7-20　加筋格宾挡墙实景图

7.3　双绞合六边形钢丝网加筋土挡墙施工过程仿真分析

7.3.1　计算模型

现场测试受到多种因素的影响，如仪器在埋设时安装异常、变形损坏、观测时间长、监测仪器失效等，加之埋设的仪器数量有限，对挡墙内部的应力—应变很难有全面的认识。基于此因,本文在现场测试的基础上利用 FLAC 3D 进一步对实体工程进行了数值模拟分析。

考虑到路堤的对称性,建立如图 7-21 所示的分析模型,模型宽 25m,高 16.26m。为了反映地基对挡墙的影响,模型以墙趾为原点,向前和向下各延伸 5m。根据实体工程的地质资料,地基、填料和筋材的力学参数见表 7-2。

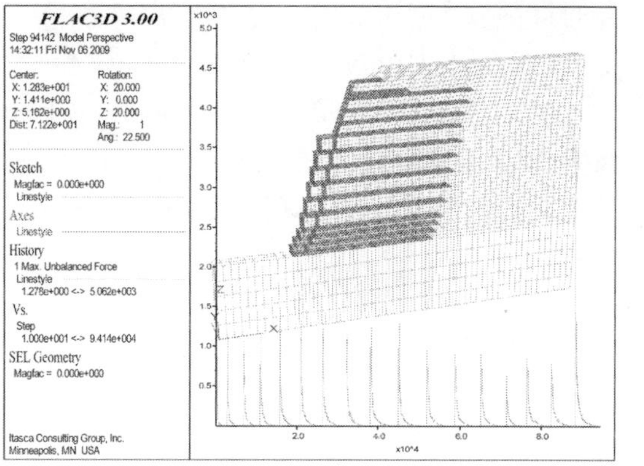

图 7-21　数值分析模型

筋材模拟采用 FLAC 3D 自带的土工格栅单元,筋材之间的连接方式采用第 2 章中所述的方法,土体的本构关系采用莫尔—库仑准则,筋土界面关系采用第 2 章提出的幂函数模型。为了反映施工过程中加筋体内应力—应变的变化,模拟按照施工过程进行,分层填筑,填筑结束后再在路堤顶面施加 20kN/m 的交通荷载,图 7-21 中的监测曲线为最大不平衡力发展过程,反映了整个施工加载过程。

土体力学参数　　表 7-2

参数 \ 土体	剪切模量 (MPa)	体积模量 (MPa)	密度 (kg/m^3)	黏聚力 (kPa)	内摩擦角 (°)
地基	830	430	2 200	25	35
填料	30	9.375	2 000	24.3	33.7
块石	43	3	2 700	0	43

7.3.2　结果分析

(1)加筋对路堤稳定性的影响分析

采用强度折减法对未加筋与加筋路堤的安全系数进行求解,如图 7-22 和图 7-23 所示。未加筋路堤的安全系数为 1.14,加筋路堤的安全系数为 1.63,可见加筋后路堤边坡的稳定性有了很大提高,也验证了设计方案的合理性。未加筋时,路堤弧形的塑性区从坡脚贯通到坡顶,如果不采取有效的支护方式,将容易发生溜塌破坏。加入筋材后,塑性区的位置发生明显的转移,

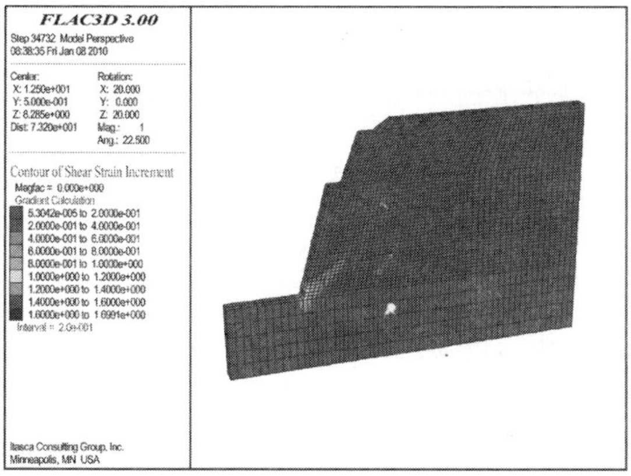

图 7-22　未加筋路堤的剪应变增量云图

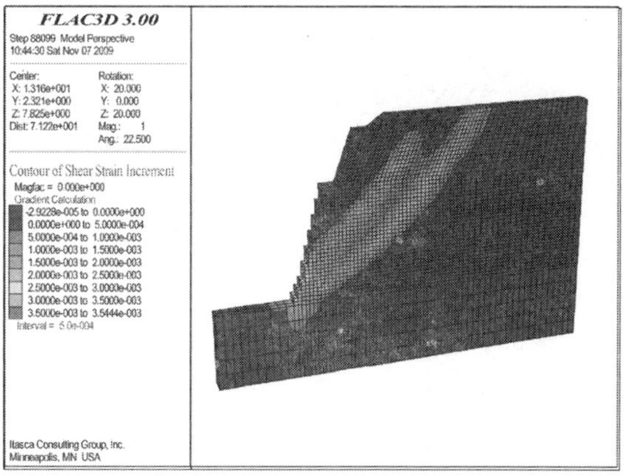

图 7-23　加筋路堤的剪应变增量云图

产生了两条潜在滑动面，主滑动面位于下方，整个塑性区位于路堤的深部，路堤稳定性有了很大的提高。

（2）土压力分析

由图7-24可知，同一位置处的竖向土压力随着挡墙高度的增加而增大；由于倾斜面板的卸荷作用，面板墙近处的竖向土压力较远处的土压力小得多；并且随着挡墙高度的增加，筋材对加筋区内竖向压力分布的影响越明显。

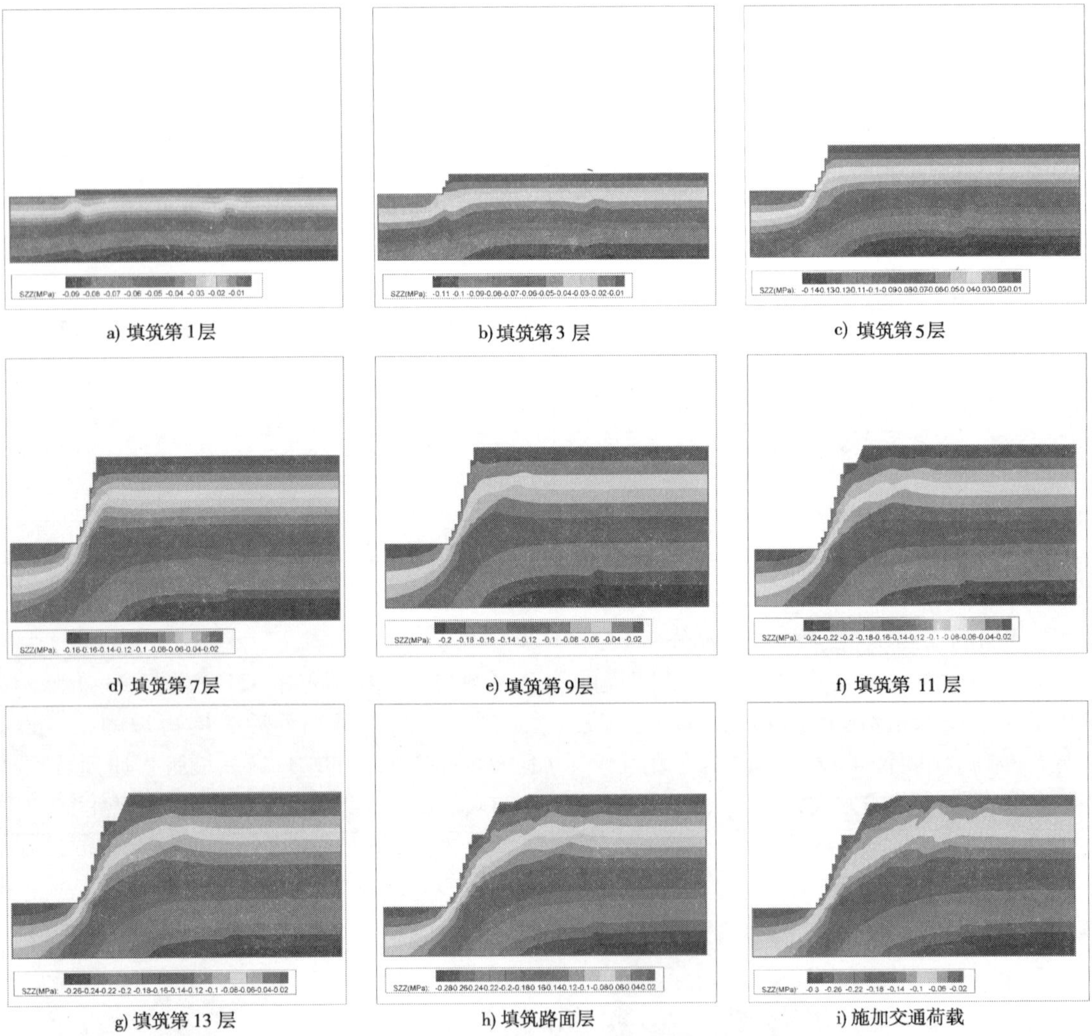

a) 填筑第1层　b) 填筑第3层　c) 填筑第5层

d) 填筑第7层　e) 填筑第9层　f) 填筑第11层

g) 填筑第13层　h) 填筑路面层　i) 施加交通荷载

图7-24　不同施工阶段挡墙内竖向土压力分布云图

为了使模拟结果与现场测试具有可比性，这里采用与现场监测相同位置、相同的指标进行分析。由图7-25和图7-26可知：在加筋格宾挡墙部分，竖向土压力基本上都是随着填土高度的增加相应增大，增大的幅度与新增填土的高度成正比，但在靠近格宾箱面板墙的位置竖向土压力的增幅有所下降，这主要是由于面板墙的侧向位移所造成的；当填土高度达到绿色加筋格宾部分后，挡墙面板倾角变大，在挡墙横断面上竖向土压力的分布更加不均匀，填土高度的增加对面板墙侧土压力影响越来越小，将模拟结果与现场监测结果（图 7-5、图 7-6）对比，可知：模拟结果比现场监测结果稍大，这主要是由于双绞合六边形钢丝网加筋后产生网兜效应改变了竖向应力的分布，减少了由于土体自身重力作用在基底上的竖向土压力[289]，可见基于半无限体地基理论的竖向土压力理论不适用于双绞合六边形钢丝网加筋土挡墙。现场监测和数值模拟均表明竖向土压力的分布与目前规范中采用的线性分布并不相同。因此，在筋材长度设计时应当充分考虑竖向土压力的变化，保证筋材抗拔力的要求。

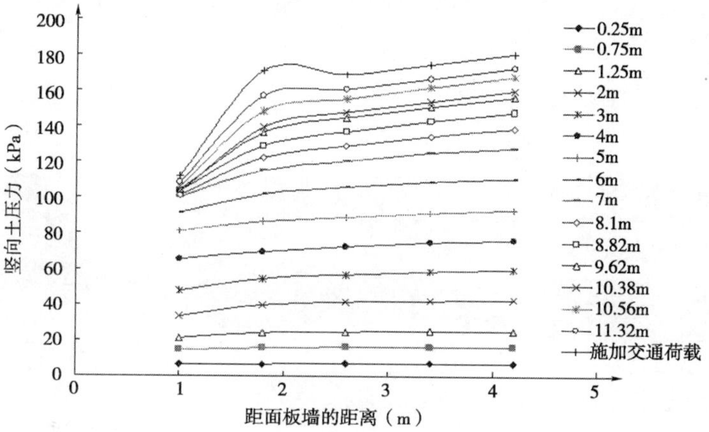

图 7-25　第 1 层筋材处的竖向土压力随填土高度增加的变化曲线

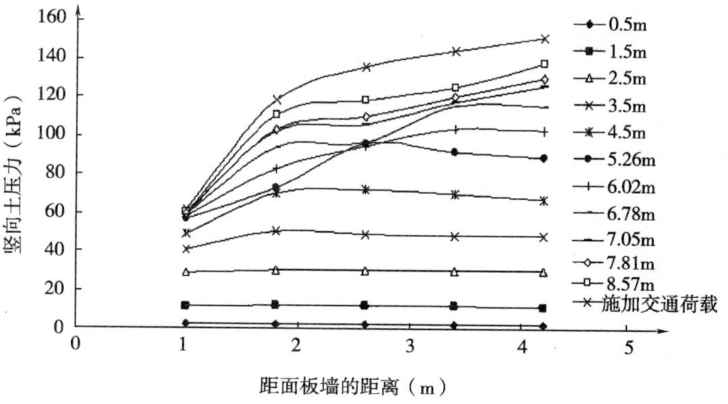

图 7-26　第 5 层筋材处的竖向土压力随填土高度增加的变化曲线

图 7-27 为施工过程中挡墙内水平土压力的发展变化过程。可以看到，随着距面板墙距离的增加，水平土压力的变化较大；面板墙后的水平土压力要比加筋体后的水平土压力小很多；并且随着挡墙高度的增加，差值变大。从图中还可以看到，随着挡墙高度的增加，墙趾前方地基内的水平土压力增加很快。这表明，进行高陡加筋土挡墙设计时一方面要注意墙前地基设计，保证有足够的承载力，另一方面还注意对邻近结构物的影响。

由图 7-28 及现场监测结果（图 7-10）比较可知，两图曲线在分布形态有一定相似。数值模拟基本反映了水平土压力的分布规律；挡墙上部水平土压力两者结果在分布规律与数量大小上相差不大；在挡墙下部，现场监测结果要比数值模拟小，现场监测结果表明最大水平土压力的位置不在挡墙的最底层，而约在第 3、4 层；加筋土挡墙土压力与重力式挡墙土压力的分布有

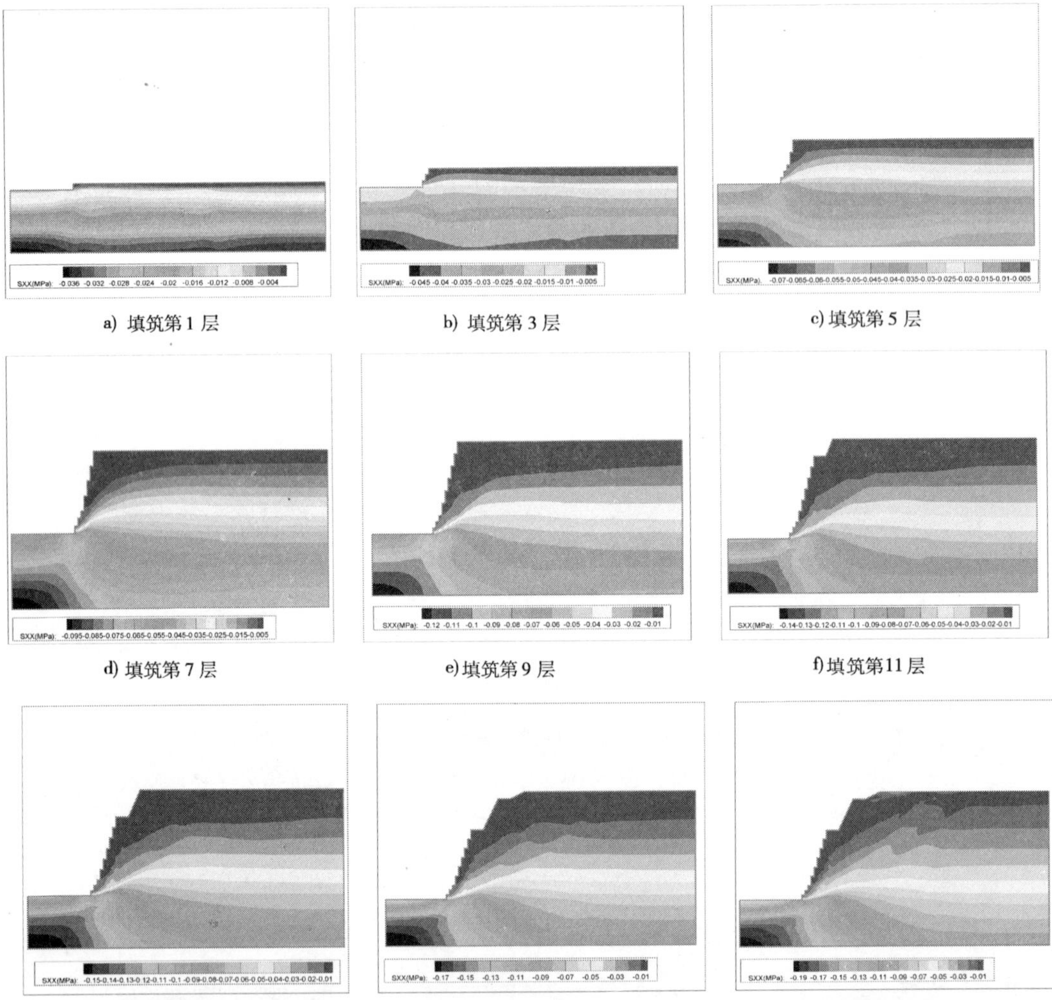

a) 填筑第1层　b) 填筑第3层　c) 填筑第5层

d) 填筑第7层　e) 填筑第9层　f) 填筑第11层

g) 填筑第13层　h) 填筑路面层　i) 施加交通荷载

图7-27　不同施工阶段挡墙内水平土压力分布云图

很大差异，现场测试的结果表明库伦、朗肯土压力理论都不适合。而本文提出的加筋土挡墙主动土压力通用计算公式[式(3-7)]可用于该类材料的加筋土工程。

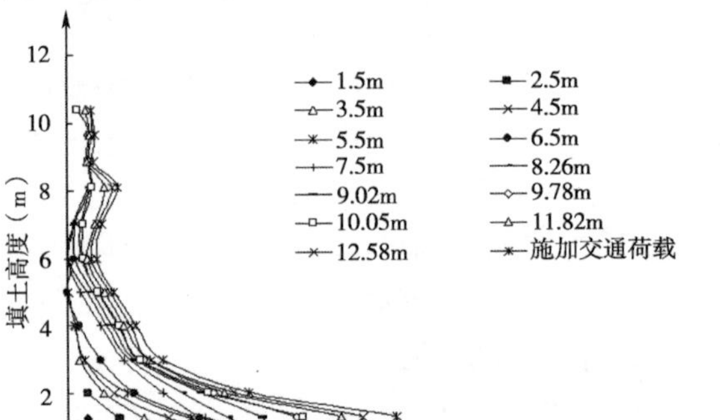

图7-28　水平土压力的变化曲线

由图7-29可知，在墙趾附近存在一个椭圆形的应力集中区，其位置随着挡墙高度的增加逐渐由墙趾的下方转移到墙趾的后方，椭圆的主轴方向也向挡墙内部发生偏转。表明在进行加筋格宾挡墙设计时，墙趾附近的地基应当进行适当的处理。当挡墙填筑到第9层后，面板墙后出现了一个明显的低应力区，并随着挡墙高度的继续增加逐渐变大，并形成两个低应力区，其边界的形态与图 7-24 中的塑性区形态一致，说明挡墙内 *ZX* 方向应力的分布与挡墙的稳定性有密切关系。

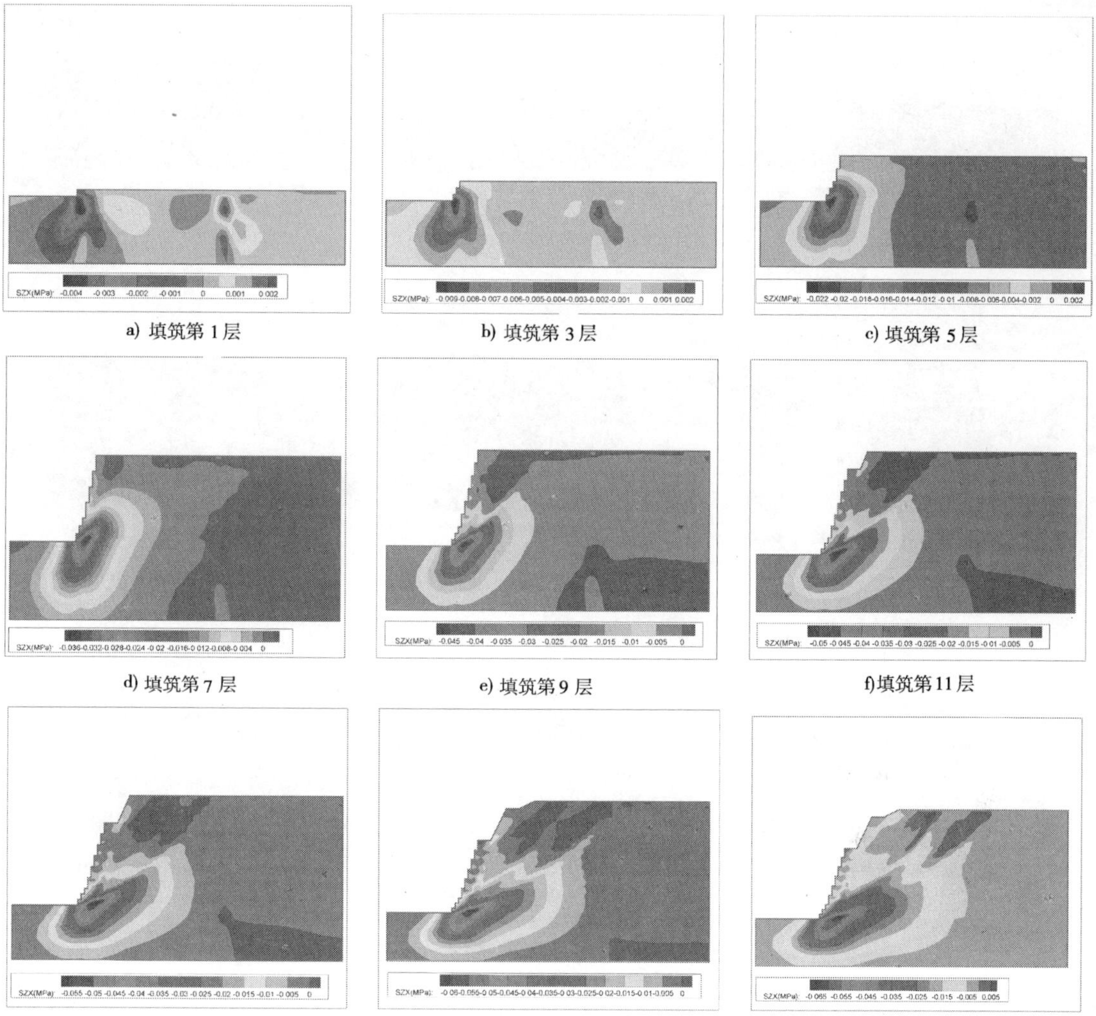

a) 填筑第 1 层　b) 填筑第 3 层　c) 填筑第 5 层

d) 填筑第 7 层　e) 填筑第 9 层　f)填筑第 11 层

g) 填筑第 13 层　h) 填筑路面层　i) 施加交通荷载

图 7-29　不同施工阶段挡墙内 *ZX* 方向的应力云图

(3)侧向位移分析

图 7-30 为施工过程中挡墙水平位移的发展过程。由于是分级加载，每次加载前对上一级荷载所形成节点位移进行了重置，图中的数据仅为本级荷载下的位移值。可见，随着挡墙高度的增加，在面板墙后逐渐形成一个变形楔形体，其区域也随之增大；在新增填土的作用下，挡墙最大水平位移发生的位置逐渐上移。

由图 7-31 可知，实测值比模拟值稍大；挡墙的累积水平变形均呈鼓肚模式，但模拟结果的最大位移发生在 1/3*H* 的位置，而实测值的最大位移发生在 1/2*H* 的位置。分别与图 7-10 和图 7-30i)对比后可以看到，变形最大的层位也正好是水平土压力最大的位置；挡墙累积变形结果与单级荷载作用下的变形结果有较大差异。因此，对加筋土挡墙进行考虑施工过程影响的数

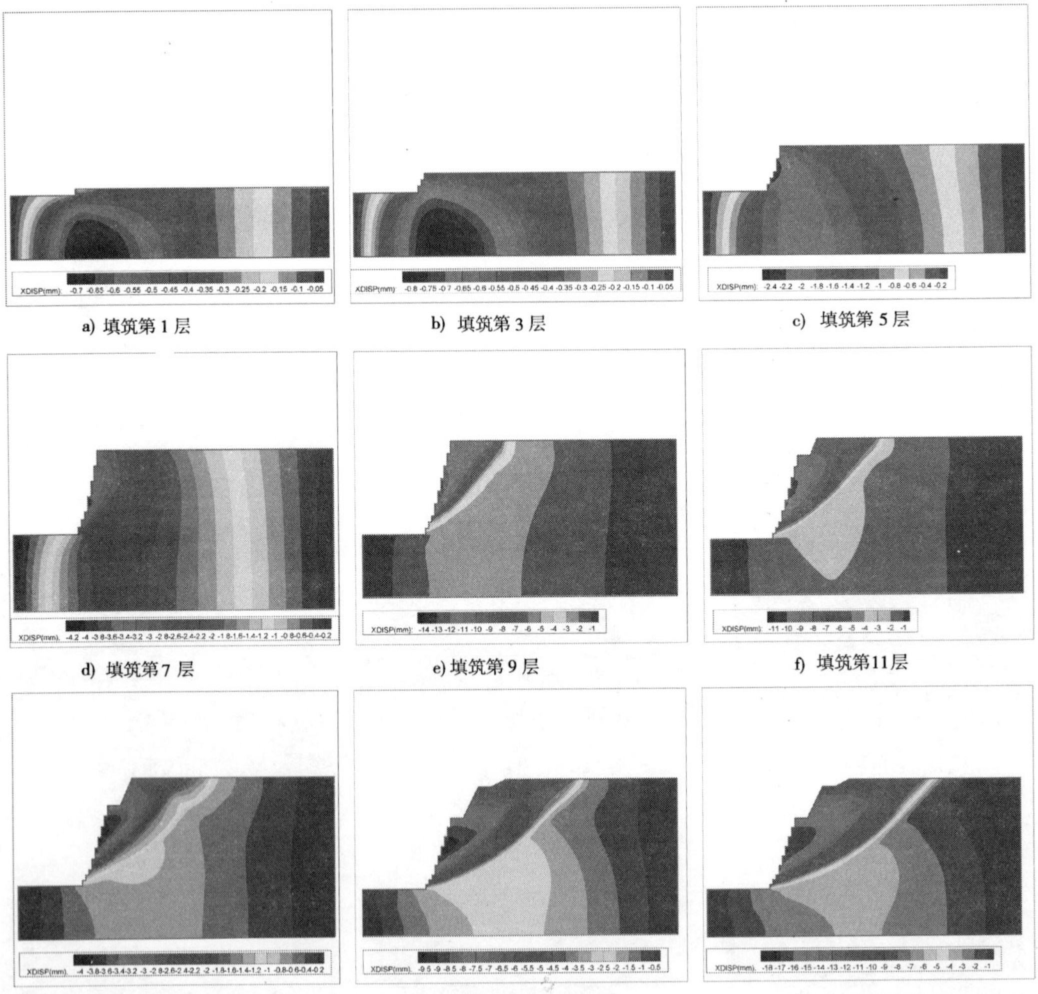

a) 填筑第1层　b) 填筑第3层　c) 填筑第5层

d) 填筑第7层　e) 填筑第9层　f) 填筑第11层

g) 填筑第13层　h) 填筑路面层　i) 施加交通荷载

图7-30　不同施工阶段挡墙内水平方向的位移云图

值模拟时,应当分级加载,以累积水平位移值作为挡墙的侧向变形。

(4)筋带的受力分析

由图7-32可知,随着挡墙高度的增加,同一层筋材受到的拉应力逐渐增大;当挡墙填筑到第9层后,在挡墙断面上逐渐形成一个椭圆形的高应力区,筋材位置越高,最大拉应力的位置离面板墙越远。

数值模拟得到的第4层筋材拉应变随填土高度增加的变化曲线如图7-33所示。与图7-11比较可知:两种方式得到筋材拉应变在距面板墙1~4m的变化模式基本一致,各施工阶段筋材的最大拉应变大小也比较吻合,数值模拟能较好反映筋材的实际工作状态;两者的差别主

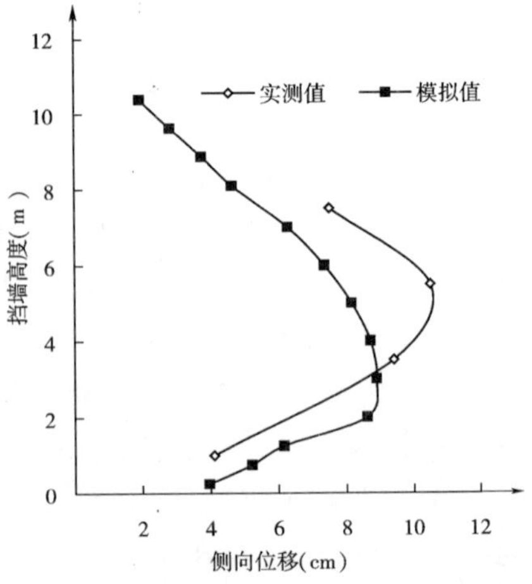

图7-31　模型挡墙的水平位移曲线

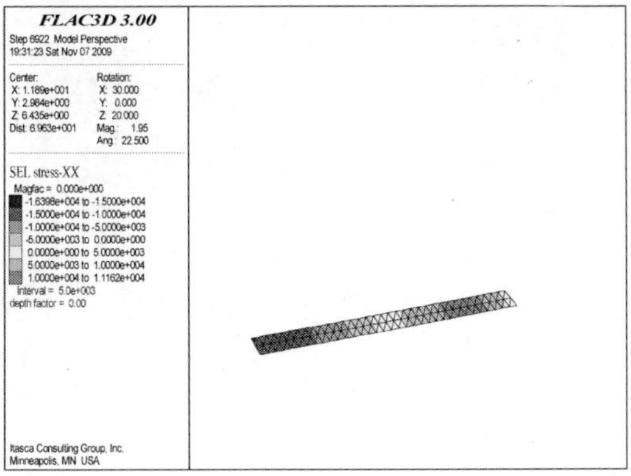

a) 填筑第 1 层

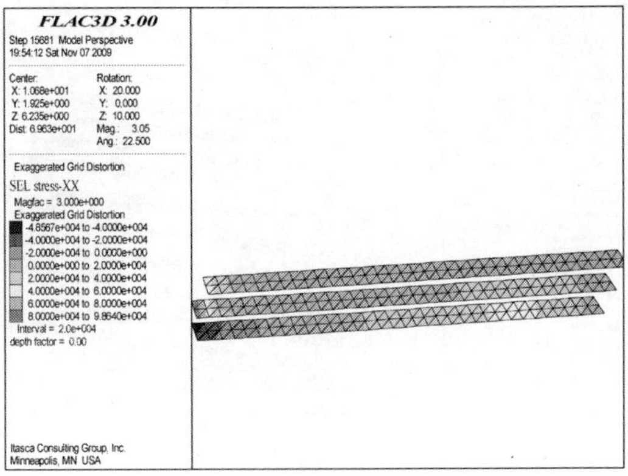

b) 填筑第 3 层

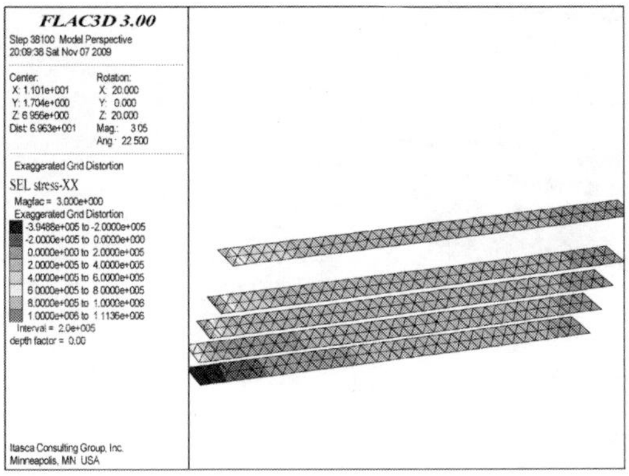

c) 填筑第 5 层

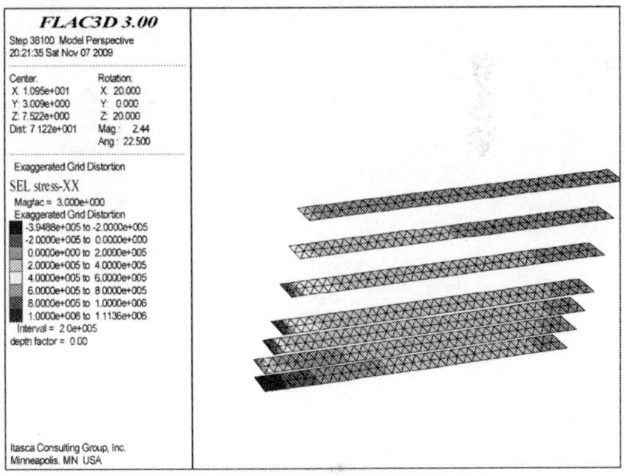

d) 填筑第 7 层

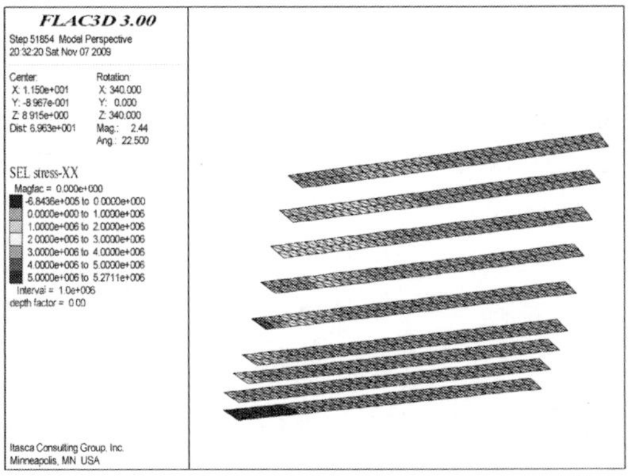

e) 填筑第 9 层

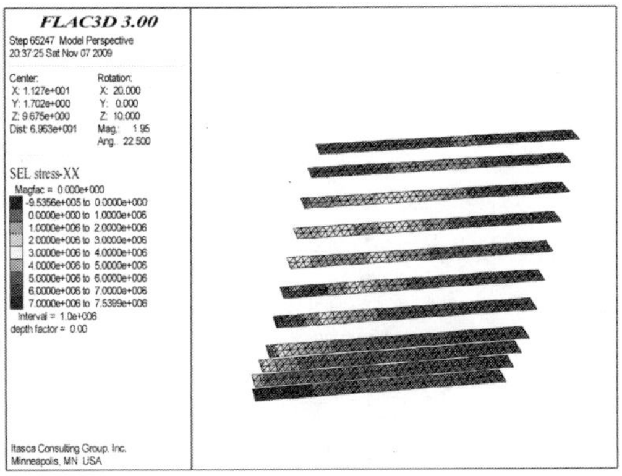

f) 填筑第11层

图　7-32

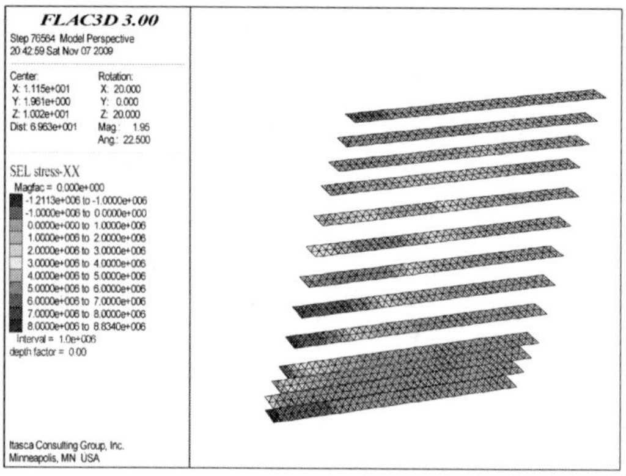

g) 填筑第13层

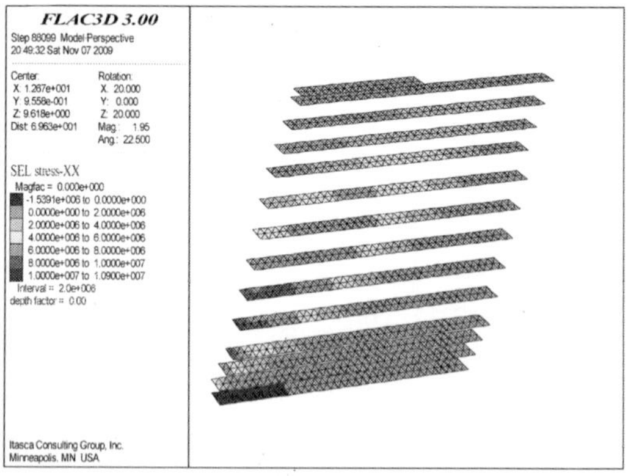

h) 填筑路面层

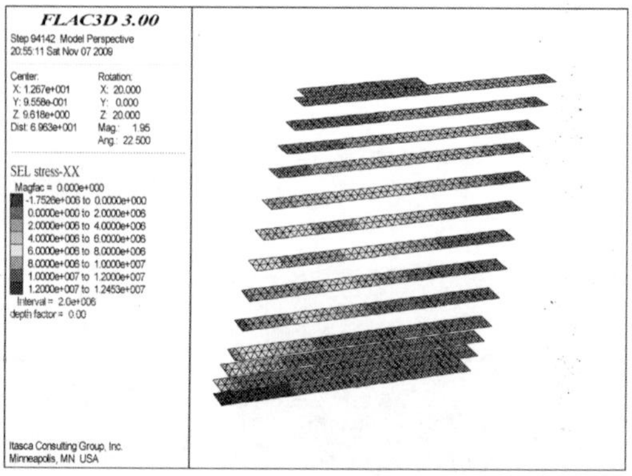

i) 施加交通荷载

图 7-32　施工过程中筋材拉力变化云图

要在筋材4m以后,数值模拟得到的筋材拉应变曲线比较平缓,而现场监测在筋材后半部结果呈"∧"形变化,表明实际挡墙内筋带在这一部分受到了很大的拉应力,但这一拉力不是由面板墙传递的,可能与实际工程中填料的不均匀性、压实方式等因素有关。

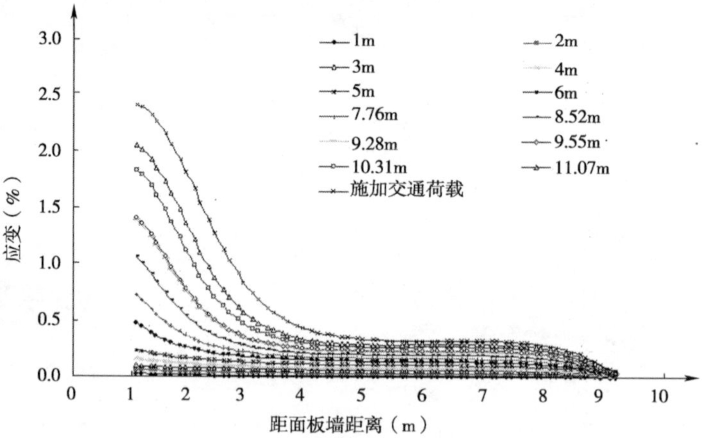

图 7-33　第四层筋材拉应变随填土高度的变化曲线

第4层筋材位于挡墙的下部，作用在第4层格宾箱内侧的水平土压力随挡墙高度的增加变化速率大，筋材拉力增加也很快；由于筋土之间的摩擦、咬合作用，筋材承受的拉应力沿筋长方向急剧减小，当筋材长度超过4m以后，筋材拉应变变化就很平缓了，并且随着填土高度的增加，应变发生急剧变化的筋材长度范围基本不变，这与现场测试结果很接近；第4层筋材最大应变的位置在筋材与格宾箱面板墙连接处，在挡墙顶部施加20kN/m的交通荷载后，第4层筋材的最大应变不到2%，表明实体工程设计方案是安全可靠的。

图7-34为施加交通荷载后，挡墙内各层筋材的拉应力分布曲线。分析可知：各层筋材的拉应力沿筋长方向呈非线性分布，大部分均为单峰形，随着挡墙高度增加，峰值位置逐渐向挡墙内部转移。

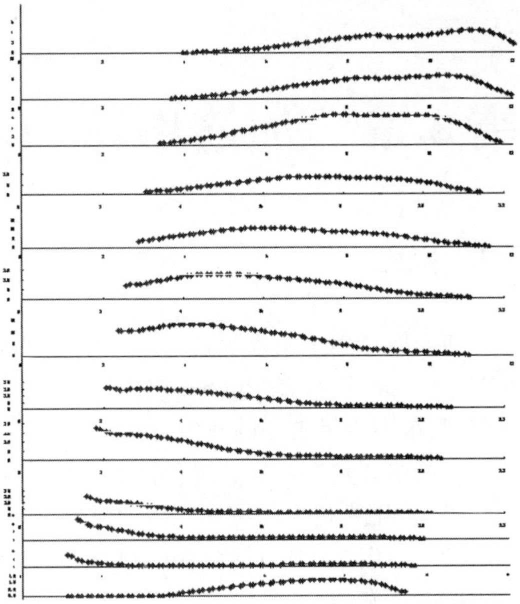

图7-34　挡墙内各层筋带的拉应变分布图

7.4　本章小结

依托潭衡西线高速公路加筋土挡墙实体工程，对双绞合六边形钢丝网加筋土挡墙进行了现场测试研究和数值分析，研究了施工过程中加筋土挡墙竖向土压力、水平土压力、筋材拉力以及墙面变形的分布特征与发展过程。研究结果表明：

（1）竖向土压力随挡墙高度增加而增大。在筋材布设方向上，筋材受到的竖向土压力呈非线性分布；挡墙不同层位加筋填土内竖向土压力分布有一定的差异。

（2）墙背水平土压力分布高度非线性，最大值的位置在墙高1.5m左右的位置，水平土压力的分布规律与朗肯、库伦土压力差异较大。

（3）筋材埋设后，随着填土高度的填加，筋材的应变迅速增加，但当应变达到一定量之后，其值基本稳定。筋材的变形主要产生于挡墙的施工期，控制挡墙变形的关键时期也是在施工期。

（4）在自身重力和上覆压力的作用下，松散的块石会对格宾箱产生侧向膨胀力，使格宾箱产生变形。现场测试结果表明格宾箱的变形随填土高度的增加而增大，挡墙下部的格宾箱比上部的格宾箱变形大，单个格宾箱的变形呈膨胀形，并且上部变形比下部大。

（5）数值模拟基本反映加筋土挡墙在施工过程中的应力—应变变化过程，结构的稳定性分析和施工质量控制可以全过程动态实施。

第 8 章 加筋格宾挡土墙材料耐久性试验研究

8.1 概述

加筋格宾挡土墙双绞合六边形钢丝网筋材是以低碳钢丝为基本材料，钢丝表面进行防腐处理，通常镀锌或高尔凡(5% 铝 - 锌合金 + 稀土元素)并外覆 PVC 膜，采用专业设备编织成受力合理、牢固不易破损的双绞合六边形结构(图 8-1、图 8-2)。

加筋格宾具有良好的耐久性：

(1)采用六边形的编织双绞合丝网防止网格的松散和解体。

(2)采用高尔凡可达到 50 ~ 60 年的结构设计寿命，采用高尔凡并覆塑可达到 100 年以上的结构设计寿命。

(3)回填土体保持良好、自然的整体性。

(4)植被的生长能够进一步提高结构的耐久性能。尽管该项技术在全世界许多国家已经广泛应用多年，考虑到厂家、科研机构、管理单位不同目的与需要，成功与失败案例资料的准确性难以保证，这使得评估加筋格宾材料的使用寿命一直是个有争议的课题。

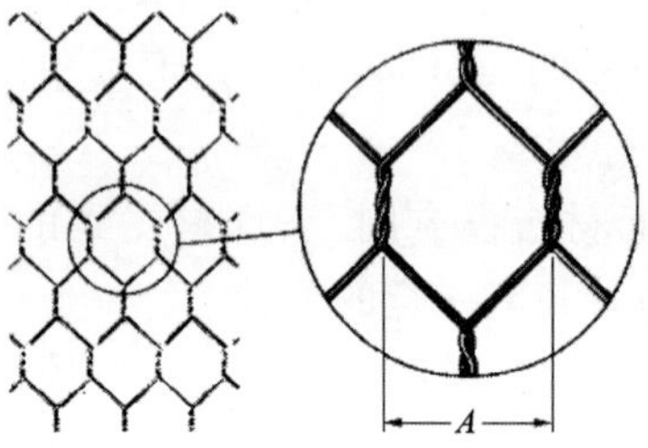

图 8-1 双绞合六边形钢丝网

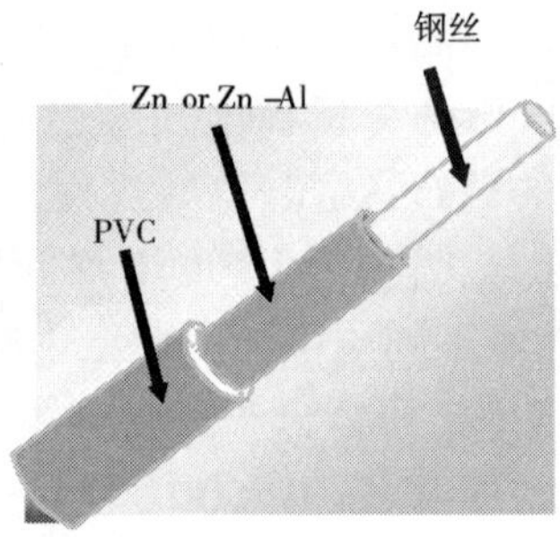

图 8-2 PVC 覆膜高尔凡钢丝

通常情况下，评定 PVC 覆膜镀高尔凡钢丝的平均寿命取决于 PVC 覆膜和高尔凡(或镀锌)的平均寿命。镀高尔凡的最小量是 $230g/m^2$，大致相当于 $30\mu m$ 的厚度，然后再包附不少于 0.5mm 的 PVC 膜。首先 PVC 膜发挥作用，这是阻止任何腐蚀物质与钢丝外表面接触的第一道保护屏障。当 PVC 膜丧失其保护功能之后，高尔凡开始发挥第二道保护屏障的作用。最后钢丝发生作用提供最后一道保护。

由于钢丝和 PVC 覆膜具有不同的线性热膨胀系数，PVC 覆膜膨胀引起其直径增大，可能会造成 PVC 覆膜与钢丝之间脱空，减小覆膜的有效性。此外毛细作用腐蚀、PVC 覆膜老化对钢丝网材料寿命也会产生一定影响。

8.2　PVC 覆膜材料的耐久性

影响 PVC 材料耐久性的因素主要有紫外线、温度、化学腐蚀、施工破坏。PVC 作为覆膜材料暴露在空气中时，主要是紫外线和气温变化对其造成损害；PVC 作为加筋材料被埋在土体中时，主要是氧化作用及化学腐蚀影响其寿命，施工也可能对其造成损伤。评估 PVC 的耐久性时，应立足于其使用领域，一方面考虑它的材料特性；另一方面要考虑施工破坏等偶然因素。

8.2.1　土壤对 PVC 覆膜的影响

土壤腐蚀性情况较复杂，一些对土壤腐蚀性有影响的变量因素见表 8-1。土体电阻率是土壤腐蚀性的重要指标，一般与土体含水率和水中离子种类、浓度有关，随其增加而降低。为了评估土壤腐蚀风险，最简单的方法是建立土体的电阻率与腐蚀性的关系，见表 8-2。值得注意的是，土体电阻率并不是影响腐蚀破坏的唯一参数。具体分析时可根据表 8-1 所列变量因素进行全面考虑。

土体中影响腐蚀性的变量　　表 8-1

变　量	影　　响
水	液态水代表电化学腐蚀反应所要求的基本的电解质
氧浓度	氧浓度随土深度的增加而降低。在中性或碱性土体中，氧浓度对腐蚀性有很重要的影响，因为它参与阴极反应。然而在厌氧条件下，若出现一些微生物（如硫酸盐还原菌），腐蚀性会很高
pH	土体的 pH 一般在 5 ~ 8 范围内，此时一般认为 pH 不是影响腐蚀性的主要变量。酸性强的土壤对建筑材料如钢、铸铁和镀锌覆膜有更严重的腐蚀风险；碱性土壤含有较高的钾和钙，易生成钙质沉积物从而防止腐蚀。pH 的水平还影响腐蚀产物的溶解和微生物的活动
电阻率	电阻率高的土体可降低腐蚀反应
氧化还原电位	氧化还原电位本质上是土体中氧浓度的量度，较高的氧化还原电位表明较高的氧水平
氯含量	氯离子一般是有害的，因为它们直接参与金属阳极溶解反应，还能降低土体的电阻率
硫酸盐含量	与氯离子含量对腐蚀性的影响相比，一般认为硫酸盐对金属材料的腐蚀性要低。但在一定条件下，硫酸盐可转化为高腐蚀性的硫化物，给金属材料带来很多风险
杀虫剂	杀虫剂包括 DDT、艾氏剂等普遍关注的化合物
影响腐蚀的微生物	微生物及其产物的出现和活动影响腐蚀过程。细菌、真菌和其他微生物在土体腐蚀过程中起到很重要的作用，土体中观测到的由于微生物的作用所造成的快速腐蚀失效的实例表明很多金属对微生物比较敏感

土壤电阻率与腐蚀性的关系　　表 8-2

土体电阻率	>20 000	10 000 ~ 20 000	5 000 ~ 10 000	3 000 ~ 5 000	1 000 ~ 3 000	<1 000
腐蚀性	基本不腐蚀	轻度腐蚀	中度腐蚀	腐蚀	高度腐蚀	严重腐蚀

8.2.2　PVC 覆膜耐久性能试验方法

PVC 覆膜材料常规试验可根据《公路土工合成材料试验规程》(JTG E50—2006)、《镀锌钢丝锌层质量试验方法》(GB/T 2973—2004)、《防震锤用钢绞线》(YB/T 4165—2007)中钢丝镀层测试进行,要掌握 PVC 覆膜聚合物耐久性的全部特性还需要进行以下试验:耐磨损试验、损伤试验、热老化试验、盐水喷雾试验、抗酸碱性能试验、硬度和脆性试验。其中常规试验、损伤试验是最基本的,是产品是否合格的重要判断指标,其余试验可作为对比指标测试来进行。

(1)热老化试验

埋在土体中 PVC 膜的耐久性可通过热老化试验进行定量的评估。热老化试验基本按照标准 UL 746B 进行,在逐渐升高的 5 种温度下,进行无应力热老化,最长时间为 5 000 ~ 6 500h。具体做法是:把温度当作变量,选取 3 个不同的温度值,对试样采用传统的 Arrhenius 模型,利用时间和残留强度或延伸率的变化计算降解率。因为实际情况下 PVC 膜会比钢丝网承受更大的应力和拉伸变形,故当材料的延伸率达到 25% 时就认为其已失效。经试验发现 PVC 材料最久可耐受近 2 200h。

暴露在空气中 PVC 覆膜的耐久性可参考标准 ASTM D1499-99 和 ASTM G-23 进行定性的评估。试验方法是把材料放在可调控的测试空间里,在 63°C 的环境下让其接受紫外线照射 3 000h。为缩短试验时间也可采用标准 ASTM D4355,试验过程仅为 300h。

(2)盐水喷雾试验

参考标准 EN 5867,采用盐水喷雾室类型 Weiss S. 1000,对 5 个镀锌钢丝网样品、5 个镀锌和 PVC 覆膜钢丝网样品和 5 个镀高尔凡钢丝网样品分别进行盐水喷雾试验,样品网格类型均为 80mm × 100mm/φ2. 7mm,测试时间分别为 523h、1 008h、1 507h、2 500h、4 000h,氯化钠浓度为 5%,室温 35°C,连续盐水喷雾。在 4 000h 以后也没有发现明显的蚀变现象,验证了氯化钠浓度在 0. 05% ~ 10% 之间时对腐蚀性的影响很小。

(3)渗流潜蚀试验

采用长为 25cm 的 PVC 覆膜钢丝样品,将样品放入 HCl 溶液(50%)的检测管中,温度 18°C,湿度 80%。侵入溶液 12cm,在固定的时间间隔(100h-500h-1 000h-1 500h-2 000h)取出样品,洗刷,移除 PVC 覆膜,测量钢丝腐蚀的程度(图 8-3)。

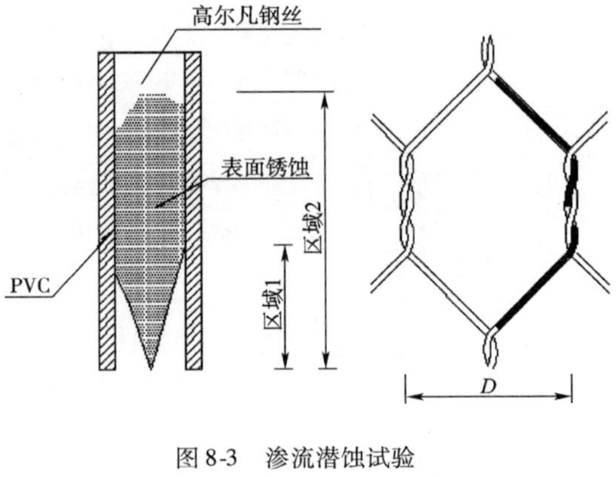

图 8-3　渗流潜蚀试验

试验结果表明,钢丝有两个不同的区域:全部锈蚀区(区域 1),最大侵入长度是 10. 6mm;钢丝和 PVC 覆膜之间发生的浅层氧化区(区域 2),最大侵入长度是 43. 6mm。这说明钢丝只是局部破坏,其物理特性没有受到大的影响。这也证实了加筋格宾材料在 PVC 覆膜擦伤或钢丝断裂破坏的情况下,不会丧失结构的整体性。

8.3　镀高尔凡钢丝及钢丝网的耐久性

8.3.1　镀锌钢丝及其耐久性

首先,镀锌覆膜层能够将钢丝与外部腐蚀物质隔离,达到保护钢丝的目的;其次,在腐蚀反应过程中锌作为阳极,而铁作为阴极,且锌锈蚀产生的氢氧化物和碳酸盐会覆盖在暴露的铁表面，从而阻止腐蚀现象的发生，从而保护钢丝（图 8-4）。

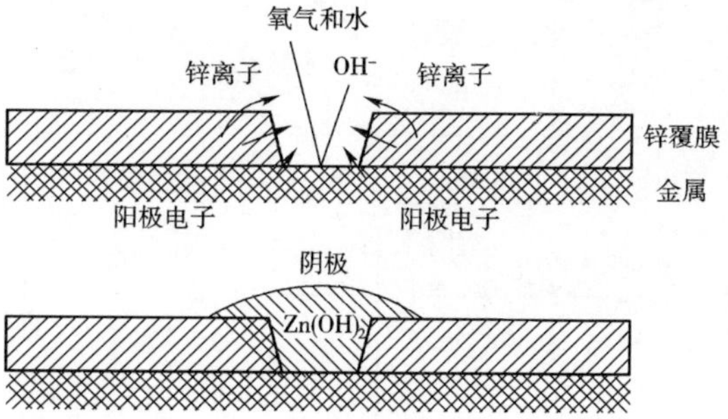

图 8-4　锌覆膜对钢丝的保护

金属的腐蚀率是指在各种外界条件作用下，金属的腐蚀速度。国外试验表明：镀锌钢丝的使用年限主要由气候条件所决定。在干燥气候下，610gr/m^2 的镀锌层能保护钢丝达到 150 年，但在污染的工业发达地区会降低至 5 年。热带干旱地区金属的腐蚀率都很小，而在湿润地区比较严重，但仍然小于工业发达地区。

腐蚀率随暴露时间成线性关系，镀锌钢丝的使用寿命与它的质量成正比，与钢丝直径成反比。镀锌钢丝的耐久性与气候类型和初始氧化腐蚀程度有关。将镀锌钢丝样本暴露在不同的环境中，如农村、工业区和海边以评估其耐腐蚀性。用质量损失［gr/（m^2 · year）］来描述锌的腐蚀，钢丝的腐蚀则采用每年的厚度损失（μm），见图 8-5 和表 8-3、表 8-4。

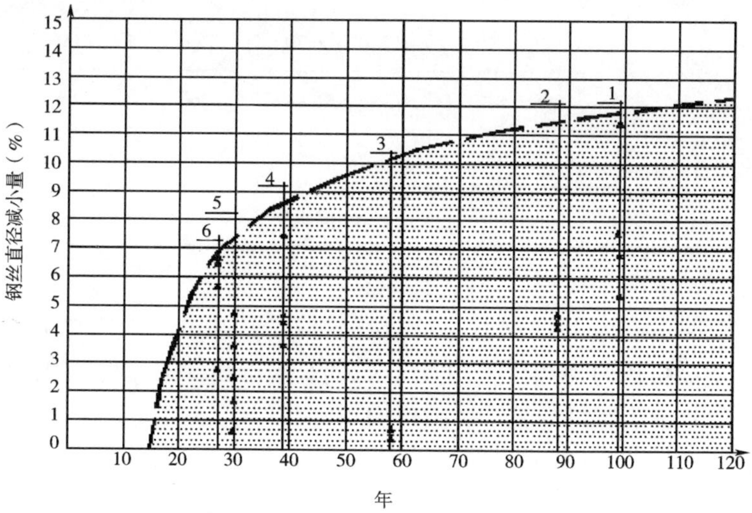

图 8-5　农村环境下镀锌钢丝样品分析结果

农村环境下镀锌钢丝样品分析结果　　表 8-3

地点—建设时间	工作时间（年）	样本编号	初始钢丝直径（mm）	所测钢丝直径（mm）
Casalecchio（Bo）—1894	99	1	3.90，3.90，3.00，3.00	3.67，3.45，2.50，2.58
T. Santerno（Bo）—1906	87	2	3.00，3.00，3.00，3.00	2.85，2.86，2.87，2.87
Marzabotto（Bo）—1935	58	3	3.00，3.00，3.00，3.00	3.00，2.98，2.99，3.00
T. Lavino（Bo）—1954	39	4	2.70，2.70，2.70，2.70	2.57，2.58，2.57，2.57
B. Panigale（Bo）—1963	30	5	2.70，2.70，2.70，2.70，2.70，2.70	2.57，2.60，2.68，2.68，2.65，2.63
Sasso Marconi（Bo）—1966	27	6	2.70，2.70，3.00，3.00	2.62，2.53，2.81，2.83

不同环境下平均每年锌损失量　　表 8-4

国家	工作年限（年）	样本数目	工作类型	钢丝网类型（mm）	初始锌量（gr/m^2）	现存锌量（gr/m^2）	平均每年锌损失量（gr/m^2）
Bolivia	16	1	横向	8×10/ϕ2.35	260	199	3.80
Costa Rica	16	2	纵向	8×10/ϕ3.05	275	170	6.56
Brazil	11	3	重工业	8×10/ϕ2.75	260	161	9.00
Australia	18	4	—	6×8/ϕ2.05	240	169	3.94
USA	27	6	纵向	8×10/ϕ2.95	275	194	3.00
Brazil	14	7	支挡/纵向	8×10/ϕ2.64	260	120	10.0
U.K.	16	9	支挡	8×10/ϕ2.70	260	159	6.31
Brazil	13	10	支挡	8×10/ϕ2.70	260	156	8.00
Brazil	8	12	支挡	8×10/ϕ2.68	260	200	7.50
Canada	25	13	纵向	8×10/ϕ2.76	260	0	10.4
U.S.A.	17	16	纵向	8×10/ϕ2.97	275	246	1.70

8.3.2 高尔凡钢丝

高尔凡是锌(95%)和铝(5%)的合金，再添加少量铈、镧以改进涂覆工艺的可靠性，锌铝稀土组合后，结晶组织更均匀，力学性质更好。铝的金属性比锌强，腐蚀率比锌弱，铝氧化物晶体均匀、稳定、孔较少，具有较好的被动屏障作用；在腐蚀反应过程中，锌作为阳极而铁作为阴极，锌氧化物能覆盖在钢丝表面，能起到保护钢丝的作用。

定义参数 GPR 为厚镀锌覆膜与高尔凡覆膜的锌损失量之比，用来衡量厚镀锌与高尔凡的性能。如图 8-6、图 8-7 所示。可见 GPR 随暴露时间而增加，在 8.5 年时高尔凡的有效性是厚镀锌的两倍，15 年时是 2.5 倍，25 年时是 3 倍，50 年时几乎是 4 倍。试验结果表明：高尔凡的抗腐蚀性随时间逐渐提高。

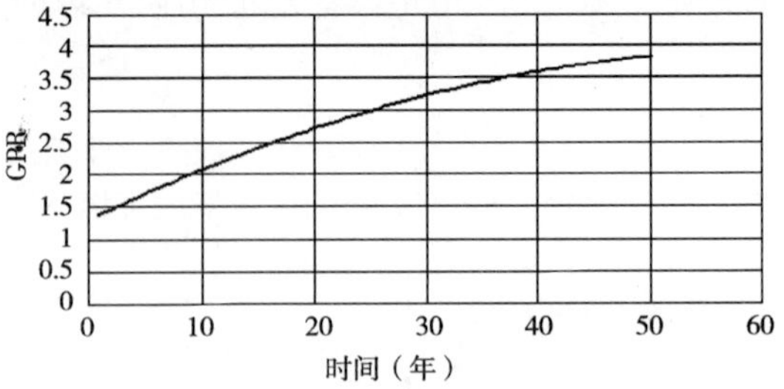

图 8-6　高尔凡与厚镀锌的性能比

8.3.3 钢丝网

可根据《公路土工合成材料试验规程》(JTG E50—2006)采用抗拉强度试验、抗冲荷载试验和抗撕开试验来确定钢丝网的力学特性。国外研究机构对 40 年以上的格宾结构进行了调查，表明一般环境条件对 PVC 覆膜钢丝网耐久性影响不大，对于无 PVC 覆膜的高尔凡钢丝网，可根据最小镀锌覆膜量参考图 8-5 和表 8-3、表 8-4 分析钢丝网的使用寿命。

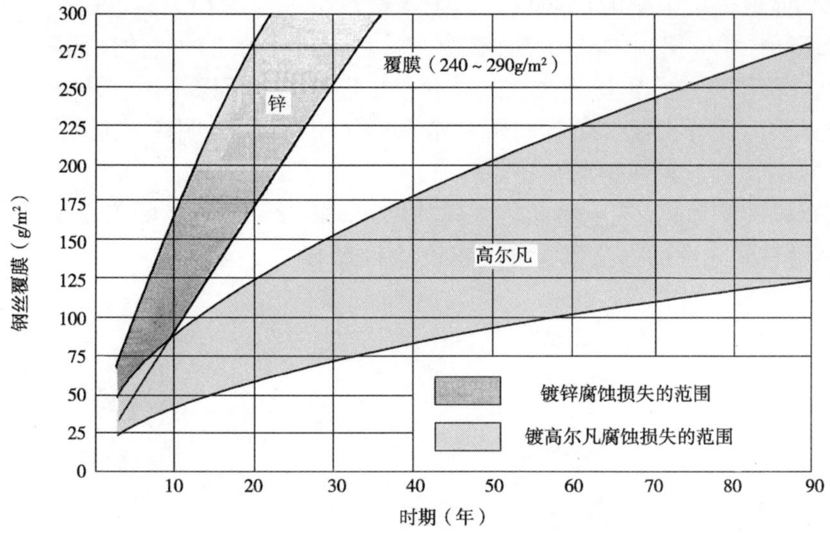

图8-7　高尔凡覆膜与锌覆膜的腐蚀损失对比

8.4　加筋格宾材料的耐久性预测方法

本文采用热老化试验方法：控制烘箱不同温度、特定时间，当强度或延伸率随时间的变化损失达到50%时，视为脆化或丧失功能，得到与所测特性初始值变化量的等温曲线，将结果绘制成Arrhenius曲线，再进行反演，从而计算降解率最终推算出产品的使用寿命，如图8-8所示。

根据AASHTO/Demo 82给出的在非腐蚀性回填土中的腐蚀率，前两年为0.015mm/year，其余年份为0.004mm/year。当镀锌覆膜厚度为0.365mm时，镀锌覆膜寿命为4年；同理，基于热老化试验的结果，可计算得PVC膜在20°C时的有效使用寿命为83年，当采用一个1.2的安全系数，并采用稍低一点的相关系数时，得到的有效使用寿命为69年。

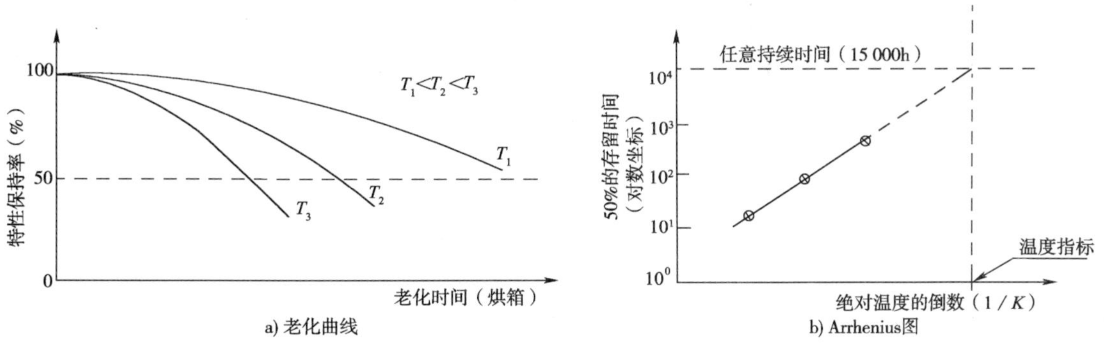

图8-8　老化曲线和Arrhenius图

8.5　本章小结

通过对加筋格宾材料耐久性的深入分析和研究，得出了如下结论：

(1)全面具体地分析了影响加筋格宾挡土墙材料耐久性的相关因素,尤其是土壤特性对筋材耐久性的影响,并依据土的电阻率而建立了一种分析评价土的腐蚀性最简单的方法。

(2)对 PVC 覆膜高尔凡钢丝耐久性的试验方法进行了分析探讨。

(3)通过试验对比分析镀锌钢丝与镀高尔凡钢丝耐久性,表明高尔凡的抗腐蚀性随时间逐渐提高,50 年时达到镀锌保护的 4 倍。

(4)根据现场实测数据,基于热老化试验的结果,采用一个 1.2 的安全系数,提出了一种预测加筋格宾材料耐久性的方法以指导工程设计和施工。

第 9 章　加筋格宾挡墙施工工艺与质量控制

9.1　概述

加筋格宾是加筋土工程的新技术。以冷拔低碳钢丝为基本材质,钢丝经热浸厚镀锌及特殊覆塑工艺表面处理,具有很好的耐腐蚀与抗磨损能力。将这些钢丝机编成网面,再根据其作为结构的用途,制造成不同的产品。其具有刚柔相济性、良好的对地基适应性、良好的抗震性能和抗往复动荷载作用性能,基本不存在蠕变问题。

加筋格宾是一种工厂化产品,面墙与加筋筋带为无节点连接,消除了构件节点易成为结构弱点的毛病,装配式施工,方便快捷,工效高。墙面板厚度通常为 1m(也有 0.5m)的格宾网箱,网箱内充填石块,墙面可以为直立墙,也可为分级直立墙或退台式墙,退台宽度一般为 0.15 ~0.5m,台面和墙面均便于绿化。

9.2　加筋格宾挡墙施工工艺与质量控制

9.2.1　主要施工流程(图 9-1)

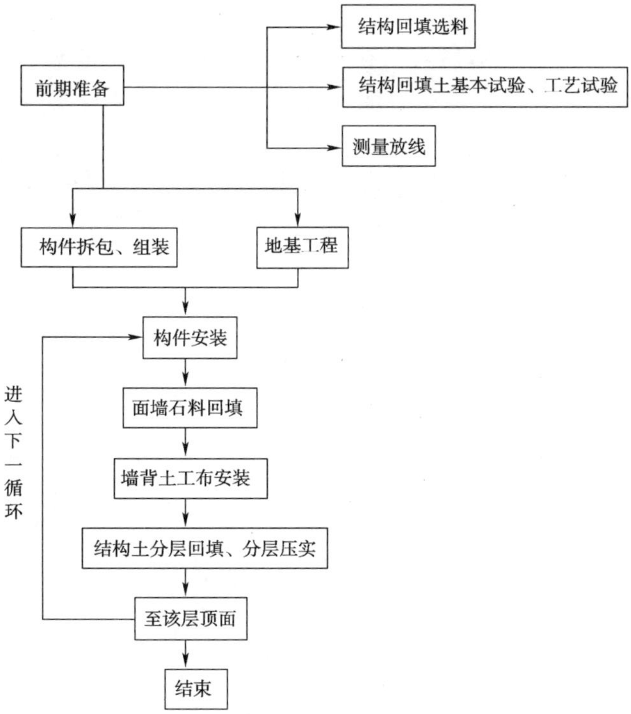

图 9-1　加筋格宾挡土墙施工流程图

9.2.2 施工前期准备

(1)结构回填料的选取

在满足质量要求的前提下,宜就地取材,消化弃方。一般情况下,砂砾土、黏性土、破碎岩石料均可作为结构回填料,基本要求是:易压实,不含腐殖质以及对网面钢丝具有腐蚀性的化学及电化学成分等杂质,硬骨料的最大粒径小于15cm,且超过5cm粒径的硬骨料的总含量不得大于15%;当用于浸水工程环境时,必须采用水稳定性好的,含泥量<1%的级配砂砾石料或硬质岩石破碎级配料以及符合要求的工业渣料。

(2)试验获取填料的最大干密度、最优含水率

施工中应用的填料其含水率应严格控制,其允许为最优含水率的±2%;最优含水率应通过对拟采用填料的击实土工试验获取,同时获取填料的最大干密度指标,作为以后施工质量检验的比对指标。

(3)施工工艺现场试验

在确定填料及压实机械后,宜先在现场进行施工工艺试验,以获取达到设计压实度时,对应所采用压实机械,所要求的压实遍数等施工参数。

(4)测量放线

根据设计图纸,采用测量仪器将施工控制桩、线放到实地,并立桩拉线标志。其精度必须满足设计和规范规定。

(5)地基处理

根据设计要求地基承载力,采取适合可行措施,保证地基承载力达到设计有关要求。

9.2.3 施工组装

(1)将运至工地的加筋格宾构件拆包,在一块相对宽阔、平整的场地上将从捆束包中取出的折叠的单个加筋格宾展开并按折痕组合成使用前的状况,其前面板、侧面板、隔板及背板均应垂直摆放[图9-2a)]。

(2)各相接面板边缘采用专门配备的绞合钢丝按间隔10~15cm单圈缠绕—双圈锁紧间隔绞合[图9-2b)],一次绞合的边缘最长不应超过1m,绞边钢丝的末端应再次缠绕在网面上。

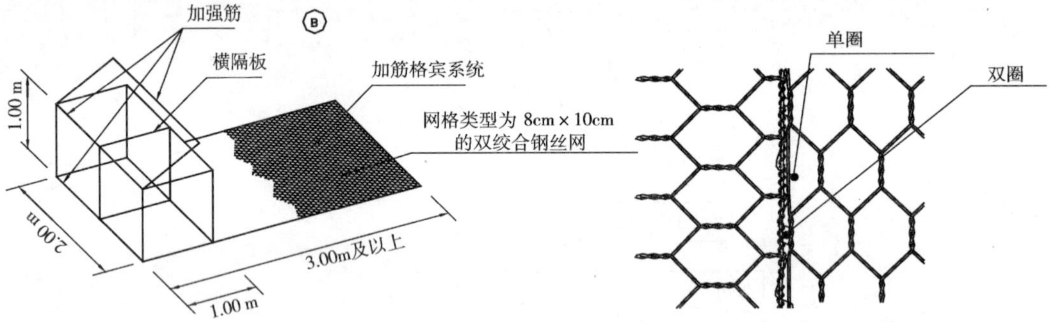

a)组装加筋格宾　　b)边缘绞合

图9-2 加筋格宾组装及边缘绞合

9.2.4 地基工程

(1)开挖地基至设计要求的持力层,并进行地基验收。

(2)将地基表面浮土、滞水、杂物等清理干净，并将表面被开挖扰动的土整平压实。

9.2.5　构件安装

(1)将预先组装好的加筋格宾构件放置在规定的位置，相邻加筋格宾构件面墙的所有相邻边均进行绞合连接，所有的绞合方式均为按间隔 10 ~ 15cm 单圈缠绕—双圈锁紧间隔绞合，使面墙构成一个连续的整体面。

(2)加筋格宾后部的拉筋网面必须完全拉撑，并在尾部按每间隔 1m 以小木桩(或钢筋)固定，相邻幅面间按每米间隔采用绞合钢丝点绞合将两幅拉筋网面连接。

(3)加筋挡墙弧形面墙形式主要有两种，其转折处理方法如图 9-3 所示，相邻单元面墙必须用钢丝紧密连接。

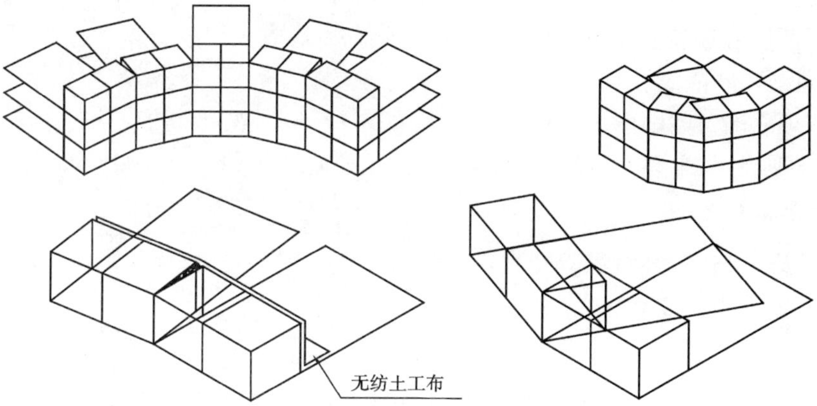

图 9-3　曲线处理示意图

①凹型弧面：面墙紧靠，后端加筋网面就势错开处理。

②凸型弧面：面墙紧靠，后端加筋网面根据面墙情况采用重叠处理。

9.2.6　面墙填石

(1)面墙石料质量要求：用于填充加筋格宾面墙的石料其强度等级不小于 MU30，抗风化，不水解。石料尺寸以 100 ~ 200mm 之间为宜，具备一定的级配，为保证整体效果，本加筋土工程面墙采用干砌片石方法填充格宾笼。

(2)面墙石料装填时，应注意统筹装填进度，应保证在一定长度段内相临加筋格宾面墙中填充的石料高度在装填过程中高差不超过 0.33m(如图 9-4)，以防引起侧边挤压变形，导致以后盖板无法吻合，难以施工。

(3)对于 1m 高单元的加筋格宾构件，每装填完 1/3 高度石料时，在前面板与后面板间加装加强钢丝，其横向间距为 40cm 左右(即 2m 幅宽的加筋格宾，每层加强钢丝数量为 4 根)，以限制面墙变形，保证面墙平整度。

(4)当一层石料填充完毕后，应用人工摆放小粒径填料以减小空隙率，面墙石料的充填率应不小于 70%。

(5)每层构件中填充的石料应超高 3 ~ 5cm，以预留填充石料的一定沉陷。盖板与面墙箱笼顶边应吻合绞接，盖板上突出的边端钢丝应绕侧面板突出边端钢丝缠绕两周，且格宾应与侧面板、后面板及隔板牢固绞合(要求同上，图 9-5)。相邻格宾盖板应同时绞合，且剩余的边端钢丝应折入以完成的格宾内部。

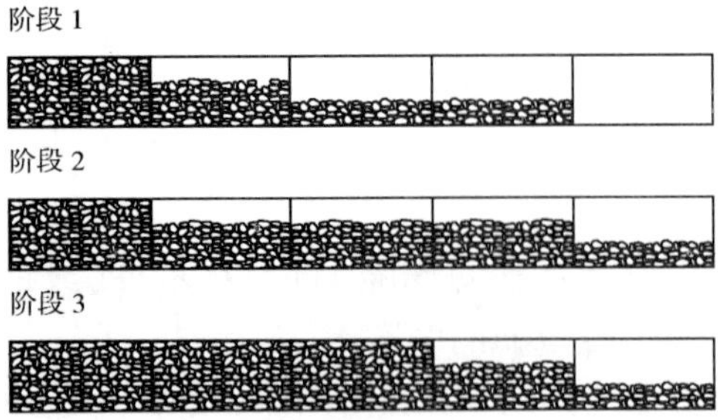

图 9-4　分层装填

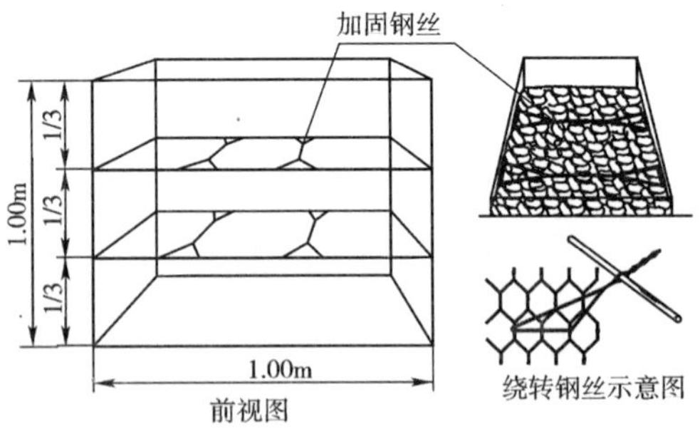

图 9-5　加强钢丝的绑扎

(6)上下两层加筋格宾构件之间，面墙相邻所有边均应采用绞合钢丝按间隔 10 ~ 15cm 单圈缠绕—双圈锁紧间隔绞合。

(7)面墙填石时，应采用一定的临时支撑(如木模、脚手架等)约束构件的变形，以确保施工后的墙体外观规矩、平整。

9.2.7　土工布安装

土工布铺设于格宾面墙背部与回填层间，为保证土工布安放牢固，其在上部及下部各折入压实土中的宽度不少于 300mm。

9.2.8　结构回填

(1)结构回填土料类型、质量指标需在前期准备阶段通过试验确定，其最大干密度、最优含水率、压实工艺方法均应在施工前技术准备阶段获取；用于施工的填料应经过监理的认可，施工时严格按经试验校核的技术参数执行。

(2)在填料未摊铺到拉筋网面上以前，严禁交通车辆、运料机械、摊铺机械和压实机械在裸露的拉筋网面上行使和作业；重型机械在加筋区作业时，加筋网面上填料最小厚度要超出 20cm；即使拉筋网面上有填料保护，摊铺和压实机械也应慢行，不得在加筋区急转弯和急刹车，以免网面错位。

(3)填料的摊铺：填料必须分层摊铺、压实。每层的松铺厚度充分考虑加筋材料厚度为 1m 或 0.50m，以 30 ~ 40cm 为宜，摊铺厚度应均匀，压实后的表面应平整。摊铺宜由面墙向加筋网面尾部顺序为宜。

(4)雨天严禁进行填料的摊铺和压实作业，以免含水率失控造成无法达到规定的压实标准。

(5)填料摊铺表面整平后，宜采用轻型压路机满堂第一遍碾压；当现场作业的压路机为振动式压路机时，第一遍应在不振动情况下进行压实作业。加筋区压实不得采用羊足碾式压路机。

(6)距离面墙 1m 范围内，宜用人工夯实或轻型机械压实，重型压实机械不得在距离面墙 1m 范围作业，以免对格宾面墙挤压造成破坏。

(7)填料碾压时应先从筋带长度的 1/2 处开始，向筋带尾部碾压，然后再从 1/2 处向墙边碾压。碾压时压路机运行方向宜垂直于筋网长度方向，且下一次碾压的轮迹与上一次碾压轮迹重叠的宽度应不小于轮宽的 1/3。第一遍宜慢慢轻压，以免拥土将筋带推起或错位，第二遍以后可稍快并重压。每次应碾压整个横向碾压范围内，再进行下一遍碾压，碾压的遍数以试验确定的遍数为指导，以现场检验达到规定的压实度为控制（图 9-6）。

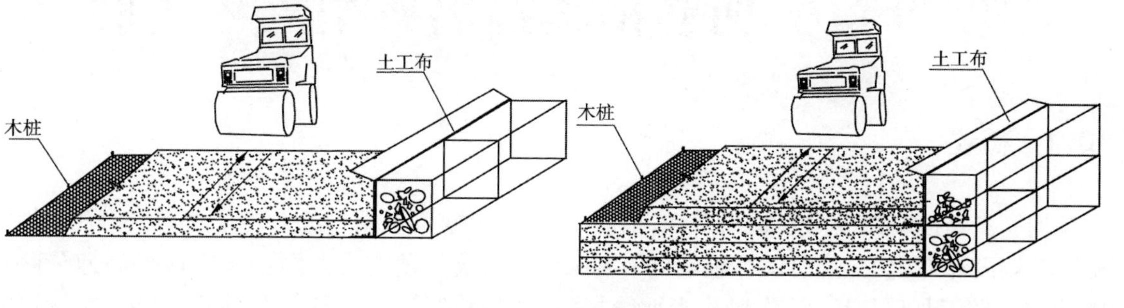

图 9-6　分层碾压示意图

（8）结构填土的压实质量标准：应满足该深度相应的工程主体对压实度方面要求。加筋体每层碾压完成后进行压实度检查。检测点数按每 500m^2 或每 50m 长工程段不少于 3 个点为宜。检测点应相互错开，随机选定，面板后 1m 范围内至少有 1 个检测点（每 500m^2 或每 50m 长）。

（9）施工过程中应随时注意观测加筋土挡土墙的异常变化。

9.2.9　注意事项

（1）应注意加筋体内设置有盲沟或反滤层等疏排水设施或其他预埋设施。

（2）加筋格宾挡墙一般不需要设置伸缩缝、沉降缝，但若墙高突变过大或地基情况突变时，宜在该突变界限处，设置沉降缝，该缝的留取可用泡沫板分隔即可，缝宽 2～3cm。

（3）格宾充填率可采用质量法进行检测。

9.3　本章小结

（1）本章阐述了加筋格宾挡墙的施工工艺与质量控制，可用于指导工程设计和施工。

（2）绿色加筋格宾挡墙施工工艺及质量控制可参考本章进行。

第10章 加筋格宾挡墙典型工程实例

10.1 概述

加筋格宾挡墙在国内起始于2005年，一直无相应规范可循。近5年来，完成30余项加筋格宾挡墙设计与施工，其中较有影响的有：2006年完成了湖南省湘潭至衡阳西线高速公路第12合同段路堤加筋挡墙，结构形式为加筋格宾与绿色加筋格宾，最大墙高11.80m，左侧墙长595m，右侧墙长598m；2008年完成了2个加筋桥台，结构形式为格宾与加筋格宾；2009年完成了山西闻喜至济源高速3A合同段加筋土工程，其结构形式为格宾与加筋格宾，最大墙高8.00m，墙长830m，上部填土高15m，坡比1:1.5。2010年完成了湖南省吉首至怀化高速公路第12合同段复合加筋格宾挡墙，长142m，双级高18.50m。在本章中，对上述加筋土工程采用多种方法对设计与施工进行详细阐述。

10.2 湖南省湘潭至衡阳高速公路加筋格宾技术应用

10.2.1 工程概况

潭衡高速第12合同段K124+300~K124+895路段填高为9~12m，位于衡阳市城市发展规划区域内大面积良田地区。考虑到本路段借方极其困难，经排除设置桥梁构造物及自然放坡两种方案后，最终确定采用红砂岩填筑加筋支挡结构。

本路段微地貌为冲洪积平原。地形平缓，遍布农田、水塘，地面高程一般为54~57m，覆盖层厚8~12m。上部种植土厚度0.2~0.5m，沿线均有分布。其下灰黄、褐黄、黄褐色亚黏土，一般呈可塑~硬塑状，局部软塑状或半坚硬状，厚度一般2.20~6.9m。冲洪积成因。卵石层呈中密状，充填部分粗砂，主要分布于蒸水河北岸处，厚度0~4.7m，局部含漂石。下部为钙泥质粉砂岩。地下水为松散岩类孔隙水，水位埋深一般0.6~3.8m。勘察区地震动峰值加速度小于0.05g，地震动反应谱特征周期小于0.35s，对应于地震基本烈度小于Ⅵ度。

10.2.2 计算参数

本结构在国内应用尚属首例，其主要工程难点有：

(1)红砂岩脱水易崩解、浸水易软化的工程特性，作为路堤加筋填料的研究。

(2)填料与钢丝网面拉筋的共同作用机理研究与应用，设计计算相关参数的选取。

(3)施工质量的控制。

为解决上述难点，进行了红砂岩填料系列试验，完成了加筋格宾极限强度、全应力—应变曲线试验、红砂岩填土拉拔试验、界面摩擦试验、格宾的耐候性(大气、水、土壤)试验等室内试验，并修筑了1:2的模拟挡墙，在墙顶满布加载，进行了破坏性试验，测试了挡墙的极限承载力、破坏模式;研究了墙面侧向变形量随墙顶荷载增加的变化规律与筋材内部应力、应变随墙顶荷载增加的变化规律;填土内部不同水平位置、竖向位置点的土压力随墙顶荷载增加的变化规律。通过这些试验与研究,确定相关指标如下。

(1)地基岩土力学指标(表 10-1)

地基岩土力学指标 表 10-1

指　　标	湿密度(g/cm^3)	黏聚力 C(kPa)	内摩擦角 φ(°)
亚黏土	2.0	30	14
泥质砂岩	2.2	100	35

(2)红砂岩填料

通过现场 10 组红砂岩土石混合填料体的现场水平推剪试验研究,得出填料体抗剪强度平均值 $c=24.3$kPa、$\varphi=33.7°$。考虑现场填料实际施工情况,计算中填料采用综合内摩擦角为 $\varphi_D=37°$,湿密度 $\gamma=2.1g/cm^3$。

(3)格宾材料规格与指标

低碳钢丝抗拉强度大于或等于 350MPa,延伸率大于或等于 10%;最小镀锌量 $245g/m^2$;网格型号 8cm×10cm,钢丝网面抗拉力大于或等于 50kN/m;拉拔试验结果见表 10-2。

拉拔试验结果 表 10-2

钢 丝 直 径	2.2mm	2.7mm
黏聚力(kPa)	10.9	9.3
内摩擦角(°)	25.3	16.4
似摩擦系数 f'	≥0.47	≥0.29

10.2.3 计算分析

加筋挡土墙的设计,北美和欧洲流行着许多以后张契体法为核心的不同方法,这些方法均以极限平衡理论为基础。代表性方法有:Koerner 提出的模型化的 Rankine 方法;Federal Highway Administration 方法,简称 FHWA 法;National Concrete Masonry Association 方法,简称 NCMA 法;此外德国研究所的 DIBT 方法在我国也应用较多。

本组合结构实质上是网状加筋土结构。但是,目前对网状加筋土支挡结构设计理论的研究还比较肤浅,尚未形成一套完整的设计理论,工程设计缺乏科学的理论指导,基于此因,本文在 5.2 节对设计理论与计算方法做一些探索与突破,并利用该方法编制了程序 GBDQSJ。以墙高 11.80m 的 K124+340 断面为例分析计算如下。

(1)外部稳定性分析

外部稳定性计算是假定加筋范围内的土体为刚性体,可视为重力式挡土墙进行抗滑稳定验算、抗倾覆稳定验算、地基承载力验算、整体稳定验算,如图 10-1、图 10-2 所示。

(2)内部稳定性

内部稳定性计算是根据加筋体内部的两种破坏模式进行,包括网材的抗拉强度验算与网材抗拔出验算两部分。本文采用接近楔体平衡分析法中朗金理论的破裂面,美国的 FHWA 和 AASHTO 两个机构也推荐采用朗金理论验算其内部稳定性,这样的假定属于偏安全的,如图 10-3 所示。

程序 GBDQSJ 假定加筋材料与面板是整体的，面板与加筋网片之间的连接强度等同于网片的抗拉强度，将填料视为连续介质；任意加筋体在穿越潜在破裂面时都将提供抗张应力，与加筋单元的刚度值无关。该模型应对每一个加筋单元的最小锚固长度、锚固区域的抗拔力、不稳定土体区域的抗拔力进行检算。

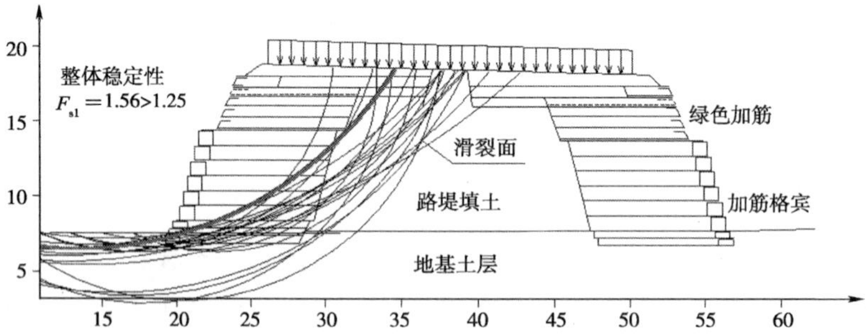

图 10-1　整体稳定性计算（单位：m）

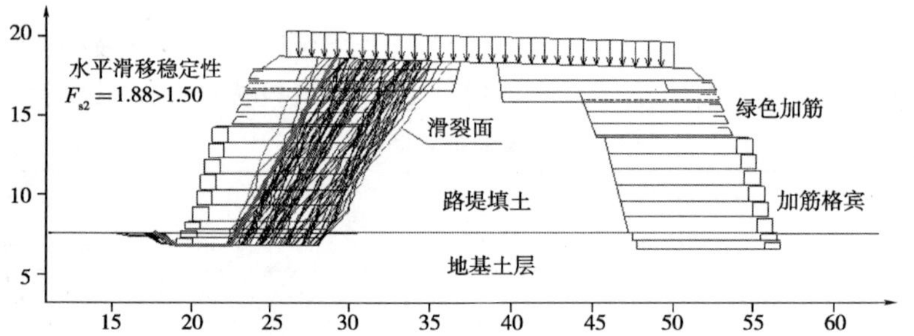

图 10-2　滑移稳定性计算（单位：m）

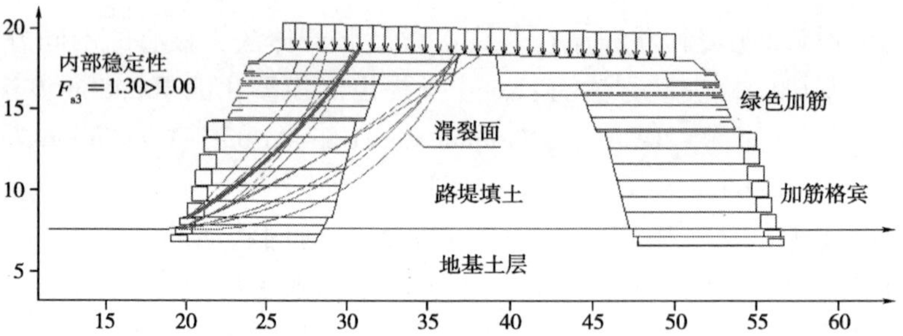

图 10-3　内部稳定性计算（单位：m）

10.2.4　加筋土工程设计

本加筋土挡土墙于 K124 +300 北接中心高架桥，于 K124 +895 南接蒸水大桥，平均挡墙高度 10.0m，最大高度 11.8m。路基左右两侧均设置。在横断面布置上，采用阶梯形断面，视填土高度、基础条件分段进行设计。基底夯实、换填 30cm 碎石垫层，切实保障承载力要求。

为达到整齐、美观、和谐的效果，路基左侧加筋格宾顶高高程统一为 61.72m、右侧为 61.15m，预留 1m 平台后其上设 3 ~5 层绿色加筋格宾；对桥台外墙立面采用加筋格宾与土工格栅形式处理，与（加筋）路堤断面形状保持一致；土路肩种植大叶栀子，种植密度 3 株/m，单排种植；格宾挡墙预留平台基脚种植爬山虎和常春藤各一半，5 株/m，单排种植；护坡道种植棕桐，间距 6m。

全线共采用加筋格宾 73 990m^2，绿色加筋格宾 15 000m^2。采用新型加筋支挡结构，与高架桥方案比较，可节约投资 2 017 万元；与路堤方案相比，节约土地约 79 992m^2（1 亩 =666.6m^2），降低造价 158.56 万元。

10.2.5 加筋格宾挡墙施工工艺

（1）安装、填充与压实

地基处理后，预先安装好的加筋格宾单元应放置在指定位置，相邻加筋格宾单元间应充分绞合以保证构成一个连续的整体结构。用于填充加筋格宾面墙的石头应坚硬，且在暴露于水中时不应发生改变或风化。石头尺寸应在 100 ~ 200mm 之间。

对于高度 1m 的加筋格宾单元，应每次填充厚 30cm 石头，对于高度 0.5m 的加筋格宾单元，应每次填充厚 25cm 石头。每次填充的石头不应超过相邻加筋格宾单元已填充高度 30cm。

在填充面墙格宾时，对于高 1m 的格宾应每隔 1/3 高度在前面板与后面板间加装绑缚钢丝，以增强牢固性。此外，应超填高出格宾表面 25 ~ 40mm，以利于石头的自然沉降。格宾上表面应保持平整，并尽力降低空隙率，同时应保证顶板能够与上一层格宾相连接。

（2）红砂岩填料填筑

在此步骤开始前，应在格宾面墙背部与回填层间铺设土工布，且土工布应在上部及下部各折入 30mm。距离格宾面墙 1m 范围内的回填土压实应采用手动工具以避免对格宾面墙或边坡的破坏。

本节解决了红砂岩作为加筋填料的关键技术，进行了上述结构的外部和内部稳定验算计算，全面阐述了其设计计算方法与施工工艺，工程效果良好，填补了国内公路工程与岩土工程加筋土有关规范空白。加筋格宾挡墙工程实景如图 10-4 所示。

图 10-4 工程实景图

10.3 山西省闻喜至济源高速公路加筋格宾技术应用

10.3.1 工程概况

山西省闻喜至济源高速公路闻垣高速公路 LA3 主线经冷口后上行沿涑水河右侧展线，在 K18 +800 ~ K24 +500（总长 5.7km）的路段与涑水河并行，设寨子、马家庄、木沟梁等大桥高架跨越，其中 K21 +050 ~ K22 +930 段设计为路基。

地基持力层为卵石，$[\sigma_0]$ =400kPa。路基与涑水河并行，其中 K22 +100 ~ K22 +930 段路基占用河道，需进行改河，涑水河 2007 年最大洪峰流量为 394m^3/s，超过该路段涑水河推算百年一遇流量，采用 2007 年最大洪峰流量计算，路基防护的一般冲刷和局部冲刷深度为 3.29m。

经多方技术、经济对比分析，最终确定采用格宾系列成套技术方案如图 10-5 ~ 图 10-7 所示。

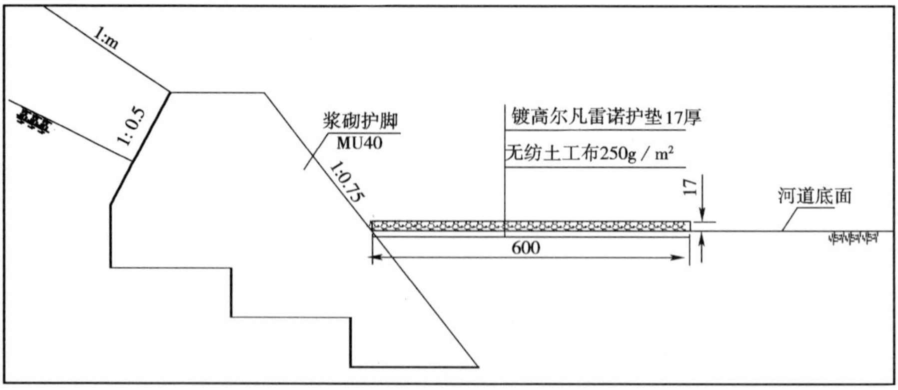

图 10-5　K21 + 050 ~ K22 + 100 左侧路基断面图(单位:cm)

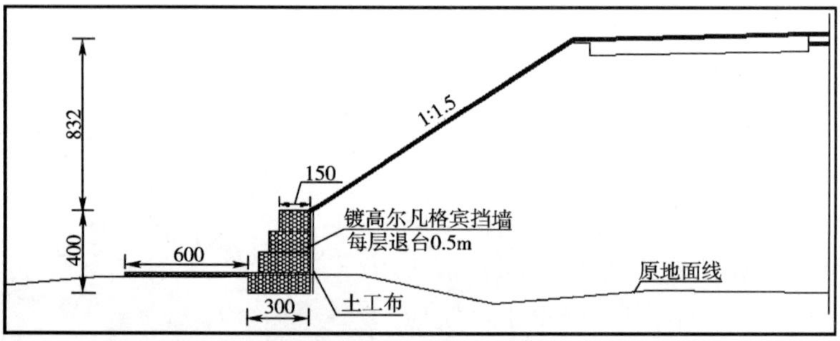

图 10-6　K22 + 100 ~ K22 + 130 左侧路基过渡段设计断面图(单位:cm)

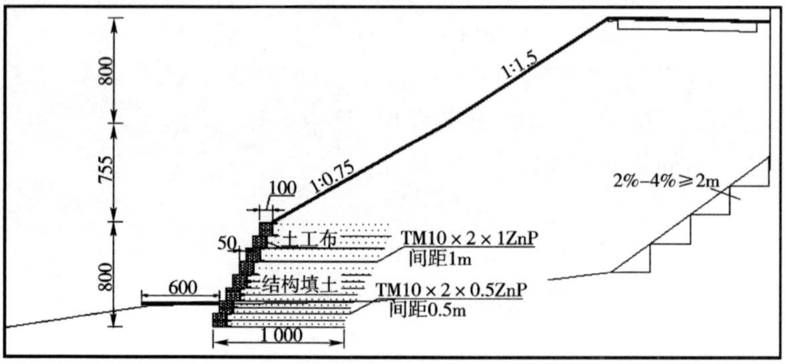

图 10-7　K22 + 130 ~ K22 + 930 左侧路基加筋土陡坡设计断面图(单位:cm)

10.3.2　方案分析

浸水路基的特点是填方边坡和坡脚容易受到水流的冲刷和淘刷;路堤填料受水浸后强度下降;水位骤降,使路堤受到附加的渗透动力压力,以致降低了路堤边坡的稳定性。针对这些特点,结合工程实际进行对比分析。

(1)选用格宾挡墙和雷诺护垫河底护砌所具有的优势

①安全可靠性:格宾挡墙和雷诺护垫护底可以有效地提高构造物的整体性能或牢固性能,能够抵抗不同形式的应力,具体包括弯曲应力、张应力和剪切应力,使得格宾在临河挡墙中应用的安全性得到更好的保障。

②柔韧性:格宾和雷诺护垫能够适应这种地基的不均匀沉降,传统多数采用的是刚性结构(如浆砌石、干砌石等),在地基发生不均匀沉降或水流冲刷情况下,会导致挡墙或者护砌开裂,进而危机结构的安全性。同时能吸收地震的能量,抗震性能好,是其他刚性结构所不能比拟的。

③透水性:格宾填石间的空隙提高了其自排水能力,有效地降低了渗透动力压力,提高了路堤边坡的稳定性,避免了传统结构由于排水孔排水不畅、不及时而危及挡墙安全。

④耐久性能好:采用六边形的编织双绞合丝网防止网格的松散和解体;钢丝采用高尔凡(5%铝-锌合金+稀土元素)和厚镀锌并覆塑防腐处理,通过英国独立国际实验机构BBA的模拟环境试验和对实际工程的钢丝腐蚀量的统计,镀高尔凡和厚镀锌覆塑的钢丝的使用寿命均达到60年以上;植被的生长后根系与石料、土壤等固结在一起,进一步提高结构的耐久性能。这些特性优化了结构的耐用性。

⑤环保性:格宾可以采用河道里卵石进行装填,避免了开山炸石对环境的破坏;格宾面墙表面可以通过插枝、安装土工包等方式进行绿化,有利于生态重建和生态平衡;格宾与植被结合可以有效地吸收噪声,减弱噪声污染,是道路工程建设中平衡工程与环境所需的理想解决方案。

(2)选用加筋陡坡支挡结构所具备的优势

加筋土挡墙除具备上述特点外,同时还具备如下优势:

①减少占地面积:通过修建加筋格宾挡墙收缩坡脚,可以有效地减少对右岸房屋和农田的侵占,具有很大的经济意义。

②施工便捷、就地取材:加筋土的组成构件为面板、筋材、填料,除加筋格宾石笼需采购外,其他石料和结构填土均可就地取材,而且除需压实机械外,施工时一般不需配备其他机械,易于掌握。同时施工效率高,可缩短工期和节省劳力。

③格宾网箱面板和加筋网材是连续生产出来的,为无缝连接,避免了传统加筋土挡墙筋材和面板连接点易成为结构薄弱环节的不足。

④投资低。加筋土挡墙面板薄、基础尺寸小,与重力式挡墙相比,可节省圬工数量95%~97%,造价可比浆砌石挡墙和钢筋混凝土挡墙减小20%~60%以上。挡土墙高度越大,节省资金越多。

(3)经济分析

加筋挡土墙对地基承载性能要求较刚性挡墙要低,只需对表面软弱土清表处理。其基本上没有不可预见费用,同时其与路基填筑一同施工,基本不影响常规施工方法。

本填方路段共约830m,采用加筋土方案将减少占地0.645 5万m^2,减少填方约2.545 3万m^3,减少坡护脚等防护结构2.1437万m^2,再加上减短通涵节余的费用等各项费用,保守估计原方案可省去413.36万元,采用加筋土增加费用350.13万,总体节约费用63.23万元,其综合效益却比一般路堤方案大大提高。

综上所述,就可以预见的一次性投资来说,加筋格宾挡墙方案最少,一般路堤方案相对稍高,浆砌石挡墙方案高出较多;就安全可靠、技术领先、尤其是环保美观及保护资源来说,加筋格宾具有较为明显优势,符合国家对资源与环境保护日益重视的政策。有鉴于此,推荐以加筋格宾挡墙方案作为本路段首选方案。

10.3.3 计算与设计

(1)基本原理

路基填土在自身重力或外力(道路荷载等)作用下易产生严重的变形或倒塌,若在土中沿应变方向埋置筋材(双绞合金属网或土工合成材料),则与土与筋材产生摩擦,使加筋土犹如具有了某种程度的黏着性,从而改良了土的力学特性。其力学原理类似于钢筋混凝土。

(2)模型建立

采用加拿大 GeoStudio 公司的 Slope/w 软件计算该加筋边坡的内部和外部稳定安全系数。按照平面应变问题建立模型,土体单元采用摩尔—库仑材料本构模型。加筋格宾筋材采用 Reinforcement load 功能模拟。同时根据相关文献,不考虑筋材和土之间的相对位移,即认为筋材和土完全位移协调。顶部路面作用 20kN/m 的均布交通荷载。所建立的模型如图 10-8 所示。

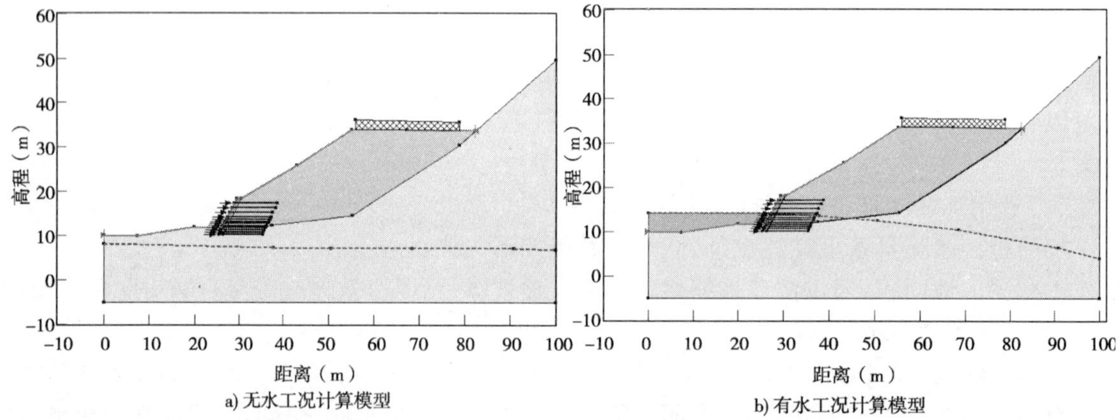

图 10-8 计算模型

(3)物理力学参数

加筋格宾筋材六边形双绞合钢丝网力学参数如下:极限抗拉强度 50kN/m,考虑施工损伤、制造误差以及生物腐蚀对筋材长期抗拉性能的影响,长期设计抗拉强度为 36kN/m。根据地勘资料,各区域土体计算参数的取值见表 10-3。

土体的物理力学参数 表 10-3

材料名称	单位重度(kN/ m^3)	黏聚力(kPa)	内摩擦角(°)
卵石	20	0	35
路基填料	19.5	0	35

(4)极限平衡条分法计算结果

计算结果考虑两种工况:工况Ⅰ——施工完成时,无水工况;工况Ⅱ——正常过水工况,计算结果如表 10-4、图 10-9 所示。

分析计算结果 表 10-4

计算工况	计算结果			
	内部稳定安全系数		外部稳定安全系数	
	计算值	规范要求值	计算值	规范要求值
施工完成(工况Ⅰ)	1.345	1.25	1.397	1.3
正常水位(工况Ⅱ)	1.326	1.25	1.345	1.3

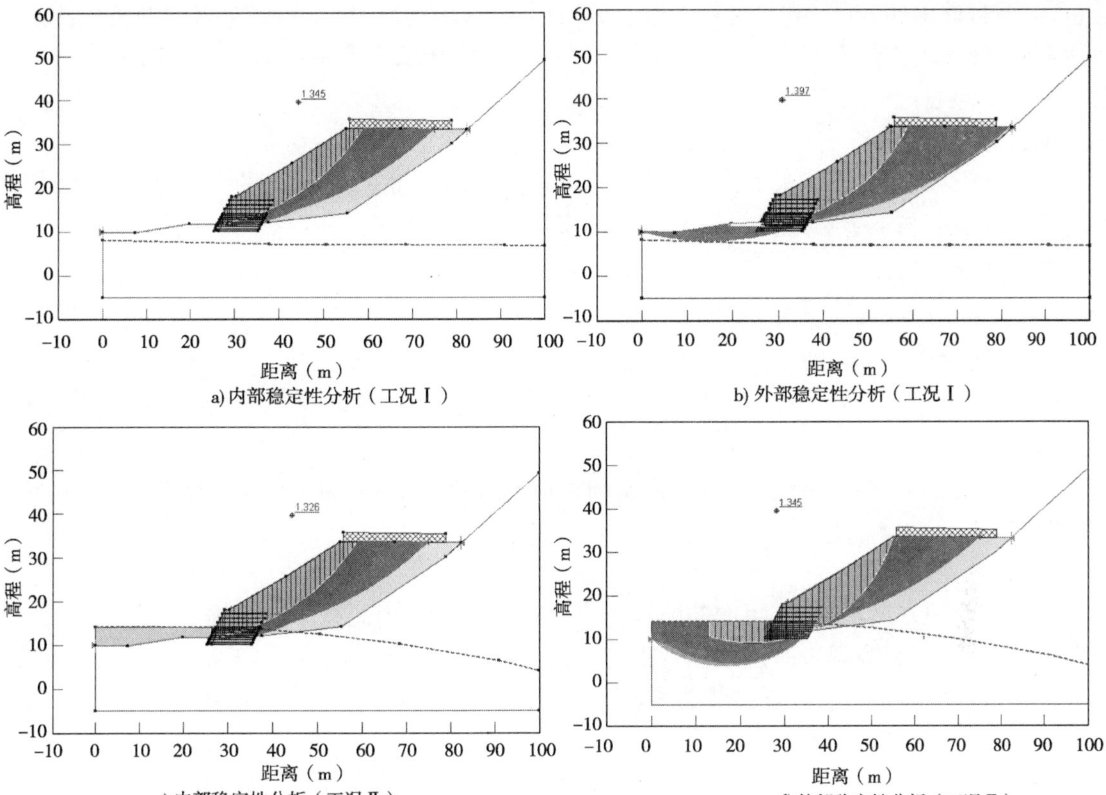

a) 内部稳定性分析（工况 Ⅰ）　b) 外部稳定性分析（工况 Ⅰ）

c) 内部稳定性分析（工况 Ⅱ）　d) 外部稳定性分析（工况 Ⅱ）

图 10-9　极限平衡条分法计算结果

本节通过对山西省闻喜至济源高速公路格宾成套防护结构的介绍、优势分析，再结合极限平衡法对加筋格宾陡坡的稳定性进行分析评价，得出结论如下：

（1）选用格宾成套防护结构适合于在浸水路基防护结构中使用，如图 10-10 所示。

（2）采用基于极限平衡理论，同时考虑筋材的条分法计算复核挡墙的稳定性，从而进一步论证了挡墙的稳定性。

图 10-10　工程实景图

10.4　湖南省吉首至怀化高速公路加筋格宾技术应用

10.4.1　工程概况

吉首至怀化高速公路（第十二合同段）里程 YK77 + 418 ~ YK77 + 560 段采用半填方路基半桥的形式，长 142m。此段工程地处怀化市鹤城区凉亭坳乡斋公湾，交通十分闭塞。位区属于低山丘陵地貌，地形起伏较大，跨越沿线路方向跨越多条山间冲沟，冲沟内顺冲沟方向梯田遍布，附近自然山体较陡，填方路基采取放坡的形式，放坡距离较远，势必会影响到桥一侧桥柱的稳定性，因此填方加高路堤方案不适合。原设计为桩板墙方案，最大高度约 22 m。但该方案存在以下问题：

①造价太高。

②地面横坡较陡，施工极不方便快捷，工程质量难以保证。基于上述情况，高速公路如何通过该段高边坡并不影响旁边的桥梁，必经重新考虑设计方案。

10.4.2 方案比选

(1)桥梁方案

由于桥墩桩基较深，造价过高；施工非常困难；同一桥墩墩身高度差异太大，横向稳定难以保证，方案被否定。

(2)改线方案

考虑改线方案，将公路线位内移，将变动桥位及隧道轴线，增加费用难以估算，改线方案更不合理。

(3)加筋路堤方案

与以上两种方案相比，采用加筋路堤方案合理可行。采用此技术可以提高路堤的坡度，把路堤坡脚内移，不影响旁边的桥梁。首次在山区高速公路中采用高强土工格栅，造价低廉、方法简单易行、处理效果好，加筋路堤方案造价为 200 万元左右，与原方案的 400 多万的桩板墙方案相比，大大减少了工程造价。

在综合考虑了结构安全性要求、施工的便捷性及经济性后，决定采用新型的加筋格宾与高强度土工格栅(Paralink M350)相结合的复合加筋土结构。

本工程的墙型(新型材料的复合式加筋土结构)和墙高均已突破国内现行的公路设计规范，已建成的更为少见。因此，本工程加筋土挡墙在设计上是一次新的尝试。为了安全和稳妥计，在设计中仍遵循 0.3*H* 法，并作以下特殊考虑。

①墙高大于 9m 时，分为上下两级，级间设 3m 宽平台，计算墙高仍采用面墙垂直的总墙高，不考虑级间平台作用。

目前，铁路及公路系统现行规范都对加筋土挡土墙的单级墙高作了明确规定，然而，我国现行的设计规范中都没有涉及台阶式加筋土挡土墙的设计方法。

按照极限平衡理论，墙面板后填土被 2 个平面分为 3 种不同性质的应力区域，如图 10-11 所示。其中，Ⅰ区为主动区，边界线 *AC* 是为了维持结构平衡所需的拉筋最大拉力位置连接而成的平面，即 Rankine 破裂面；直线 *AC* 与水平面的夹角为 $45° + \varphi/2$，φ 为填土的有效内摩擦角。Ⅱ区为过渡区，边界线 *AD* 是理论上的拉筋拉力为零的位置连接而成的平面，直线 *AD* 与水平面的夹角为 φ。Ⅲ区为平面线 *AD* 以下的区域即稳定

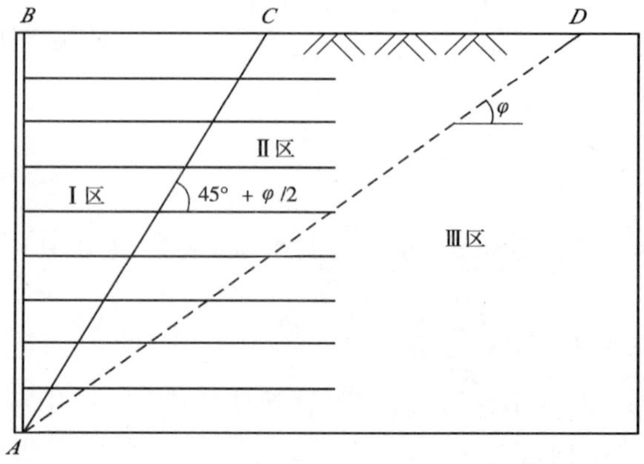

图 10-11 墙后填土 3 个应力区的划分

区,该区域内土体靠自身重力能维持其静力平衡,而拉筋拉力为零。很明显,上级墙荷载引起的下级墙体附加垂直应力受台阶宽度的影响较大。当台阶宽度 $D \leqslant D_1 = H_2\tan(45° - \varphi/2)$ 时,上级墙面板基础位于主动区;当即 $D_1 < D \leqslant D_2 = H_2\tan(90° - \varphi)$ 时,上级墙面板基础位于过渡区;当台阶宽度 $D > D_2$ 时,上级墙面板基础位于稳定区,上级墙荷载扩散应力全部在下级墙的稳定区之内,对下级墙稳定性无影响。

②根据加筋挡土墙的受力特性,增大加筋率、加筋长度及筋材模量可以有效地减小墙面土压力。本工程针对墙高不同段,采用强度不同的加筋材料、设置不同的加筋间距,如图 10-12 所示,尤其是在山区高速公路中首次采用高强土工格栅,大大降低了工程造价,且为了安全起见,我们对其设计强度按下列公式进行了折减:

$$T_a = \frac{T_{uts}}{RF} = \frac{T_{uts}}{RF_{CR} \cdot RF_{ID} \cdot RF_W \cdot RF_{CH} \cdot F_s} \tag{10-1}$$

式中:T_a ——长期设计抗拉强度;

T_{uts} ——极限抗拉强度;

RF_{CR} ——考虑蠕变折减系数;

RF_{ID} ——考虑施工损伤折减系数;

RF_W ——考虑老化折减系数;

RF_{CH} ——考虑化学和生物降解折减系数。

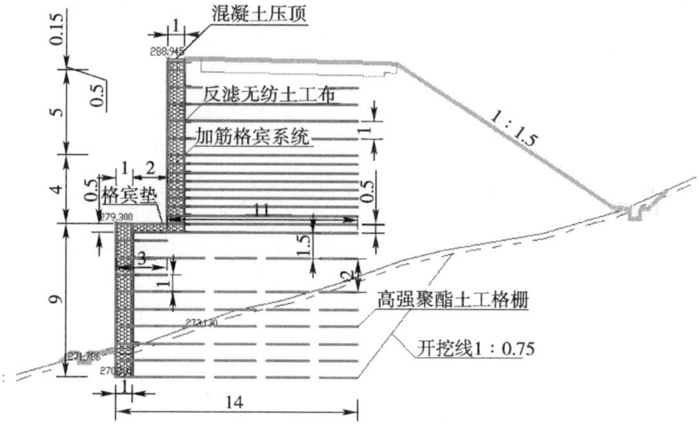

图 10-12　加筋挡墙横断面布置图

根据本工程规模,选用 M350 级的高强土工格栅,考虑安全折减因子为 1.87,则其长期设计抗拉强度达到:$T_a = \dfrac{350}{1.87} = 187.17\text{kN/m}$ 。

③对于高大加筋土挡墙的设计计算理论,国内外现行规范均存在缺陷,我国《公路路基设计规范》(JTG D30—2004)中明确规定,墙高大于 20m 时,应进行特殊设计,并将墙高大于 12m 时称之为高墙。在其条文说明中指出,当墙高大于 12m 时,宜选择粗粒土、黄土等作填料,但对于墙高大于 20m 需如何特殊设计,现行规范未作介绍。

结合本工程特点,借鉴已建成的湖南潭衡西高速公路加筋格宾挡墙工程,为安全起见,对参考的试验填料作相应的折减,选用 $C = 20\text{kPa}, \varphi = 20°$ 的红砂岩作为结构填料。

10.4.3 计算分析

(1)设计概况

本工程墙高大于9m时,分为上下两级,级间设3m宽平台,根据加筋挡土墙受力特性,不同墙高处采用不同强度的加筋材料,其典型断面如图10-12所示。

由于加筋土挡土墙高度大,从而加筋带所受拉力大,对筋带要求高,根据我国具体情况和实际需要,经过技术方案综合比较,下部挡墙采用高强聚酯土工格栅作为加筋挡土墙的拉筋材料。其材料的物理力学性能见表10-5。

(2)软件稳定校核

为了更清楚了解挡墙的安全稳定性,采用理正软件和专门计算加筋土挡墙结构的Macstars 2000软件对18.5m高的挡墙进行了校核计算。采用的岩土参数见表10-6,其计算结果对比见表10-7、图10-13。

M350材料物理力学性能表 表10-5

型　　号	拉伸强度(kN/m)	破裂伸长率(%)	单位质量(kg/m^2)
M350	350	12	0.86

计算采用的岩土参数 表10-6

土体类别 / 参数	回　填　土	加筋体填土	地　基　土
	红砂岩	红砂岩	风化岩石
内摩擦角(°)	20	20	30
黏聚力(kPa)	20	20	30
单位重度(kN/m^3)	19	19	21
地基承载力(kPa)	400		

两种软件的计算结果 表10-7

校核计算软件	安全系数							
	内部稳定		外部稳定					
	计算值	规范值	抗滑移	规范值	抗倾覆	规范值	整体稳定	规范值
理正岩土	1.39	1.25	2.65	1.3	7.04	1.5	1.69	1.25
Macstars 2000	1.3		3.949		8.211		1.52	

通过分析可知本工程挡墙的设计安全稳定。

10.4.4 工程施工

该段加筋土挡墙于2009年12月下旬开始最下层基础的施工,然后开始上部复合式加筋土挡墙的修建,2010年7月初随挡墙旁的桥墩一起基本完成挡墙主体的施工,如图10-14所示。

加筋土挡墙施工机械化程度高、人工劳动强度低、操作简便、施工周期短。其主要施工工序为:基础施工→高强土工格栅铺设→构件安装→面墙填石→填土及碾压。高强土工格栅分层满铺,铺设平整后,填土从拉筋中部开始沿平行墙面逐步向两端填筑,这样可以保证拉筋受力均匀,不至于将拉筋的变形挤向面墙,造成面墙处拉筋松弛。分层碾压,并保证碾压后填土面的平整。对于靠近面墙处的填料，由于大型碾压机不能靠近，在靠近面墙 1m 范围采用轻型压实机械以保证其密实度。

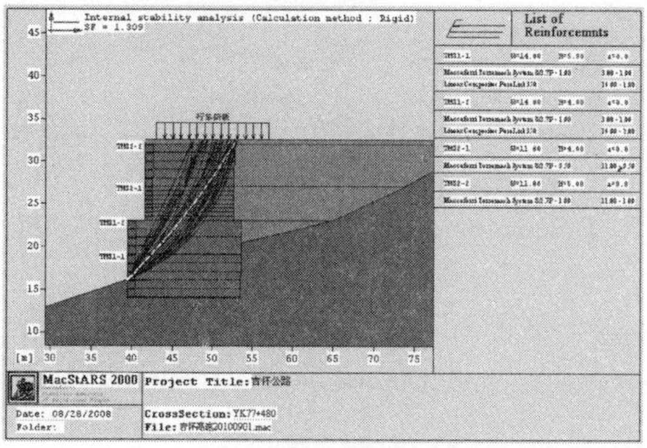

a) 内部稳定分析结果

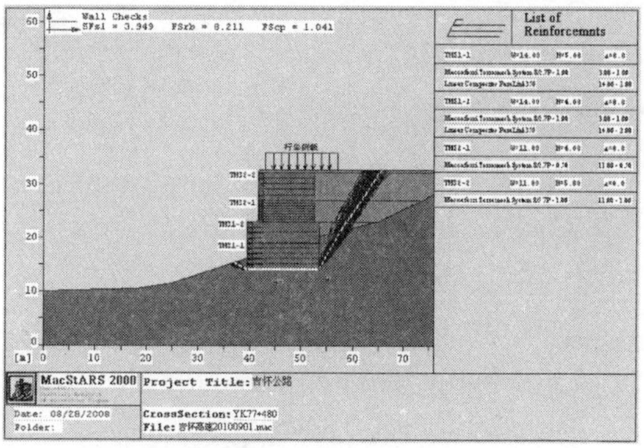

b) 挡墙抗滑移、抗倾覆分析结果

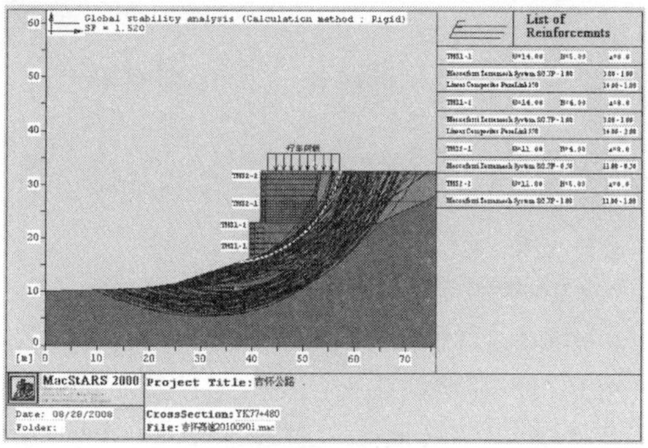

c) 挡墙整体稳定分析结果

图 10-13　Macstars 2000 软件对挡墙的分析

图 10-14　工程实景图

参 考 文 献

[1] Vidal H. Annales de I' Institut Technique du Batiment et des Travaux Publics[J]. La Terre Armée, 1966, Vol. 19, Nos. 223(July)-224(Aug), Paris, France.

[2] Vidal H. The Principle of Reinforced Earth[J]. Transportation Research Record, 1969, 282: 1 ~ 16.

[3] Rowe R. K, Ho S. K. Keynote Lecture: A Review of the Behavior of Reinforc -ed Soil Walls [J]. Earth Reinforcement Practice, Ochiai, Hayashi, and Otani, ed's, Balkema, Rotterdam, 1993: 801 ~ 830.

[4] Netlon Ltd. Guidelines for the design and construction of reinforced walls using tensar geogrid. 1984.

[5] 杨果林,彭立,黄向京. 加筋土结构分析理论与工程应用新技术[M]. 北京:中国铁道出版社,2007.

[6] 徐光黎,刘丰收,唐辉明. 现代加筋土技术理论与工程应用[M]. 武汉:中国地质大学出版社,2004.

[7] Robert M. Koerner, Te-Yang Soong. Geosynthetic reinforced segmental retainin-g walls[J]. Geotextiles and Geomembranes, 2001, 19: 359 ~ 386.

[8] 中国建筑史编辑委员会编. 中国建筑简史(第一册)[M]. 北京:中国工业出版社,1962.

[9] 中国大百科全书总编辑委员会—土木工程编辑委员会. 中国大百科全书—土木工程[M]. 北京:中国大百科全书出版社,1990.

[10] Andrzej Sawicki. Creep of geosynthetic reinforced soil retaining walls[J]. Geotexti -les and Geomembranes, 1999, 17: 51 ~ 65.

[11] 介玉新,李广信. 纤维加筋土计算的新方法[J]. 工程力学,1999,16(3):81 ~ 89.

[12] 张孟喜,孙钧. 土工合成材料加筋土应变软化特性及弹塑性分析[J]. 土木工程学报,2000,33(3):104 ~ 107.

[13] Manoucher Nejad Ensan, Isam Shahrour. A simplified elastoplastic macroscopic model for the reinforced earth material[J]. Mechanics Research Communications, 2000, 27(1): 79 ~ 86.

[14] Bennis M, Buhan P. D. A multiphase constitutive model of reinforced soils acc-ounting for soil-inclusion interaction behaviour[J]. Mathematical and Computer Modeling, 2003, 37: 469 ~ 475 .

[15] 刘华北,Ling H. I. 土工格栅加筋土挡土墙设计参数的弹塑性有限元研究[J]. 岩土工程学报,2004,26(5):668 ~ 673.

[16] 杨果林,李海深,王永和. 加筋土挡墙动力特性模型试验与动力分析[J]. 土木工程学报,2003,36(6):105 ~ 110.

[17] Perkins S. W. Constitutive modeling of geosynthetics[J]. Geotextiles and Geomem -branes, 2000, 18(5): 273 ~ 292.

[18] Bathurst R. J, CAI Z. In-isolation cyclic load-extension behavior of two geogrids[J]. Geosynthetics International ,1994,1(1): 1~19.

[19] Parsons M, Stepanov E. V, Hiltner A. L, et a1. Effect of strain rate on stepwise fatigue and creep slow crack growth in high density polyethylene[J]. Journal of Materials Science ,2000, 35(8): 1857~1866.

[20] 中华人民共和国行业标准 JTG E50—2006 公路工程土工合成材料试验规程[S]. 北京:中国标准出版社,2006.

[21] 中华人民共和国国家标准 GB/T 17689—1999. 土工合成材料塑料土工格栅[S]. 北京:中国标准出版社,1999.

[22] 汪恩良,徐学燕. 低温条件下塑料土工格栅拉伸特性的试验研究[J]. 岩土力学,2008,29(6):1507~1511.

[23] 李俊伟,黄宏伟. 土工格室 HDPE 片材拉伸应变率相关特性[J]. 建筑材料学报,2008,11(1):47~51.

[24] 杨果林. 加筋土筋材长期荷载蠕变试验研究[J]. 煤炭学报,2001, 26(2):132~136.

[25] 王钊. 土工合成材料的蠕变试验[J]. 岩土工程学报,1994, 16(6):96~102.

[26] 王钊. 土工织物的拉伸蠕变特性和预拉力加筋堤[J]. 岩土工程学报,1992, 14(2):12~19.

[27] 杨果林,王永和. 加筋土筋材工程特性试验研究[J]. 中国公路学报,2001,14(3):11~16.

[28] 王正宏. 土工格栅在土木工程中的应用[C]. 中国土工织物学术讨论会论文选集,中国土工合成材料技术协作网. 1987:20~32.

[29] 王钊,李丽华,王协群. 土工合成材料的蠕变特性和试验方法[J]. 岩土力学,2004,25(5):723~727.

[30] 李丽华,王钊. 时温叠加法确定土工合成材料蠕变折减系数[J]. 岩土力学,2005,26(1):113~117.

[31] 李丽华,王钊,陈轮. 加速土工合成材料蠕变试验的荷载叠加法[J]. 岩土工程学报,2007,14(2):410~413.

[32] 栾茂田,肖成志,杨庆. 土工格栅蠕变特性的试验研究及粘弹性本构模型[J]. 岩土力学,2005,26(2):187~192.

[33] 栾茂田,肖成志,杨庆. 长期荷载作用下土工格栅蠕变特性的试验研究[J]. 土木工程学报,2006,39(4):87~91.

[34] 张达德,黄顺隆,杨冈顺. 柔性与硬性土工格网在砂土风化泥岩围压下之力学特性[J]. 岩土工程学报,1998,20(3):54~60.

[35] 吴景海,陈环,王玲娟. 土工合成材料与土界面特性的研究[J]. 岩土工程学报,2001,23(1):89~93.

[36] 魏红卫,喻泽红,邹银生. 土工合成材料加筋土抗剪作用的试验研究[J]. 水利学报,2005,36(5):555~561.

[37] Lee K. M, Manjunath V. R. Soil-geotextile interface friction by direct shear tests[J]. Canadi-

an Geotechnical Journal,2000: 238 ~ 252.
[38] Dove J. E, Frost J. D, et al. Peak friction behavior of smooth geomem -berance-particle interfaces[J]. Journal of Geotechnical and Geoenvironmental Engineering, 1999: 544 ~ 554.
[39] 闫澍旺,Ben Barr. 土工格栅与土相互作用的有限元分析[J]. 岩土工程学报,1997,19(6):56 ~ 61.
[40] 徐林荣,凌建明,刘宝琛. 土工格栅与膨胀土界面摩擦阻力系数试验研究[J]. 同济大学学报(自然科学版),2004,32(2):172 ~ 176.
[41] 徐林荣,吕大伟,顾绍付,等. 筋土界面参数的拉拔试验过程划分研究[J]. 岩土力学,2004,25(5):709 ~ 714.
[42] 陈榕,栾茂田,赵维,等. 土工格栅拉拔试验及筋材摩擦受力特性研究[J]. 岩土力学,2009,30(4):960 ~ 964.
[43] 刘卫华,雷胜友,黄润秋,等. 基于正交试验设计的模块式加筋土挡墙墙面板与筋带之间摩擦性质研究[J]. 公路,2007,3:40 ~ 45.
[44] 吴春波. 加筋土筋土界面特性研究[D]. 重庆:重庆交通大学,2008.
[45] 徐超,廖星樾. 土工格栅与土相互作用机理的拉拔试验研究. 土工合成材料加筋—机遇与挑战(第二届土工合成材料加筋土学术研讨会论文集)[C]. 北京:中国铁道出版社,2009:449 ~ 456.
[46] 冯颖彦,徐超,廖星樾. 循环荷载作用下的筋土界面力学特性的初步研究. 土工合成材料加筋—机遇与挑战(第二届土工合成材料加筋土学术研讨会论文集)[C]. 北京:中国铁道出版社,2009:457 ~ 463.
[47] 孟凡祥,徐超. 筋土之间直剪试验与拉拔试验的对比分析. 土工合成材料加筋—机遇与挑战(第二届土工合成材料加筋土学术研讨会论文集)[C]. 北京:中国铁道出版社,2009:464 ~ 471.
[48] 李国祥,刘丽萍. 加筋土补强机理主要因素的试验研究与分析[J]. 工程勘察,2000,25(5):39 ~ 42.
[49] 保华富,周亦唐,赵川,等. 聚合物土工格栅加筋碎石土试验研究[J]. 岩土工程学报,1999,21(2):217 ~ 221.
[50] 赵川,周亦唐. 土工格栅加筋碎石土大型三轴试验研究[J]. 岩土力学,2001,22(4):419 ~ 422.
[51] 黄仙枝,白晓红. 土工带加筋碎石土大型三轴试验研究[J]. 建筑结构学报,2005,26(2):124 ~ 128.
[52] 王路君,左永振. 小玻格栅加筋黏土三轴试验研究. 土工合成材料加筋—机遇与挑战(第二届土工合成材料加筋土学术研讨会论文集)[C]. 北京:中国铁道出版社,2009:435 ~ 440.
[53] 陈昌富,刘怀性,李亚平. 草根加筋土的室内三轴试验研究[J]. 岩土力学,2007,28(10):2041 ~ 2045.
[54] 张孟喜,张贤波,段晶晶. H-V 加筋黏性土的强度与变形特性[J]. 岩土力学,2009,30(6):1563 ~ 1568.

[55] 梁波等.加筋粉煤灰的静动强度指标试验研究[J].实验力学,1998,13(1):85~91.

[56] 谢婉丽,薛建功,常波.加筋土动力特性的三轴试验研究[J].灾害学,2008,23(B09):120~124.

[57] ChristoPher, B. R. et al. Design construction and monitoring of full scale test of reinforced soil walls[J]. Recent Case Histories of Pennanent Geosyhthetis Reinforc -ed Retaining Walls, Tatsuoka Leshehinsky, Balkema. Rotterdam, 1994:45~60.

[58] Wong K. S, Broms B. B. Failure modes at model test of a geotextile reinforced wall[J]. Geotextilesand Geomembranes, 1994, 13:475~493.

[59] Bathurst R. J, Simac M. R. Geosynthetic reinforced segmental retaining wall structure in North America[J]. Proc. 5sth Int, Conf. On Geotextiles, Geomembrane s and ReldProduets, Singapore, 1994, 1275~1298.

[60] 梁波,孙遇祺.加筋土模型试验中的拉力破坏研究[J].岩土工程学报,1995, 17(2): 83~87.

[61] 魏丽敏,张军乐,何群.差异沉降对加筋土挡墙筋带内力与变形的影响[J].中国铁道科学,2004,25(5):89~93.

[62] 高江平,石兆旭,俞茂宏.网状与条带式加筋土挡墙墙面位移的测试[J].长安大学学报(自然科学版),2005,25(2):42~45.

[63] 高江平,俞茂宏,胡长顺,陈忠达.加筋土挡墙滑动破裂面的大型模型试验[J].长安大学学报(自然科学版),2005,25(6):6~9.

[64] 许岩,杨果林,吴永照.加筋膨胀土挡墙模型试验研究[J].铁道科学与工程学报,2005,2(4):11~15.

[65] 周世良,何光春,汪承志,杨成渝.台阶式加筋土挡墙模型试验研究[J].岩土工程学报,2007,29(1):152~156.

[66] Bolton M. D, et al. Reinforced earth walls-a centrifuge model study[J]. Proc. Symp. On Earth Reinforcement ASCE, Annual convention, Pittsburgh PA, 1978, 252~281.

[67] Palmeira E. M, et al. Stresses and deformations in geotextile reinforced model walls[J]. GeoteXtiles and Geomembranes, 1994, 113: 331~348.

[68] 张师德,杜鸿梁.土工织物加筋土挡墙性状研究.全国第四届土工合成材料学术会议论文集[C].1996.

[69] 介玉新,李广信,陈轮.纤维加筋土和素土边坡的离心模型试验研究[J].岩土工程学报,1998,20(4):12~15.

[70] 黄广军.加筋土挡墙的性状及设计理论研究[D].北京:铁道部科学研究院,1999.

[71] 章为民,赖忠中,徐光明.加筋挡土墙离心模型试验研究[J].土木工程学报,2000,33(3):84~91.

[72] 林彤.离心模型试验在超高加筋土挡墙中的应用研究[J].土木工程学报,2004, 37(2):43~46.

[73] 唐辉明,林彤.三峡工程库区巫山县加筋土挡墙离心模型试验研究[J].岩石力学与工程学报,2004,23(17):2893~2901.

[74] 林广平,葛折圣.刚性面板加筋挡土墙的离心模型试验研究[J].公路交通科技,2005, 22(11):21 ~24.
[75] 雷胜友.双面加筋土高挡墙的离心模型试验及数值分析研究[D].成都:四川大学,1996.
[76] 雷胜友.双面加筋土高挡墙的离心模型试验[J].岩石力学与工程学报,2005,24(3):417 ~423.
[77] 王岚, 邢永明, 崔亚楠.粉煤灰加筋土挡墙工作机理的离心模型试验研究[J].公路交通科技,2006,23(1):44 ~47.
[78] 崔亚楠, 苏跃宏, 王崴, 闫景晨.风积砂加筋挡土墙稳定性模型试验研究[J].内蒙古工业大学学报,2006,25(1):55 ~60.
[79] 波阿诺.应用土工合成材料(双向土工格栅 + 土工布)加固铁道路堤.全国第五届土工合成材料学术会议论文集[C],2000,11:147 ~152.
[80] Claus H. Gobel, Ulrike C, Weisemann. Effectiveness of a reinforcing geogrid in a railway subbase under danamic loads[J]. Geotextiles and Geomembranes, 1994, 13: 91 ~99.
[81] Mohamad H. Maher, Richard D. Woods. Dynamic response of sand reinforced with randomly distributed fibers[J]. Journal of Geotechnical Engineering, 1990, 116 (7): 1116 ~1131.
[82] Muthucumarasamy Yongendrakumar, Richard J. Bathurst ,D. Liam Finn. Dynam -ic response analysis of reinforced-soil retaining wall[J]. Journal of Geotechnical Engineering, 1992, 118 (8): 1158 ~1167.
[83] 罗书学,陈禄生.动力作用下加筋土挡墙的试验研究和有限元分析[J].四川建筑科学研究,1995,2:32 ~35.
[84] 杨果林,王永和.加筋土挡墙在重复荷载作用下的模型试验与动态响应分析[J].岩石力学与工程学报,2002,21(10):1541 ~1546.
[85] 杨果林,肖宏彬,王永和.加筋土挡墙动变形特性试验与疲劳损伤分析[J].振动工程学报,2002,15(2):173 ~178.
[86] 李海深,杨果林,邹银生.加筋土挡土墙动力特性分析[J].中国公路学报,2004,17(2):28 ~31.
[87] 杨果林,李海深,王永和.加筋土挡墙动力特性模型试验与动力分析[J].土木工程学报,2003,36(6):105 ~110.
[88] Rowe R. K, Gnanendran C. T, et al. Calculated and observed behaviour of a reinforced embankment over soft compressed soil[J]. Canadian Geotechnical Journ -al, 1996: 324 ~338.
[89] Christopher B. R. Design,Construction and Monitoring of Full Scale Test of Rei - nforced Soil Walls[C]. Tatsuoka& Leshchinsky. Recent Case Histories 7 of Perm -anent Geosynthetic reinforced Soil Retaining Walls, Balkema,Rotterdam, 1994: 253 ~257.
[90] Konami T. Design and practice of web reinforced soil wall-Recent case histories 7 of permanent geosynthetic-reinforced soil retaining walls[C]. Tatsuoka&Leshchin sky(eds), 1994, Balkema Rotterdam: 243 ~246.
[91] 姚代禄,于法明,季辉,余珩.加筋土挡墙的现场测试与分析[J].中国公路学报,1989,2(4):35 ~43.

[92] 陈群,何昌荣.一种新型楔形拉筋加筋土挡墙的原型观测[J].岩土工程学报,2000,22(3):289~293.

[93] 王祥,徐林荣.双级土工格栅加筋土挡墙的测试分析[J].岩土工程学报,2003,25(2):220~224.

[94] 陈强,龚晓南.加筋土挡墙的原型墙观测及有限元模拟研究[J].华东公路,2005,4:56~60.

[95] 张发春.土工格栅加筋土高挡墙的现场试验研究[J].中国铁道科学,2008,29(4):1~6.

[96] 杨广庆,蔡英.多级台阶式加筋土挡土墙试验研究[J].岩土工程学报,2000,22(2):254~257.

[97] 杨广庆,蔡英,苏谦.高路堤加筋土挡土墙的变形和受力研究[J].岩石力学与工程学报,2003,22(2):321~326.

[98] 杨广庆,吕鹏,张保俭,等.整体面板式土工格栅加筋土挡墙现场试验研究[J].岩石力学与工程学报,2007,26(10):2077~2083.

[99] 杨广庆,吕鹏,庞巍,赵玉.返包式土工格栅加筋土高挡墙现场试验研究[J].岩土力学,2008,29(2):517~522.

[100] 杨广庆,周亦涛,周乔勇,薛晓辉.土工格栅加筋土挡墙试验研究[J].岩土力学,2009,30(1):207~211.

[101] Harrison W. J, Clarles M. G. Elastic theory applied to reinforced earth[J]. Journal of the Soil Mechanics and Foundation Division, 1972, 98(12): 1325~1345.

[102] Tien-Chien Chen, Rong-Her Chen, San-Shyan Lin. A nonlinear homogenized model applicable to reinforced soil analysis[J]. Geotextiles and Geomembranes, 2000, 18: 349~366.

[103] Karl M. Romstad, Leonard R. Herrmann, Chih-Kang Shen. Integrated study of reinforced earth-I: theoretical formulation [J]. Journal of the Geotechnical Engineer -ing Division, 1976, 102: 457~471.

[104] Cryczmanski M, Sekowski J. A composite theory application for analysis of stresses in a subsol reinforced by geotxile[C]. Proc. 3rd International Conference on Geotextiles, 1986, 1: 181~186.

[105] Mahmoud F. F, Mashhour M. M. An elastoplastic finite element for the analysis of soil-geotextile systems[C]. Proc. 3rd International Conference on Geotextiles, 1986, 1: 229~231.

[106] Bruno Sudret, Patrick de Buhan. Multiphase model for inclusion-reinforced geostructures: Application to rock-bolted tunnels and piled raft foundations[J]. International Journal for Numerical and Analytical Methods in Geomechnicas, 2001, 25: 155~182.

[107] 周世良.格栅加筋土挡墙结构特性及破坏机理研究[D].重庆:重庆大学,2005.

[108] 肖成志.土工格栅流变特性及格栅加筋挡墙长期工作性能研究[D].大连:大连理工大学,2005.

[109] Gerrard C. M. Reinforced soil: an orthorhombic material[J]. Journal of the Geotech -nical Engineering, 1982, 108 (12): 1460~1474.

[110] Romstad K. M, Herrmann L. R, Shen C. K. Integrated study of reinforced earth: Theoretical

formulation[J]. Journal of the Geotechnical Engineering Division, 1976, 102(5): 457 ~471.

[111] Shen C. K, Romstad K. M, Herrmann L. R. Integrated study of reinforced earth: Behavior and design[J]. Journal of the Geotechnical Engineering Division, 1976, 102(6): 577 ~590.

[112] Nejad Ensan M, Shahrour I. A simplified elasto-plastic macroscopic model for the reinforced earth material[J]. Mechanics Research Communications, 2000, 27(1): 79 ~86.

[113] Sawicki A, Kazimierowicz-Frankowsak K. Creep behaviour of geosynthetics[J]. Geotextiles and Geomembranes, 1998, 16(6): 365 ~382.

[114] Sawicki A. Rheological model of geosynthetic reinforced soil[J]. Geotextiles and Geomembranes, 1999, 17(1): 33 ~49.

[115] 介玉新,李广信. 加筋土及其有限元计算. 土工合成材料加筋—机遇与挑战(第二届土工合成材料加筋土学术研讨会论文集)[C]. 北京:中国铁道出版社,2009.

[116] Kamal Z. Andrawes, Alan McGown, et al. Tension resistant inclusions in soils[J]. Journal of the Geotechnical Engineering Division, 1980, 12: 457 ~471.

[117] Yu Huang, Kazuhide Sawada, Shuji Moriguchi, Atsushi Yashima, Feng Zhang. Numerical assessment of the effect of trinforcement on the performance of reinforced soil dikes[J]. Geotextiles and Geomembranes, 2006, 24: 169 ~174.

[118] 栾茂田,李敬峰,肖成志,杨庆,裴建军. 土工格栅加筋挡土墙工作性能的非线性有限元数值分析[J]. 岩石力学与工程学报,2005,24(14):2428 ~2433.

[119] 王家鼎,谢婉丽,骆凤涛. 高填方加筋黄土路堤稳定性的有限元[J]. 分析地理科学,2007,27(2):268 ~272.

[120] Desai C. S, Zaman M. M. Thin layer element for interfaces and joints[J]. Internatio -nal journal for numerical and analytical methods in geomechanics, 1984, 8(1): 19 ~43 .

[121] 张兴强,邓卫东,陈文金,闫澍旺. 动载作用下土工格栅加筋土计算模型的研究[J]. 水利学报,2001,7:91 ~96.

[122] Goodman R. F, Taylor R. L, Brekke T. L. A model for the mechanics of jointed rock[J]. Journal of soil Mechanics and Foundation Engineering Division, ASCE, 1968,94(3):637 ~660.

[123] Clough G. W, Duncan J. M. Finite element analysis of retaining wall behavior[J]. Journal of soil Mechanics and Foundation Engineering Division, ASCE, 1971, 97(12):657 ~673.

[124] Boulon M, Nova R. Modeling of soil structure interface behavior: A comparison between elastoplastic and rate-type laws[J]. Computers and Geotechnics, 1990, (9):21 ~46.

[125] 殷宗泽,朱泓,许国华. 土与结构材料的接触面变形及数学模型[J]. 岩土工程学报,1994,16(3):14 ~22.

[126] 张东霁,卢廷浩. 土与结构接触面模型的建立与应用[J]. 岩土工程学报,1998,20(6):63 ~66.

[127] 高俊合,于海学,等. 土与混凝土接触面特性的大型单剪试验研究及数值模拟[J]. 土木

工程学报,2000,33(8):42~46.
[128] 介玉新.加筋土的等效附加应力法分析及模型试验研究[D].北京:清华大学,1998.
[129] 黄仙枝.土工带加筋碎石垫层地基的试验、应用及理论研究[D].太原:太原理工大学,2005.
[130] 刘军.土工格栅加筋挡土墙数值模拟及特性研究[D].南京:河海大学,2006.
[131] 贺团会.加筋挡土墙关键技术研究[D].南京:南京水利科学研究院,2007.
[132] 金兴男,张晓辉.国内外加筋土技术研究与应用进展[J].吉林水利,2008,10:52~54.
[133] 李莉,蒋鹤.美国加筋土挡墙的应用与发展[J].国外公路,2000,20(5):11~14.
[134] 周志刚,郑健龙.公路土工合成材料设计原理及工程应用[M].北京:人民交通出版社,2001.
[135] 凌天清.高大加筋土挡墙设计计算方法[J].中国公路学报,2000,2.
[136] 杨果林,王永和.钢筋(煤矸石)混凝土网格式加筋土挡土结构强度特性与试验研究[J].岩土工程学报,1999,21(5):534~539.
[137] 杨果林,黄向京,林伟平.新型加筋土结构试验研究与示范工程.土工合成材料加筋—机遇与挑战,第二届全国土工合成材料加筋土学术研讨会论文集[C],2009,8:286~294.
[138] 谭波,杨和平,罗奕.土工格栅柔性支护在处治膨胀土路堑滑坡中的应用[J].桂林工学院学报,2006,26(12):200~204.
[139] 锦屏一级水电站.土工合成材料加筋—机遇与挑战,第二届全国土工合成材料加筋土学术研讨会论文集[C],2009,8.
[140] 高江平.网状加筋挡墙结构的设计理论与方法研究[D].长安大学,2001.
[141] 杨锡武,欧阳仲春.不同筋村的加筋土的本构关系研究[J].工程力学,2000,3(A03):492~497.
[142] 张铁志,王海清,沈波.不同形状土工合成材料的内力分析与加筋作用研究[J].北方交通,2008,3:84~86.
[143] U. S. Department of Transportation. Design of Road Channels with Flexible Lin -ings[J]. Federal Highway Administration,2005,09.
[144] Agostini R, Cesario L, Conte A, Masetti Mand Papetti A. Flexible Gabion Structures in Earth Retaining Works[J]. Officine Maccaferri S. p. A., Bologna, Italy, 1987.
[145] BS EN 10223-3. Steel wire and wire products for fences-Part 3[J]. Hexagonal steel wire netting for engineering purposes, 1998.
[146] ASTM. A975-97, Standard Specification for Double-Twisted Hexagonal Mesh Gabions and Revet Mattresses, 美国国家材料协会, 1997.
[147] Maccaferrl Inc, Maccaferri product standard speicification(Gabion Galvanized)[R], 2005.
[148] 柴贺军,胡元鑫,黄德长,等.石笼挡墙支挡结构在巫十路的工程应用[J].公路交通科技,2007,24(9):19~23.
[149] 黄向京,林伟平.格宾柔性挡墙在孝子店滑坡处治中的应用研究[J].路基工程,2009,142(1):34~35.
[150] Terram. Designing for Soil Reinforcement. 3rd edn[R]. Terram Limited,Gwent, UK, 1994.

[151] Maccaferri. Terramesh System: A Solution for Soil Reinforcement[R]. Maccaferri Gabions Inc.. Williamsport, MD, USA, 1995 .

[152] The Highway Innovative Technology Evaluation Center (HITEC). Evaluation of the Maccaferri Terramesh System Retaining Wall Reston[R]. VA: ASCE/CERF, 0-7844-0626-X, 2002, 19.

[153] 黄向京,王维,杨果林.高速公路新型加筋土结构应用研究与推广探讨[J].地质灾害与环境保护(增刊),2007,18(67):32~35.

[154] Hatami K, Bathurst R. J, Pietro P. Di. Static Response of Reinforced Soil Retain -ing Walls with Nonuniform Reinforcement[J]. International Journal of Geomecha -nics, 2001,1(4): 477~506.

[155] Pietro P. D. Design and construction of soil reinforced structures using compos -ite reinforcement systems: modern and cost effective alternatives for high walls and slopes[J]. Geosynthetics - 7 ICG - Delmas, Gourc & Girard (eds)@2002 Swets & Zeitlinger, Lisse ISBN 90 5809 523 1P221~224 .

[156] Lo S-C. R. Determination of Design Parameters of a Mesh Type Reinforcement[J]. Geotechnical testing J. ASTM, 1990,12.

[157] Lo S-C. R. Behaviour Design and Construction of the Terramesh Wal -l[J]. Performance of Reinforced Soil Structures,British Geotechnical Society,1990.

[158] Bonczkiewicz C, Christopher B. R, Atmatzidis D. K. Evaluation of Soil-Reinfo rcement Interaction by Large Scale Pullout Test[J]. Transportation Research Re -cord 1188, Transportation Research Board, Washington, D. C. ,1990,1(4):477~506.

[159] Mir E. N. Pullout and Direct Shear Tests of Hexagonal Wire Mesh Reinforceme -nts in Various Fill Materials including Lahar from Mt. Pinatubo, PhiliPine -s[J]. Masters of Engineering thesis, GE-95-18, Asian Institute of Technology, Bangkok,Thailand, 1996.

[160] Bergado D. T, Teerawattanasuk C, Wongsanon T, Voottipreux P. Interaction bet -ween hexagonal wire mesh reinforcement and silty sand backfill[J]. Geotechnical Testing Journal, ASTM,2001,24(1):23~38.

[161] Bergado D. T, Shivashankar, R, Alfaro, M. C, Chai J. C, Balasubramaniam A. S. Interaction Behavior of Steel Grid Reinforcements in a Clayey San -d[J]. Geotechnique, 1993,43 (4):589~603.

[162] Bergado D. T, Chai J. C. Pullout Force-Displacement Relationship of Extensibl -e Grid Reinforcements[J]. Geotextiles and Geomembranes Journal, 1994,13:295~316.

[163] Bergado D. T, Chai J. C, Miura, N. Prediction of Pullout Resistance and Pullout Displacement Relationship of Inextensible Reinforcement[J]. Soils and Foundation -s Journal, 1996, 36(4):11~22.

[164] Bergado D. T, Kabiling M. B, Voottipruex P, Pun, A. Pullout Capacity of Differ -ent Hexagonal Link Wires on Sandy and Volcanics Ash Backfills[J]. Proceedings Thirteenth Southeast Asian Geotechnical Conference, Taipei, Taiwa -n,ROC,1998:259~264.

[165] Bergado D. T, Teerawattanasuk C, Long P. V. Localized Mobilization of Reinf -orcement Force and its Direction at the Vicinity of Failure Surface[J]. Geotextiles and Geomembranes Journal,2000,18.

[166] Kabiling M. B. Pullout Capacity of Different Hexagonal Link Wire Sizes and Configurations on Sandy and Volcanic Ash (Lahar) Backfills[J]. Masters of Engineering thesis GE-96-4, Asian Institute of Technology, Bangkok, Thaila -nd,1997.

[167] Bergado D. T, Mir E. N, Pun, A. Hexagonal Wire Mesh Reinforcements with Various Fill Materials Including Lahar from Mt[J]. Pinatubo, PhiliPin - es. Proceedings Infrastructure Planning in Civil Engineering Regulatory Symposium, Manila,PhiliPines, 1998:305 ~ 324.

[168] Teerawattanasuk, C. Interaction and Deformation Behavior of Hexagonal Wire Mesh Reinforcement at Vicinity of Shear Surface on Sand and Volcanic Ash (Lahar) Backfills[J]. Masters of Engineering thesis GT-96-14, Asian Institute of Technology, Bangkok, Thailand,1997.

[169] Voottipruex P, Teerawattanasuk C and Bergado D. T. Interaction and Deformation Behavior of Hexagonal Wire Mesh Reinforcement at the Vicinity of Shear Surface on Sand and Volcanic Ash Backfills[J]. Proceedings, Fourth National Convention on Civil Engineering, Phuket, Thailand, 1997,2:185 ~ 190.

[170] Teerawattanasuk C. Interaction and deformation behavior of hexagonal wire mesh reinforcement at vicinity of shear surface on sand and volcanic ash (Lahar) backfills[J]. M Eng thesis GE-96-14, Asian Institute of Technology, Bangkok, Thailand,1997.

[171] Wongsawanon T. Interaction between hexagonal wire mesh reinforcement and silty sand backfill[J]. M Eng thesis GE-97-14,Asian Institute of Technology, Bangkok, Thailand, 1998.

[172] Voottipruex P. Interaction of hexagonal wire reinforcement and backfill soil and behaviour of full scale embankment reinforced with hexagonal wire[J]. Doctoral dissertation, Asian Institute of Technology, Bangkok, Thailand, 2000.

[173] Modmoltin C. Behavior of Hexagonal Wire Mesh Reinforcements in Full Scale Embankment Load and During Pullout Test[J]. Masters of Engineering thesis GE-97-6, Asian Institute of Technology, Bangkok, Thailand,1998.

[174] Voottipruex P, Bergado D. T, Modmoltin C, Khwanpruk S. Deformation Characteristics of Hexagonal Wire Reinforcement. Proceedings, International Symposium on Lowland Technology[J]. Saga University, Saga, Japan, 1998:259 ~ 266.

[175] Bergado D. T, Teerawattanasuk C, Wongsanon T, Voottipreux P. Interaction between hexagonal wire mesh reinforcement and silty sand backfill[J]. Geotechnical Testing Journal, ASTM 2001,24(1): 23 ~ 38.

[176] Ghionna V. N, Fioravante V, Vicari M. Full scale test on a retaining wall with nonuniform reinforcements[C]. 7th ICG, Nice,2002.

[177] Bolton M. D & Pang P. L. R. Collapse Limit States of Reinforced Earth Retaining Walls[J]. Geotechniaue ,1982,32(4): 349 ~ 367.

[178] Lo S. C. R, Li S. Q. Behavior of Terramesh Earth Retaining System[C]. Proceedings of Tenth Southeast Asian Geotechnical Conference, Taipei,Taiwan, 1990,4:83 ~ 88.

[179] Bergado D. T, Teerawattanasuk C, Youwai S, Voottipruex P. FE modeling of hexagonal wire reinforced embankment on soft clay[J]. Canadian Geotechnical Journal , 2000,37: 1209 ~ 1226.

[180] Bergado D. T, Youwai S, Teerawattanasuk C, Visudmedanuku P. The interaction mechanism and behavior of hexagonal wire mesh reinforced embankment with silty sand backfill on soft clay[J]. Computers and Geotechnics, 2003,30:517 ~ 534.

[181] 凡建伟,何光春,张兰芳. 重庆滨江路加筋护岸工程加固方案研究[J]. 路基工程,2009, 2:147 ~ 148.

[182] Simac M. R, Bathurst R. J, Goodrum R. A. Design and analysis of three reinforced soil retaining walls[C]. Proc. Geosynthetics '91, Atlanta, GA, USA, 1999:781 ~ 798.

[183] FHWA. Mechanically stabilized earth walls and reinforced soil slopes design and construction guidelines[S]. Federal Highway Administration, Demonstration project 82, Washington, DC, USA ,1996.

[184] Bathurst R. J, Hatami K. Numerical study of the influence of base shaking on geosynthetic reinforced retaining walls[J]. Proc. Geosynthetics '99, Boston, MA, USA, 1999,2:963 ~ 976.

[185] Bathurst R. J, Walters D, Vlachopoulos N, Burgess P, Allen T. M. Full-scale testing of geosynthetic reinforced walls[C]. Keynote Paper, In: Advances in Transportation and Geoenvironmental Sytems using Geosynthetics, Proc. GeoDenver, ASCE Special Publ. no. 103, Denver, CO, USA, 2000:201 ~ 217.

[186] Maccaferri. Maccaferri Gabions[R]. Maccaferri Gabions South Pacific, New South Wales, Australia,1990.

[187] Maccaferri. Terramesh System: A Solution for Soil Reinforcement, Maccaferri Gabions Inc [R], Williamsport, MD, USA,1995.

[188] Maccaferri . Case History,Ref: USA030-Rev: 002, Issue Date 14. 12. 2004, Reins -tatement of Highway Embankment Highway 555[R]. New Mexico, USA,2004.

[189] African Gabions (Pty) Ltd 2000, Case History ,Mining: Terramesh System.

[190] Maccaferri 2004, Case History,Rev: 00, Issue Data 06. 05. 2004,Terramesh Reinf -orced Soil Wall to Aproach a Railway over Bridge[R]. AT DERRABASSI - INDIA.

[191] Mihalinec Z, Škevin J, Kovačević M. S. Calculated and measured horizontal deformations of high reinforced embankment,2005.

[192] Marco Vicari, Francis Derache. Reinforced Soil Structures with Double Twist Steel Wire Mesh Case History[C]. The Formule 1 Motordrome, IMOLA, ITAL -Y,2002.

[193] Maccaferri 2004, Case History Rev: 00, Issue Data 02. 04. 2004: KING'S ALACE, CHIANGMAI, Thailand.

[194] Margie. Inggs. Environment-friendly solutions deployed in shoreline protection[R]. Chap-

mans Peak repair,2008.

[195] JAROSŁAW KR Ą ŻELEWSKI. The Reinforcement Design of the Slope in TRZ Ę SACZ Studia[J]. Geotechnica et. Mechanica, 2005, XXVII (1 - 2):111 ~116.

[196] Yang Z. Strength and deformation characteristic of reinforced sand[C]. Dissertation Presented to the University of Califormia. Los Angeles,Calif,1972.

[197] Donald H Gran, Talal Al-refeai. Behavoir of Fabric Versus Fiber-reinforced Sand[J]. Journal of Geotechnical Engineering,ASCE,1986,112(GT8):804 ~820.

[198] 张友葩,方祖烈,高永涛. 基于均质横等向条件下加筋土的本构关系[J]. 矿业工程,2001,10(5):74 ~76.

[199] 李广信,陈轮,蔡飞. 加筋土体应力变形计算的新途径[J]. 岩土工程学报,1994,16(3):46 ~53.

[200] 姜燕玲,宋修广. 粉砂土及其加筋土大三轴剪切试验及结果分析[J]. 山东大学学报(工学版),2004,34(2):76 ~79.

[201] 苏骏,余天庆. 加筋土工程中筋材的拉拔试验研究[J]. 路基工程,2008,6:80 ~81.

[202] 王火明,李响,罗友鸿. 筋土界面摩擦特性的拉拔试验研究[J]. 公路交通技术,2008,3:11 ~17.

[203] 张茹,何昌荣,谢嘉琼,潘俊英,等. 土工合成材料加筋土拉拔试验研究[J]. 四川水力发电,2002,21(1):87 ~93.

[204] 李海晓,余飞涛,赵寿刚. 土与土工合成材料的拉拔试验研究[J]. 岩土工程界,2003,6(1):75 ~77.

[205] 许宏发,金丰年. 岩体节理剪切变形的幂函数模型[J]. 岩石力学与工程报,2000,19(3):314 ~317.

[206] 刘波,韩彦辉. FLAC 原理实例与应用指南[M]. 北京:人民交通出版社,2005.

[207] 雷胜友. 加筋土的规格化应力特性研究[J]. 甘肃工业大学学报,2003,29(3):107 ~109.

[208] 凌华,殷宗泽. 非饱和土强度随含水量的变化[J]. 岩石力学与工程学报,2007,26(7):1499 ~1503.

[209] 缪林昌. 膨胀土的强度与含水率的关系[J]. 岩土力学,1999,20(2):87 ~93.

[210] 龚壁卫. 非饱和击实膨胀土总应力强度探讨[J]. 长江科学院院报,1998,15(3):40 ~42.

[211] 缪林昌,殷宗泽,刘松玉. 非饱和膨胀土强度特性的常规三轴试验研究[J]. 东南大学学报,2000,30(1):121 ~125.

[212] 凌华,殷宗泽,蔡正银. 非饱和土的应力—含水率—应变关系试验研究[J]. 岩土力学,2008,29(3):651 ~655.

[213] Nejad Ensan M ,Shahrour I. A simplified elasto-plastic macroscopic model for the reinforced earth material1[J]. Mechanics Research Communications,2000,27(1): 79 ~86.

[214] 张孟喜,孙钧. 土工合成材料加筋土应变软化特性及弹塑性分析[J]. 土木工程学报,2000,33(3):104 ~107.

[215] 杨果林. 加筋土挡土结构动力特性研究[D]. 长沙:中南大学,2001.
[216] 李晓俊,白晓红,黄仙枝. 土工带加筋碎石土本构关系的三轴试验研究[J]. 岩土力学,2004,2:57~60.
[217] 吴雄志. 加筋土挡土墙拉筋最大拉力的确定[J]. 岩土工程学报,1992,14(5):101~106.
[218] 金仁和,李明瑛,华祖琨. 加筋土桥台筋带最大拉力试验研究[J]. 中国铁道科学,2005,26(5):36~40.
[219] 罗杰. L. 布罗肯伯勒,肯尼思. J. 伯德克. JR. 公路工程手册[M]. 张彦林,曹花娥,许有俊,等,译. 北京:中国电力出版社,2007,1.
[220] 林政潮,黄向京. 津市皇姑山冰渍层崩坍整治[J]. 湖南交通科技,1998,24(4):20~23.
[221] 李川,杨光华. 广州某边坡滑塌原因分析[J]. 广东水利水电,2008,11(8):88~89.
[222] 梁仁旺,高斌峰,刘淑清. 土钉墙支护煤矸石质边坡的设计与施工[J]. 山西建筑,2009,35(5):5~6.
[223] 李宁,黄辅强,王浩然. 煤矸石地基特性及处理技术[J]. 中国西部科技,2007,7(36):31~32.
[224] Schlosser F, and Segrestin P. Dimensionnement des Ouvrages en Terre Armee parla Methode de l'Equilibre Local[C]. International Conference on Soil Reinforcement: Reinforced Earth and Other Techniques, Paris, 1979,1: 157~162.
[225] 周世良,汪承志,何光春,栾茂田. 台阶式格栅加筋挡墙潜在破裂面计算模式研究[J]. 公路交通科技,2007,24(11):15~20.
[226] 欧阳仲春. 现代土工加筋技术[J]. 北京:人民交通出版社,1991.
[227] U. S. Department of Transportation and Federal Highway Administration. FHWA-NHI-00-043 Mechanically Stabilized Earth Walls and Reinforced Soil Slopes Design & Construction Guidelines[J]. Washington, D. C.: National Highway Institute Office of Bridge Technology, 2001.
[228] Maccaferri. Terramesh System: Construction Damage study of Maccaferri Wire Mesh Algonquin,Illinois,Maccaferri Gabions Inc., Williamsport, MD, USA, 1989.
[229] 王永和,李宁军. 加筋土挡墙试验研究[J]. 长沙铁道学院学报,1989,7(4):87~98.
[230] 李海光. 新型支挡结构设计与工程实例[M]. 北京:人民交通出版社,2004.
[231] 杨明,吴德伦. 加筋挡墙侧向变形分析模型[J]. 土木工程学报,2001,34(5):68~71.
[232] Chew S H. Deformation Behavior of Reinforced Soil Walls[J]. U. S. A.:University of California,1994: 59~66.
[233] 杨广庆,周慧娟,张保险. 加筋土挡土墙水平位移研究[J]. 岩石力学与工程学报,2005,24(7):1248~1252.
[234] Vidal H. The principle of reinforced earth[M]. Washington D. C:Highway research record No. 282. 1969,1.
[235] Gourc J. P, Ratel A, Delmas P. Design of fabric retaining walls: The displace -ment method [C]. Proceedings of 3rd International Conference On Geotextiles, II: 289 ~ 294,

Vienna,1986..

[236] Lemonnier P, Soubra A. H, Kastner R. Variational displacement method for geosynthetically reinforced slope stability analysis[J]. I. Local stability, Geotextiles and Geomembranes , 1998,16: 1 ~25 .

[237] 陈育民,徐鼎平. FLAC/FLAC3D 基础与工程实例[M]. 北京:中国水利水电出版社,2008.

[238] James G. Collin, Ph. D. P. E. Design Manual for Segmental Retaining Walls[J]. National Concrete Masonry Association,1997.

[239] 中华人民共和国国家标准 GB 50290—98. 土工合成材料应用技术规范[S]. 北京:中国计划出版社,1998.

[240] 王钊. 国外土工合成材料的应用研究[M]. 香港:现代知识出版社,2002.

[241] Geotechnical Engineering Office Civil Engineering Department of the Hong Kong. Guide to reinforced fill structure and slope design[J]. Hong Kong:The Government of the Hong Kong Special Administrative Region,2002.

[242] Koerner R M. Designing with Geosynthesis (4thedition)[J]. Prentice-Hall . Inc. Englewood Cliffis, NJ, 1998.

[243] 贡金鑫,魏巍巍. 工程结构可靠性设计原理[M]. 北京:机械工业出版社,2007.

[244] Rosenblueth E. Point estimate for probability moment[J]. Proc. Nat. Acad. Sci. , 1975, 72: 3812 ~3814.

[245] 黄向京,王维. 红层软岩土石混合填料体的现场水平推剪试验研究[J]. 公路工程,2008,33(5):61 ~64.

[246] 涂帆,常方强. 土性参数的互相关性对加筋土挡墙可靠度的影响[J]. 岩石力学与工程学报,2005,24(15):2654 ~2658.

[247] 阙云,凌建明,曾四平. 加筋土路堤内部稳定的可靠指标分析[J]. 交通运输工程学报,2006,6(3):37 ~41.

[248] 张月梅. 用有限元强度折减法分析加筋土结构的稳定性[D]. 昆明:昆明理工大学,2006.

[249] 李勤民. 格栅加筋土挡墙弹粘塑性动力有限元分析[D]. 重庆:重庆交通大学,2008.

[250] 王佳运. 基于 ANSYS 加筋土挡墙有限元分析[D]. 西安:长安大学,2005.

[251] 郑颖人,张玉芳,赵尚毅,齐明柱. 有限元强度折减法在元磨高速公路高边坡工程中的应用[J]. 岩石力学与工程学报,2005,24(21):3812 ~3817.

[252] 蒋鑫,凌建明,邱延峻. 加筋土路基稳定性分析[J]. 重庆交通大学学报(自然科学版),2007,26(5):80 ~83.

[253] 李志勇. 陡坡路堤土工格栅加筋机制与合理铺设参数研究[J]. 岩土力学,2008,29(4):925 ~930.

[254] 彭文斌. FLAC3D 实用教程[M]. 北京:机械工业出版社,2008.

[255] Itasca Consulting Group,Inc.. Fast Language Analysis of Continua in 3 dimensi -ons,version 3.0, user's mannual[M]. Itasca Consulting Group,Inc. ,2005.

[256] 杨明,吴德伦,言志信.加筋土挡墙抗震分析中的屈服加速度[J].岩石力学与工程学报,2002,21(5):728~731.

[257] Koseki J, Bathurst R. J, Güler E, Kuwano J. Seismic stability of reinforced soil walls[J]. Geosynthetics, J. Kuwano & J. Koseki(eds) Millpress, Rotterdam, ISBN 90 5966 044 7, 20065:1~77.

[258] 程火焰,周亦唐,钟国强.加筋土挡土墙地震动力特性研究[J].公路交通科技,2004,21(9):16~20.

[259] 刘华北.水平与竖向地震作用下土工格栅加筋挡墙动力分析[J].岩土工程学报,2006,28(5):594~599.

[260] Ling H I, Leshchinsky D, Perry E. Seismic Design and Performance of Geosynthetic Reinforced Soil Structures[J]. Geotechnique: 1997, 47(5):933~952.

[261] Ling H I, Leshchinsky D. Effects of Vertical Acceleration on Seismic Design of Geosynthetic Reinforced Soil Structures[J]. Geotechnique: 1998, 48(3):347~373.

[262] Michalowski R L. Soil Reinforcement for Seismic Design of Geotechnical Structures[J]. Computers and Geotechnics:1998,23(1):1~17.

[263] 蒋建清,邹银生.复杂动力作用下加筋土挡墙内部稳定性分析[J].中南公路工程,2007,32(1):51~54.

[264] 杨有海.地震作用下加筋土挡土墙稳定性分析[J].兰州铁道学院学报(自然科学版),2002,21(4):9~11.

[265] Nouri H, Fakher A, Jones C J F P. Development of Horizontal Slice Method for Seisimic Stability Analysis of Reinforced Slopes and Walls[J]. Geotextiles and Geomembranes:2006,24(5):175~187.

[266] 蒋建清,杨果林.加筋土挡墙地震稳定性分析的水平条分方法[J].中国铁道科学,2009,30(1):36~40.

[267] Robert M. Koerner, Te-Yang Soong. Geosynthetic reinforced segmental retaining walls[J]. Geotextiles and Geomembranes,2001,19:359~386.

[268] 周世良,王学军,胡晓.加筋土挡墙工程中粘性土填料的应用[J].港工技术,2003,2.

[269] 王凤江.加筋尾矿砂的三轴试研究[J].辽宁工程技术大学学报,2003,22(5):618~620.

[270] 尹光志,魏作安,万玲,等.细粒尾矿堆坝加筋加固模型试验研究[J].岩石力学与工程学报,2005,24(6):1030~1034.

[271] 雷胜友.加筋黄土的三轴试验研究[J].西安公路交通大学学报,2000,20(2):1~5.

[272] 杨荣尚,段伟刚.加筋粉煤灰的工程力学性质试验研究[J].水利与建筑工程学报,2008,6(3):21~23.

[273] 杨果林,刘义虎,黄向京.膨胀土处治理论与工程建造新技术[M].北京:人民交通出版社,2008.

[274] 许岩.加筋膨胀土挡土墙结构试验研究与数值分析[D].中南大学,2005.

[275] 包俊惠,陶虎,邓国华.弱膨胀土加筋挡土墙现场试验研究[J].电网与水力发电进展,

2008,24(1):68～72.

[276] 金英伟. 土工格栅加筋结构在膨胀土堑坡处治中的应用[J]. 中外公路,2008,28(5):54～56.

[277] 陈大鹏,陈共贤. 西南线南合段膨胀土路堤土工格栅加筋效果分析[J]. 路基工程,2003,4:26～27.

[278] 黄向京,刘义虎. 湖南省膨胀土公路理论研究与工程实践[J]. 地质灾害与环境保护,2007,18(67):1～6.

[279] Zhang Yingjun. The three dimensional swell-shrinking properties of expansive soil and its influence on slope stability[C]. Proceedings of the First National Conference on Expansive Soils. China,1990.

[280] 陈孚华. 膨胀土上的基础[M]. 石油化学工业部化工设计院等,译. 北京:中国建筑工业出版社,1979.

[281] 杨果林,黄向京. 不同气候条件膨胀土路堤土压力的变化规律试验研究[J]. 岩土工程学报,2005,27(8):948～955.

[282] 朱志铎,刘松玉. 非饱和膨胀土的主动土压力分析[J]. 公路交通科技,2001,18(5):8～10.

[283] 徐永福,刘松玉. 非饱和土强度理论及其工程应用[M]. 南京:东南大学出版社,1999.

[284] 王鹿,魏涛,周世峰. 加筋材料的刚度对加筋土挡墙设计的影响[J]. 中国农村水利水电,2005,4.

[285] 高翔,石名磊,刘松玉. 加筋土支挡结构侧向位移的有限元分析[J]. 公路交通科技,2003,20(2):20～23.

[286] Bathurst R. J, Jarrett P. M, Lescoutre S. R. An Instrumented wrap-around geogrid reinforced soil wall[C]. Proc. 3rd Can. Symp. Geosyn., Kitchener, Ontario, Canada, 1988 :71～78.

[287] 莫介臻,何光春,汪承志,周世良. 台阶式格栅加筋挡墙现场试验及数值分析[J]. 土木工程学报,2008,41(5):52～58.

[288] 蒲春平,汪承志,周世良. 台阶式格栅加筋挡墙现场试验研究[J]. 重庆交通大学学报(自然科学版),2007,26(4):101～106.

[289] 梁波. 高速铁路路基的动力特性及土工合成材料的应用研究[D]. 成都:西南交通大学,1998.